大明王朝的权力博弈

细说明朝人物

樊树志

樊树志

——

著

天地出版社 | TIANDI PRESS

知人论史：再版自序

历史叙述讲究时间与地点，更关注人物，道理是显而易见的：历史是人创造的，历史学家写的是人类的历史，人物是历史的主角。这样的常识往往被专家所忽视或无视。当代西方史学发展中有一种引人注目的倾向，愈来愈注重深刻的分析，引进各门学科的方法，使它变得愈来愈深奥，轻视或鄙弃传统的方法——记叙与描述，人类活动的一幕幕丰富多彩的活剧消失了，代之以抽象的社会蓝图或数理模式。于是乎历史作品成为枯燥乏味冷冰冰的"砖头"，令人望而生厌，失去了读者。这种倾向对中国历史学界的影响已经有所显现，引起明智的历史学家的警觉，提倡历史要写人，写人的活动，复兴传统史学。

以《史记》为代表的传统史学，写人叙事的篇章可以和文学大师的散文相媲美，读来朗朗上口，流芳百世。去年年底（2021年12月26日）去世的美国历史学家史景迁（Jonathan D.Spence）的代表作，诸如《前朝梦忆：张岱的浮华与苍凉》《曹寅与康熙：一个皇帝宠臣的生涯揭秘》《王氏之死：大历史背后的小人物命运》等，都是知人论世的佳作，在美国和中国都好评如潮，道理就在于此。他的中文名字是耶鲁大学史学前辈房兆楹给他取的，期望他景仰司马迁，以司马迁为楷模。史景迁是成功的，他被推举为美国历史学会会长足以证明学术界对他的认可。我们自己却淡忘了这种优良传统，未免令人遗憾。

我从事历史人物研究和历史传记写作，深受史景迁的影响，希望刻画人物的命运再现历史栩栩如生的一面，《万历传》《崇祯传》《明代文人的命运》都在追求这样的境界，本书也是如此。

本书原名《明朝大人物：皇帝、权臣、佞幸及其他》，由复旦大学出版社于 2011 年出版。出版界的朋友有意再版此书，并且更改了书名，征询我的意见。其时，本人正在医院治病，无法亲力亲为，全权委托编辑处理。5 月 25 日出院后，看到了清样，对编辑的严肃认真态度深表敬佩，把四十六篇文章分成若干章，拟定了章标题，着力提升阅读的境界，有画龙点睛之效。

本书的主体，是为广州《时代周报》撰写的专栏文章，以及为上海《东方早报·上海书评》所写的部分文章。结集成书时，系列文章仍在写作之中。因此显得有点头重脚轻，也就是说，晚明部分尚嫌不足。有关晚明人物的文章，后来大多发表于上海《书城》杂志上，它们是：《王阳明与晚明思想解放的潮流》、《高处不胜寒——内阁倾轧中的徐阶》、《好申韩法的张居正》、《1590 年代的朝鲜战争》、《六君子之狱》、《魏忠贤个人崇拜运动面面观》（发表时编辑把题目改为《明末的一场政治闹剧》）、《文人结社与晚明文化生态》、《悲情的骨鲠之士——文震孟与郑鄤》、《为正人增华，为文人吐气——倪元璐的才情与气节》、《复社名士吴应箕》、《朝廷舍我，非我舍朝廷——黄道周的坎坷仕途》、《"一代完人"刘宗周》。

另外，还有几篇在别处发表的长文：《"肃杀之后应有阳春"——太平宰辅申时行》《叶向高："调剂群情，辑和异同"》《"误尽平生是一官"——读〈梅村家藏稿〉札记》。将来有机会再结集出版，读者可以把它视为本书的下集，欢迎赐教。

现在诸位看到的本书，经过编辑精心加工，旧貌换新颜。书末附上辅导资料，有助于读者了解明朝历史，体现编辑处处为读者考虑的职业素养。

请读者诸君穿越到明朝，目睹一幕幕惊心动魄的活剧，领略历史的无穷魅力。

樊树志

2022 年 5 月 27 日于上海

目录

第一章 奠基：洪武开国与勋臣凋落 / 1

  凤阳的朱元璋情结 / 2

  朱元璋的文笔 / 9

  刘基的悲剧 / 18

  "积疑成狱"的胡惟庸党案 / 27

  李善长的灭门之祸 / 36

  大将军蓝玉的冤案 / 43

  朱升为何归隐 / 48

  太祖高皇帝的"免死铁券" / 53

第二章 承业：永乐窃国与冷血杀戮 / 61

  酷似乃父的朱棣 / 62

  建文帝下落之谜 / 70

  朱棣的智囊——道衍和尚 / 78

  "读书种子"方孝孺的气节 / 82

  "瓜蔓抄"及其他：建文旧臣景清与铁铉 / 89

  打着"锦衣卫"的幌子 / 93

  才子解缙的政治生涯 / 101

第三章　中衰：正统失国与夺门复辟 / 111

"弄冲主于股掌"的王振 / 112

英宗被俘与获释 / 119

贪位的景帝 / 125

"夺门之变"的台前幕后 / 131

复辟功臣的下场：徐有贞、石亨、曹吉祥 / 137

第四章　腐败：宪武昏庸与群奸乱政 / 145

宪宗与方术佞幸 / 146

宪宗擅宠的万贵妃 / 151

汪直与西厂 / 156

明君孝宗和他的诤臣们 / 162

"一个朱皇帝，一个刘皇帝"：刘瑾弄权 / 175

且看刘瑾的垮台 / 180

告密者焦芳 / 185

"甘心颐指"的李东阳 / 191

武宗与豹房政治 / 198

第五章　陵夷：嘉靖积弊与居正秉政 / 203

杨廷和拨乱反正 / 204

"大礼议"与张璁的浮沉 / 209

夏言："弃市"的首辅 / 215

锦衣卫头目陆炳 / 221

痴迷于玄修的"中材之主"：自比为尧舜的嘉靖皇帝 / 227

严嵩、严世蕃父子 / 232

徐阶："名相"还是"甘草阁老"？ / 243

海瑞的为官风格 / 249

张居正的另一面 / 254

"威权震主，祸萌骖乘"：张居正的悲剧 / 268

第六章　倾覆：天启阉祸与崇祯亡国 / 281

魏忠贤与奉圣夫人客氏 / 282

魏忠贤与阉党专政 / 288

魏忠贤个人崇拜运动 / 294

毛文龙的功过是非 / 299

袁崇焕之死 / 308

钱谦益的政治挫折 / 316

鼎革之际的陈洪绶 / 325

附录一：明朝皇帝世系表 / 335

附录二：明朝大事记 / 337

后　记 / 375

第一章

奠基：洪武开国与勋臣凋落

凤阳的朱元璋情结

朱元璋祖籍金陵（今江苏南京）句容朱家巷，其祖父朱初一带领其伯父朱五一、其父朱五四逃荒到江北泗州盱眙县，不久父亲朱五四来到濠州钟离（今安徽凤阳）县，朱元璋就出生在这里，小名为重八（两房中排行第八）。凤阳作为明朝开国皇帝的故乡，对于研究明史的人来说，它的吸引力是不言而喻的。

钟离县的太平乡孤庄村是朱元璋的出生地，今属于凤阳县城西乡二十营村。村南有一座寺庙，即朱元璋少年时出家为僧的"於皇寺"（当地人把"於"读作wū），后来才改称为"皇觉寺"。该寺庙在战乱中被焚毁后，并未再建。洪武十六年（1383），在旧址东北十六里的地面，重新修建寺庙，名为"龙兴寺"，为的是纪念这个"龙兴"之地。龙兴寺几经修缮，较前更为宏伟，有牌楼、山门、天王殿、大雄宝殿、龙兴寺碑、大悲殿、明太祖殿、地藏殿、方丈室、藏经楼等，依稀可见当年皇家寺院的气派。

这里曾经是明朝的中都，历经几百年的风雨后，其地面建筑大多已经消失，仅存皇城的颓垣断壁与鼓楼，隐约可以窥见当年的恢弘气势。如今鼓楼已经修缮一新，破败的皇城如欲恢复原貌，恐非易事。与此遥相辉映的是皇陵（朱元璋父母的墓园），经过多次修缮与扩建，规模更加宏大，长长的神道，两旁肃立的石像生，显示着皇家陵园的架势，丝毫不亚于明孝陵或十三陵。其中最为引人注目的是朱元璋亲自撰写碑文的"皇陵碑"，至今仍然高高耸立在那里，碑文还清晰可辨。

在凤阳，朱元璋留下的痕迹，不但没有淡化，反而愈来愈浓烈了。

我曾经去过两次，在当地所见所闻，给我最深的感受，就是凤阳人浓厚的朱元璋情结。

第一次是1995年8月，我从上海去凤阳参加第六届明史国际学术会议。会里会外给人强烈的印象，凤阳人似乎对朱元璋情有独钟，推崇备至。凤阳县委书记在开幕式上用强调的语气，告诉来自各地的中外学者：凤阳在中国历史上有两件事情影响最大，一是出了个皇帝朱元璋，二是1978年的"大包干"（包产到户）。

四十多年前凤阳的"大包干"，揭开了农村改革的序幕，其意义无可估量。共产党的县委书记居然把它和"出了个皇帝朱元璋"相提并论，着实令与会的学者们吃惊不小。

凤阳人心目中，朱元璋不仅为乡梓带来了无上光荣，而且他本身就有浓厚的乡土观念，特别厚爱家乡。为了开发家乡，他运用皇帝的权力，把江南富户大批迁徙到凤阳。这些人对凤阳并无好感，每年都要千里迢迢回乡祭祖上坟，沿途唱着凤阳花鼓，有一首名气最大的这样唱道：

> 说凤阳，道凤阳，
> 凤阳本是好地方，
> 自从出了朱皇帝，
> 十年倒有九年荒。

所谓十年九荒，固然有天灾的原因，更重要的是人祸——皇陵官署的赋税徭役。明末时的南京礼部侍郎钱士升祭告凤阳皇陵之后，向皇帝报告凤阳皇陵令他吃惊的衰败景象，"土地多荒，庐舍寥落，冈陵灌莽，一望萧然"。根本原因是凤阳土地贫瘠，在江北各府中列于下下等（最末一等），一遇灾荒，人们挈妻担子乞活四方。

然而当代凤阳人对这种说法十分反感。当年，滁州市委宣传部长向大会提交的一篇论文，专门对此进行反驳。文章的小标题一反常态的长："凤阳本不是好地方，朱元璋力图使凤阳变成好地方"。凤阳县委宣传部长也写文章，专门论述朱元璋的乡土情，与之呼应。

参加会议的学者们私下议论，看来在凤阳不能多讲朱元璋的坏话。果然，大会的发言都在讲朱元璋的好话，与凤阳的朱元璋情结十分合拍，成为这次明史会议的一大特色。

第二次是2008年9月，我应安徽电视台之邀，前往凤阳，与毛佩琦教授一起参加《揭秘大明王朝》电视节目的拍摄。拍摄地点在当年中都皇城东南角的鼓楼上。鼓楼的正厅矗立着一座朱元璋的塑像，身穿龙袍的皇帝似乎仍和蔼地注视着乡亲后代；背后则是朱元璋一生辉煌业绩的展览，图片与实物一直延伸到二楼。1995年鼓楼还未修缮，当然不可能有这种布展。我认真地看了展览，再一次感受到凤阳的朱元璋情结。

参加电视拍摄的，有节目主持人、毛教授和我，还有凤阳的地方史专家，以及花鼓艺人。话题集中在凤阳的皇城、皇陵上。

明朝两百多年的历史，除了南北两京（即南京和北京）之外，还有一个中都，而中都就在凤阳。这是朱元璋带给家乡的荣耀，凤阳人因此津津乐道，于是便有了"明朝三次建都"之说。在他们心目中，情况似乎是这样：朱元璋原本想把首都建在凤阳，后来才"迁都"到应天（今江苏南京），他的儿子朱棣再次迁都到北平（今北京）。

这其实是善意的误解。

明朝开国之初，朱元璋向大臣征询"建都之地"。大臣们意见纷纭，有的说"关中天府之国"，主张建都长安；有的说"洛阳天地之中"，主张建都洛阳；有的说"汴梁亦宋旧京"，主张建都开封；有的说"北平宫室完备"（元朝在此建都），主张建都北平。朱元璋说：天下刚刚平定，人民未得休息，物资和徭役的供给，全部依仗江南。

因此他主张在应天建都,因为这里有长江天堑,足以立国;而凤阳,前面有长江,后面有淮河,有险可守,又有运河沟通漕运,可以作为中都。

南京皇城的建设是在洪武元年(1368)八月开始的,洪武二年(1369)九月凤阳皇城的营建开始启动,垒城墙,建宫殿,修皇陵。几年时间皇城已经初具规模,城池有九门:正南是洪武门,左是南左甲第门,右是前右甲第门;北之东是北左甲第门,西是后右甲第门;正东是独山门,左是长春门,右是朝阳门;正西是涂山门。开国元勋刘基坚决反对营建中都,理由很简单,凤阳虽然是皇帝的家乡,但是它的各种条件都不适合建都。朱元璋接受了这个意见,放弃营建中都的念头,于洪武八年(1375)下令停工。洪武十一年(1378),朱元璋宣布:"以南京为京师。"所谓以南京为京师,意味着南京是当时的唯一首都。而中都凤阳,半途而废,由一个"中都留守司"负责管理。

不过,从万历《帝乡纪略》、康熙《凤阳府志》的记载看来,中都城墙周围九里,有东华门、西华门、午门、玄武门,有御桥、金水河,有正殿、两庑,一派紫禁城气象。可惜从来没有发挥过作用,到了崇祯年间反而成了农民起义军的袭击目标。崇祯八年(1635)正月十五日元宵节,凤阳城内一片升平气象:士女如云,笙歌彻耳。在大雾弥漫之中,八大王、扫地王、太平王等部农民军打着进香的幌子,骑兵在前,步兵在后,大摇大摆进入凤阳府城,焚烧皇陵享殿、鼓楼、龙兴寺以及官府衙门。其中有一个敢于捣毁皇帝的祖坟,并且与之分庭抗礼,自称"古元真龙皇帝"的人,这个人是谁呢?就是大名鼎鼎的八大王张献忠。

引人注目的皇陵,就是朱元璋父母的坟墓所在地。它位于太平乡,在原地增土培封,新建了享殿、前殿、寝殿,墓道两旁设置了石像生,完全按照皇帝陵墓的规格来建造。为此专门设置"皇陵卫"

和"祖祭署"，负责皇陵有关事宜，把周围三千多家乡亲作为"陵户"，世代为皇陵守护、洒扫。朱元璋对这些"陵户"给予优惠，拨给田地，免除税粮差役，让他们专心为皇陵效力。

据说，当年修建皇陵时，有关部门向朱元璋报告，建议把皇陵区域内的百姓坟墓悉数迁出。朱元璋不同意，说：这些坟墓都是我家旧邻里的，不必外迁，每年春秋祭扫，听凭他们自由出入。看得出，朱元璋对旧时乡邻是颇为感念的。

2005年，修缮一新的明中都鼓楼成为朱元璋展览馆，它的二楼是"朱元璋与凤阳"专题陈列，特别突出了"情系凤阳"与"报恩刘汪"。从中可以看到，朱元璋离开皇觉寺，参加起义军，直至当上称霸一方的"吴王"以后，三次返回故乡的事迹。朱元璋把建立汉朝的刘邦引为榜样，处处仿效。刘邦战胜英布后，路过家乡沛县，约请故人、父老、子弟一同欢饮，酒酣气益振，手舞足蹈，敲打乐器，引吭高歌：

　　大风起兮云飞扬，
　　威加海内兮归故乡，
　　安得猛士兮守四方！

朱元璋如法炮制，于是有了《太祖宴请乡邻图》，以及模仿《大风歌》的《思亲歌》：

　　苑中高树枝叶云，上有慈乌乳雏勤。
　　雏翎少干呼教飞，腾翔哑哑朝与昏。
　　有时力及随飞去，有时不及枝内存。
　　呼来呼去羽翎硬，万里长风两翼振。
　　父母双飞紧相随，雏知返哺天性真。

歔欷慈乌恸恻仁，人而不如鸟乎将何伸，将何伸！

吾思昔日微庶民，苦哉憔悴堂上亲。

有似不如鸟之至孝精，歔欷歔欷梦寐心不泯。

朱元璋这首诗不拘格律，要抒发的是"恩亲"的心情。

当年淮北饥荒，朱元璋的父亲朱五四、母亲陈二娘、大哥朱重四先后死去，二哥朱重六外出寻找活路，只剩下朱元璋孤零零一个人，那情景，他当了皇帝后亲笔所写的《皇陵碑》载道："皇考终于六十有四，皇妣五十有九而亡。孟兄先死，合家守丧。田主德不我顾，呼叱昂昂。既不与地，邻里惆怅。"幸亏好心的乡亲刘继祖给了他一块坟地，草草安葬父母，令他心酸："殡无棺椁，被体恶裳。浮掩三尺，奠何肴浆！"这就是"报恩刘汪"之中的刘继祖，而"汪"指的则是隔壁邻居汪大娘。

吴晗《朱元璋传》写道："隔壁汪老娘看着重六不放心小兄弟，提醒当年五四公不是在皇觉寺许了愿，舍朱重八（即朱元璋）给高彬法师当徒弟吗？如今何不一径当和尚去，一来还了愿，二来总有碗淡饭，不比饿死强？……汪大娘和他的儿子汪文替元璋预备了香烛，一点礼物，央告了高彬法师。九月里的一天，皇觉寺多了一个小沙弥，长老添了小徒弟。"朱元璋在《皇陵碑》中写道："值天无雨，遗蝗腾翔。里人缺食，草木为粮。予以何有，心惊若狂。乃与兄计，如何是常。兄云去此，各度凶荒。兄为我哭，我为兄伤。皇天白日，泣断心肠。兄弟异路，哀动遥苍。汪氏老母，为我筹量。遣子相送，备礼馨香。空门礼佛，出入僧房。"

野史记载，朱元璋即位后，对凤阳的乡亲"赐朱户"——允许他们在茅屋的外墙、门窗上涂上红色，不必纳粮当差，看作皇室亲戚一般。因为自己落难时，曾蒙邻居季爸爸、王妈妈照顾，当了皇帝以后，命工部为他们造房屋，给他们的儿子安排工作，还把季爸爸、王妈妈带到南京的宫殿，设宴款待。人们或许可以从中领悟，凤阳人的朱元璋情结并非无缘无故。

如今修缮一新的鼓楼、皇陵、龙兴寺都透露出凤阳人的朱元璋情结，甚至连美食也大打朱元璋牌，有什么"朱元璋酿豆腐""洪武宴大筵席""大明帝王御酒"。这恐怕是朱元璋本人也不曾料到的吧！

朱元璋的文笔

"朱元璋的文笔"，题目似乎有点突兀，为什么偏偏要谈这个没有多少文化的草莽皇帝的文笔呢？

朱元璋出生在贫苦的农家，只在幼年时上过短暂的私塾，识得几个字。然而从他打天下、治天下的经历来看，他又不像一个文盲。他一生勤奋好学，广泛涉猎经史、兵法，颇能舞文弄墨，但是要研究他的文笔，仍然有点困难。他的《御制文集》洋洋二十卷，绝大部分是出于御用文人之手的官样文章，从中看不出他的文笔究竟如何。前几年出版的《全明文》，卷首连篇累牍全是朱元璋的文章，编者显然上了《御制文集》的当了，其中真正出于朱元璋手笔的寥寥无几，实在当不得真。

不过话说回来，尽管此人没有什么文化，却喜欢写点东西，胆子很大，不怕出洋相。现在还可以看到他的一些手迹，是给部下的信函或便笺，文笔自然，不加修饰，如同当面讲话一般，而且毛笔字写得也还可以。此外依据考证断定，出于他的手笔的文章还有一些，最值得一提的莫过于《皇陵碑》了。

朱元璋十七岁那年，淮北大旱，继以瘟疫，父母兄长相继过世，他到於皇寺当小和尚。於皇寺后来改名为皇觉寺，朱元璋当了皇帝以后，改名为龙兴寺，位于凤阳城东北。民间饥荒，庙里和尚也无以为生，朱元璋有三年时间一直四处游方，美其名曰"化缘"，实际上就是乞讨。

二十一岁的朱元璋回到皇觉寺后，当地的红巾军起义已经热火朝天。朱元璋二十五岁那年，他小时候的放牛伙伴汤和参加了郭子兴领导的红巾军，便写信劝他也参军。朱元璋犹豫不决之际，有人告诉他，那封信已走漏风声。何去何从，朱元璋束手无策，只得向菩萨卜卦求签，签文示意他：逃跑与留守都有危险，不妨"就凶"（投奔红巾军），才是唯一出路。二十六年后，已经当了皇帝的他，亲笔书写了《皇陵碑》的碑文，回忆这段往事：

　　友人寄书，云及趋降。既忧且惧，无可筹详。傍有觉者，将欲声扬。当此之际，逼迫而无已，试与知者相商。乃告之曰："果束手以待罪，亦奋臂而相戕？"知者为我画计，且祷阴以默相。如其言往，卜去守之何祥。神乃阴阴乎有警，其气郁郁乎洋洋。卜逃卜守则不吉，将就凶而不妨。

　　尔后写到他招兵买马，扩大队伍，"倡农夫以入伍，事业是匡。不逾月而众集，赤帜蔽野而盈冈。率渡清流，戍守滁阳"。笔锋一转，写了一段思念亲人的话语，似乎是把亲人的状况告诉地下的父母：

　　思亲询旧，终日慨慷。知仲姐已逝，独存驸马与甥双。驸马引儿来我栖，外甥见舅如见娘。此时孟嫂亦有知，携儿挈女皆从傍。次兄已殁又数载，独遗寡妇野持筐。因兵南北，生计忙忙。一时会聚如再生，牵衣诉昔以难当。于是家有眷属，外练兵钢。群雄并驱，饮食不遑。

　　最后写到他平定天下，"倚金陵而定鼎，托虎踞而仪凤凰"，于是整修皇陵，"惟劬劳罔极之恩难报，勒石铭于皇堂。世世承运而务德，必仿佛于殷商。泪笔以述难，谕嗣以抚昌。稽首再拜，愿时时而来飨"。

　　这是一篇颇有特色的碑文，一千多字的文章，回顾他的家史，人亡家破以后，无以为生，邻居汪大娘母子把他送入於皇寺，尔后他投奔红巾军，直到平定群雄，在南京称帝的全过程。词语鄙俚粗俗，不加粉饰，却气势不凡，绝非手下那班文士可以代劳。自学成才的朱元璋果然出手不凡，先前由翰林侍讲学士危素起草的碑文，朱元璋很不满意。他在碑文的引言中说："洪武十一年夏四月，命江阴侯吴良督工新造皇堂。予时秉鉴窥形，但见苍颜皓首，忽思往日之艰辛。况皇陵碑记，皆儒臣粉饰之文，恐不足为后世子孙戒。特述艰难，明昌运，俾世代见之。"夏燮《明通鉴》洪武十一年四月条，引用上述朱元璋的话，特地加了一句："乃自制碑文，命（吴）良督工刻之。"明确指出碑文是朱元璋亲笔撰写的。他还在"考异"中征引郎瑛《七修类稿》、徐学聚《国朝典汇》的相关记载，来证明"自制碑文"这一论点。郑振铎在《插图本中国文学史》中把危素与朱元璋的碑文加以比较，说："对读起来，廷臣们的代述，却是如何粉饰得不自然！他们要代他粉饰，却反失去他的本色了。"说得真好，御用文人代笔的话，肯定是要粉饰的。朱元璋是走投无路，用求签的方式向神灵请示之后，才决定走上造反之路的，显得觉悟很不高。

他的其他诗文，名声虽不及《皇陵碑》大，也很有特色，不妨略举一二。

二十五岁的朱元璋投奔郭子兴，从九夫长升为小军官回到家乡招兵买马，同乡徐达、周德兴、费聚、陆仲亨等这些淮西人，成了他的基本班底，以后又来了谋士李善长。他的势力愈来愈大，在群雄纷争中脱颖而出。在渡江之前，有一个名叫田兴的谋士，很得朱元璋的信任，二人私交情同手足。田兴是一个淡泊名利的雅士，眼见朱元璋步步胜利，便急流勇退，悠然告别，浪迹江湖。朱元璋当上皇帝的第三年，想起了这位朋友，写了一封很动感情的信，劝他出山。信中这样写道：

元璋见弃于兄长，不下十年。地角天涯，未知云游何处，何尝暂时忘也。近闻打虎留江北，为之喜不可抑。两次招请，更不得以勉强相屈。文臣好弄笔墨，所拟词意，不能尽人心中所欲言，特自作书，略表一二，愿兄长听之。昔者龙凤之僭，兄长劝我自为计，又复辛苦跋涉，参谋行军。一旦金陵下，告（常）遇春曰："大业已定，天下有主，从此浪迹江湖，安享太平之福，不复再来多事矣。"我故以为戏言，不意真绝迹也……三年在此位，访求山林贤人，日不暇给。兄长移家南来，离京甚近，非但避我，且又拒我。昨由去使传信，令人闻之汗下。虽然人之相知莫如兄弟，我二人者，不同父母，甚于手足，昔之忧患与今之安乐，所处各当其时，而平生交谊，不为时势变也。世未有兄因弟贵，惟是闭门踰垣以为得计者也。皇帝自是皇帝，元璋自是元璋，元璋不过偶然作皇帝，并非作皇帝便改头换面，不是朱元璋也。本来我有兄长，并非作皇帝便视兄长如臣民也。愿念兄弟之情，莫问君臣之礼。至于明朝事业，兄长能助则助之，否则，听其自便。只叙兄弟之情，断不谈国家之事。美不美，江中水，清者自清，浊者自浊，再不过江，不是脚色。

　　这封信并非御用文人或秘书代笔，而是朱元璋自己亲笔所写，它的确证就是他自己在信中特地说明的："文臣好弄笔墨，所拟词意，不能尽人心中所欲言，特自作书，略表一二，愿兄长听之。"没有虚伪的客套，也没有"礼贤下士"的陈词滥调，这种"尽人心中所欲言"的真情实意，捉刀代笔者是写不出来的。文采再好的御用文人，绝无胆量如此直白地写出这样的句子："元璋不过偶然作皇帝，并非作皇帝便改头换面，不是朱元璋也。"一旦皇帝闻此言而龙颜大怒，是要掉脑袋的。信的末尾两句"再不过江，不是脚色"，露出了皇帝的霸气，与前面的口气——"兄长能助则助之，否则，听其自便"，判然两人，毕竟"作皇帝便改头换面，不是朱元璋也"。

在戎马倥偬之中，朱元璋亲笔书写了不少公文、手令，风格独特，是一种与众不同的口语体。他的部下看到这些公文、手令，就好像当面听他用凤阳口音讲话一样。

请看他给江阴卫指挥吴国兴的手令："即日我用马军往淮上取濠州安丰，你那里则是守城，不须与人野战。你那城中马军，可拨一百精锐的，教忽雷王元帅领来厮杀。你料着不妨，便拨将来。"

请看他给大将军徐达的手令："说与大将军知道……这是我家中坐着说的，未知军中便也不便，恁只拣军中便当处便行。"

再看他给李文忠的手令："说与保儿、老儿……我虽这般说，计量中不如在军中多知备细，随机应变的勾当，你也厮活落些儿也，哪里直要我都料定。"

正所谓文如其人，一个活脱脱的朱元璋已经跃然纸上了。

在不经意间，朱元璋开创了一种口语体的"圣旨"。洪武三年（1370）他为了建立"户帖"制度，亲笔写了一道圣旨，一看便知，这道圣旨出于朱元璋的手笔：

> 说与户部官知道，如今天下太平了也，止（只）是户口不明白哩！教中书省置下天下户口勘合文簿户帖。你每（们）户部家出榜，去教那有司官，将他们所管的应有百姓，都教入官附名字，写着他家人口多少，写得真，着与那百姓一个户帖。上用半印勘合，都取勘来了。我这大军如今不出征了，都教去各州县里下着绕地里去点户比勘合，比着的，便是好百姓，比不着的，便拿来做军。比到其间，有司官吏隐瞒了的，将那有司官吏处斩。百姓每（们）躲避了的，依律要了罪过，拿来做军。钦此。

这实在是极为少见的圣旨，仿佛在听朱元璋训话，全是粗鄙率直的口语，比如：把你们说成"你每"，户部说成"户部家"，充军说成"拿来做军",依律判罪说成"依律要了罪过"。如今的人们看起来有点费力,在当时却是民间日常语言,只要看一看元代杂剧里面的对白,就一清二楚了。这样的圣旨只有朱元璋才写得出来,如果由秘书代笔的话,肯定不是这个样子。明白晓畅的口语,到了史官的笔下,就变成了干巴巴的文言文了:"民者国之本也。今天下已定,而民数未核实,其命户部籍天下户口,每户给以户帖。"文字固然简洁,意思也和朱元璋并无差异,但是原先的"味道"已经消失殆尽了。

像这样很有意思的口语圣旨,朱元璋的《御制文集》里面还有,一篇写于洪武十年(1377)六月二十四日的《谕西番罕东毕里等诏》,看来日后收入文集时并未修改润饰,依然是原来面貌。大概因为自己是和尚出身,所以对信仰佛教的"西番地面"的诏书,亲自动笔,以示重视。诏书这样写道:

奉天承运的皇帝教说与西番地面里应有的土官每(们)知道者:

俺将一切强歹的人都拿了,俺大位子里坐地,有为这般。上头诸处里人都来我行拜见了。俺与了赏赐名分,教他依旧本地面里快活去了。似这般呵,已自十年了也。止有西番、罕东、毕里、巴一撒他每(们)这火(伙)人为甚么不将差发来?又不与俺马匹牛羊?今便差人将俺的言语去开与西番每(们)知道:若将合纳的差发认了送将来时,便不征他;若不差人将差发来呵,俺着人马往那里行也者。教西番每(们)知道:俺听得说,你每(们)释伽佛根(跟)前,和尚每(们)根(跟)前,好生多与布施么道?那的是十分好勾当……有俺如今掌管着眼前的祸福俚(哩),你西番每(们)怕也不怕?你若怕时节呵,将俺每(们)礼拜着,将差发敬将来者,俺便教你每(们)快活者，不着军马往你地面里来，你众西番每（们）知道者。

与前面的户帖谕旨相比，显得更加粗俗，更加土气，宛如元杂剧里面那些引车卖浆者流讲话的样子，一口一个"俺"字，一口一个"快活去了""便教你每（们）快活者"，而且通篇充满威胁的字句："你西番每（们）怕也不怕"，哪里有一丝一毫"奉天承运皇帝诏曰"的文绉绉口气！

朱元璋身体力行倡导的口语圣旨，对他的子孙后代影响巨大，此后皇帝亲笔写的圣旨（秘书代笔的除外），夹杂口语，半文半白，已经司空见惯。

《御制文集补》收录了朱元璋写的一百多首诗，读来颇感疑虑：不见得都出于他的手笔吧？不过有两首可以肯定是他写的，尽管有点流于"打油"，那种难以掩饰的霸气流露得淋漓尽致。一首题名《野卧》：

> 天为罗帐地为毡，日月星辰伴我眠。
> 夜间不敢长伸脚，恐蹋山河社稷穿。

一看便知是在当初造反时，随军露宿野外时写的，大家挤在一起，"夜间不敢长伸脚"，原本是害怕碰到身旁的将士，他偏偏说"恐蹋山河社稷穿"，野心十足，霸气十足。

另一首大概是在"三分天下有其二"的当口写的，题名《咏菊花》：

> 百花发时我不发，我若发时都吓杀。
> 要与西风战一场，遍身穿就黄金甲。

明眼人一眼看穿，这是对唐末黄巢《咏菊》诗的应和。黄巢的诗写道：

待到秋来九月八，我花开后百花杀。
冲天香阵透长安，满城尽带黄金甲。

两首诗都流露出雄霸天下的襟怀，就诗论诗，朱诗略显逊色。毕竟黄巢是"家有资财，好骑射，略通诗书"的人。不过，黄巢起兵造反，攻占了长安，最终还是失败了；朱元璋造反成功，当上了开国皇帝，霸气更胜一筹。"我若发时都吓杀"，是抑制不住的内心流露，登极以后果然如此。吴晗《朱元璋传》（1949年版）说："桀骜不驯的元勋、宿将杀光了，主意多端的文臣杀绝了，不归顺的地方巨室杀得差不多了。连光会掉书袋子搬弄文字的文人也大杀特杀，杀得无人敢说话，无人敢出一口大气。"当时的人真的"都吓杀"了！

如果研究文学史的人，根据朱元璋的诗文集，或者根据《全明文》，送给他一顶作家和诗人的桂冠，未免滑稽可笑。

有人却并不以为滑稽。他的御用文人——太子朱标的经学老师宋濂说："臣侍帝前者十有五年，帝为文或不喜书，诏臣濂坐榻下，操觚受辞，终日之间，入经出史，衮衮千余言……上圣神天纵，形诸篇翰，不待凝思而成，自然度越今古，诚所谓天之文哉！"宋濂是明初文坛盟主，居然用佩服得五体投地的言语来赞扬朱元璋的文才"度越今古"，难脱拍马溜须的嫌疑。另一个御用文人——才子解缙，原本敢于讲真话，可一旦谈到太祖高皇帝的文笔时，也和宋濂一样，赞不绝口："臣缙少侍高皇帝，早暮载笔墨楮以俟。圣情尤喜为诗歌，睿思英发，雷轰电烛，玉音沛然，数千百言，一息无滞。臣辄草书连幅，笔不及成点画，上进，才点定数韵而已，或不更一字。"倘说不是阿谀奉承，没有几个人会相信。

明朝的遗老钱谦益是相信的，他编撰的《列朝诗集小传》，开篇第一个诗人就是"太祖高皇帝"，并且说明把他"冠诸篇首"的原因："以著昭代人文化成之始。"康熙时的博学鸿儒朱彝尊，已经是清朝的顺民了，没有必要再拍前朝开国皇帝的马屁，竟然和宋濂、解缙、钱谦益一般见解。他编撰的《静志居诗话》，卷首第一人还是"明太祖"，说道："孝陵（即明太祖）不以'马上治天下'，云雨贤才，天地大文，形诸篇翰，七年而御制成集，八年而《正韵》成书，题诗不惹之庵，置酒滕王之阁，赏心胡闱苍龙之咏，击节王佐黄马之谣。"甚至认为明朝诗人辈出，"三百年诗教之盛"，全归功于明太祖在诗歌方面的"开创之功"。

宋濂、解缙、钱谦益、朱彝尊都是大名鼎鼎的文人，为什么要说这些言不由衷的假话呢？

刘基的悲剧

说起刘基的大名，知道的人可能不多；但是对于"刘伯温"，大家也许都不陌生，民间传说中都把他与《推背图》（预言兴亡变乱的图谶书）联系在一起，颇有一点神秘色彩。野史中有这样的说法：刘基在青田山洞石函中拿到四卷藏书，难以通解，遍游深山古刹，访求高人指点。遇到一仙风道骨的老道士，就跪拜恳请指教。两人闭门讨论七昼夜，穷尽"壁中书"的要旨。临别之际，老道士告诫说：凡是天人授受，因才而异，从前张良、诸葛亮得到六成，我得到八成，如今你才得到四成，已经足以澄清浊世了。这当然是传说，姑妄听之。

刘基，字伯温，浙江青田（今温州文成）人。十四岁进入学校读书，向老师学习儒家经书《春秋》，同学们很少见到他拿着经书朗读背诵，他却可以把全书默写出来。后来投身科举事业，崭露头角。焦竑《玉堂丛语》说："为文有奇气，决疑义，皆出人意表。凡天文、兵法诸书，过目洞识其要。"元末学者揭傒斯见到他，十分惊讶地说：此人是魏徵之流，而英迈犹有过之，是匡时济世的人才。

元朝末年，刘基担任地方官，由于清廉正直，仕途颇为坎坷。在当时人心目中，他是一个奇人。首先是长相奇特，远远望去，简直一副"虬髯客"模样，一脸络腮胡子，身材高挑而魁梧。其次是风格奇特，《明史》说他"慷慨有大节，论天下安危，义形于色"。更奇特的是他学问高深莫测，上知天文，下知地理，又有未卜先知的本领。不过他的真正本领并不在此，《明史》有一句话说得非常好："世所传为神奇，多阴阳风角之说，非其至也。"所谓"非其至"，意思是说"阴阳风角"并非他的强项,他的强项在于治国平天下的韬略。这一点可以从朱元璋那里得到证实,他一再称刘伯温是"我的张子房(张良)"。有人说刘伯温精通阴阳风角之术,朱元璋断然反驳道:伯温敷陈王道,经常用孔子的话来引导我,岂有阴阳风角之术的影子?

无怪乎当时的四川名人赵天泽品评"江左人物"时,首推刘基,赞誉其为诸葛孔明再世。赵天泽是四川新都人,与同乡杜圭都以研究《春秋》而齐名。后来他弃官游历江南,所到之处人们倒屣迎接。江浙行省大臣谈论到江南人物时,赵天泽首推当时无籍籍名的青田刘伯温,众人始而惊愕怀疑,继而窃笑。事后,他写信给刘基:"萧何拔韩信,玄德师孔明,非信任之笃,则泜水之奇,八阵之妙,何由照耀后世?"因此后人赞誉赵天泽"深奇预识"。

朱元璋打下浙东,仰慕刘基的才学,将他与章溢、叶琛、宋濂一起召到身边,尊称为"浙东四先生"。朱元璋召见四先生,问道:如今天下纷争,何时能定?章溢说:天道无常,它只会帮助品德高尚的人,只有不喜好杀人者才能够统一天下。刘基则条陈"时务十八策",非同凡响。一天,朱元璋问郎中陶安:这四人和你相比如何?陶安说:臣谋略不如刘基,学问不如宋濂,治民之才不如章溢、叶琛。

确实,刘基的谋略多有过人之处,在南征北战中,运筹帷幄之功最多。当时的形势,陈友谅占据湖广,张士诚占据浙西,究竟先对付哪一个,议论不决。多数将领以为苏州、湖州富庶,应该先取张士诚。朱元璋征求刘基的意见,刘基力排众议,主张先取陈友谅,说:陈友谅劫持主公、威胁下属,名号不正,而且占据我方上游,应该先打掉他;张士诚是一个守财奴,陈氏灭掉以后,张氏孤立,取他犹如探囊取物。南方一举而定,然后北向中原,帝王之业可定。朱元璋采纳了这个正确的战略决策。史家赞扬道:"陈氏平,遂决计伐（张）士诚，暨北定中原，（刘）基运筹居多。"朱升这样评价他："学贯天人，才兼文武。"可谓知人之论。

由于刘基是浙东人，受到李善长为首的淮西集团的排挤。明朝初年大封功臣，李善长封为韩国公，岁禄四千石；刘基只封为诚意伯，岁禄二百四十石；李善长官居左丞相（即首相），刘基不过是御史中丞（正二品，汤和、邓愈分别为左、右御史大夫，从一品）。开国不久，刘基就向皇帝请求致仕（退休），一般人百思不得其解，个中缘由是颇堪思量的。

为了都城的选址，朱元璋带领文武大臣到河南开封等地视察，指定左丞相李善长和御史中丞刘基留守南京。主张依法治国的刘基对李善长说：宋元两朝由于法制过于宽纵而丢失天下，如今应该严肃纲纪，让监察御史无所避忌地弹劾违法的官员，宫内的宿卫和宦官如有过失，应该请示皇太子依法惩处。几天下来，官员们对他的严厉颇为忌惮。这时，中书省一个中层官员李彬贪赃枉法，刘基准备严办，李善长对这个亲信一向眷顾，主张从宽发落。刘基不同意，但毕竟李善长是总理政务的首相，不能置若罔闻。足智多谋的刘基想出了一个点子，写了一份奏疏，派人快马加鞭送往开封，请示皇帝的圣旨。得到皇帝的圣旨，他立即把正在参加祈雨仪式的李彬就地正法。李善长大为恼怒，等到皇帝回京后，抢先告状，说刘基竟然在祭坛前杀人，实属大不敬。那些怨恨刘基的官员，也纷纷乘机诬陷刘基。

朱元璋没有表态。几天后，他借天旱征求刘基意见，刘基说：阵亡士兵的妻子全部集中居住在营房，达几万人之多，阴气郁结。另外隶属于官府的工匠死亡后，暴尸野外，这些都足以"上干和气"。朱元璋采纳了刘基的意见，采取了措施，但十天以后仍不下雨，便狠狠地训斥了他。惹恼了皇帝和首相，刘基意识到，离去的时刻到了。正好这时他的妻子过世，他便向皇帝请求"告归"。洪武元年（1368）八月，当了几个月御史中丞的刘基以"致仕"的形式告别政坛。

临别前，刘基就两件大事向皇帝提出忠告：一件是，针对皇帝有意把自己的家乡凤阳作为中都，直截了当地表示反对，指出凤阳虽然是皇帝家乡，但并非建都之地；另一件是，应该集中力量消灭元朝残余势力。朱元璋接受了前一点，对于后一点有所忽视，措置失当，让蒙古军队逃回大漠，成为北方边疆的大患。于是乎，朱元璋恍然大悟，这位张子房式的人物是不可或缺的，就在当年年底，写了亲笔信，把刘基召回南京，给予丰厚的赏赐，追赠其祖父、父亲为"永嘉郡公"。

朱元璋一如既往地信任刘基，视为心腹，每次召见他，屏退左右，长时间密谈。刘基也为知遇之恩而感动，知无不言，言无不尽。以前在战争时期，每每遇到急难，他勇气奋发，当机立断，人莫能测。现在太平了，他所谈大多是帝王之道，朱元璋洗耳恭听。

皇权与相权历来是一对矛盾，互相抑制，此消彼长。朱元璋是一个权力欲极强的人，喜欢大权独揽，对于左丞相李善长为首的淮西集团势力膨胀有所不满，抑制的办法只有一个，即撤换李善长，另择丞相人选。这种重大人事变动，是绝对机密，只能和刘基商量（因为他不属于淮西集团）。刘基一听要撤换李善长，立即表示反对。于是君臣之间有一场推心置腹的对话。关于这场对话，黄伯生《诚意伯刘公行状》、王世贞《弇州史料前集》、《明史·刘基传》都有记录。

刘基说：李善长是开国元勋，能调和各路将领。

朱元璋说：他多次要害你，你还为他讲好话，如此高风亮节，我要任命你为丞相。

刘基深知在淮西集团当权的情势下，他孤掌难鸣，很难在朝廷站稳脚跟，坚决辞谢。并且说了一段意味深长的话：房屋如果要调换顶梁柱，必须寻找大树，假如用一株小树来当顶梁柱，房屋肯定倒塌。

朱元璋又问：杨宪如何？

刘基并不因为和杨宪有私交而放弃原则，如实回答：杨宪有丞相的才干，没有丞相的气度。丞相必须保持水一般平衡的心态，用义理来权衡一切，而不感情用事。这一点，杨宪做不到。

朱元璋又问：汪广洋如何？

刘基说：此人心地、见识狭隘短浅，还不如杨宪。

朱元璋又问：胡惟庸如何？

刘基不屑一顾，用比喻的口气给予否定：就好比一头小牛犊，要让它去驾车或耕田，我担心会坏事，不是翻车就是破犁。

提出的候选人都被一一否定，朱元璋再次重申：我的丞相人选，诚然没有一个超过先生的。言下之意是敦请刘基出任此职。

刘基已经推辞过一次，见皇上再次提起，立即用坚决而又委婉的语气推辞，说明自身的弱点：臣疾恶太甚，口无遮拦，一向闲散惯了，无法应对繁杂的行政事务，在这个位子上，恐怕辜负皇上的重托。天下之大，哪里会找不到人才呢？请明主悉心搜求。不过刚才提到的几个人，确实并不合适。

这场君臣之间的对话，值得细细玩味。对于朱元璋而言，已经感受到以李善长为首的淮西集团对皇权的潜在威胁，希望"浙东四先生"之一的刘基取代李善长，起到平衡和制约的作用。而刘基则逐渐领悟到共同打天下易，共同坐天下难，再度萌生去意，仿效汉初的张良，功成名就，急流勇退。因此一再婉言拒绝朱元璋的敦请，不想卷进权力争夺之中，以免招来杀身之祸。

被刘基否定的那三个人，是朱元璋心目中的人才，先后受到重用，也先后被朱元璋处死。杨宪，洪武三年（1370）被处死；汪广洋，洪武十二年（1379）被处死；胡惟庸，洪武十三年（1380）被处死。难道刘基受到重用后，会是例外？

洪武四年（1371）正月，左丞相、韩国公李善长致仕。三月，弘文馆学士、诚意伯刘基致仕。这两个人离开政坛，对于朝廷而言是很大的损失是毋庸置疑的。他俩早先在朱元璋心目中，一个是萧何，一个是张良，现在大局已定，难道就不需要像萧何、张良那样一言九鼎、力挽狂澜的大臣了吗？

李善长和刘伯温虽然都是致仕，但情况却各不相同。按照《明史》说法，李善长"外宽和，内多忮刻"，大权在握之后，"意稍骄"，皇帝对他感到厌恶。表面上李善长是以身体有病为由请求辞职，实际上是被罢官的。刘基则不同，他看到李善长离去，取而代之的是汪广洋、胡惟庸，感到"不安于其位"，主动请辞。朱元璋还写信去向他请求临别赠言，刘基在回信中特别强调："霜雪之后，必有阳春，今国威已立，宜少济以宽大。"这是针对朱元璋"用法严峻"而言的，可惜没有被接受，史书对此有这样的感叹："而卒不能止太祖晚年之诛戮。"不过朱元璋很有礼貌地送了一首诗给他，题目是《赠刘伯温》：

> 妙策良才建朕都，亡吴灭汉显英谋。
> 不居凤阁调金鼎，却入云山炼玉炉。
> 事业堪同商四老，功劳卑贱管夷吾。
> 先生此去归何处？朝入青山暮泛湖。

刘基真的能够"朝入青山暮泛湖"吗？

晚明文坛盟主钱谦益从刘基的诗歌中读出了言外之意，窥探出他一生三个阶段的不同心态：第一阶段是元朝末年，他以"命世之才"自负，却"沉沦下僚，筹策龃龉"，所写的诗歌"哀时愤世"，流露出"几欲草野自屏"的心境；第二阶段是被召入朱元璋幕府以后，"艰危共事，遇知己，效驰驱"，所写的诗歌，"魁垒顿挫，使读者偾张兴起，如欲奋臂出其间者"；第三阶段是明朝建立以后，辅佐皇帝，运筹帷幄，"列爵五等，蔚为宗臣"，可谓"得志大行"了，所写诗歌却是"悲穷叹老，咨嗟幽忧"，当年的飞扬意气荡然无存。钱谦益所说的"悲穷叹老，咨嗟幽忧"，反映的正是刘基急流勇退前后的心境，许多不能说的话都由诗歌表露出来了。

此时的刘基虽然"悲穷叹老"，却怕难掩疾恶如仇的本性，招来祸水，索性隐居山中，与外界隔绝，每天以饮酒下棋为乐。青田知县求见不得，化装成农夫再次前来，刘基正在洗脚，命小儿子把他带进茅舍，粗茶淡饭招待。来人告诉他，自己是青田知县，刘基赶紧起身，连称草民，拜谢而去，从此不复再见。

然而远离政治旋涡，仍不免于祸。孟森以史家独有的深邃目光洞察到这一点："诚意（刘基）之归隐韬迹，非饰为名高也，亦非矫情也，盖惧祸耳。"功成名就以后仍保持忧危心态，这一点与张良相似，但是张良的急流勇退是成功的——得以善终，而刘基"犹且不尽免祸"。孟森读史至此，感慨不已。

归隐是为了避祸，却不免于祸，是一个悲剧。制造悲剧的关键人物恰恰是刘基不屑一顾的胡惟庸。这时，他已经在中书省掌管实权，不知通过什么途径，获悉刘基在皇帝面前说他无能，怀恨在心，指使他的亲信诬陷刘基，说什么刘基会看风水，在一块有"王气"的土地上为自己建造坟墓，心怀叵测。这一招果然奏效，激起朱元璋的猜忌，下旨剥夺其俸禄。刘基惧怕带来大祸，立即赴京请罪，并且留在南京，显示自己的清白。

不久，胡惟庸升任中书省右丞相。刘基悲戚至极，感叹道：希望我先前的"劣马驾车"预言不灵验，天下苍生有福了。如此忧心忡忡度日，终于病倒了。洪武八年（1375），朱元璋派人把他护送回乡，不久他就病死了。

四年后，刘基的同僚、御史中丞涂节揭发，刘基是被胡惟庸毒死的。刘基在南京病重时，胡惟庸派来医生为其诊治，服了医生的药后，刘基病情恶化——"有物积腹中如拳石"，显然是中毒了。这一情节在《明太祖实录》中有记载：

> 御史中丞涂节言：前诚意伯刘基遇毒死，（汪）广洋宜知状。上（指皇帝）问广洋，广洋对以"无是事"。上颇闻（刘）基方病时，丞相胡惟庸挟医往候，因饮以毒药。乃责广洋欺罔，不能效忠为国，坐视废兴。

胡惟庸毒死刘基，在《明史》中有多处提到，可谓确证。刘基的长子刘琏，很有才华，洪武十年（1377）受胡惟庸亲信胁迫，堕井而死，则是一个旁证。黄伯生撰写的《诚意伯刘公行状》写得更为具体：

> 洪武八年正月，胡丞相惟庸以医来视疾，饮其药二服，有物积腹中如拳石，遂白于上（指皇帝），上亦未之省也。自是疾遂笃。三月，上以公久未出，遣使问之，知其不能起也，特御制为文一通，遣使驰驿送公还乡里。居家一月而薨。

这一点，还可以从朱元璋和大臣的谈话中得到印证："后来胡（惟庸）家结党，他（刘伯温）吃他下了蛊了。只见一日来，和我说：'上位，臣如今肚内一块硬结怛，谅着不好。'我着人送他回去，家里死了。后来宣得他儿子来问，说道：胀起来紧紧的，后来泻得鳖鳖的，却死了。这正是着了蛊了。"

值得注意的是，明史专家吴晗考证的结论是："刘基被毒，出于明太祖（朱元璋）之阴谋。胡惟庸旧与刘基有恨，不自觉地被明太祖所利用。"倘若这个考证正确，那么刘基的悲剧就更令人唏嘘不已了。

看来刘伯温先生并没有未卜先知的本领，否则的话，早知今日何必当初呢？

"积疑成狱"的胡惟庸党案

胡惟庸名列《明史·奸臣传》，对他而言并无不公，此人本来就是一个宵小之徒，为人阴险狡猾，惯于钻营，一旦大权在握便得意忘形。如果按照老百姓"好人/坏人"模式来衡量，他肯定不是一个好人。他被处死后株连数以万计的"胡党"，绝大多数却并非奸臣，不少还是功臣。历史上开国皇帝杀功臣，屡见不鲜，不足为奇。"胡惟庸党案"是此类事件又一次重演，不过奇特得令人震惊，却又迷雾重重。

由于胡惟庸被株连的官员成千上万，官场上一片恐怖气氛，人人自危，噤若寒蝉，文人学者多不敢记载此事。《明太祖实录》大抵是依据当时官方公布的《昭示奸党录》之类官方文书来撰写事件的始末，清朝人编写的《明史》也没有跳出这一窠臼，因此后人阅读这一段历史，不免扑朔迷离。1934年，吴晗在《燕京学报》发表论文《胡惟庸党案考》，才使真相大白：其一，胡惟庸是一个"枭猾阴险专权树党的人"，被"自私惨刻的怪杰"朱元璋处死，是咎由自取；其二，所谓胡惟庸及其党羽企图谋刺皇帝、勾通倭寇之类罪状，一概子虚乌有，是为了株连"胡党"而虚构的。

胡惟庸和李善长是同乡，都是濠州定远（今安徽省滁州市定远县）人，朱元璋奉郭子兴之命打下和州（今安徽省马鞍山市和县），他前往投奔，在元帅府当差，后来外放宁国知县、吉安通判、湖广佥事，逐渐晋升为太常寺卿，洪武三年（1370）进入中书省，任参知政事。这一切离不开李善长的提拔。

中书省是丞相的办事机构，是朝廷的中枢，因此成为皇帝和大臣关注的焦点。当时最有可能取代已经失宠的李善长的是杨宪。朱元璋多次说："杨宪可居相位。"把他由御史中丞调任中书省左丞之职。杨宪其人优点突出，缺点也突出，刘基说他"有相才无相器"，是有道理的。史书对他的评价是："有才辨，明敏善决事，然忮刻，有不足于己者，辄以事中伤之。在中书，欲尽易省中故事，凡旧吏皆罢去，更用己所亲信者。"胡惟庸对这个山西阳曲（今山西省太原市）人耿耿于怀，和左丞相李善长说："杨宪为相，我等淮人不得为大官矣！"李善长心领神会，终于抓住了杨宪的把柄。

事情是这样的：朱元璋鉴于李善长有病，把陕西参政汪广洋晋升为中书省左丞。当时杨宪是右丞，厌恶汪广洋位在自己之上，每每独断专行，不把汪广洋放在眼里。汪广洋初来乍到，十分低调，依违于其间，杨宪仍不满意，嗾使侍御史刘炳弹劾汪广洋"奉母无状"，使其遭到皇帝谴责，调回陕西。杨宪还不罢休，奏请皇帝把汪广洋调往海南，朱元璋很不高兴，对杨宪有所怀疑。李善长抓住时机，上了一道奏疏，指责杨宪"排陷大臣，放肆为奸"。不明内情的刘炳继续攻击汪广洋，朱元璋发觉是诬陷，逮捕刘炳。刘炳终于交代，他所做的一切都受杨宪指使。于是，朱元璋老账新账一起算，处死杨宪、刘炳，召还汪广洋，恢复其中书省左丞之职，后来还加封其为"忠勤伯"。洪武四年（1371）正月李善长罢官后，汪广洋出任中书省右丞相，胡惟庸出任中书省左丞。胡惟庸的官职低于汪广洋，却"专决省中事"，反过来指责汪广洋"无所建白"，终于导致右丞相汪广洋被贬为广东行省参政。朱元璋以为胡惟庸是一个干才，在洪武六年（1373）七月升任他为右丞相，并且按照他的推荐，任命陈宁为御史大夫，涂节为御史中丞。洪武十年（1377）九月又升任胡惟庸为左丞相，虽然朱元璋再度起用汪广洋为右丞相，对胡惟庸有所制约，但仍改变不了胡惟庸"独相"的局面。《明史·胡惟庸传》写道：

自杨宪诛，帝以惟庸为才，宠任之。惟庸亦自励，尝以曲谨当上意，宠遇日盛。独相数岁，生杀黜陟，或不奏径行，内外诸司上封事，必先取阅，害己者辄匿不以闻。四方躁进之徒及功臣武夫失职者，争走其门，馈遗金帛名马玩好，不可胜数。

在此之前，御史大夫韩宜可就对胡惟庸与陈宁、涂节之流恃宠擅权，有所不满，当面向皇帝递交弹劾奏疏，措辞十分尖锐："三人险恶似忠，奸佞似直，恃功怙宠，内怀反侧，擢置台端，擅作威福，乞斩其首以谢天下。"朱元璋当时满以为胡惟庸是人才，对他宠信有加，看到韩宜可请求处死胡惟庸、陈宁、涂节的奏疏，大为愤怒，破口大骂："快口御史，敢排陷大臣耶！"当即把他押入锦衣卫诏狱（遵照皇帝诏令关押人犯的监狱）。不久，国子监助教吴伯宗察觉胡惟庸的奸恶，不愿同流合污，被胡惟庸贬官至凤阳。吴伯宗上书皇帝："惟庸专恣不法，不宜独任，久之必为国患。"这次似乎引起了朱元璋的重视，把他从凤阳召回，赏赐衣钞，让他出使安南（今越南顺化以北），返京后调入翰林院。

胡惟庸是个厉害的角色，听不得反对意见，报复心理极强。为大明王朝立下丰功伟绩的大将军徐达，为人正直，早就看穿了胡惟庸的奸猾本性，向朱元璋从容进言，希望他有所提防。胡惟庸得知后，蓄意报复，用重金收买徐府门房福寿，诱使他诬陷徐达。幸亏福寿不为所动，事态才没有恶化。刘基曾经在朱元璋面前把胡惟庸比喻为劣马，胡惟庸指使亲信诬陷刘基祖坟有"王气"，居心叵测，朱元璋信以为真。据传刘基病重时，朱元璋命胡惟庸派医生去诊治，却使刘基中毒而死。胡惟庸与李善长关系愈来愈密切，把自己的侄女许配给李善长的侄子，结成姻亲。自以为背景强硬的胡惟庸，得意忘形，贪贿弄权，更加肆无忌惮。

胡惟庸的擅作威福，激化了相权与皇权的矛盾，朱元璋感到前所未有地大权旁落。此前左丞相李善长小心谨慎,右丞相徐达经常统兵在外,后来提拔的右丞相汪广洋只知饮酒而不管事,相权与皇权的矛盾是隐而不显的。权势欲极强的朱元璋,用人多疑,颇有心计,在任命胡惟庸为左丞相的同时,重新起用汪广洋为右丞相,希望他们互相牵制。后来他逐渐发现胡惟庸的"奸状",而汪广洋"依违其间,无所救正",甚为不满。洪武十二年(1379)九月,占城(今越南中南部)国王派遣使臣前来朝贡,胡惟庸没有向他报告,他从太监那里得到消息,愤怒地指责中书省,胡、汪二人一面顿首谢罪,一面诿过于礼部,朱元璋更怒不可遏。正巧这时御史中丞涂节揭发:刘基是胡惟庸毒死的,汪广洋应该知道。朱元璋怒上加怒,谴责汪广洋"朋欺",也就是朋比为奸欺君罔上,撤销其右丞相官职,贬往广东,行至半途,又追加罪状,下旨"赐死"。对于胡惟庸而言,这是一个不祥之兆。

洪武十三年(1380)正月春节期间,朱元璋突然宣布,以"擅权植党"罪处死左丞相胡惟庸。处死首相,是一件非同寻常的政治事件,朱元璋为此发布了一系列诏书,但都没有涉及"谋反"之事。在第一道诏书中,他告诫文武百官,朝廷设立中书省"以总天下之文治",设立都督府"以统天下之兵政",设立御史台"以振朝廷之纲纪","岂意奸臣窃持国柄,枉法诬贤,操不轨之心,肆奸欺之弊。嘉言结于众舌,比朋逞于群邪"。因此他主张"革去中书省",提升六部职权,并且用商量的口吻问道:"卿等以为何如?"第二道诏书继续清算胡惟庸等人的罪状:"丞相汪广洋、御史大夫陈宁,昼夜淫昏,酣歌肆乐,各不率职,坐视废兴,以致胡惟庸私构群小,贪缘为奸,或枉法以惠罪,或执政以诬贤。"在正式宣布废除中书省与丞相制度的诏书中,他引经据典:"自古三公论道、六卿分职,不闻设立丞相。自秦始置丞相,不旋踵而亡。汉唐宋虽有丞相,然其间亦多小人专权乱政。"因此决定废除中书省与丞相,"大权一归朝廷",

"以后嗣君毋得议置丞相，臣下敢以此请者，置之重典"。此后他特命儒臣编撰《相鉴奸臣传》，并亲自为此书写了序言，依然是针对胡惟庸，"不守人臣之分，恃要持权，窥觎人主之意，包藏祸心，舞文弄法"。自始至终没有一字一句牵涉"谋反"情节。

平心而论，用"擅权植党"罪处死胡惟庸，绰绰有余。对于胡惟庸而言，可谓咎由自取。问题在于，朱元璋要除掉的并非胡惟庸一个人，而是一个庞大的"胡党"。御史大夫陈宁、御史中丞涂节以"胡党"罪被杀，受牵连的"僚属党羽"达三万多人。

一些官员察觉皇帝的心态，投其所好，纷纷请求株连李善长、陆仲亨等开国元勋。朱元璋没有同意，他这样说：我当初起兵时，李善长来投奔，说终于重见天日了。当时我二十六岁，善长四十岁，他的建言大多符合我的意思。陆仲亨当时十七岁，父母兄弟都死了，他害怕被乱兵所杀，抱了一升麦子躲在草丛中。我叫他出来，跟随我打天下，以功封侯。这些人都是我初起时股肱心腹，我不忍心杀他们。

这其实是真实的假话。罗织起来的"胡党"，极大部分是捕风捉影、恶意诬陷的。最为令人不可思议的"胡党"分子，是明朝制定礼乐制度的大儒宋濂，以及浦江（今浙江省金华市浦江县）义门郑氏。

洪武十三年（1380）十二月，已经退休的宋濂，因为孙子宋慎的关系，被罗织为"胡惟庸党"，从金华家乡押解南京。朱元璋要把他处死，马皇后从旁阻拦，说：民间延聘一位老师，尚且能够始终不忘恭敬，宋先生亲自教导太子和诸王，怎么忍心杀他？况且宋先生住在金华家中，怎么知道朝廷的事情？这一番话说得朱元璋哑口无言，只得把死刑改为流放。宋濂在发配四川茂州（治所在今四川茂县）的途中，死于夔州（治所在今重庆奉节）。

金华浦江义门郑氏家族，是几百年累世同居的孝义之家，受到地方乡邻敬仰。他们近乎隐居，和胡惟庸毫无关系。可能是因他们的家训《郑氏规范》有宋濂撰写的序言，而受到牵连。有人诬告他们"交通胡惟庸"，因而也被"指为胡党"。

当然，朱元璋发动"胡惟庸党案"，主要是针对朝廷中掌握实权的元老重臣。仅仅"擅权植党"罪是不够的，必须继续罗织，使胡惟庸的罪状不断升级，从"通倭"（沟通倭寇）、"通虏"（沟通北元）到"谋反"。

为了达到这一目的，朱元璋在洪武十五年（1382）设立了特务机构锦衣卫。锦衣卫的职掌，《大明会典》把它概括为两点："直驾侍卫"与"巡察缉捕"。事实上锦衣卫令人望而生畏的并非"直驾侍卫"，而是"巡察缉捕"。它的镇抚司专门从事侦查、逮捕、审问人犯，并且有自己的监狱——直接听命于皇帝的"诏狱"。《明史·刑法志》说："锦衣卫狱者，世所称诏狱也……幽縶惨酷，害无甚于此者。太祖时，天下重罪逮至京者，收系狱中，数更大狱，多使断治，所诛杀为多。"

锦衣卫秉承皇帝旨意，逮捕"胡党"，刑讯逼供，罗织罪状，编成《昭示奸党录》，作为惩处"胡党"的依据。此书现在已不易见到，钱谦益是见到过此书的，他写的《太祖实录辨证》说："国初《昭示奸党》凡三录，冠以手诏数千言，命刑部条列乱臣情辞，榜示天下，至今藏贮内阁。余得以次第考之。"其中的一条，说的是胡惟庸和他的同党阴谋发动宫廷政变的情节：

自洪武八年以后，（胡）惟庸与诸公侯约日为变，殆无虚日。或候上（指皇帝）早朝，则惟庸入内，诸公侯守四门；或候上临幸，则惟庸扈从，诸公侯分守信地，皆听惟庸调遣，期约举事。其间，或以车驾不出而罢，或以宿卫严密，不能举事而罢。皆惟庸密遣人麾散，约令再举。五年之中，期会无虑二百余。

这段文字分明是在揭露胡惟庸等人企图行刺皇帝，从洪武八年到十三年，这伙"胡党"密谋活动竟有两百多次！五年间怎么可能不露一点痕迹？而且洪武十三年处死胡惟庸时，为何只字未提？

有些"胡党"的招供编入了《大诰》之中，例如"李茂实胡党第七"这样写道：当初，不知李茂实是胡党。由上元县民孙才四介绍，投靠胡惟庸门下，引诱邻里乡民充当义兵。胡惟庸被处死后，李茂实逃窜，直到洪武十九年（1386）在沙县客店被捕。李茂实招供：洪武九年见到胡惟庸，在他家饮酒后，在西厅宿歇。次日，胡惟庸给李茂实一百三十个银锭，作为招募义兵的经费，云云。

这种语无伦次的文字，作为胡惟庸"谋反"的证据，只有锦衣卫那些头脑简单的打手才会相信。稍有头脑的人必然会反问：假如胡惟庸真想"谋反"，他的"胡党"里有不少开国元勋，手下兵多将广，哪里用得到老百姓的"义兵"呢？权倾一时的首相，即使要"谋反"，也绝不会和李茂实之辈商量，并且留他在家过夜。诸如此类的供词，破绽百出，荒诞不经，是不言自明的。

《大诰》有一条"指挥林贤胡党第九"，涉及"谋反"的主要情节——"通倭"，这样写道：指挥林贤在南京时，已与胡惟庸交往，结成死党。胡惟庸派遣亲信陈得中，与日本朝贡使节归廷（归廷乃人名）密谋，由林贤前往日本请求国王发兵，打着进贡来朝的幌子，配合胡惟庸谋反。

《明太祖实录》关于胡惟庸"通倭""通虏"的记载，就是根据《昭示奸党录》《大诰》写的——"惟庸使指挥林贤下海招倭军，约期来会。又遣元臣封绩致书称臣于元，请兵为外应"。吴晗《胡惟庸党案考》明确指出这些纯系捏造，他说："在胡案初起时胡氏的罪状只是擅权植党，这条文拿来杀胡惟庸有余，要用以牵蔓诸勋臣宿将却未免小题大做。在事实上有替他制造罪状的必要。明代的大患是南倭北虏，人臣的大罪是结党谋叛，于是太祖和他的秘书们便代替胡氏设想，巧为造作，弄一个不相干的从未到过北边的江苏人封绩，叫他供出胡惟庸通元的事迹，算作胡党造反的罪状。后来又觉得有破绽，便强替封绩改籍为河南人，改身份为元遗臣，又叫他攀出李善长，引起第二次屠杀。一面又随便拣一个党狱中人林贤，捏造出一串事迹，算他通倭。"

洪武二十三年（1390），朱元璋指使亲信精心策划，唆使李善长家奴卢仲谦，无中生有地告发李善长与胡惟庸勾结，串通谋反。"谋反"的罪状是要满门抄斩的，看得出来，朱元璋想要斩草除根。他振振有词地说：李善长既是开国元勋，又是皇亲国戚，知道胡惟庸的"逆谋"而不揭发，狐疑观望，首鼠两端，大逆不道。

欲加之罪，何患无辞！七十七岁的李善长一门七十多人被杀，只有长子李祺因为有妻子临安公主的庇佑，才幸免一死。

接着又有吉安侯陆仲亨家奴出来告发，说陆仲亨勾结唐胜宗、费聚、赵雄等侯爵，"与胡惟庸共谋不轨"。家奴的诬告成为定罪的唯一依据，结果统统满门抄斩。

在朱元璋心目中，"满朝都是胡党"，必须彻底肃清，并且把《昭示奸党录》公布于天下。据史家记载，肃清的"奸党"，包括家属在内，约有三万人之多，令人毛骨悚然。

陆容在《菽园杂记》中说，他弱冠时在太仓兴福寺见到一位八十多岁的老和尚，此老年轻时曾参与纂修《永乐大典》，颇有见识。老僧曾对客人说："洪武间，秀才做官喫多少辛苦？受多少惊怕？与朝廷出多少心力？到头来，小有过犯，轻则充军，重则刑戮。善终者十二三耳。其时士大夫无负国家，国家负士大夫多矣。"当时士大夫能够逃过杀身之祸的不过十之二三，毫无疑问是国家有负于士大夫。想不到出家人对尘世的是非看得那么透彻。

后世的史家对"胡惟庸党案"颇持怀疑态度，王士骐《皇明驭倭录》就对胡惟庸"通倭""谋叛"的说法表示质疑："近年勘严世蕃亦云交通倭虏，潜谋叛逆，国史谓'寻端杀之，非正法也'。胡惟庸之通倭，恐亦类此。"谈迁《国榷》明确说，"（胡）惟庸非叛也"，乃是"积疑成狱"，可谓一语道破。

李善长的灭门之祸

李善长大概可以算是明朝开国元勋中权势最为显赫的人物。明太祖朱元璋大封功臣，将功劳最大的六人册封为公爵，其中五人都是战功彪炳的武将——徐达、常遇春、李文忠、冯胜、邓愈，唯独李善长是没有战功的文官，却排名第一。足见此公在朱元璋心目中的地位无人可以企及。

这样的第一功臣，怎么会有灭门之祸呢？且听在下细细道来，以品味险恶仕途中的个人命运。

李善长字百室，濠州定远人，年少时勤奋读书，从书本中吸取智慧与计谋，策划事情常常八九不离十，特别精通法家言论。朱元璋的军队打到滁州附近，他前往投奔，为朱元璋指点迷津：秦末大乱，布衣出身的刘邦豁达大度，知人善任，用了五年时间成就帝业。现今天下土崩瓦解，你如果以刘邦为榜样，天下指日可定。打下滁州，朱元璋提升李善长为参谋，让他参与谋划，负责粮饷，特别被亲近信任。随着朱元璋势力的发展，李善长的官职步步高升。朱元璋自封为吴王，李善长出任右相国，处理日常政务。朱元璋率领军队四处征讨，命李善长留守，转调军饷，安定后方。朱元璋登上皇帝宝座，李善长以中书省左丞相主持朝廷日常事务，册立后妃、太子、诸王，建立各种制度，事无巨细，全权处置。朱元璋前往汴梁（今河南开封）考察，特许李善长全权处理朝廷大事。

洪武三年（1370），大封功臣，李善长以太师、左丞相的身份，封为韩国公，年薪四千石粮食，还得到了皇帝赏赐的"免死铁券"，可以免除自己"二死"，儿子"一死"。传统戏剧中常常提到所谓

"免死金牌"，并非捕风捉影，而是确有其事，不过明朝是一种铁牌，上面不是几个字，而是一篇短文：

> ……朕起自草莱，提三尺剑，率众数千，居群雄肘腋间，未有定期。而善长来谒辕门，倾心协谋，从渡大江。于是定居建业，威声所至，无不来附，不一二年间，集兵数十万，东征西伐，日不暇给。尔独守国，转运粮储，供给器仗，未尝缺乏。况剸繁治剧，和辑军民，无有怨谣之言。此上天以授朕，朕独知之，其人人未必尽知也。昔者汉萧何有馈饷之功，千载之下，人皆称焉。比之于尔，萧何未必过也。今天下一家，尔年已高，朕无以报尔，是用加尔爵禄，使尔子孙世世承袭。朕本疏愚，皆遵前代哲王之典礼，兹与尔誓：除谋逆不宥，其余若犯死罪，尔免二死，子免一死，以报尔勋……

以皇帝的口气称赞李善长，和辑军民，治理政务，功劳可以和汉朝萧何相媲美，无以为报，特赐铁券。最为关键的一句话是："除谋逆不宥，其余若犯死罪，尔免二死，子免一死。"可见所谓"免死"是有条件的，就是"谋逆不宥"——谋反罪不得免死。有了这一条，后来朱元璋处死李善长，就算不上出尔反尔、言而无信了。所有免死铁券都有这一句话，可谓用心良苦，它可以使"免死"成为一句冠冕堂皇的空话。

宦海沉浮，世事难料。朱元璋在赞誉李善长功劳可以和萧何相媲美的同时，已经在考虑取代他的人选了。原因就在于李善长的势力过于膨胀，日益成为皇权的潜在威胁。为此朱元璋秘密召见刘基，商议左丞相人选问题。刘基虽然受到李善长排挤，仍出于公心，希望皇上不要撤换李善长，理由是：李善长是开国元勋，声望卓著，能够调和各方势力；而且皇上提出的继承人选——杨宪、汪广洋、胡惟庸，都不合适。朱元璋没有接受刘基的建议。洪武四年（1371），李善长以体面致仕的方式交出了左丞相的权位。

李善长交出权位后逍遥度日，难道就可以像另一位开国元勋汤和那样得以善终了吗？不一定。他不是汤和那样宁静淡泊的人。他迷恋权势，《明史·李善长传》对他有七个字的品评："外宽和，内多忮刻。"所谓忮刻——嫉妒刻薄，必然和权势纠葛在一起。

李善长毕竟是第一功臣，退休的待遇非他人可比。皇帝赏赐给他田地几千亩，佃户一千五百家，另有"守冢户"（看守坟墓的专业户）一百五十家，以及卫士二十家。还要他负责在凤阳营建中都，修造宫殿。由于他的关系，洪武七年（1374），他的弟弟李存义提升为太仆寺丞；洪武九年（1376），他的儿子李祺和皇帝的女儿临安公主结婚，李祺成为驸马都尉。

退休之后的李善长依然可以呼风唤雨，是很容易引来非议的。御史大夫汪广洋弹劾他"挟宠自恣"，举出来的事例却比较肤浅：陛下日前龙体欠佳，将近十天不上朝，他不闻不问；他的儿子——驸马都尉李祺竟然六天不来朝见，被叫到殿前，还不认错，实属"大不敬"。结果李善长受到处罚——削减岁禄一千八百石。这大概可以看作李善长命运转折的一个信号。

洪武十三年（1380），胡惟庸以"擅权植党"罪被处死，一大批"胡党"被株连。不少大臣仰承皇帝旨意，纷纷请求处死"胡党"分子李善长。出乎意料的是，朱元璋没有接受这一请求，他解释说：我当初起兵时，李善长前来投奔，说从此见天日了。那年我二十七岁，善长四十一岁。他是我初起时的股肱心腹，我不忍心惩处。

平心而论，胡惟庸是李善长一手提拔起来的，也是他积极向皇帝推荐而升任左丞相的。胡惟庸处死后，追查下去，李善长自然难辞其咎，说他是"胡党"，并非毫无根据。但是仅凭这一点，难以置他于死地。朱元璋在一道题为《谕太师李善长》的敕文中这样教训昔日心目中的"萧何"：

> 今卿年迈，故精力之为可期。不审为何同小吏而枉功臣，而乃夤昏定拟诡语，符同朝奏，此非臣下之当为……卿谋欺诳，法当斩首。然行赏有誓，尔当三免极刑。今无患矣，止削禄千四百石。

朱元璋在大封功臣时颁发给李善长的"免死铁券"中，写着皇帝的誓言——"尔免二死，子免一死"，加在一起，就是敕文中所说"尔当三免极刑"，因此，削夺年薪一千四百石，以示警告。那么罚了年薪以后，李善长真的"无患"了吗？非也，朱元璋在等待"罪状"的升级。

洪武二十三年（1390），即胡惟庸被杀十年以后，李善长的罪状由"擅权植党"升级为"通倭""通虏"，也就是勾结日本、蒙古"谋反"。既然是"谋反"，规模一定不小，不是一个人干得了的，肯定有一个庞大的"胡党"，幕后主使人就是已经退休的李善长。

当然，所谓"谋反"云云完全是子虚乌有的。这一点，明史专家吴晗已经考证得非常清楚了。他1934年发表于《燕京学报》的长篇论文——《胡惟庸党案考》，结论十分明确："在胡案初起时胡氏的罪状只是擅权植党，这条文拿来杀胡惟庸有余，要用以牵蔓诸勋臣宿将却未免小题大做。在事实上有替他制造罪状的必要。明代的大患是南倭北虏，人臣的大罪是结党谋叛，于是明太祖和他的秘书们便代替胡氏设想，巧为造作，弄一个不相干的从未到过北边的江苏人封绩，叫他供出胡惟庸通元的事迹，算作胡党造反的罪状。后来又觉得有破绽，便强替封绩改籍为河南人，改身份为元遗臣，又叫他攀出李善长，引起第二次屠杀。一面又随便拣一个党狱中人林贤，捏造出一串事迹，算他通倭。"

既然胡惟庸"谋反"的罪状是虚构的，那么李善长"串通胡惟庸谋反"便成了无稽之谈。当时朝廷公布的材料却振振有词，其一是李善长的弟弟李存义的供词，其二是李善长家奴卢仲谦的自首，都意在"证明"胡惟庸串通李善长谋反。这些毫无疑问是当时的特务机构锦衣卫按照皇帝旨意随意炮制出来的，后来编成了《昭示奸党录》向全国公布，《明太祖实录》与《明史·李善长传》的有关文字，其源盖出于此。《明太祖实录》写道：太仆寺丞李存义是李善长之弟，也是胡惟庸侄女婿之父，因为亲戚关系，经常往来胡家。胡惟庸要他暗中游说李善长一同起事。李善长惊悸地说：你为何说这样的话？要灭九族的。李存义恐惧而去，报告了胡惟庸。胡惟庸知道李善长一向贪婪，可以利诱。十多天以后，又派李存义去游说：一旦事变成功，封你为淮西王。李善长是衙门胥吏出身，计谋深巧，表面上佯惊不许，内心却颇以为然，为子孙祸福考虑，还想观望，叹息道：我老了，由你们去搞吧！接到李存义的报告，胡惟庸大喜，亲自去和李善长商量。两人屏退左右，密谈良久，但见频频颔首。胡惟庸欣然告辞，立即指使林贤下海，邀请日本军队约期来会；又派元朝旧臣封绩带信给蒙古，请他们出兵接应。

《明史·李善长传》所写大同小异：皇帝命令逮捕李存义父子，严加审讯，牵连到李善长。供词这样说：胡惟庸有意谋反，派李存义游说李善长。李善长惊诧道：你为何说这样的话，一旦事机泄露，九族皆灭。胡惟庸又派李善长的朋友杨文裕去游说：事成之后，封你为淮西王。李善长惊讶不许，却颇为心动。胡惟庸亲自前往游说，李善长还是不许诺。过了一段时间，李存义再去劝说，李善长叹息道：我老了，等我死后，你们自己去搞吧！李存义说：蓝玉将军出塞至捕鱼儿海（贝尔湖），俘虏了胡惟庸派往蒙古的使者封绩。李善长对以上这些情节隐瞒不报。

这些供词一公布，仰承帝意的御史们接二连三地弹劾李善长。

李善长的家奴卢仲谦等人，在锦衣卫的威逼利诱下，也出来揭发李善长与胡惟庸"通贿赂，交私语"。

这样一来，似乎铁证如山，李善长已经有口难辩了。朱元璋终于发话：李善长身为元勋国戚，知道胡惟庸"谋逆"而不揭发，狐疑观望，首鼠两端，大逆不道。皇帝亲自定案：李善长串通胡惟庸谋反。定了"谋反"罪，先前颁发给他的"免死铁券"也救不了命。因为那上面镌刻的金字写得明明白白："除谋逆不宥，其余若犯死罪，尔免二死，子免一死。"所谓"谋逆"就是谋反，是不得免死的。

于是乎，七十七岁的李善长，和他的家属七十余人，被一并处死。唯独例外的是，他的儿子李祺，因为妻子是皇帝的女儿（临安公主）而幸免于难；李祺的儿子李芳、李茂也因此逃过一劫。受到株连的开国元勋有：吉安侯陆仲亨、延安侯唐胜宗、平凉侯费聚、南雄侯赵庸、荥阳侯郑遇春、宜春侯黄彬、河南侯陆聚、营阳侯杨璟、济宁侯顾时等。

一年后，郎中王国用上书为李善长鸣冤。这份鸣冤状子其实是由才子解缙起草的，题为《论韩国公冤事状》，以雄辩的事实反驳"串通胡惟庸谋反"的结论。大意是说：李善长为陛下打天下，是勋臣第一，假使帮助胡惟庸成事，也不过是勋臣第一而已。他已经年迈，根本没有精力，何苦如此！况且李善长一向"子事陛下，托骨肉至亲，无纤芥之嫌"，"未有平居晏然，都无形迹，而忽起此谋者"。这一番话，说得朱元璋哑口无言，默认是枉杀。解缙也明白，已经杀了，鸣冤于事无补，只得退而求其次："犹愿陛下作戒于将来也！"为此他讲了一句分量极重的话："臣恐天下闻之，谓功如善长且如此，四方因之解体也。"大杀功臣必然导致臣下心寒，民心丧失。

朱元璋对此有何感想不得而知。他的太子朱标曾对父亲说：杀人太多太滥，恐怕有伤朝廷和气。第二天，朱元璋把一根长满刺的树干扔在地上，要朱标捡起来，朱标面露难色。朱元璋乘机回答他昨天提出的问题：如果把树干上的刺除去，你就可以使用了；我现在诛杀功臣，是为你消除隐患。父与子的对话，在无意间流露了内心的秘密。正如吴晗所说："（明太祖）一方面深虑身后子懦孙弱，生怕和他并肩起事的一般功臣宿将不受制驭，因示意廷臣，有主张地施行一系列的大屠杀，胡案先起，继以李案，晚年太子死复继以蓝案。"

大屠杀还没有完结，接下来还有蓝玉党案。

大将军蓝玉的冤案

蓝玉，明朝初建时期一员骁勇善战的猛将，战功仅次于常遇春、徐达。此人身材高大，面如重枣，看上去有点像蜀将关羽的样子。他是常遇春的妻弟（小舅子），常遇春多次向朱元璋称赞这员部将，"临敌勇敢，所向皆捷"。常遇春去世后，蓝玉追随徐达、傅友德，在征战中屡建奇功。

南征北战的大将军徐达去世，蓝玉脱颖而出，多次统率大军北伐、西征，战无不胜，攻无不克。

洪武二十年（1387），他被提升为大将军，驻扎在长城边的蓟州（今天津市蓟州区）。逃亡蒙古的元顺帝孙子脱古思帖木儿不甘心失败，经常南下骚扰。朱元璋命令蓝玉统领十五万大军前往征讨。蒙古军队退至捕鱼儿海附近，满以为蓝玉的军队缺乏水草，不可能长驱直入，因此毫无防备。没料到，明军在沙尘暴的掩护下，如同神兵天降，突然袭击，蒙古军队大败，脱古思帖木儿与太子在几十名骑兵保护下逃跑，其余八万人被俘。朱元璋得到捷报，大喜过望，把蓝玉比喻为汉朝的卫青、唐朝的李靖，进封他为凉国公。

战功显赫的蓝玉是个粗人，没有文化，性情暴躁，刚愎自用，得到皇帝的赏识宠信，愈加骄横恣意，做出种种目无法纪的事情。

他蓄养了奴仆、义子几千人，作为随从亲信。这批人依仗主人权势，横行乡里，霸占民田。负责纪律检查的御史接到民众投诉，要依法惩办这些奴仆、义子。蓝玉藐视王法，把御史赶走。

他北征回师，连夜赶到长城喜峰关。此时关门已经紧闭，守关官吏在关城上验查情况，没有及时开门，他竟然纵容士兵毁关闯入。

他北征回来，贪污缴获的大量珍宝，把元朝的皇妃据为己有。朱元璋获悉后勃然大怒：蓝玉如此无礼，怎么配得上大将军的称号！那个皇妃听说皇帝动怒，惊惶自尽。蓝玉上朝时，朱元璋当面严厉责备，要他今后加强道德修养，痛改前非。朱元璋本来打算进封蓝玉为"梁国公"，鉴于他的这些劣迹，改封为"凉国公"。

更为严重的是，蓝玉竟然无视皇帝的威权，恣意骄纵。皇帝召见，赐坐交谈，或随侍宴饮，他一言一行总是傲慢而粗鲁，一点没有"人臣之礼"。他带兵在外，常常超越权限，擅自决定将校的升降，不向朝廷请示报告。为了显示自己的威权，任意对军士施加黥刑——在脸上刺字，以此来挟制部下，使军队成为自己的私家武装。西征回来，皇帝赏赐给他"太子太傅"的头衔，其实这个大老粗根本不可能成为太子的老师，只不过是一个荣誉而已。蓝玉居然不识相，大发牢骚：难道我还不配当"太师"吗？

这就冒犯了皇权的威严，是朱元璋绝对不能容忍的。早在洪武六年（1373），朱元璋目睹开国元勋飞扬跋扈，倚功犯法，特地命工部铸造铁榜，写上申戒公侯的条令，警告他们不得倚仗功劳过于放肆。这个禁令已经隐约透露了日后铲除的方针，胡惟庸党案爆发后，蓝玉自然难逃一劫。当时就有人揭发蓝玉属于"胡党"，朱元璋没有予以理睬。《明史纪事本末》的作者谷应泰解释其中原因：皇上因为他功劳大，不予追究。其实，内中另有隐情。

洪武四年（1371），常遇春的女儿被册封为太子妃，常遇春成了太子的岳父，蓝玉以常遇春妻弟的身份成了太子的舅舅。蓝玉的女儿则被册封为蜀王妃（蜀王是朱元璋十一子朱椿）。因为这些关系，朱元璋投鼠忌器，暂时不对蓝玉下手。

其中还有另外一层纠葛。当年蓝玉北征归来，发觉分封在北平的燕王表现异常，对皇太子说：据臣看来，燕王在他的封国有"不臣之心"；又听看相先生说，燕王有天子气象，希望殿下审慎对待。

太子听了毫不在意，燕王知道了以后，怀恨在心。洪武二十五年（1392），太子朱标英年早逝。太子一死，朱元璋已无所顾忌，决意对蓝玉下手。一向与太子以及蓝玉有矛盾的燕王朱棣，要父亲继续清洗异己分子，说在朝诸公侯，恣意妄为，将来恐怕尾大不掉，含沙射影地指向蓝玉。据《明通鉴》说，朱元璋听了这话，"益疑忌功臣，不数月，而（蓝）玉祸作"。

一张陷人于法的罗网悄悄地向蓝玉袭来。他自己也隐约有所预感，多次请示报告，皇帝都不接见。蓝玉怏怏不快地对亲信说：皇上怀疑我了。

洪武二十六年（1393）二月八日早朝时，锦衣卫指挥蒋某突然控告蓝玉"谋反"，说他勾结景川侯曹震等公侯，企图趁皇帝到郊外举行"藉田"仪式时，发动兵变。蓝玉当场被拘押，突击审讯。官方公布的"狱词"是这样的："（蓝）玉同景川侯曹震、鹤庆侯张翼、舳舻侯朱寿、东莞伯何荣，及吏部尚书詹徽、户部侍郎傅友文等，谋为变，将俟上（指皇帝）出藉田举事。"

次日，蓝玉连同家属一并被处死。株连处死的高官，有公爵一名、侯爵十三名、伯爵二名，连坐处死的功臣及其家属达一万五千人。史家感叹道："于是元功宿将相继尽矣！"

最为奇特的是，吏部尚书詹徽随同皇太孙朱允炆一起审讯，蓝玉不服"谋反"罪，詹徽斥责道：速吐实话，不得株连他人！蓝玉大喊：詹徽就是臣的同党！詹徽于是莫名其妙地成为"蓝党"。靖宁侯叶昇以"胡惟庸党"的罪名被杀，由于他是蓝玉的姻亲，蓝玉被处死后，他又被追究为"蓝党"。这样"名隶两党"的怪事，足以表明罗织罪状的随意性。

一些与军队毫无关系的文人学士，也被卷进了"蓝党"。苏州名士王行，与高启比邻而居，另外一些名士如徐贲、高逊志、唐肃、宋克、余尧臣等人，都卜居相近，号称"北郭十才子"。王行原先是教师，辞职后隐居于石湖，前往南京探望两个儿子，蓝玉慕名聘请他为家庭教师，并且多次向皇帝推荐。朱元璋曾经召见他，留下印象。蓝玉被处死后，王行父子竟然被作为"蓝党"处死。另一文人孙蕡，参与编写《洪武正韵》，任翰林院典籍，曾经为蓝玉题画，也被当作"蓝党"处死。

朝廷专门公布《逆臣录》，以显示"蓝党"谋反证据确凿，其实全是诬陷不实之词。朱元璋要处死骄横跋扈的蓝玉，就如同处死胡惟庸一样，易如反掌。但是要株连一个庞大的"蓝党"，则非罗织"谋反"的罪状不可。然而《逆臣录》编得仓促，漏洞百出，反而露出了罗织罪状的马脚。

《逆臣录》搜罗了近千人的口供，唯独没有凉国公蓝玉、景川侯曹震的口供，也就是说，这两个主犯根本不承认"谋反"。据野史记载，蓝玉不仅为自己申辩，而且没有诬攀其他功臣宿将，所谓"蓝党"完全是凭空虚构的。

细细翻看《逆臣录》，当时罗织罪状的伎俩实在拙劣得很。由于审讯者心思不够细密，留下了许多破绽。比如，一个证人蒋富招供，蓝玉出征回来，在酒席上对他说："老蒋，你是我的旧人，我有句话和你说知，是必休要走了消息。如今我要谋大事，已与众头目每（们）都商量定了，你回去到家打听着，若下手时，你便来讨分晓，久后也抬举你一步。"这个老蒋是蓝玉家"打鱼网户"。另一个证人张仁孙招供：蓝玉对他们说，要成大事，吩咐他们置备军器，听候接应，日后事成，都让他们做大官。这个张仁孙是乡里的染匠。蓝玉身为统领三军的大将军，如果要谋反，断然不可能和无足轻重的打鱼网户、染匠之流去商量。《逆臣录》的胡编乱造于此可见一斑。

这些拙劣的编造恐怕连朱元璋自己也不相信。洪武二十八年（1395）十一月，他在和翰林学士刘三吾等人谈话时，这样指责蓝玉："迩者逆贼蓝玉，越礼犯分，床帐护膝，皆饰金龙，又铸金爵为饮器，家奴至于数百，马坊廊房，悉用九五间数……僭乱如此，杀身亡家。"从他的话中隐约透露出这样的信息：蓝玉功成名就之后，追求奢侈，讲究排场。或许确有其事，至于是否有所谓"金龙""九五"那样的规格，或许是夸张，即使有，充其量不过是意图"僭乱"而已，与谋反毫不相干。值得注意的是，朱元璋在指责蓝玉罪状时，只字未提发动军事政变之事。可见以谋反罪处死蓝玉以及"蓝党"分子，是一桩冤案。

蓝玉被处死七个月以后，朱元璋似乎意识到"胡蓝二党诛杀过当"，下了一道诏书："自今胡党、蓝党概赦不问。"其实共杀了四万多人，功臣宿将死得差不多了，"概赦不问"云云不过是一句显示皇恩浩荡的废话而已。

胡蓝党案的后果是严重的，洪武三十年（1397）正月，朱元璋任命长兴侯耿炳文为征西将军，武定侯郭英为征西副将，坐镇西北边防。史家评论道："诸勋臣坐胡蓝二党，诛戮且尽，（耿）炳文以开国功臣榜列其名"，"是时，元功宿将无出其右者"；"上（指皇帝）自起兵以来，存者仅（耿）炳文与（郭）英二人，而（耿）炳文亦年逾六十矣"。不久，燕王朱棣打着"清君侧"的幌子发兵南下时，建文帝已无将可派，不得不命年迈的长兴侯耿炳文率军出征，败局已定。

朱升为何归隐

朱升在明朝的名声并不大，在当代中国却如雷贯耳。列位看官可能有些纳闷，此话当真？稍有一点年龄的人可能记得，当年毛泽东所说的"深挖洞，广积粮，不称霸"，就是从朱升的"高筑墙，广积粮，缓称王"演化而来的。朱升也由此而声誉鹊起。

人们也许会问：朱升究竟是何许人也？

朱升是元末明初一名大知识分子———一代文宗，徽州休宁（今安徽省黄山市休宁县）人。徽州又称新安，他就有了这样的桂冠："休宁理学九贤"之一，"新安理学名儒"。这位经学大师所作诸经旁注，被誉为"辞约义精"。元末，他被江南行省举荐为进士，随后出任池州学正。因其整顿学校成效卓著，大江南北学者闻风响附，云集池州，盛况空前。眼见时局日趋动乱，淡泊名利的他辞去官职，隐居于歙县石门，沉潜于学问。

元至正十七年（1357），朱元璋率军攻下徽州。这是一个兵家必争之地，东面有张士诚，西面有陈友谅，南面有方国珍，要想在此站稳脚跟并不容易。朱元璋接受大将邓愈的推荐，微服私访朱升，向他求教应对之策。朱升的对策十分简单明了，仅仅九个字："高筑墙，广积粮，缓称王。"群雄割据、逐鹿中原的形势下，成就宏图大业的最佳战略方针，就在这九个字当中。所谓"高筑墙"，就是攻城略地之后，必须稳固防守，建立根据地。所谓"广积粮"，就是在根据地筹集粮食等战略物资，从长计议。所谓"缓称王"，是最为深谋远虑的一招，与张士诚、陈友谅、方国珍的较量，胜负未定之前，千万不可自封为王，以免成为众矢之的。

遥想东汉末年群雄割据之时，孙权写信给曹操，怂恿他废掉汉献帝，自己称帝。曹操一眼就看穿了孙权的阴谋：这小子想把老子放在炉火上烤啊！朱元璋当然明白其中的道理，对朱升的建议佩服得五体投地，留他在指挥部当军师，助自己运筹帷幄。朱升出谋划策，为大明王朝的建立贡献自己的学识，很多制度和文件都出于他的手笔，深得朱元璋的信任与眷顾，恩宠仅次于李善长、刘基，其他文臣无法与之比肩。程好礼在为朱升文集（《朱枫林集》）所写的序言中说："其信任眷顾之隆，自韩国（李善长）、诚意（刘基）而下，一时文臣莫及也。"最为突出的是，朱元璋鉴于他年事已高，特别恩准他"免朝谒"——享有免于每天上朝的特权。

值得注意的是，明朝建立以后，朱升的官职并不高，职权也不大，两年中主要从事一些文字工作。难道是工作能力问题？既不适合军事，又不适合行政？

洪武元年（1368）三月，朱元璋要儒臣编撰《女诫》，任命刚刚晋升翰林学士的朱升"总其事"，担任主编。这是一本告诫内宫皇后嫔妃的道德教化书，朱元璋在谕旨中宣布了他的宗旨：要治理天下必须首先整顿家庭，整顿家庭之道必须从严谨夫妇关系开始；后妃虽然母仪天下，但是不可以干预朝廷政治事务；如果恩宠过分，就会导致骄横恣肆，上下失序。朱升根据皇帝的指示，搜集历史上贤惠皇后嫔妃的事迹作为典范，使得后世子孙知道应该秉持的道德操守。《女诫》编成后，成为《皇明祖训》之一。

洪武二年（1369）正月，朱元璋又交给朱升一项工作，撰写《斋戒文》。朱元璋当过和尚，对于祭祀斋戒之类特别注意，强调：凡是祭祀天地、社稷、山川等神祇，为天下祈福，应该下令百官斋戒，仪式的参与者，前四日"戒"，后三日"斋"，一共七日。时间太久，人心容易懈怠。专心致志斋戒七日，可以感动神明。朱升按照皇上的谕旨，写成了《斋戒文》，后来成为律令。

明朝建国后朱升的主要工作，似乎就是这些，和建国前的业绩相比，差距太大了。

朱元璋写给朱升的《免朝谒手诏》，列举了他在开国大业中的贡献："尔察历数，观天文，择主就聘，首陈三策，朕实嘉行。新安款降，不俟兵刃，四方之士，杖策而来，皆卿齿德俱尊倡之也。"所谓"首陈三策"，就是"高筑墙，广积粮，缓称王"。所谓"四方之士，杖策而来"，最著名的例子就是推荐"浙东四先生"。朱元璋打下婺州（今浙江金华）后，询问朱升：附近的处州（今浙江丽水）是否可以征讨？朱升主张攻打处州，他说：处州有刘基、叶琛、章溢，都是辅佐帝王之才，必须打下处州，才可能把他们罗致麾下。打下处州后，被人们誉为"诸葛亮再世"的刘基首先应召前往，叶琛、章溢接踵而至，不久婺州的宋濂也来归附。这就是名闻遐迩的"浙东四先生"，对于明朝的开国事业，各人都有卓著的功勋。朱升的大力推荐，功不可没。

声誉隆盛的朱升，为什么在明朝建立的第二年就突然辞官归隐了呢？

原因可能很多。比如说，当时他已经年逾七旬，而且多病，是到了告老还乡的时候了。又比如说，他对功名仕途一向看得很淡，元末就辞官归隐过，明初再次归隐，不足为奇。明朝刚一建立，他写有《梅谷隐居序》，对朋友在梅谷隐居不胜羡慕之至，说：我又老又笨，在官场每天目送来往的车尘，无法和你一起享受同游的乐趣。荣归之时，一定和你盘桓于梅谷，共同把玩疏影暗香的奇趣。这是文人雅士常有的志趣，但多数是说说而已，当不得真。

朱升之所以在洪武二年急急忙忙地急流勇退，完全是出于政治考虑——明哲保身的自谋策略。正如一位诗人祝贺朱升归隐的诗句所说：

掀天事业乾坤内，开国功勋宇宙间。
明哲保身归隐后，翰林声价胜封王。

归隐历来是高官们明哲保身的一种选择。以舍弃权力、地位以及与此关联的利益，来谋求"保身"，这并不是每一个高官都乐意的选择，何况归隐未必一定能够保身，但是，舍此没有别的退路。对于朱升而言，实在是无可奈何之举。

长期在朱元璋身旁朝夕相处，朱升对此人的秉性有透彻的了解，一言以蔽之——猜忌刻薄，成为皇帝以后，反而变本加厉，继续与之共事，必无好下场。但是这种担心又不能作为辞官归隐的理由直白地讲出来。

洪武二年三月，朱升向皇帝请求"归隐山林"时，皇帝朱元璋为了挽留他，表示要给他更高的官衔，朱升婉言谢绝。两人之间有一场微妙的对话。

朱升说：之所以不敢接受更高的官衔，是因为我的儿子福分浅薄，不敢叨受天恩。

朱元璋问：你有几个儿子？你不接受更高的官衔也就算了，为何不让你的儿子来辅佐我呢？

朱升被皇帝的恩情感动，流着眼泪回答：臣只有一个儿子，名叫朱同，事君之忠有余，保身之哲不足，因此不希望他做官，恐怕他日不得老死家乡。

朱元璋面露不悦之色，说道：呵，这是什么话！我和你虽有君臣之分，却情同父子，有什么嫌，有什么疑，顾虑到这一步？

朱升坦白地回答：并非臣的顾虑，但愿陛下哀怜老臣，免臣的儿子死罪，赐以完躯，就是万幸。

朱元璋被声泪俱下的朱升感动了，决定赏赐朱升父子"免死铁券"。此类赐给开国元勋的"免死铁券"，有一种大体统一的格式：

先是肯定此人的功劳，然后说"论功行赏，朕无以报尔"，"兹与尔誓，除逆谋不宥，其余若犯死罪，尔免二死，子免一死"。

皇帝赏赐的"免死铁券"真的可以"免死"吗？不见得。朱升在洪武三年（1370）病逝，可谓寿终正寝。他的儿子并没有享受到"子免一死"的恩宠，已经担任礼部侍郎的朱同，被卷入"胡惟庸党案"，以莫须有的罪名被判处死刑。朱元璋特别开恩——"赐自缢"，给了他一个完尸，已经算皇恩浩荡了。

太祖高皇帝的"免死铁券"

戏说历史的影视剧中常有"免死金牌",倒并非戏说。

明朝开国君主——太祖高皇帝朱元璋就有类似的做法,给开国元勋颁赐显示皇恩浩荡的牌子,不过并非小小的金牌,而是大大的铁牌,称为"免死铁券"。根据文献记载,它的形制是这样的:"其形如瓦,面刻诰文,背镌免罪、减死、俸禄之数,字嵌以金。"我们大致可以知道,这是用铁铸成瓦片状的物件,唯一的含金量,是在镌刻的文字上嵌入金粉而已。镌刻的文字并不仅仅限于"免死"之类寥寥几个字,而是一篇两三百字的文章。比如,开国元勋、俸禄五千石的魏国公徐达的"免死铁券",就有258个字。

洪武三年(1370),太祖高皇帝大封功臣的同时,颁赐了一大批"免死铁券"。享受如此恩宠的大臣有:徐达、李文忠、邓愈、汤和、李善长、冯胜、耿炳文、傅友德、唐胜宗、陆仲亨、费聚、赵庸、华云龙等三十余位。

在好奇心的驱使下,人们不免对"免死铁券"的内容感兴趣,那上面到底写了些什么?不妨举两个重量级人物——中央朝廷一、二把手的例子。

魏国公徐达的"免死铁券"上这样写道:"朕闻自古帝王创业垂统,皆赖英杰之臣,削群雄,平暴乱。然非首将智勇,何能率统而成大功……尔达起兵以来,为朕首将十有六年,廓清江汉楚淮,电扫两浙,席卷中原。威声所振,直连塞外……朕念尔勤劳既久,立功最大。今天下已定,论功行赏,朕无以报尔,是用加尔爵禄,使尔子孙世世承袭。朕本疏愚,皆遵前代哲王之典礼,兹与尔誓:除谋逆不宥，其余若犯死罪，尔免二死，子免一死，以报尔功。于戏，高而不危，所以常守贵也；满而不溢，所以常守富也。尔当慎守斯言……"

韩国公李善长的"免死铁券"，文字套路是一样的，由于功劳不同，措辞略有出入："朕闻古帝王之成大业者，实由天假英贤以辅之，故威德加于四海，而天下定矣。朕起自草莱，提三尺剑，率众数千，居群雄肘腋间，未有定期。而善长来谒辕门，倾心协谋，从渡大江。于是定居建业，威声所至，无不来附。不一二年间，集兵数十万，东征西伐，日不暇给。尔独守国，转运粮储，供给器仗，未尝缺乏。况剸繁治剧，和辑军民，无有怨谣之言。此上天以授朕，朕独知之，其人人未必尽知也……比之于尔，萧何未必过也。今天下一家，尔年已高，朕无以报尔，是用加尔爵禄，使尔子孙世世承袭……除谋逆不宥，其余若犯死罪，尔免二死，子免一死……"

列位看官一定有点不耐烦，连篇累牍地引用毫无文采的官样文章，未免令人倒胃口。是的，笔者在引用时也感到乏味，不知这些文字出于哪一位御用秘书之手。倘若朱元璋自己来写，肯定不会这般索然无味。这位出身贫农当过游方和尚的皇帝，没有什么文化，他起草的公文是毫无八股腔的口语体，极有特色。不信？请看他写给大将军徐达的手谕："说与大将军知道……这是我家中坐着说的，未知军中便也不便，恁只拣军中便当处便行。"他写给李文忠的手谕："说与保儿、老儿……我虽这般说，计量中不如在军中多知备细，随机应变的勾当，你也斯活落些儿也，那里直要我都料定。"要是"免死铁券"由他自己来写，一定生动活泼、趣味盎然了。

既然拙文讲的是"免死铁券"，介绍它的文本，就是题中应有之义，尽管索然无味，也得耐心读一读，作为下文的铺垫。

"免死铁券"大同小异，都是皇帝用诚恳语调称颂大臣功绩，作为报答，给予世袭的爵禄，并且可以父子两代同享免除死罪的特权，云云。在人们心目中，皇帝的金口，是说一不二的。

果然是这样吗？那些拿到"免死铁券"的开国元勋，真的可以"免死"吗？事实表明，大多数人都没有享受到"免死"的特权，而是死于非命，太祖高皇帝的允诺竟然如此一分不值！

奇怪吗？一点也不奇怪。皇帝最为忌惮的就是这些位高权重的功臣会威胁到他的皇权，以及他的子孙。明史专家吴晗1934年写的《胡惟庸党案考》一针见血地指出："胡惟庸的本身品格，据明人诸书所记是一个枭獝阴险专权树党的人。以明太祖这样一个十足自私惨刻的怪杰自然是不能相处在一起。一方面深虑身后子懦孙弱，生怕和他自己并肩起事的一般功臣宿将不受制驭，因示意廷臣，有主张地施行一系列的大屠杀，胡案先起，继以李案，晚年太子死复继以蓝案。胡惟庸的被诛，不过是这一大屠杀的开端。"朱元璋这个出身最为卑微的庶民皇帝，竟然演出了史无前例的大杀功臣的惨烈一幕，被杀的功臣及其家属，数以万计，令人毛骨悚然。其中当然包括拥有"免死铁券"的人。

朱元璋册封李善长为韩国公，岁禄四千石，但在把他与萧何相媲美的同时，就在考虑削夺他的职权了。原因就在于，以李善长为首的淮西集团势力过于膨胀，成为威胁皇权的潜在因素。由谁来取代李善长？朱元璋颇伤脑筋，这种事只能同并非淮西集团的"浙东四先生"之一的刘基商量。人称"诸葛孔明再世"的刘伯温，博览群书，料事如神，被朱元璋视为心腹，推崇为"我的子房（张良）"。两人之间就此展开一场密谈。交谈中，朱元璋两次提出，希望由刘基取代李善长，起到平衡与制约淮西集团的作用。

刘基得知皇上要撤换李善长，出于公心，劝导主公收回成命："善长勋旧，能调和诸将。"朱元璋听了很感动，说道："是数欲害君，君乃为之地耶？吾行相君矣！"那意思是说，他多次要害你，你还为他讲好话，我要任命你为丞相了。刘基深知在淮西集团当权的情势下,他孤掌难鸣,坚决辞谢。

朱元璋继而提出他的丞相人选:杨宪、汪广洋、胡惟庸。刘基一一否定:杨宪有相才而无相器,做不到"持心如水,以义理为权衡";汪广洋过于褊浅,还不如杨宪;胡惟庸则好比一匹劣马去驾车,必然会翻车坏事。于是朱元璋感叹道:"吾之相,诚无逾先生。"我的丞相人选,诚然没有一个超过先生。言外之意,你才是不二人选。刘基诚恳辞谢:"臣疾恶太甚,又不耐烦剧,为之且孤上恩。天下何患无才,惟明主悉心求之。目前诸人,诚未见其可也。"

刘基的见解是高明的。一方面,从大局考虑,不撤换李善长,有利于政局稳定;另一方面,他已经萌生退意,故仿效张良,急流勇退,不想卷入权力旋涡,招来杀身之祸。这位再世孔明,果然有先见之明,朱元璋心目中的人才——杨宪、汪广洋、胡惟庸,先后受到重用,也先后被朱元璋处死。刘基如果出任丞相,恐怕也是凶多吉少。

胡惟庸其实是一个宵小之徒,由于李善长的提拔,才步步高升;也由于李善长的推荐,才被朱元璋任命为中书省左丞相。此人逢迎有术,深得皇上宠幸,形成"一人独相"的局面。《明史·胡惟庸传》写道:"帝以(胡)惟庸为才,宠任之。惟庸亦自励,尝以曲谨当上意,宠遇日盛。独相数岁,生杀黜陟,或不奏径行,内外诸司上封事,必先取阅,害己者辄匿不以闻。四方躁进之徒及功臣武夫失职者,争走其门,馈遗金帛名马玩好,不可胜数。"活脱脱一副小人得志不可一世的嘴脸。他自以为有皇上宠幸,有李善长这样的元老重臣为后盾,可以为所欲为。

胡惟庸居然把持朝廷多年,对官员的生杀升降,不请示皇帝,自作主张;中央和地方官员给皇帝的奏折,必须先经过他审阅,凡是对他不利的,一律扣押。朱元璋用人多疑,在任命胡惟庸为左丞相的同时,重新起用汪广洋为右丞相,利用他和胡惟庸的矛盾,充当耳目，监视胡惟庸。因此，朱元璋对于胡惟庸的一举一动，了如指掌。这位权势欲极强的皇帝，绝对不能容忍大权旁落。

洪武十三年（1380），他突然宣布处死胡惟庸，罪名是"擅权植党"。胡惟庸的死，是咎由自取，无可非议。问题在于，皇帝要除掉的并非一个人，而是要株连一个庞大的"胡党"——"胡惟庸党"。当时株连被杀的就有御史大夫陈宁、御史中丞涂节，以后陆续株连被杀的"僚属党羽"及其家属，据说有三万多人。

皇帝的目标显然不仅仅是陈宁、涂节之类，而是李善长这样的开国元勋。这种心态被敏感的官员察觉，立即投其所好，纷纷请求株连李善长、陆仲亨等人。奇怪的是，皇帝没有同意，说道：我起兵时，李善长来投奔，当时我二十六岁，善长四十岁，他的建言大多符合我的意思。陆仲亨当时十七岁，父母兄弟都死了，跟随我出来打天下。这些人都是我初起时的股肱心腹，不忍心杀他们。

这是实情掩盖下的谎话。并非"不忍心"，而是不能下手。因为已经给李善长、陆仲亨等人颁赐了"免死铁券"，上面刻了"除谋逆不宥，其余若犯死罪，尔免二死，子免一死"字样，仅仅是"擅权植党"是不能处死的。因此必须把"胡惟庸党案"的罪状逐步升级，罗织"谋逆"罪，才可以把拥有"免死铁券"的开国元勋置于死地。

果然，洪武二十三年（1390），胡惟庸党案逐步升级为"谋逆"，并且牵连到李善长等人。朱元璋振振有词地说：满朝都是胡党，必须彻底肃清，并且用《昭示奸党录》这样的正式文件公布于天下。现在人们看到的有关这一案件的记载，无论《明太祖实录》还是《明史》，其源盖出于此。

确定李善长串通胡惟庸谋反的"罪证"有两条。其一是他的弟弟、胡惟庸的侄女婿之父李存义的供词，其二是李善长家奴卢仲谦的告发。《明太祖实录》与《明史·李善长传》所说大致相同，其情节之跌宕起伏犹如小说。

《明史·李善长传》很少细节描写，唯独这一情节大肆渲染："命逮存义父子，鞫之，词连善长，云：惟庸有反谋，使存义阴说善长，善长惊叱曰：'尔言何为者，审尔，九族皆灭。'已，又使善长故人杨文裕说之云：'事成当以淮西地封为王。'善长惊不许，然颇心动。惟庸乃自往说，善长犹不许。居久之，惟庸复遣存义进说，善长叹曰：'吾老矣，吾死，汝等自为之。'或又告善长云：将军蓝玉出塞至捕鱼儿海，获惟庸通沙漠使者封绩，善长匿不以闻。于是，御史交章弹劾。而善长奴卢仲谦等，亦告善长与惟庸通赂遗，交私语。"

《明太祖实录》煞有介事地写道，胡惟庸登门拜访李善长，屏退左右，密语良久，"人不得闻，但遥见颔首而已"。胡惟庸欣然告辞，派遣指挥林贤"下海招倭军，约期来会"，又派遣元朝旧臣封绩带信给北元政权，"请兵为外应"。

一场子虚乌有的"逆谋"——"通倭""通房"的反叛阴谋，如此这般虚构成功，人们再一次领教了"欲加之罪何患无辞"这句成语的精髓。

罪状罗织完成，朱元璋发话了："善长元勋国戚，知逆谋不发举，狐疑观望怀两端，大逆不道。"你李善长既是开国元勋，又是皇亲国戚（儿女亲家），知道胡惟庸的"逆谋"，居然不揭发，不报告，狐疑观望，首鼠两端，如此大逆不道，理应满门抄斩。很快，圣旨下达：处死李善长及其妻女弟侄。七十七岁的李善长一门七十多人被杀，只有长子李祺因为有其妻临安公主庇佑，而幸免于难，李祺的儿子李芳、李茂也因此逃过一劫。

受此案株连，同时被杀的功臣还有：吉安侯陆仲亨、延安侯唐胜宗、平凉侯费聚、南雄侯赵庸、荥阳侯郑遇春、宜春侯黄彬、河南侯陆聚等。唯一的定罪根据，就是陆仲亨的家奴告发，说陆仲亨勾结唐胜宗、费聚、赵庸等侯爵，与胡惟庸共谋不轨。《明史·陆仲亨传》的这种说法，显然出自官方文件《昭示奸党录》。

毫无疑问，这是一桩冤案。一年后，郎中王国用向皇帝递交《论韩国公冤事状》，为李善长鸣冤。这份状子其实是才子解缙起草的，以雄辩的事实反驳"串通胡惟庸谋反"的诬陷不实之词。大意是说：李善长为陛下打天下，是第一功臣，假使帮助胡惟庸成事，也不过是第一功臣。况且他已经年迈，根本没有精力，何苦如此！李善长一向"子事陛下，托骨肉至亲，无纤芥之嫌"，"未有平居晏然，都无形迹，而忽起此谋者"。说得朱元璋哑口无言，默认是枉杀。

当时的宣传，一律按照《昭示奸党录》这样的官方文件为准绳，真相究竟如何，明朝人也感到扑朔迷离。不过对于此案持怀疑态度者也不乏其人，王士骐《皇明驭倭录》就对胡惟庸"谋反"的说法表示怀疑；谈迁的《国榷》明确说："惟庸非叛也"，乃"积疑成狱"。不过是怀疑而已，没有展开论证。吴晗的长篇论文《胡惟庸党案考》，广泛发掘史料，考证辨析，才使真相大白。他的结论是：第一，"在胡案初起时胡氏的罪状只是擅权植党，这条文拿来杀胡惟庸有余，要用以牵蔓诸勋臣宿将却未免小题大做。在事实上有替他制造罪状的必要"；第二，"李善长之被株连，其冤抑在当时解缙所代草之王国用疏辞辨之甚明"。

既然胡惟庸并无"谋反"动机与行动，那么李善长等人串通胡惟庸"谋反"，便成为无稽之谈。

朱元璋真是煞费苦心，既要大封功臣，颁赐"免死铁券"，又要大开杀戒，诛戮功臣；既要消除皇权的潜在威胁，又要避免言而无信之讥。在所有的"免死铁券"中，都有这样一句看似不经意的话语："除逆谋不宥，其余若犯死罪，尔免二死，子免一死。"预先埋下一个钉子："逆谋不宥"——谋反罪不得免死。有了这一条，后来大杀功臣就谈不上言而无信了。

被朱元璋誉为"立功最大"的徐达，是否可以"免死"呢？

徐达南征北战，立下丰功伟绩，但从不居功自傲，一向恪守为臣之道。朱元璋经常设宴款待，以"布衣兄弟"相称，徐达并不沾沾自喜，反而愈加恭慎。朱元璋多次对他说：徐兄功劳大，至今还没有安定的居所，我想把吴王旧邸送给你。徐达再三推辞。有一天，朱元璋邀请徐达在吴王旧邸饮酒，乘他酒醉，命人把他抬到吴王寝宫就寝。徐达醒后大惊失色，跑到阶下叩头，连呼死罪。朱元璋大为喜悦，随即吩咐有关部门在吴王旧邸前为他建造甲第，并且在牌坊上题写"大功"二字。胡惟庸出任左丞相，想结好于徐达，徐达鄙薄其为人，不予理睬。胡惟庸设计陷害，贿赂徐府门房福寿，指使他诬告主人。福寿不为所动，向徐达如实禀报，使得胡惟庸的卑劣伎俩未能得逞。因此徐达时时向皇帝提醒，胡惟庸此人不可重用。

洪武十七年（1384），因过于辛劳，徐达在北平患病，是极为凶险的背疽（毒疮），朱元璋派遣徐达的长子徐辉祖前往慰劳，把他召回南京。次年二月，徐达突然死去。关于他的死因，《明史·徐达传》没有说明，只有简单的四个字："病笃，遂卒。"吴晗《朱元璋传》根据其他史料，给出了答案：徐达患背疽，忌吃蒸鹅，朱元璋特地赏赐蒸鹅，派遣使臣送到徐府。徐达流着泪当着使臣的面吃下，不多日就死了。此说似乎不可思议，其实不然。徐达一向是胡惟庸的死对头，当然无法列入"胡党"之中予以整肃，况且还有"免死铁券"在手，并无"谋逆"，可以免死两次。要他死，只有这种不露痕迹的手法了。可见"免死铁券"对于徐达而言，实际上并没有发挥作用，他死的时候只有五十四岁。朱元璋的表演技巧着实高明，他停止上朝，前往哭临，居然"悲恸不已"，事后还追封徐达为中山王。

皇帝赏赐的"免死铁券"不是护身符，充其量只能算是荣誉证书，他可以变着法儿让你死，你还不能说他出尔反尔、言而无信。太祖高皇帝实在是高！

第二章

承业：永乐窃国与冷血杀戮

酷似乃父的朱棣

朱棣酷似乃父朱元璋，并不是从容貌体形而言的。从长相来看，两人迥然有别，乃父獐头鼠目，儿子魁梧高大，满脸络腮胡须，两人很不相像。但是从政治品格来看，朱元璋是"十足自私惨刻的怪杰"，在这点上朱棣与之酷似。洪武三十一年（1398）闰五月，朱元璋驾崩，皇太孙朱允炆继位。不久，户部侍郎卓敬向新皇帝呈递秘密奏疏，其中最重要的一句话就是："燕王（朱棣）知虑绝伦，雄才大略，酷类高帝（朱元璋）。"如果光看字面，似乎是对朱棣的褒奖之词，其实是话中有话。再看他的下文，端倪便显露出来了。卓敬说这句话的本意是提醒新皇帝，要提防此人："北平形胜地，士马精强，金、元所由兴。今宜徙封南昌，万一有变，亦易控制。"他建议把燕王朱棣从北平改封到江西南昌，便于控制。他还意味深长地说："将萌而未动者几也，量时而可为者势也，势非至刚莫能断，几非至明莫能察。"第二天，朱允炆召见卓敬，责问道：燕王是朕的骨肉至亲，你怎么可以说出这样的话来？卓敬当即叩头请罪，解释道：臣所说的是天下至关重要的大计，愿陛下明察。朱允炆没有接受卓敬的意见。在对朱棣的判断上，卓敬显然棋高一着。

洪武二十五年（1392），皇太子朱标病逝，法定接班人死了，由谁来继承皇位？明太祖朱元璋十分欣赏四子燕王朱棣，因为他性格、脾气、作风都与自己酷似，想立他为皇储。翰林学士刘三吾期期以为不可，理由很简单：把二子秦王、三子晋王置于何地？他建议立朱标的长子即皇太孙朱允炆为皇储，那样的话，"四海归心，皇上无忧"。朱元璋采纳了这个利弊参半的建议，"利"的方面是，体现了嫡长子继承的原则，可以服众；"弊"的方面是，那些藩王都是皇太孙的叔叔，能够容忍一个年轻的侄儿做皇帝吗？燕王朱棣尤其难以摆平，在二哥秦王、三哥晋王相继死去后，他自以为是理所当然的接班人。洪武三十一年（1398）朱元璋去世，皇太孙即位，成为明朝第二个皇帝，年号建文。于是，建文帝与燕王的矛盾逐渐明朗化。朱棣心怀异志，却颇会伪装掩饰。郑晓《吾学编》写到这样一些细节：朱棣在燕王府经常装病，久而久之，宣称病入膏肓；大暑天居然围着火炉，还冷得发抖，连喊太冷了，太冷了；在王府中走路，都拄着拐杖。有的野史甚至说，朱棣常在街上发酒疯，倒在路上胡言乱语。所有这一切，是为刻意制造假象：他是一个胸无大志的庸人。

种种迹象表明，机敏过人的朱元璋对叔侄之争是有所预料的，他事先留下遗诏，关照分封各地的藩王不得前往南京哭临，意在防止争夺皇位的宫廷政变。

燕王朱棣得到父皇驾崩的噩耗，立即带领军队从北平赶往南京奔丧，快到淮安时，收到建文帝派人带来的先帝遗诏——"诸王各于本国哭临，不必赴京"，只得悻悻然退回北平。心怀不满的朱棣发布了《报父仇书》，责问建文帝："焉有父死而不得奔丧者也？"他还援引建文帝即位之初所说的话，以子之矛攻子之盾：

> 陛下即位之初，尝谕普天下文武百官，其中有云："太祖高皇帝用心三十年，大纲纪，大法度，都摆布定了。如今想着太祖皇帝开基创业，平定天下，便如做下一所大房子，与人住的一般。若是做官的政事上不用心，不守法度，便是将房子拆毁了，却要房子里安稳住的一般，世间安有此理。"旨哉言乎？今陛下听信奸臣齐（泰）尚书等之言，即将祖业拆毁，与诏旨大相违背。

一个藩王居然敢和皇帝这样叫板，野心已经暴露无遗。这一点也许朱元璋早有预料。根据野史记载，他甚至考虑到有可能会发生宫廷政变，因此预先给皇太孙朱允炆留下锦囊妙计，放在红色的宝匣之中，去世前交代说：如有大难，可以打开。建文四年（1402），朱棣的反叛军队进入南京金川门。建文君臣在危难之际打开这个宝匣，里面有三张度牒（和尚的证件），以及袈裟、僧帽、僧鞋、剃刀、银元宝等物，要建文君臣化装成和尚潜逃出宫。还有如何脱身的预案：朱允炆从鬼门出宫，其余人等从水关御沟出宫，薄暮时分在神乐观会合。朱元璋的这种预感，是出于对四子朱棣的了解，燕王与新帝的较量不可避免。

朱允炆在即位之前也已经感受到叔父的潜在威胁，他向太常卿黄子澄请教如何化解这个威胁。黄子澄援引汉景帝平定吴楚七国之乱的历史典故，示意削藩——削夺藩王的权力。即位以后，在齐泰、黄子澄的辅佐下，建文帝加快了削藩的步伐。他在"削燕王属籍"的诏书中明确指出：先皇帝在世时，朱棣"包藏祸心，为日已久"，现已祷告太庙，将他废为庶人。

燕王朱棣则打出"清君侧"的幌子，指责奸臣齐泰、黄子澄等，"假陛下之威权，剪皇家之枝叶"，发兵南下，夺取久已觊觎的皇位。同样是藩王反叛朝廷，汉朝的吴楚七国之乱、西晋的八王之乱都以失败告终，而明朝燕王的"靖难之役"却胜利了，朱棣成了明朝第三个皇帝——成祖，年号永乐。

朱棣当上皇帝之后，为了粉饰夺取帝位的合法性，摆脱篡位的嫌疑，大肆制造舆论，否定建文帝的合法性，把建文四年改称洪武三十五年，表示他是太祖高皇帝的直接继承者。与此同时，对主张"削藩"，抗拒"靖难之役"的建文朝大臣，实施残酷的大屠杀。史学家孟森在谈到"靖难后杀戮之惨"时，用了一句分量极重的话："皆人类所不忍见闻者。"这在他的著作中是极为罕见的。

永乐初年，再现了洪武年间胡惟庸党案、蓝玉党案大屠杀的一幕，其残酷程度有过之而无不及。孟森分析道，朱棣篡位成功，臣民以为他毕竟是太祖的儿子，夺位不过是帝王家事，没有必要为建文报仇，非口诛笔伐不可。在这种情况下，他完全可以豁达大度，对建文旧臣不予追究，未必会有什么后患。即使要杀几个建文亲信，也不必株连他们的亲属，连妇女儿童也不放过。但是朱棣没有这样的雅量，因为篡位心虚，必须造成无人敢于议论的威慑恐怖气氛，在这点上，他深得乃父"以重典驭臣下"的真传。

对方孝孺的惩处，最为典型地暴露了朱棣的心虚。攻占南京，进入紫禁城后，他当即召见被谋士僧道衍誉为"读书种子"的方孝孺，希望由他来起草即位诏书。这份即位诏书如果由建文旧臣、德高望重的方孝孺起草，可以起到洗白的作用，洗刷篡逆的恶名。方孝孺这个"读书种子"偏偏不领情，宁折不弯，不为所动。他披麻戴孝来到宫中，为建文帝号啕大哭。

朱棣有些尴尬，讪讪地为自己辩解道：我是仿效周公辅佐成王。方孝孺反问：成王在哪里？朱棣回答：他自焚而死。方孝孺追问：为何不拥立成王的儿子？朱棣回答：国家仰赖年长的国君。方孝孺紧追不舍：为何不拥立成王的弟弟？朱棣被追问得理屈词穷，从座位上走下来，好言相劝：这是我们家的事，先生不必过于操心，即位诏书非先生起草不可。语气毫无商量的余地。

方孝孺在威胁利诱之下屈服了吗？当众人看到他拿起笔往纸上落下时，以为他要起草即位诏书了，都全神贯注地盯着看。方孝孺从容不迫地在纸上写了四个大字："燕贼篡位！"然后把笔一丢，边哭边骂：死就死，诏书决不起草！朱棣威胁道：难道你想快点死？难道不顾虑株连九族？方孝孺应声答道：即使株连十族，也奈何我不得！

朱棣恼羞成怒，下令武士把他的嘴割破，使他无法讲话，并把他关进监狱。然后四处逮捕他的亲族、朋友、门生，并当着方孝孺的面一一处死。历史上的株连九族是指父族四、母族三、妻族二。株连十族是在九族之外加上朋友、门生一族，是朱棣的一大发明。方孝孺案受到株连而死的有873人，充军边地而死者难以计数。他的妻子郑氏和两个儿子自缢而死，两个女儿投秦淮河而死。那些受株连的人显然是无辜的，他们的后裔经受了长期的凌辱。万历十三年（1585），朝廷宣布大赦受方孝孺牵连而充军者的后裔，竟然有一千三百多人！

方孝孺本人被押往聚宝门外，凌迟处死，就义前留下了一首绝命诗："天降乱离兮孰知其由？奸臣得计兮谋国用猷。忠臣发愤兮血泪交流，以此殉君兮抑又何求？呜呼哀哉兮庶不我尤！"

铁铉之死比方孝孺更为惨烈。兵部尚书铁铉率军死守济南，给燕王军队以沉重打击。兵败后被俘，押解到宫中，不愿正面向朱棣称臣，背身而立，正气凛然。朱棣下令割去他的耳朵、鼻子，继而下令割他的肉，塞入他的口中，问道：甜不甜？铁铉傲然回答：忠臣孝子的肉，当然是甜的。

朱棣无计可施，下令当场凌迟处死。有野史记载，在行刑过程中，铁铉始终骂声不绝。朱棣命令武士扛来一口大锅，把铁铉的尸体投入翻滚的沸油中，然后把尸体捞出，让他面向朱棣站立，竟然办不到。朱棣大怒，命令太监用铁棒挟持，使他面孔朝北。朱棣笑道：你今天也不得不朝见我了。话音未落，尸身上的沸油突然飞溅，太监吓得弃棒而逃，尸体仍然反背如故。野史传闻如此活灵活现，令人惊叹不已。他的两个儿子被处死，妻子杨氏和两个女儿发配教坊司为娼。杨氏病死，两个女儿始终不肯受辱，赋诗明志，其中长女有句云："教坊脂粉洗铅华，一片闲心对落花。旧曲听来犹有恨，故园归去已无家。"

朱棣在惩处景清时又有一大发明——"瓜蔓抄"。景清是个奇人，

《明史》说他"倜傥尚大节,读书一过不忘"。建文初年,以都察院左佥都御史身份出任北平参议,燕王与他交谈,见其言论明晰,大为赞赏。不久,景清被召回都察院。南京陷落后,他与方孝孺等相约以身殉国。然而,他却单独向朱棣表示归顺之意,得以留任原官。此举颇受建文旧臣的非议,其实错怪了他。原来他想潜伏下来,乘机行刺朱棣。此事的案发,据《明史》所说,颇有一点戏剧色彩。主管天象的官员向朱棣报告:"异星赤色犯帝座甚急。"迷信天象的朱棣信以为真,立即怀疑景清图谋不轨。上朝时,他看到景清身穿红衣,神色异常,马上命人对他搜身,果然查获他随身携带的凶器。景清奋起喊道:"欲为故主报仇耳!"当然,仇来不及报,就被处死了。

景清死得很惨,斩首后,还被剥皮。朱元璋当年为了"以重典驭臣下",搞了不少酷刑:刷洗、秤杆、抽肠、剥皮,听起来都汗毛凛凛。官吏贪赃银子六十两以上,先斩首,后剥皮。州县衙门左边的城隍庙,就是剥皮的刑场,剥下的皮囊里塞进稻草,吊在旗杆上示众。朱棣下令把景清剥皮实草,悬挂于长安门。无巧不成书,后来朱棣的轿子经过长安门,悬挂皮囊的绳索忽然断了,景清的皮囊掉落在轿子前面,状如扑击,朱棣大吃一惊,下令烧毁。

一日,朱棣午睡,梦见景清手拿利剑追杀过来,吓得他出了一身冷汗。醒来后惊叹:想不到景清死了还这么厉害!于是下令诛杀他的九族以及乡亲,一共株连了几百人。他的乡亲全部被杀,村庄化为一片废墟。这就是令人毛骨悚然的"瓜蔓抄"。

"瓜蔓抄"并非孤立的事例。大理寺少卿胡闰与齐泰、黄子澄昼夜策划军事。南京陷落后,胡闰不肯归附朱棣,与儿子一起被处死。他的家乡江西饶州(今上饶市鄱阳县)城西硕辅坊,一族男女共二百一十七人被牵连处死。吕毖《明朝小史》描写那里的惨状:"一路无人烟,雨夜闻哀号声,时见光怪。尝有一猿,独哀鸣彻晓。东西皆污池,黄茅白苇,稍夜,人不敢行。"御史高翔颇有军事才干,朱棣闻名召见，高翔却穿了丧服前来，出言不逊。结果，除本人被处死，株连亲族，朱棣还搞了一点新花样。《明朝小史》写道："帝没御史高翔田产，给诸百姓，皆加税，曰：'令世世骂高御史也。'又发其先墓，杂牛马骨焚灰扬之，而以其地为漏泽园。"

朱元璋推行特务政治，设立检校、锦衣卫，承担监视官员的特殊使命。检校的职责是"专主察听在京大小衙门官吏不公不法及风闻之事"，直接报告皇帝。朱元璋自己坦率地说：有这几个人，譬如人家养了恶犬，则人怕。做检校的鹰犬无孔不入，到处刺探，一举一动都报告皇帝，皇帝对大臣的一言一行了如指掌。胡惟庸案发两年后，即洪武十五年（1382），在检校之外建立了锦衣卫。这是一个由皇帝直接指挥的军事特务组织，掌管侍卫、缉捕、刑狱，凌驾于刑部、大理寺之上。它所设的监狱称为"诏狱"，关押皇帝特批的人犯。在处理胡惟庸党案和蓝玉党案时，锦衣卫起了很大的作用。

朱元璋晚年意识到，"法外加刑"使得人人自危，告诫他的继承者："非守成之君所用常法。"有鉴于此，他取消了锦衣卫诏狱。朱棣登上皇帝宝座以后，把它恢复了。正如孟森所说，锦衣卫诏狱是"以意杀人"，"不由法司问拟，法律为虚设，此皆成祖之作俑也"。

不仅如此，朱棣还建立另一个特务组织——东厂。《明史·刑法志》说："东厂之设，始于成祖。"朱棣在北平时，为了刺探南京情报，收买建文帝左右的宦官为耳目，即位以后，特别倚重宦官，东厂就是由宦官掌控的机构。从此厂卫横行，流毒无穷。《明史·宦官传》还说："盖明世宦官出使、专征、监军、分镇、刺臣民隐事诸大权，皆自永乐间始。"毫无疑问，朱棣把特务政治推向了一个新高度。

吴晗对明太祖朱元璋有一个尖刻的评语："十足自私惨刻的怪杰。"这个怪杰的二十几个儿子，得其真传的莫过于朱棣，把这一评语加到朱棣的头上，无需增减一字，正好合适。朱元璋的皇太子朱标，《明史》说他"为人友爱"；朱标之子即朱元璋的皇太孙朱允炆，

《明史》说他"仁柔乐善",都不像朱元璋、朱棣那样"自私惨刻"。同一父亲所生的儿子,秉性截然不同,只有朱棣酷似乃父。

明成祖朱棣并非无能之辈,他五次出征漠北,亲历战阵,并且死于榆木川军旅途中,还发动了郑和下西洋这样的壮举,应该说是颇有作为的皇帝。历史是复杂的,历史人物有他的多面性。在溢美"永乐大帝"的当下,尤其需要看到被有意无意忽略的另一面。

建文帝下落之谜

风云激荡的历史长河中，留下了许多难解之谜，建文帝的下落就是其中之一。他是明朝开国皇帝朱元璋的长孙朱允炆，明朝的第二代皇帝——明惠帝，年号建文，人们习惯于称他为建文帝。

本来这个皇位理应由朱允炆的父亲朱标继承，可惜他英年早逝，死于洪武二十五年（1392），朱元璋按照嫡长子继承原则，把朱允炆立为皇储。洪武三十一年（1398），朱元璋病逝，长孙朱允炆继位。出生于洪武十年（1377）的他，此时已是英气勃发的青年。朱允炆成长于深宫，温文尔雅，缺少祖父与叔父们的霸气，在位仅仅四年，就被叔父——燕王朱棣赶下台，而祸根恰恰是祖父种下的。

朱元璋出身卑微，当上皇帝后，为了防止开国元勋尾大不掉，效法汉高祖刘邦，把二十三个儿子都封王建藩，作为皇权的屏障；而且明文规定，如遇奸臣擅权，藩王可以声讨，发兵"清君侧"。洪武二十八年（1395），他颁布《祖训条章》，给礼部发去一道敕书，特别强调两点：一是"恐后世守成之君生长深宫，未谙世故，山林初出之士自矜己长，至有奸贼之臣徇权利，作聪明，上不能察而信任之，变更祖法，以败乱国家，贻害天下"；二是"汉高祖刑白马，盟曰'非刘氏者不王'"。

然而，熟读《汉书》的朱元璋只知其一不知其二，忽略了汉高祖分封同姓诸侯王，为刘家天下构筑屏障，结果适得其反。那些同姓诸侯王野心勃勃，和中央分庭抗礼。汉景帝接受晁错的建议"削藩"，引来了藩王的反叛——吴楚七国之乱。他们打出的幌子就是："请诛晁错，以清君侧。"

历史往往有惊人的相似之处。建文帝即位后，那些分封于各地的藩王，个个身拥重兵，位高权重，根本不把年轻的侄皇帝放在眼里。在中央集权体制受到严重威胁的情势下，建文帝不得不与兵部尚书齐泰、太常寺卿黄子澄策划"削藩"。藩王们当然不会甘心失去既有的权势，势力最大的燕王朱棣率先发难。建文元年（1399）七月，他在北平起兵，发动"靖难之役"，打着"祖训"的幌子，借口征讨奸臣齐泰、黄子澄，以显示自己的正义性。他发布了给朝廷的公开信，把矛头指向"奸臣齐泰、黄子澄辈"，指责他们"包藏祸心""假陛下之威权，剪皇家之枝叶"。信中说："臣守藩于燕二十余年，寅畏小心，奉法循分。"篇末露出了他的本意："伏睹《祖训》有云：'如朝无正臣，内有奸恶，则亲王训兵待命，天子密诏诸王统领镇兵讨平之。'臣谨俯伏俟命，惟陛下念之。"已经兵戎相见了，表面上还客客气气。

面对燕王的挑战，建文帝发布诏书把燕王"废为庶人"："朕以燕王棣于亲最近，未忍穷治其事。今棣乃忘祖逆天，称兵搆逆，意欲犯阙，危宗社，悖逆如此，孰不骇闻……天地不容。已告太庙废为庶人，遣长兴侯耿炳文等率兵三十万往讨其罪。"

然而形势的发展大大出乎人们的预料，燕王的"靖难"军节节胜利，朝廷方面处境颇为尴尬。参赞军务高巍以"国朝处士"的名义上书燕王朱棣："臣以为动干戈，孰若和解，使帝者复帝，王者复王，君臣之义大明，骨肉之亲愈厚。"还说："（大王）实欲效汉吴王倡七国，以诛晁错为名，家必自毁，然后人毁之。"建文四年（1402）五月二十五日，朱棣的军队逼近南京，朱元璋的侄女（朱棣称为"老姐姐公主"）来到阵前，对朱棣说："这三四年动军马运粮的百姓、厮杀的军，死的多了。事都是一家的事，军马不要过江，回去，天下太平了，却不好？"朱棣没有接受"老姐姐公主"的劝说，反而向南京城里射去一封书信，对"众兄弟亲王众姊妹公主"

宣称："我之兴兵，别无他事，为报父皇之仇，诛讨奸恶，扶持宗社，以安天下军民，使父皇基业传子孙以永万世。我岂有他心哉！"实在是欲盖弥彰，"岂有他心"四字露出了马脚。

建文四年（1402）七月，燕王朱棣打进当时的国都南京，建文帝下落不明，有的说自焚而死，有的说出宫逃亡，众说纷纭，迷茫混沌。朱棣表面上说起兵是为了"清君侧"，其实是想自己当皇帝。为了夺取帝位，必须宣称建文帝已经死亡，否则他就不可能称帝。在装模作样地多次拒绝大臣们的"劝进"之后，朱棣终于登上了梦寐以求的皇帝宝座。这样的做法，未免过于赤裸裸，有篡位的嫌疑。要摆脱嫌疑，他必须否定建文帝的合法性，不但不给建文帝应有的谥号，甚至不承认"建文"这个年号，把建文四年改称洪武三十五年，表示他并非建文帝的继承者，而是太祖高皇帝的继承者。与此同时，制造舆论，尽力诽谤建文帝："（建文）帝年幼冲，即位以来，任用奸邪小人、贪墨猾吏……日以甘言巧语，蔽君之聪明，使君淫酗酒色，不遵丧制，不孝于祖，不亲政事，崇信奸回，放黜师保，屏弃典刑，残骸骨肉，于是秽恶怒于天地。"言外之意，由他取而代之，完全是为了天下社稷考虑。

明成祖朱棣为了粉饰夺取帝位的合法性，指使臣下掩盖历史真相，销毁建文时期的朝廷档案，肆意篡改历史。后来的《明成祖实录》关于建文、永乐之间的事变，就成了这个样子："靖难"军队打到南京金川门，"建文君欲出迎，左右悉散，惟内侍数人而已，乃叹曰：'我何面目相见耶！'遂阖宫自焚"。史家的春秋笔法已经显露无遗，对朱允炆既不称惠帝，也不称建文帝，径直改称"建文君"，显示他并非帝位的合法继承人，因为无脸见人，才畏罪自杀。燕王朱棣则显得高风亮节，捐弃前嫌，立即派人前往救援，无奈来不及。太监把"建文君"的尸体从火中找出，燕王哭着说：果然如此痴愚，我来是为了扶翼你为善，你竟浑然不觉，走上绝路。——这分明是粉饰之词。假如建文帝不自焚，也必死无疑。明成祖上台以后，对建文旧臣展开一场又一场大屠杀，岂肯放过建文帝！

《明成祖实录》所说并非事实真相。明末文坛领袖钱谦益的《有学集》中有一篇《建文年谱序》，其中颇为感慨地说，他在史局工作三十余年，博览各种典籍，始终对于"建文逊国"（明朝官方关于朱棣夺取帝位的一种标准宣传口径）搞不清楚，因而伤心落泪。原因有三：一是《实录》无征，二是传闻异辞，三是伪史杂出。因此他称赞赵士喆所编《建文年谱》荟萃诸家记录，再现真相，感人至深，"读未终卷，泪流臆而涕渍纸"。可见从明初到明末，一直有人在探求建文帝下落之谜。

颇有讽刺意味的是，朱棣自己也不相信建文帝真的自焚而死。永乐五年（1407），朱棣派遣户科都给事中胡濙，以寻访道长张邋遢（张三丰）为幌子，暗中侦查建文帝的踪迹，先后达十四年之久。胡濙回朝后，把打听到的民间传闻与蛛丝马迹向明成祖报告。《明史·胡濙传》写道："惠帝之崩于火，或言遁去，诸旧臣多从者，帝疑之。五年，遣濙颁御制诸书，并访仙人张邋遢，遍行天下州郡乡邑，隐察建文帝安在……先濙未至，传言建文帝蹈海去，帝分遣内臣郑和数辈，浮海下西洋。至是疑始释。"你看，朱棣如果真的相信建文帝已经自焚而死，何必如此兴师动众呢？明清史专家孟森在《建文逊国事考》中说："果如横云所言，成祖命中使（宦官）出其尸于火，已验明的系建文，始以礼葬，则何必疑于人言，分遣胡濙、郑和辈，海内海外，遍行大索，至二十余年之久？"逻辑严谨的反问，直指朱棣的内心深处：公开宣称建文帝自焚而死是为了夺取帝位，暗中派人侦查他的下落是为了防止其东山再起。

朱棣的子孙后代认为建文帝的下落是一个谜，明神宗朱翊钧就是一例。他即位伊始，曾下诏为建文朝尽节的诸臣建造祠庙祭祀，并颁布《苗裔恤录》，对他们的后裔给予抚恤。万历二年（1574）十月十七日，他在文华殿与内阁大学士们谈起建文帝，提出了一个思虑已久的问题："闻建文当时逃免，果否？"内阁首辅张居正如实回答：

> 国史不载此事，但先朝故老相传，言建文当靖难师入城，即削发披缁，从间道走出，后云游四方，人无知者。至正统间，忽于云南邮壁上题诗一首，有"流落江湖数十秋"之句。有一御史觉其有异，召而问之。老僧坐地不跪，曰："吾欲归骨故国。"乃知为建文也。御史以闻（报告朝廷），遂驿召来京，入宫验之，良是。是时年已七八十矣，后莫知其所终。

这段文字见于《明神宗实录》，与祝允明《野记》所说大体相同，可见在明朝中晚期，关于建文帝的下落不再是一个忌讳的话题，真相逐渐明朗。有意思的是，朱翊钧对此很感兴趣，刨根问底，要张居正把建文帝在云南驿站墙壁上的题诗背给他听。听罢，慨然兴叹，又要张居正抄写给他。全诗如下：

> 流落江湖数十秋，归来白发已盈头。
> 乾坤有恨家何在？江汉无情水自流。
> 长乐宫中云气散，朝元阁上雨声愁。
> 新蒲细柳年年绿，野老吞声哭未休。

这首诗全章见于王世贞《弇山堂别集》、孙承泽《春明梦余录》和谷应泰《明史纪事本末》等多个文献，与建文帝的遭遇和气质十分相符。明朝野史关于建文帝逃亡生涯的记载，大体是这样的：

建文四年六月，建文帝得知南京金川门失守，长吁短叹，想自杀以谢国人。翰林院编修程济说：不如出走流亡。少监王钺提醒皇上：高皇帝升天之前，留下一个宝匣，交代说，如有大难，可以打开。众人一起赶到奉先殿左侧，找到这个红色宝匣。建文帝见到祖父的遗物，打开以后，但见里面有三张度牒，分别写着"应文""应能""应贤"，里面还有和尚的袈裟、帽子、鞋子、剃刀，以及银元宝十锭。那张"应文"度牒写着："应文从鬼门出，其余人等从水关御沟而行，薄暮时分在神乐观的西房会合。"建文帝感叹道：这岂非天数！看来朱元璋在安排皇太孙继位时，似乎料到可能会发生宫廷政变，临死前作出这样的应急预案。

于是乎，程济立即为皇上剃去头发，换上袈裟、僧帽、僧鞋。吴王教授杨应能表示愿意剃度，随帝流亡。监察御史叶希贤说：臣名有一个贤字，无疑就是"应贤"，也剃度随从。当时在场的五六十人痛哭流涕，都愿意随从流亡。建文帝说：这么多人一起行动，势必会出岔子，我们应该各从所便，于是决定由九人陪他前往鬼门。到鬼门后，已有神乐观道士王昇恭候，王昇带领众人乘船前往太平门，然后再从太平门前往神乐观。到达神乐观时，恰好是薄暮时分。不一会儿，杨应能、叶希贤等人也赶来会合。从此，一行人开始了流亡生涯，途经吴江、襄阳，来到云南。

之后二十余年，建文帝辗转往返于云南、重庆、襄阳、两浙等多地，但多是潜行于山林险阻之间，过着清苦的流亡生活。

弹指一瞬间，成祖死，仁宗即位，不到一年仁宗死，宣宗即位，十年后英宗即位。皇帝换了好几个。政治环境稍显宽松，是建文帝再现真身的时候了。正统五年（1440），正在广西的他对程济说：我决意东行。

颇有书生意气的他，流亡途中经常诗兴大发，最著名的就是前面提到的那首"流落江湖数十秋"。另两首题写在贵州金竺的罗永庵墙壁，其一是：

风尘一日忽南侵，天命潜移四海心。
凤还丹山红日远，龙归沧海碧云深。
紫薇有象星还拱，玉漏无声水自沉。
遥想禁城今夜月，六宫犹望翠华临。

其二是：

阅罢楞严磬懒敲，笑看黄屋寄团瓢。
南来瘴岭千层回，北望天门万里遥。
款段久忘飞凤辇，袈裟新换衮龙袍。
百官此日如何处？唯有群乌早晚朝。

巧得很，同寓所的一名和尚，偷到建文帝的诗稿，跑到思恩知州岑瑛那里，大言不惭地说：我就是建文帝。岑瑛大为惊讶，马上报告藩司。藩司下令把那和尚与建文帝一并逮捕，飞章报告朝廷。当朝皇帝（英宗）命令把他们押解京城，由监察御史审问。那和尚声称：年九十余，将要死了，想葬于祖父陵墓旁。御史反问道：建文君生于洪武十年，而今正统五年，应当是六十四岁，何得九十岁？后来查实，那和尚名叫杨应祥，钧州白沙里人。建文帝此时把实情告诉御史，御史上报皇帝，皇帝派曾经服侍过建文帝的老太监吴亮来试探虚实。建文帝见到老太监，脱口而出大喊一声：难道你不是吴亮？吴亮故意说不是，他纠正道：我有一天在便殿就餐，吃子鹅，一片鹅肉掉到地上，你手里拿着壶，趴在地上把它吃掉了。还说不是你！吴亮听到这话后，伏在地上痛哭。建文帝左脚趾有黑痣，吴亮查看后果然有，抱着建文帝的脚再次痛哭起来，不能仰视。吴亮退出之后，便自杀了。于是，英宗把建文帝迎入宫中西内养老，人们称他为"老佛"。"老佛"寿终正寝后，葬于西山，不树不封——

成为一座无名墓。

以上所说，当然是野史传闻，却见于《吾学编》《皇明资治通纪》《皇明忠义存褒什》《明史纪事本末》和《明朝小史》等文献，可见受到史家的采信。但是质疑者也不少。清初万斯同在《明史稿·史例议》中说："明代野史之失实，无有如建文逊国一事。"朱彝尊在明史馆时，写信给总裁，就《明史》"建文帝本纪"的写法，对野史表示怀疑。正反两方面的意见并存，使得《明史》的编纂者进退失据，其卷四《恭闵帝纪》这样写道：

> 都城陷，宫中火起，帝不知所终。燕王遣中使出帝、后尸于火中。越八日，壬申葬之。或云：帝由地道出亡。

夏燮《明通鉴》对这种写法有所非议："既云'帝不知所终'，何以下文又有'出帝、后尸于火中'之语，未免上下矛盾。"他自己的写法就比较合乎逻辑："上（建文帝）知事不可为，纵火焚宫，马后死之。传言：帝自地道出，翰林院编修程济、御史叶希贤等凡四十余人从。"

根据夏燮的"考异"，《明史》所说"出帝、后尸于火中"云云，根据的是《明成祖实录》；"帝不知所终"云云，则是参考了"野史之说"。夏燮说，明人关于此事的记载，有"数十百种之多"，仅仅收入《四库全书存目》的就有二十多种，大多是说建文逊国以后"为僧之事"，而不认为"宫中火起便是建文结局"。

由于建文时期的档案史料已被销毁，《明成祖实录》充满谎言，《明史》又自相矛盾，因此现在要确切考证建文帝的下落，犹如雾里看花，那只好仁者见仁，智者见智了。

朱棣的智囊——道衍和尚

道衍和尚是明初一个传奇人物，出生在苏州一个医生家庭，十四岁出家为僧，法号道衍。在他身上，儒、道、佛三家融为一体。他善于吟诗作文，与明初文坛盟主宋濂、高启交往密切；同时又向灵应宫道士席应真求教，学习道家阴阳术数之学。游历嵩山古刹时，相士袁珙看到他，大为惊讶：这是怎样的怪和尚，竟有如此长相，一对三角眼，身形好像病虎，性情必定嗜好杀人！道衍听了不但不恼怒，反而大喜。

明太祖朱元璋早年当过和尚，对佛教有着特殊的感情，在洪武年间要礼部考试精通儒学的和尚。道衍不受官，被赐僧服回去。道衍在归途中经过北固山，赋诗怀古，抒发抱负：

  谯橹（樵櫓）年来战血干，烟花犹自半凋残。
  五州山近朝云乱，万岁楼空夜月寒。
  江水无潮通铁瓮，野田有路到金坛。
  萧梁事业今何在，北固青青眼倦看。

与他同行的和尚宗泐（lè）批评道：这哪里像出家人应该讲的话！道衍笑而不答。洪武十五年（1382），高皇后马氏去世，朱元璋挑选高僧侍从诸王，为他们诵经荐福。时任左善世的宗泐和尚推荐了道衍，而道衍因为与燕王朱棣言语契合，便请求跟随燕王前往北平。朱棣问他：你能占卜吗？道衍用苏州话回答：会，会。随即从衣襟中拿出五枚太平钱，连掷几下，斜眼看着朱棣说：殿下莫非会当皇帝？朱棣大声叱责：和尚勿谬说！朱棣嘴上这样说，心里却暗自高兴。朱棣让道衍和尚任庆寿寺的住持，实际上大部分时间他都在燕王府，成为朱棣的智囊，策划与鼓动朱棣发动军事政变，主要就是他干的勾当。

野史记载，某一个冬天，朱棣在燕王府设宴款待道衍，酒酣耳热之际，两人玩起了"对对子"游戏。朱棣出上联："天寒地冻，水无一点不成冰。"道衍应声对出下联："国乱民愁，王不出头谁作主。"表面上看都是文字游戏，"水"字加上一点就是"冰"字，"王"字出头就是"主"字，却话里有话。上联明明是在谈天气，下联却在谈政治，"王不出头谁作主"，一语双关，表面上的拆字游戏，暗含着这样的意思：燕王你不出头谁来作人主呢？既是鼓动夺权，又是拍马奉承。道衍还对朱棣说，由我辅佐你，帮你戴上"白帽子"。"王"上面加"白"，不就是"皇"嘛！

燕王朱棣当然明白，把"王"变成"皇"，绝不是儿戏，有点犹豫。洪武二十三年（1390），朱棣把相士袁珙迎到北平，为自己看相，预卜未来的吉凶。为了测试袁珙的本领，朱棣特地装扮成卫士模样，混杂在九个相貌和自己相似的卫士中，在酒馆和袁珙见面。袁珙一下就认出了朱棣，跪在他面前说：殿下何必如此作践自己！一行人回到王府，袁珙面对朱棣，仔细端详面容，俯仰左右，再拜稽首说："龙形而凤姿，天广地阔，日丽中天，重瞳龙髯，二肘若肉印之状，龙行虎步，声如钟，实乃苍生真主，太平天子也。年交四十，髯须长过于脐，即登宝位时。"用明白无误的语言告诉他，四十岁可以登上皇帝宝座，当上太平天子。

建文四年（1402）六月十七日，朱棣果然如愿以偿地当上了皇帝。想起当年袁珙的预言竟然如此灵验，便把他从宁波家乡请到南京，授予太常寺丞的官职，赏赐冠服鞍马、文绮钞锭。陆容《菽园杂记》根据道衍和尚为袁珙写的墓志铭，记录了这一情节，评论道："观此，则知太宗（朱棣）之有大志久矣，（袁）珙之相，特决之耳。"

看起来袁珙似乎神乎其神，其实是和道衍和尚一唱一和，一个说"王不出头谁作主"，一个说"太平天子"，都在鼓动朱棣夺权，而朱棣早已有此"大志"了，袁珙不过敦促他早作决断而已。

洪武三十一年（1398），太祖高皇帝去世，建文帝即位，鉴于分封在各地的藩王们蠢蠢欲动，朝廷决定削藩，先从周王、湘王、代王、齐王、岷王下手。道衍秘密劝谏朱棣起兵对抗朝廷。

朱棣有些犹豫，问道：民心向着皇帝，奈何？

道衍理直气壮地回答：臣知天道，何论民心！

他随即把相士袁珙、占卜师金忠引进燕王府，让朱棣相信，起兵是在替天行道。朱棣终于下定决心，暗中选拔将校，挑选士兵，收罗各种异能之士。道衍在燕王府后院练兵，挖掘地下室铸造兵器，为了掩人耳目，特意建筑厚墙，畜养大批鹅鸭，扰乱视听。

一切准备停当，朱棣决意起兵的那天，突然狂风暴雨大作，屋檐瓦片纷纷坠地，吓得朱棣大惊失色。道衍以三寸不烂之舌，巧辩道：这是吉祥之兆，飞龙在天，风雨随之而来，瓦片堕地，是上天命我们把它更换成黄色琉璃瓦。

为了名正言顺，朱棣把他的军队号称"靖难之师"，军事行动号称"靖难之役"。自从西汉的吴王刘濞发明"请诛晁错，以清君侧"的策略以来，历代野心家都奉为至宝，朱棣也不例外。他打出的旗号是"请诛齐泰、黄子澄，以清君侧"，实际上矛头直指建文帝。

建文元年（1399）十月，朱棣率军奔袭大宁（今内蒙古宁城），朝廷派来的大将李景隆乘机包围北平。留守北平辅佐燕王世子的道衍，稳固防守，多次击退攻城军队，直到援军赶来，内外夹击，李景隆兵败撤退。

朱棣率军南下，道衍留守北平，从未亲临战场，却能运筹帷幄，决胜于千里之外。

朱棣围攻济南三个月，毫无进展，道衍派人快马加鞭带去锦囊妙计："师老矣，请班师！"

攻打东昌（山东聊城）大败，大将张玉阵亡，朱棣灰心丧气，打算停止军事行动。道衍极力鼓动朱棣招兵买马，再度出征，取得连胜。道衍带信给朱棣："毋下城邑，疾趋京师！"这是极其高明的战略决策：不要在意一城一地的争夺，避实捣虚，直插南京。正如道衍事先料定的那样：京师兵力单薄，手到擒来。朱棣的军队连克泗河、灵璧，渡过长江，兵临南京城下。李景隆和谷王打开金川门投降，南京陷落。

"靖难之役"以朱棣的胜利而收场，可以算是一个奇迹。西汉的吴楚七国之乱、西晋的八王之乱，均以失败告终，因为力量对比、人心向背，朝廷方面都占优势，"靖难之役"何尝不是如此！朱棣能够取胜，道衍和尚的作用不可低估。《明史·姚广孝传》说：朱棣转战山东、河北，在军中三年，战守机事完全取决于道衍，虽然道衍从未亲临战阵，但是朱棣起兵夺取天下，道衍出力最多，论功应为第一。

朱棣当上皇帝的第二年，授予道衍太子少师，恢复他的原姓姚，赐名广孝。朱棣以皇帝身份与他对话，只称"少师"，从不直呼其名。皇帝要他蓄发还俗，他执意不肯；皇帝赏赐宅第及两名宫女，他都婉言谢绝。位高权重之时，平常仍长期居住寺庙，上朝时才会换上官帽官服，退朝以后，仍是一身黑色的僧服。活到八十多岁的姚广孝，充满了传奇色彩。

"读书种子"方孝孺的气节

燕王朱棣打着"清君侧"的旗号，发动"靖难之役"，道衍和尚（姚广孝）到北平郊外送行。临别前，道衍突然跪下，向燕王低声密语：臣有一事相托。

朱棣问：什么事？

道衍说：南方有个方孝孺，素有学问操行，你打下南京，他一定不肯投降归附，请不要杀他。如果杀了，那么天下的"读书种子"就断绝了。

道衍皈依佛门，却精通儒学，与文坛知名人士交往密切，说方孝孺是"读书种子"，可谓确评。

《明史·方孝孺传》说方孝孺自幼机警聪明，双目炯炯有神，每天读书厚达一寸，乡人称赞他为"小韩（愈）子"。长大后，他师从宋濂。宋濂门下名士辈出，无人可以和他比肩，先辈胡翰、苏伯衡也自叹不如。看来，"读书种子"是名副其实的。他的学问好，却对文艺不屑一顾，而以"明王道，致太平"为己任。

方孝孺，字希直，一字希古，浙江宁海人，济宁知府方克勤之子。父亲因受"空印案"牵连被处死，他扶丧归乡，悲恸行路。丧期过后，再从宋濂学习，成为宋濂门下的大弟子。他一生对宋濂执弟子礼，每每见到老师手迹，或谈及老师的事迹，动辄涕泪满襟。宋濂坟墓在夔州，方孝孺每次路过，必定前往扫墓，痛哭一场才肯离去。

洪武十五年（1382），经翰林学士吴沉、揭枢推荐，方孝孺受到皇帝召见，朱元璋问揭枢：你和方孝孺相比如何？揭枢回答很干脆：十倍于臣。朱元璋很喜欢举止端正的方孝孺，对皇太子说：此人应当历练老成以后再来辅佐你。可惜皇太子朱标早死，后来起用他的是皇太孙朱允炆。洪武三十一年（1398）七月，刚继位不久的建文帝，把他从汉中府教授的岗位上提拔为翰林侍讲。所谓侍讲，就是在皇帝身边"备顾问"的机要秘书。皇帝读书有疑问，请他讲解；或者在上朝时，臣僚奏请是否可行，由方孝孺"批答"。建文帝对方孝孺极为欣赏，采纳他的建议改革官制（如提升六部尚书为正一品等）；编修《太祖实录》《类要》等文献，均由他任总裁。他的同乡——汉阳知县王叔英对他寄予厚望，写了一封很有政论色彩的信给他：

> 凡人有天下之才固难，能自用其才者犹难，如子房（张良）之于高祖，能用其才者也；贾谊之于文帝，不能自用其才者也。子房之于高祖，察其可行而后言，言之未尝不中，故高祖得以用之。贾谊之于文帝，不察其未能而易之，且又言之太过，故大臣绛、灌之属，得以短之，于是文帝不获用其言。方今明良相逢，千载一时，但天下之事，固有行于古而亦可行于今者，如夏时周冕之类是也；亦有行于古而难行于今者，如井田封建之类是也。可行者行之，则人之从之也易；难行者行之，则人之从之也难。

这封信看起来玄虚高深，其实是在给方孝孺指点迷津，不要书生气太足。方氏也深以为然，但一涉及朝廷政治，他忍不住要发思古之幽情，羡慕古代的文治，并且想见诸行事。巧的是建文帝也有类似爱好，两人所见略同。因此焦竑《玉堂丛语》说，方氏辅佐皇帝策划国家大政方针，过于泥古，所以"卒无成效"。

燕王朱棣以"清君侧"为名发兵南下，"锐意文治"的建文帝，还在和方孝孺讨论"周官法度"——《周礼》那套典章制度，军事都交给兵部尚书齐泰、太常卿兼翰林学士黄子澄二人处理。建文元年（1399）年底，按照皇帝旨意建成"省躬殿"，安置古书圣训，方孝孺遵旨撰写铭文，彰显"省躬"的宗旨："天下国家之本在君，君之所以建极垂范四海者在身，而置此身于无过之地，俾黎元蒙福，后世承式者则以心为之宰。"看来朱允炆和方孝孺都是理想主义者，意在长治久安，而忽略了眼前的危险。

建文三年（1401）四月，皇帝命方孝孺起草诏书，派大理寺少卿薛嵓前往北平，当面交给燕王朱棣。诏书洋洋数千言，大意是：赦免朱棣的罪状，要他"罢兵归藩"。

朱棣问薛嵓：皇上说了些什么？

薛嵓回答：皇上说，殿下早上罢兵，朝廷晚上就撤回讨伐之师。

朱棣根本不相信：这不是在哄骗三尺小儿吧？

五月间，燕王军队进驻大名府，遭到守将盛庸的阻击，断绝粮饷通道。朱棣派军官武胜前往南京，对建文帝说：朝廷已经允许罢兵，而盛庸等发兵断绝我粮饷，显然违背诏书所言，背后必有主使者。建文帝信以为真，竟然想撤回讨伐之师。方孝孺极力劝阻：讨伐之师一旦撤回，就不可能再次聚集，假如燕师长驱直入，进犯京师，怎么抵御呢？果然，朱棣派都指挥李远率领六千轻骑直奔南京而来。

这时薛嵓回到南京，向皇帝报告：燕王语直而意诚，其将士同心同德，南军虽然数量众多，但骄傲懒惰，缺乏谋略，决无胜算。建文帝听了，踌躇不决：诚如薛嵓所说，难道朝廷理屈？难道齐泰、黄子澄误我？方孝孺一针见血地指出：这是薛嵓为燕王游说，千万不可上当。方孝孺的分析是对的，朱棣进入南京后，薛嵓立即倒戈投降，即是明证。

方孝孺一介文人，不能指挥军队，只能在计谋上出力。他知道朱棣的三个儿子之间矛盾很深，长子朱高炽作为"世子"，是法定继承人，因为过于仁恕，不为朱棣所喜爱；次子朱高煦酷似父亲，随父征战，最受朱棣喜爱；三子朱高燧也觊觎"世子"的位子，勾结太监黄俨暗中监视朱高炽的一举一动。方孝孺对此了如指掌，使用反间计，代替建文帝写了一封信给朱高炽，信的主旨是"令以燕自归"，劝导他归附朝廷，事成之后封为燕王。朱高炽为人正派，深知在此敏感时期，不可私自与朝廷交往，没有拆阅这封信，把来人和信件一并送到朱棣军中，听凭父亲发落。太监高俨偷偷向朱棣密报，世子朱高炽私通朝廷。朱棣颇为怀疑朱高炽，在身旁的朱高煦乘机进言："世子故与建文善厚。"朱棣大为恼怒，正巧这时信使押到，朱棣拿起信件一看，还未拆封，便问来使：世子说了些什么？来使回答：世子说"臣子无私交，何敢发私书"。朱棣恍然大悟，拍着桌子流着眼泪说：啊呀，差一点杀了我的儿子！

建文四年（1402），燕王朱棣的军队从瓜洲渡过长江，逼近龙潭，京师震惊。朱允炆焦急地徘徊于殿廷间，向方孝孺问计。当时廷臣都劝皇上迁都浙江或湖广，再图光复。方孝孺力排众议，说：城中尚有禁军二十万，完全可以坚守，以待援兵；即使时势不济，国君为社稷而死也是正道。

朱棣率军攻陷南京，立即公布"奸臣榜"，下令追捕建文旧臣，重金悬赏告发与扭送者。其中有文臣二十九人：太常寺卿黄子澄，兵部尚书齐泰，礼部尚书陈迪，文学博士方孝孺，御史大夫练子宁，右侍中黄观，大理寺少卿胡闰，大理寺丞邹瑾，户部尚书王钝，户部侍郎郭任、卢迥，刑部尚书侯泰、暴昭，工部尚书郑赐，工部侍郎黄福……户部主事巨敬。这些建文旧臣落网后，都是要杀的，唯独方孝孺例外，朱棣想借重他的名声，为自己起草即位诏书。

当然，建文旧臣并不是铁板一块，有一些人本着"一朝天子一朝臣"的观念，纷纷"叩马首迎附"，并且"上表劝进"。名气较大的有吏部侍郎蹇义，户部侍郎夏原吉，侍讲王景，修撰胡广，编修杨荣、杨溥，待诏解缙，给事中胡濙、金幼孜等。燕王入城时，杨荣等前往迎接，谒请道：殿下是先谒陵，还是先即位？朱棣恍然大悟，次日举行拜谒孝陵的仪式之后，再在奉天殿举行即位仪式。被捕的"奸臣榜"中人，如郑赐、王钝、黄福等，都为自己辩解，自称"为奸臣所累"，乞求新皇帝恕罪。

方孝孺非等闲之辈，把士大夫气节看得比生命还重要，"忠臣不事二主"是最起码的一条，当然不肯屈服于"犯上作乱"的朱棣，披麻戴孝在午门外号啕大哭。锦衣卫把他关入监狱，他的学生廖镛、廖铭奉朱棣之命前往游说。方孝孺义正词严地斥责道：小子跟随我多年了，还不知道忠义是非？

朱棣把建文帝赶下台，自己当皇帝，必须由知名人士起草即位诏书，显示名正言顺，最佳人选自然是建文朝第一笔杆子——方孝孺。于是把他从监狱中放出来。方孝孺偏偏不识抬举，为建文帝披麻戴孝，在宫殿中放声哀号。

朱棣为自己的军事政变辩护：我是仿效周公辅佐成王。言外之意，不是反叛而是来辅佐侄儿当好皇帝。

方孝孺知道他说的是假话，追问：你要辅佐的"成王"在哪里？

朱棣回答：他自焚而死。

方孝孺追问：既然你是来辅佐"成王"的，现在"成王"已死，为什么不拥立"成王"的儿子，而自己当皇帝？

朱棣讪讪地说：国家仰赖年长的君主。

方孝孺紧追不舍：为什么不拥立"成王"的弟弟？

朱棣无话可说，从宝座上下来，软硬兼施地说道：这是我们家的事，先生不必过于操心。我的即位诏书，非先生起草不可！

方孝孺绝非为了身家性命而瞻前顾后的人，拿起毛笔在纸上写了"燕贼篡位"四个大字，把笔狠狠地摔到地上，一面哭一面骂：死就死，诏书决不起草！

朱棣厉声喝问：你难道想快点死？难道不怕株连九族吗？

方孝孺毫不犹豫地回答：即使株连十族，也奈何我不得！

朱棣终于失去耐心，命武士把他的嘴巴割破，伤口直至耳朵，再度关入监狱。然后四处逮捕方孝孺的亲属、朋友、门生，每逮捕一人，就让他过目，来考验他的毅力。方孝孺根本不为所动。朱棣无计可施，把逮捕来的人当着他的面，一一处死。朱棣开创了一个新纪录，把"诛九族"扩大为"诛十族"。历史上的"诛九族"，是指父族四、母族三、妻族二；所谓"诛十族"，是在九族之外加上朋友、门生一族。

据《殉国臣传》记载，此次株连而死的除了父族——方氏宗支以外，还有母族林彦法等人、妻族郑原吉等九族人。此外的第十族——朋友、门生，有开国功臣德庆侯廖永忠的孙子——廖镛、廖铭兄弟，他们二人曾经受业于方孝孺，有师生之谊。老师死后，他们为之捡拾遗骸，埋葬于聚宝门外山上，因此受到株连，被逮捕处死。御史郑公智、陕西佥事林嘉猷，是方孝孺的同乡与学生，方孝孺曾经说过：将来能够帮助我的就是你们二人。刑部侍郎胡子昭，由于方孝孺推荐，参与《太祖实录》的编修；河南参政郑居贞，是方孝孺的朋友。这些人都被扣上"方孝孺党羽"的罪名处死。《殉国臣传》还说："坐死者八百七十三人，外亲之外，亲族尽数抄没，发充军坐死者复千余人。"

面对令人胆战心惊的大屠杀，方孝孺坦然处之，当他目睹弟弟方孝友将要被处死时，禁不住泪如雨下。弟弟口占一诗安慰道：

阿兄何必泪潸潸，取义成仁在此间。

华表柱头千载后，旅魂依旧到家山。

坚贞不屈的方孝孺最终被押往南京聚宝门外，凌迟处死。他慷慨就义，赋绝命词一首：

> 天降乱离兮孰知其由？
> 奸臣得计兮谋国用猷。
> 忠臣发愤兮血泪交流，
> 以此殉君兮抑又何求？
> 呜呼哀哉兮庶不我尤！

时年四十六岁。他的妻子郑氏与两个儿子（方中宪、方中愈）自缢而死，两个女儿在押解途中，联袂投秦淮河而死，可谓一门忠烈。

永乐二十二年（1424）七月，明成祖朱棣去世，他的长子朱高炽即位，是为明仁宗。十一月，仁宗就为惨遭杀戮的建文旧臣平反昭雪，他对大臣们说："建文诸臣已蒙显戮，然方孝孺辈皆忠臣也。"第二天就下达诏书：建文诸臣家属发配到教坊司、锦衣卫、浣衣局以及功臣家充当奴仆的，全部释放成为良民，归还家产田地。

儿子代老子象征性地还了一笔孽债，虽然无补于屈死的冤魂，也已经难能可贵了。

"瓜蔓抄"及其他：建文旧臣景清与铁铉

燕王朱棣以军事政变手段夺取帝位以后，对于支持建文帝"削藩"、反对"靖难之役"的官员赶尽杀绝，其手段之残忍，可与乃父太祖高皇帝相媲美。齐泰、黄子澄的惨死，固不待言——齐泰被"族诛"，黄子澄先被砍去双手、双腿，再被处死。礼部尚书陈迪和儿子同一天被处死，朱棣下令把陈迪儿子的耳鼻割下让陈迪吃下，还问他：味道如何？

其他官员的死，个个令人毛骨悚然。且以景清、铁铉为例，以见一斑。

景清，本姓耿，讹为景，真宁（今甘肃正宁）人，年少时在国子监求学，以聪明机警而著称。和他住一间宿舍的同学有一本秘不示人的书籍，景清想一睹为快，对方不肯，他再三请求，并且答应第二天一早就归还。第二天，那位同学向他索书，景清竟然谎称不知道什么书，也从未向其借书。那位同学愤愤然向祭酒（校长）控告。景清拿了那本书前往，对祭酒说那是他窗前灯下反复攻读的书，随即一口气把它背了出来。祭酒要那位同学背诵，那同学居然一句也说不出，被祭酒训斥了一顿。从祭酒那里出来，景清就把书还给了他，笑着说：我不满你把书看得太珍秘，故意和你开个玩笑而已。

景清是洪武二十七年（1394）进士，会试时列为第三名，廷试时皇帝赐予第二名，由此看来他是才华横溢的佼佼者，并非书呆子，崇尚大节。建文初年，他以都察院左佥都御史的身份，改任北平参议，显然负有察看朱棣动静的使命。

首都南京被朱棣攻陷，建文帝旧臣大批死亡。景清当年曾经参与"削藩"密谋，自然在劫难逃，他与方孝孺等相约，以身殉国。令人不解的是，当许多旧臣纷纷殉国之时，他来到朝廷，向刚刚登上皇帝宝座的朱棣投诚归附。朱棣为了表示豁达大度，命他仍旧担任都察院左佥都御史。建文朝旧臣摇身一变成了永乐朝新贵，景清遭到遗老遗少的非议，说他"言不顾行，贪生怕死"。

其实，他是虚与委蛇，等待时机为旧主报仇。

某一天上朝时，景清身穿红衣，暗藏利器，准备行刺。说来也巧，在此之前，有主管占星的官员向皇帝报告："异星赤色，犯帝座甚急。"生性多疑的朱棣本来就对景清有所怀疑，上朝时特别注意。但见景清身穿红衣，且神色异常，命令卫士对他搜身，果然查获暗藏的凶器。景清奋然要为故主报仇，并不断辱骂朱棣。卫士拔掉他的牙齿，他仍骂声不停，口中鲜血吐向朱棣的龙袍。朱棣一声令下，当场将其活活打死，并且把他的皮肤剥下来，塞进稻草，悬挂于长安门示众。

正是无巧不成书，后来，朱棣经过长安门，绳索忽然断裂，景清的皮囊掉落在他面前，状如扑击。朱棣大惊失色，下令烧毁。

有一天朱棣午睡，梦见景清手持利剑追杀过来，吓出一身冷汗。惊醒之后感叹道：想不到景清死了还这么厉害！下旨株连景清的九族，连他的乡亲也不放过，"转相攀染"而死的有几百人之多，老家的一个村庄顿时化为废墟。

这就是历史上臭名昭著的"瓜蔓抄"！

这样的"瓜蔓抄"还不止一次。建文时期的大理寺少卿胡闰，是江西饶州府人，朱棣发兵南下，他与兵部尚书齐泰筹划抵抗事宜。南京陷落后，不屈而死，朱棣不仅抄了他的家，而且株连他的家族，杀死一族男女217人。他们聚居的地方——府城西面的硕辅坊，化作一片废墟。吕毖《明朝小史》写道：

> 一路无人烟，雨夜闻哀号声，时见光怪。尝有一猿，独哀鸣彻晓。东西皆污池，黄茅白苇，稍夜，人不敢行。南至祝君庙，北至昌国寺，方有人烟。

为了惩治几个政敌，株连九族还不解气，居然摧毁整个村庄和社区。不独在明朝，即令其他朝代，也闻所未闻。

朱棣的另一个政敌铁铉的下场，更加令人哀叹。

建文初年，铁铉出任山东参政。李景隆奉命北伐，征讨朱棣，铁铉负责督运粮饷，从不放松。李景隆兵败白沟河，单骑走德州，铁铉感愤涕泣，退守济南。朱棣率军攻打三个月，济南岿然不动，无奈之下，决定掘开黄河大堤，水淹济南。铁铉反其道而行之，使用诈降计，派使者到燕王大营请降，请退兵十里，燕王单骑进城，军民必恭迎大驾。不战而屈人之兵，朱棣大喜过望，骑着高头大马越过护城河，进城受降。说时迟那时快，城上的铁闸门急速落下，砸中马头，如果稍慢几秒，朱棣必将被砸成肉饼。遭受此番羞辱，朱棣下令猛攻，济南依然牢不可破，只得退兵而去。铁铉乘胜追击，收复德州等地。建文帝随即晋升铁铉为山东布政使，不久又晋升他为兵部尚书。

南京陷落，铁铉被俘，押解到朱棣面前，他不愿面对乱臣贼子，始终背身而立，口中骂声不绝。朱棣想看他一面而不可得，命令卫士割去他的耳朵、鼻子，铁铉依然不屈。卫士奉命割他身上的肉，塞到他嘴里，问他：甜不甜？铁铉厉声回答：忠臣孝子的肉，当然是甜的！

面对如此宁死不屈的硬汉，朱棣束手无策，下旨寸磔处死，也就是俗话所说的千刀万剐，把身上的肉一片一片割下来，而不让他立即死去。整个行刑过程中，铁铉口中骂声不绝。恼羞成怒的朱棣命卫士扛来一口大锅，锅内是沸腾的油。铁铉的躯体被投入锅中，顷刻化为焦炭。卫士们把他的躯体捞出，让他面向朱棣站立，竟然办不到。朱棣大怒，命太监们用铁棒挟持，使他面向北。坐北朝南的朱棣朗声笑道：你今天也不得不朝见朕了。话音未落，铁铉身上的沸油突然飞溅，太监四散而逃，尸体仍然反背如故。

　　铁铉死时年仅三十七岁。儿子福安、康安被处死。妻杨氏和两个女儿被发配教坊司为娼。杨氏病死，二女终不受辱，赋诗明志。姐诗云：

　　　　教坊脂粉洗铅华，一片闲心对落花。
　　　　旧曲听来犹有恨，故园归去已无家。

妹诗云：

　　　　骨肉伤残产业荒，一身何忍去归娼。
　　　　泪垂玉筋辞官舍，步蹴金莲入教坊。

　　孟森《明史讲义》写到"靖难后杀戮之惨"，大为不解，感慨系之："成祖以篡得位，既即位矣，明之臣子，究以其为太祖之子，攘夺乃帝王家事，未必于建文逊位之后，定欲为建文报仇，非讨而诛之不可也。故使事定之后，即廓然大赦，许诸忠为能报国，悉不与究，未必有大患也。即不能然，杀其人亦可成其志，而实则杜诸忠之或有号召，犹之可也；诛其族属，并及童幼，已难言矣；又辱其妻女，给配教坊、浣衣局、象奴及习匠、功臣家，此于彼之帝位有何损益？"分析得合情合理，又入木三分。颇具反讽意味的是，"以篡得位"的明成祖朱棣的心态，绝非谦谦君子所能洞悉。这或许是"靖难杀戮之惨"给予读史者最有价值的启示。

打着"锦衣卫"的幌子

2010年初,有一部电影名叫《锦衣卫》,顾名思义的话,会以为是艺术地再现锦衣卫的本身。其实非也,编导并不想讲历史,而是借此作为由头或幌子,演绎一个武打加爱情的故事而已。

电影怎么拍,完全是编剧与导演的自由,作为一种大众艺术品,观众大可不必在意它的真实可信程度如何。不过,既然片名冠以"锦衣卫"之名,就不得不顾及历史。如何处理历史?应该像四大名著之一的《三国演义》那样,做不到"七真三假",也应该做到"三真七假",如果一分真的东西都没有,那就和历史风马牛不相及了。

就大处说,影片编导似乎不知道"锦衣卫"为何物,随意编造了一个与历史毫不相干的"锦衣卫"来搪塞观众。无怪乎观众看了电影之后会问:锦衣卫究竟是"好"还是"坏"?这种非好即坏的习惯思维固然不足为训,但是影片以假乱真,或许难以辞其咎。

就小处说,影片中违背历史常识的地方比比皆是。

比如说,该片多次提到"庆亲王",这是清朝的称呼,明朝一般称藩王或王,如燕王、秦王、周王,而不叫"燕亲王""秦亲王""周亲王"。至于这个虚拟的"庆亲王",有"八个亲王府一品侍卫",更属信口开河,任意想象。身边居然有八个一品侍卫?这是连皇帝也没有的高规格。皇帝的侍卫就是锦衣卫,其中官品最高的——锦衣卫指挥使,不过是正三品官衔。某些有特殊背景的锦衣卫主官,不断加官晋爵,也有官至一品的例子(如钱宁、朱希孝、刘守有等),却屈指可数,整个明朝两百多年中,一共也没有八个。

又比如说,影片中提到,"吏部尚书府掌管朝廷兵符印鉴""放着国防机密"云云，简直荒唐，不知道从何说起。难道编导不明白吏部掌管人事，兵部才是掌管军事的吗？

再比如说，影片中的锦衣卫军官身穿一身黑色服装，令人感到迷惑。历史文献写得明明白白，在正式场合，锦衣卫指挥一级的官员身穿大红蟒衣、飞鱼、乌纱帽、銮带，佩绣春刀，一般场合则穿大红便服；千户、百户等下级官员身穿青绿色锦绣服，一般场合则穿青绿便服。执行任务时也是如此。所以当时民众只要看到"鲜衣怒马""操京师口音"者，就可以断定是锦衣卫。所谓"鲜衣"，就是色彩鲜艳的衣服，黑色服装是称不上"鲜衣"的。

对于一部供大众娱乐的影片，没有必要过于顶真，与它计较历史的真实性，以免引来编导们的斥责：你们根本不懂电影！我们下面要说的并非影评，而是回答电影《锦衣卫》引申出来的问题：锦衣卫究竟是什么？它在明朝宫廷与官场扮演什么角色？为什么当时人一提起锦衣卫就毛骨悚然，唯恐避之不及？

锦衣卫是明朝开国皇帝朱元璋的一大发明。《明史·刑法志》说："刑法有创之自明，不衷古制者，廷杖、东西厂、锦衣卫、镇抚司狱是已。是数者，杀人至惨而不丽于法，踵而行之，至末造而极。举朝野命，一听之武夫、宦竖之手，良可叹也！"大意是说，刑法方面明朝独创的有三样：一是廷杖（在宫廷之上杖责官员），二是建立由宦官掌控的特务机构东厂、西厂，三是建立军事特务机构锦衣卫以及它所附属的镇抚司诏狱。这三样之中，廷杖、锦衣卫是明太祖朱元璋的发明，东厂是他的儿子明成祖朱棣的发明，西厂则是明宪宗朱见深的发明。此外，明武宗朱厚照还发明了凌驾于东厂、西厂之上的内厂（内行厂）。不过西厂、内厂存在的时间很短，东厂、锦衣卫则一直延续到明朝灭亡，它们互相配合，二位一体，当时人称为"厂卫"。

为什么说锦衣卫是一大发明呢？明朝的军队编制不同于前朝，

称为"卫所"。五千六百人为一个卫，下辖若干个所，一千一百二十人为一个千户所，一百一十二人为一个百户所。卫的长官是指挥使（正三品），所的长官是千户（正五品）、百户（正六品）。

在诸多"卫"中，有号称"上二十二卫"的亲军，它的职掌与其他各卫不同，地位很高，其中的锦衣卫地位更高。

锦衣卫出现以前有"仪銮司""亲军都尉府"。洪武十五年（1382），废除仪銮司、亲军都尉府，建立锦衣卫。它的职掌与其他卫有所不同，简单说来就是两大任务：一是"直驾侍卫"，一是"巡察缉捕"。

所谓"直驾侍卫"，就是承担皇帝与皇宫的警卫保驾任务，这不只是日常勤务。每逢圣节（皇帝诞辰）、正旦（正月初一）、冬至举行的三大朝会，以及每天的常朝（皇帝上朝与官员议政），还有举行祭祀等仪式，皇帝的出入，都有锦衣卫官兵扈从、侍卫。凡遇大朝会，皇帝上朝升殿，锦衣卫指挥使一员，身穿大红蟒衣，头戴乌纱帽，身佩銮带，悬挂金牌，在御座前面偏西的地方站立侍卫，另有千户六员身穿青绿锦绣服，在殿前"侍班"（听候召唤）。凡平时常朝，锦衣卫指挥一员、千户二员、百户十员、旗校五百名，在奉天门（皇极门）下，排队侍卫，听候皇帝命令，纠正官员礼仪。退朝以后，锦衣卫百户一员带领士兵，巡察皇城四周，其余锦衣卫官兵分别守卫东华门、西华门，听候传唤。

所谓"巡察缉捕"，就是"缉捕京城内外盗贼"。锦衣卫专设"镇抚司"，直接承办皇帝交付的重案、要案，捉拿人犯，审判关押，特设"诏狱"——遵照皇帝的诏令查处人犯的监狱。镇抚司诏狱的司法权力来自皇帝，凌驾于朝廷的司法部门之上。朝廷的司法部门——"三法司"（即刑部、大理寺、都察院）不得干预锦衣卫镇抚司。也就是说，镇抚司诏狱可以越过三法司，行使特殊的司法权力。如此，太过于抬高了锦衣卫的身价，导致它胡作非为，无法无天，目中根本没有三法司，视法律如无物。这是开国皇帝朱元璋"法外用刑"的结果。

太祖高皇帝朱元璋为什么要设立锦衣卫以及它的附属机构镇抚司呢？

明史专家吴晗在《朱元璋传》（1949年版）中这样回答道："这一批并肩作战、骁悍不驯的将军们，这一群出身豪室的文臣，有地方势力，有社会声望，主意多，要是自己一咽气，忠厚柔仁的皇太子怎么对付得了？到太子死后，太孙不但年轻，还比他父亲更不中用，成天和腐儒们读古书，讲三王道理，断不是制驭枭雄的角色。他要替儿孙斩除荆棘，要保证自己死后安心，便有目的地大动杀手，犯法的杀，不犯法的也杀，无理的杀，有理的也杀。锦衣卫的建立，为的是便于有计划地栽赃告密，有系统地诬告攀连，有目标地灵活运用，更方便地在法外用刑。各地犯重罪的都解到京师下北镇抚司狱，备有诸般刑具，罪状早已安排好，口供也已预备好，不容分析，不许申诉，犯人唯一的权利是受苦刑后书字招认。不管是谁，进了这头门，是不会有活着出来的奇迹的。"分析得入木三分，鞭辟入里！特别值得注意的是，他强调锦衣卫的职能：有计划地栽赃告密，有系统地诬告攀连，有目标地灵活运用，更方便地法外用刑。锦衣卫是什么，答案已经非常清楚了。

明朝著名文人王世贞的《弇州史料前集》卷十七，收了他写的《锦衣志》，结论也是如此："上（太祖）时时有所诛杀，或下镇抚司杂治，取诏行，得毋经法曹，其禄秩名号无以越异诸军也，乃势则奕奕，不啻过之。"锦衣卫初设于明太祖时，是内廷亲军，皇帝的私人卫队，不隶属于都督府（其他卫隶属于都督府）。其下有南北镇抚司，南镇抚司负责本卫内部刑法，北镇抚司专门掌管诏狱，可以直接凭借皇帝诏令行事，不必经过外廷三法司的法律手续。

清朝官方编纂的《明史》中的《刑法志》有不少篇幅涉及锦衣

卫，它说："锦衣卫狱者，世所称诏狱也……太祖时，天下重罪逮至京师者，收系狱中，数更大狱，多使断治，所诛杀为多。"当时令人噤若寒蝉的"胡惟庸党案""李善长党案""蓝玉党案"，先后杀戮四万多人，就是锦衣卫一手操办的。后来这位太祖高皇帝大概意识到，"法外用刑"并非守成之君所用常法，便下令撤销镇抚司诏狱，烧毁刑具，囚犯移送刑部处理。

他的儿子——燕王朱棣发动军事政变，把建文帝赶下台，自己当上皇帝，由于名不正言不顺，遭到建文旧臣的强烈反对。为了肃清政敌，钳制舆论，他恢复了镇抚司诏狱。永乐初年，重现洪武年间的恐怖气氛，由"诛九族"发展到"诛十族"，受株连而处死的不仅有直系亲属、旁系亲属，还外加朋友、门生一族；而且出现了"瓜蔓抄"，把案犯家乡的村庄化作废墟，没有一人得以幸免。这些都是锦衣卫的杰作。迁都北京以后，朱棣另外建立了一个由亲信太监掌控的东厂，目的是"刺臣民隐事"，并且负有监督锦衣卫的使命。

锦衣卫的头目，在《明史》中有小传的，不是列入《佞幸传》，就是列入《阉党传》。在《佞幸传》的有纪纲、门达、逯杲、江彬、钱宁、陆炳，在《阉党传》的有田尔耕、许显纯。这些人都是宵小之徒，靠卧底、告密而发迹，不遗余力地为皇帝惩治不同政见者，加官进爵之后，气焰嚣张，收受贿赂，敲诈勒索，无恶不作。

关于锦衣卫或者厂卫的斑斑劣迹，可以说贯穿于整个明朝，而且愈演愈烈。到了熹宗天启年间，厂卫横行达于巅峰，司礼监秉笔太监魏忠贤兼任东厂总督，利用明熹宗朱由校的昏庸，专权乱政，他手下的十员干将，号称"五虎""五彪"。所谓"五虎"，是中央朝廷的文职高官崔呈秀、田吉、吴淳夫、李夔龙、倪文焕，为魏忠贤出谋划策。所谓"五彪"，是具有军职的高官田尔耕、许显纯、孙云鹤、杨寰、崔应元，充当魏忠贤的打手与屠夫。

田尔耕是前兵部尚书田乐的孙子，依靠祖荫，仕途一帆风顺，一直晋升为军职最高官阶——正一品的左都督，天启四年（1624）投靠魏忠贤，掌管锦衣卫。此人狡黠阴贼，与魏忠贤的侄子魏良卿结为莫逆之交。魏忠贤为了镇压"东林党人"，屡兴大狱，如"六君子之狱""七君子之狱"。田尔耕把锦衣卫的侦缉人员派往各地，把不同政见者逮入镇抚司诏狱，严刑逼供，入狱者大都死于非命。由于他和魏忠贤、魏良卿的特殊关系，不少官员都奔走于他的门下，内阁大学士魏广微甚至与他缔结姻亲。当时京都有"大儿田尔耕"的说法，意思是，他是魏忠贤的干儿义子中的老大。这个老大是名副其实的，魏忠贤特别看重他，以皇帝的名义授予他少师兼太子太师的荣誉头衔，他的亲属多人获得锦衣卫世袭职务，逢年过节赏赐不断。

许显纯是前驸马都尉许从诚的孙子，一路升迁，成为都指挥佥事（正三品），天启四年出掌镇抚司。此人粗通文墨，性情残酷，在镇抚司诏狱中，用各种酷刑折磨反对魏忠贤的正直官员。率先弹劾魏忠贤的都察院左副都御史杨涟，在镇抚司诏狱中被拷打得皮开肉绽，牙齿全部脱落，最后被土囊压身，铁钉贯耳，活活折磨死。支持杨涟的左光斗、魏大中等官员都被拷打得面目焦烂，筋骨断裂，皮肉溃烂，布满蛆虫，最终死于狱中。

当时人描写的镇抚司诏狱的酷刑，令人毛骨悚然。进入诏狱，首先就是"拷问"，分三个档次：轻的叫作"打着问"，重的叫作"好生打着问"，更重的叫作"好生着实打着问"。接下来是用酷刑逼取口供，每次用刑"一套"，包括十八种，如械、镣、棍、拶（夹手指）、夹棍等。六君子之一的魏大中进入镇抚司诏狱，许显纯迎合魏忠贤的心意，严刑逼供，"一拶敲一百，穿梭一夹，敲五十杠子，打四十棍，惨酷备至"。一套刑用下来，无不血肉溃烂，凄厉的呼号声一阵紧似一阵。诏狱里面的牢房，是地下室，墙壁厚达几尺，室内鬼哭狼嚎，隔壁听不到一点声音。拘押在诏狱的顾大章，把镇抚司诏狱与刑部监狱相比，竟然认为有地狱与天堂的差别。

明末文人黄煜写了一本《碧血录》，逐日记录"六君子"入狱后遭受严刑拷打的惨状：入狱当天，各打四十棍，拶敲一百下，夹棍五十下。提出审讯时，由两名狱卒挟持左右，佝偻而行，"一步一忍痛，声甚酸楚"。杨涟、左光斗、魏大中都用"全刑"，杨涟"大号而无回声"，左光斗"声呦呦如小儿啼"。左光斗的门生史可法化装潜入狱中探望，左光斗已经面目焦烂，难以辨认，左膝以下筋骨全部断裂。完后杨涟、左光斗、魏大中的尸体，用被褥、苇席包裹，从诏狱后门拖出，尸体腐烂，"臭遍街衢，尸虫跕跕坠地"。

崇祯皇帝朱由检即位后，严惩魏忠贤及其阉党，魏忠贤畏罪自缢，他的爪牙田尔耕、许显纯等也被押上断头台。

拨乱反正之后，厂卫横行依然如故。崇祯四年（1631），言官许国荣向皇帝上疏，希望对厂卫有所制裁。他说：原先厂卫负责侦缉，对付"巨奸大逆"，偶一为之。后来演变为常例，失去立法的本意，而近于告密。他感叹道："告密非盛世风也！"接着他分析厂卫横行的弊端：皇上或许以为有了厂卫，"天下无遁情"，臣却以为"天下从此政多隐情"；皇上或许以为"秘访所致，得于独闻"，臣却以为厂卫"借此为招摇之榜样，纳贿之便门"。况且只有厂卫可以侦缉他人，而没有其他人可以侦缉厂卫；他们能够颠倒是非，而无人敢于评判他们的是非，以致厂卫肆无忌惮、恣意妄为。流毒泛滥至今，一些流氓无赖打着"厂卫"的幌子，敲诈勒索，谋取私利。他举例说：绸商刘文斗运货到京城，奸徒恶棍赵瞎子等口称"厂卫"，以偷税漏税相讹诈，把他绑架到崇文门东小桥庙内，搜查他的账簿，发现和他有生意往来的商户罗绍所、李德怀等十余家，一并拿下拷问，总共敲诈白银两千余两。

这样的事例数不胜数。"厂卫"已成为政治毒瘤，伴随明王朝走向末路。

以上所说不过是几个片段，已经足够发人深省。了解了这些，再去看电影《锦衣卫》，恐怕就别有一番滋味在心头了。

才子解缙的政治生涯

方孝孺冒死拒绝为朱棣起草即位诏书，大义凛然写下"燕贼篡位"四个大字，誓死不屈。后来这个即位诏书是谁起草的呢？就是"叩马首迎附"的建文旧臣解缙。方孝孺死得很惨，那么解缙的结局如何呢？

解缙是明初声誉鹊起的才子，明朝遗老钱谦益在清初编撰《列朝诗集》时，于每一诗人名下列其《小传》，其中如此描述解缙的聪明绝顶："五岁时，族祖抱置膝上，戏之曰：'小儿何所爱？'应声作四绝句，其一曰：'小儿何所爱，夜梦笔生花。花根在何处，丹府是吾家。'……年十九，举进士，倚待辄数万言，未尝起稿，善为狂草，挥洒如雨风。才名烜赫，倾动海内。"郎瑛《七修类稿》记录一则逸闻："永乐中，中秋开宴，不见月，圣情不怿。学士解缙口占《落梅风》一阕云：'姮娥面，今夜圆。下云帘，不著臣见。拚今宵，倚栏不去眠。看谁过，广寒宫殿。'又赋长短句一首，上（即皇帝朱棣）览之欢甚，为停杯以待。夜午，月复明，上大笑曰：'解缙真才子夺天手也！'"

万历时的状元焦竑这样评价他："解缙之才，有类东方朔，然远见卓识，朔不及也。"这是把他和西汉的文学家东方朔比较。和同时代人相比更是如此，焦竑说："吉水解学士缙，天资甚美，为文多不属草，顷刻数千言不难，一时才名大噪。时杭有王洪（希范），吴有王璲（汝玉），闽有王偁（孟阳），尝谓希范曰：'解学士名闻海内，吾四人者，足以撑柱东南半壁。'"

因为是才子，解缙行事异于常人，洋溢着真性情。人们说他重义轻利，笃于故旧，乐于引荐士人。他常常对人说："宁为有瑕玉，不为无瑕石。"这可以看作他的自况：宁愿做一块有瑕疵的美玉，而不要做一块无瑕疵的石头。"重义轻利，笃于故旧"的品性，自然是胸无城府，心无崖岸。人们出于景仰，向他索取诗文墨宝，每天络绎不绝，他是来者不拒，从来没有厌倦的意思。友人提醒有些人不应当给予，他笑着说："雨露岂择地而施哉？且人孰不可与进者？"一派名士风度。

他历事洪武、建文、永乐三朝，受到三位皇帝的刮目相看，居然在建文、永乐鼎革之际屹立不倒，得以进入内阁参与机务，最终却死于锦衣卫诏狱，时年不过四十七岁，令人感慨系之。

解缙，字大绅，江西吉水人，洪武二十一年（1388）考中进士，授予庶吉士之职。太祖朱元璋对这位青年才俊很是看重，对他说：我和你从道义上说是君臣，从恩情上说犹如父子，你应当知无不言。他为皇帝的真心所感动，立即上了一封万言书，大有知无不言、言无不尽之意，言辞颇为直率尖锐。

比如他说，法令屡屡更改必然导致人民疑惑，刑罚太繁苛必然导致人民玩忽。从国初至今二十年，几乎没有不变的法令，几乎每天都有犯错误的官员。经常听到陛下震怒，锄根剪蔓，株连奸逆；从未听到陛下褒奖好官，并且始终如一。希望改变刑罚过于繁苛的状况，遏制法外之威刑，流放十年就应当释放，廷杖八十以后不得再加刑罚。

又比如说，近年以来，监察机构的纲纪不严肃，官员们以刑名轻重为能事，以问囚多寡为勋劳，不能激励清要，提倡风采。监察御史纠弹官员都仰承皇帝密旨，每每听到有什么旨意，才上疏弹劾，目的是求取皇上的恩宠，这是小人趋媚效劳的雕虫小技。陛下何不肝胆相照呢？

再比如说，由于官风不正，贤人羞于同流合污，庸人习其风流而乐此不疲，以致是非颠倒，以贪婪苟免为得计，以廉洁受刑为饰词，吏部任用官员没有贤否之分，刑部断案没有枉直之别。

这些话的分量很重，直击要害，却没有激怒朱元璋，什么道理呢？因为他讲究技巧，把责任都推到臣下身上："天下皆谓陛下任喜怒为生杀，而不知皆臣下之乏忠良也！"朱元璋看了这份万言书后，不但没有光火，反而称赞他"有才"，只是有点"迂腐"，"年少而语夸"。而后解缙又向皇帝进呈《太平十策》，批评分封二十几个皇子为藩王的做法，指出："分封势重，万一不幸，必有厉长、吴濞之虞。"用西汉文帝时淮南王刘长勾结闽越、匈奴意图叛乱，以及景帝时吴王刘濞引发七国之乱的历史教训来提醒朱元璋。

才子总是恃才傲物，不知检束，他竟然进入兵部索要皂隶（听差），对兵部尚书出言不逊。朱元璋获悉后说，解缙因为担任"冗散"（闲散无用）之职，而发牢骚，有些"自恣"，命有关部门将他改任为御史。当时适逢都御史（监察机关的首长）袁泰恣意横行，激起御史们的不满，但是，没有一人敢起草弹劾奏疏。解缙毫无顾忌，挥笔立就，一一揭露其奸恶劣迹。这就是解缙的风格。

有了这样的经历，他更加"知无不言"了。洪武二十三年（1390），退休首相、韩国公李善长惨遭灭门之祸，解缙代替工部郎中王国用起草奏疏，为李善长鸣冤，言辞极为犀利：

> 善长与陛下同心，出万死以取天下，勋臣第一，生封公，死封王，男尚公主，亲戚拜官，人臣之分极矣！藉令欲自图不轨，尚未可知，而今谓其欲佐胡惟庸者，则大谬不然……使善长佐惟庸成，不过勋臣第一而已矣，太师、国公、封王而已矣，尚主纳妃而已矣，宁复有加于今日？且善长岂不知天下之不可倖取……而以衰倦之年身蹈之也！凡为此者，必有深仇激变，大不得已，父子之间或至相挟，以求脱祸。今善长之子祺备陛

下骨肉亲，无纤芥嫌，何苦而忽为此？

说得入情入理，逻辑严密，把强加于李善长的罪状——串通胡惟庸谋反——驳得体无完肤。然而灭门之祸既成事实，死者不可复生，他希望皇上引以为戒："臣恐天下闻之，谓功如善长且如此，四方因之解体也。今善长已死，言之无益，犹愿陛下作戒将来耳。"

朱元璋看了这篇奏疏，没有怪罪解缙，因为他自知理亏，无话可说，不过由此领教了解缙的厉害。不久，在召见其父解开时说道：你的儿子大器晚成，现在不如归去，多读点书。又对解缙说：你回去尽心于古人，十年以后再来大用，还不晚。他用这样一种方式，把随侍左右的解缙赶走了。

八年以后，朱元璋死了，解缙回到京师，由于以上的过节，有关部门官员借口其违反圣旨，而且母丧未葬，父年九十，不应舍弃亡母老父出行，把他贬官到边远地区，使得这位才子陷入了无边的痛苦之中。他向礼部侍郎董伦写信诉说衷肠：缙率易狂愚，无所避忌，在奏疏中常常表达不同政见，比如反对分封诸王，比如为李善长鸣冤，遭到一些人的痛恨，企图陷我于法……此次贬官远行，"扬粤之人不耐寒暑，复多疾病，俯仰奔趋，伍于吏卒，诚不堪忍，昼夜涕泣，恒惧不测，负平生之心，抱万古之痛"。信写得哀怨悱恻，低声下气，已经看不到昔日风流倜傥、意气扬扬的景况，前后判若两人。他请求董伦帮忙，或者调回京师，或者返回家乡。董伦是讲义气的，鼎力相助，向建文帝推荐，使他得以被召回南京，出任翰林待诏。

燕王朱棣率领"靖难"之师进入南京，宣布悬赏捉拿太常寺卿黄子澄、兵部尚书齐泰等左班文臣二十九人，翰林待诏解缙与吏部侍郎蹇义、户部侍郎夏原吉、翰林院修撰胡广、李贯，翰林院编修吴溥、杨荣、杨溥，侍书黄淮，给事中胡濙、金幼孜等文臣，"叩马首迎附",由建文旧臣摇身一变而为永乐新贵。

朱棣想借用他的文才,为自己粉饰。既然是"叩马首迎附",解缙再傲慢也别无选择。

朱棣登上皇位后,第一要务就是篡改历史,他对于建文时期编写的《太祖实录》十分不满,参与其事的叶惠仲因为秉笔直书有关燕王谋反之事,被诬陷为"逆党",遭到"族诛"的酷刑。朱棣随即下令焚毁《太祖实录》草稿,重新编写,由曹国公李景隆与尚书茹瑺挂名监修,解缙作为总裁,负责具体工作。其结果是可想而知的,沈德符《万历野获编》说:修改后的《太祖实录》,开国功臣的壮猷伟略稍不为靖难归附诸公所喜者,全被删削;建文一朝四年史实荡灭无遗。这当然是皇帝朱棣的旨意,但作为总裁的解缙不能坚持秉笔直书的原则,恐怕也有不可推卸的责任。

与此同时,朱棣又把建文时期一千多份奏疏交给解缙审阅,关照他,除了涉及"军马钱粮数目"的可以保留,其余有关"靖难之役"的全部焚毁。有一天,朱棣来视察这项工作,问解缙:在焚毁的奏疏中是否有你写的东西?解缙沉默无语,不敢说有也不敢说无。翰林院修撰李贯大言不惭:臣一篇也没有。朱棣讥讽道:你以为一篇也没有是贤能吗?食君之禄就应该思任其事,当国家危急之际,皇帝的左右近侍可以一言不发吗?朕并非厌恶尽心于建文的大臣,而是厌恶诱惑建文败坏祖宗法度的大臣。李贯听了羞愧得无地自容。看来朱棣是信任解缙的,任命他与黄淮、杨士奇、胡广、金幼孜、杨荣、胡俨一起进入文渊阁,参与机务,从而开创了"内阁预机务"的先例,解缙也因此成为明朝第一批内阁大学士之一。

朱棣在右顺门召见解缙等七人说:朕即位以来,尔等七人朝夕相与共事,不离左右,朕多次告诫尔等恭慎不懈,然而人之常情,保初易,保终难,尔等应该慎终如始,庶几君臣保全之美。解缙叩首回应:陛下不以臣等浅陋,过垂信任,敢不勉励图报。朱棣听了很高兴，赏赐各人五品官服。不久又赏赐解缙等人"金绮衣"，待遇与尚书相当，对他们说：为皇帝代言，关系国家机密，而且早晚随侍朕的左右，裨益不在尚书之下。他鼓励解缙等学士要无所畏惧地进言：

  敢为之臣易求，敢言之臣难得，敢为者强于己，敢言者强于君，所以王、魏（即王猛、魏徵）之风世不多见。欲使进言者无所畏，听言者无所忤，天下何患不治？

朱棣把自己比拟为从谏如流的唐太宗，"听言者无所忤"，要求解缙成为直言极谏的魏徵，"进言者无所畏"。酷似乃父的朱棣，哪里有这样的雅量，不过是说说漂亮话而已，解缙信以为真，凭借他的才子习气，口无遮拦，把政治当作学术，未免书生气太足。

  朱棣把他看作如同刘基般的智囊，拿出一份大臣名单，请他品评。解缙本着"进言者无所畏"的精神，实话实说。对蹇义（吏部尚书）的评语是："天资厚重，中无定见。"对夏原吉（户部尚书）的评语是："有德有量，不远小人。"对刘俊（兵部尚书）的评语是："虽有才干，不知顾义。"对郑赐（刑部尚书）的评语是："可谓君子，颇短于才。"对李至刚（礼部郎中）的评语是："诞而附势，虽才不端。"对黄福（工部尚书）的评语是："秉心易直，确有执守。"对陈瑛（都察院都御史）的评语是："刻于用法，尚能持廉。"对宋礼（礼部尚书）的评语是："憨直而苛，人怨不恤。"对陈洽（吏部侍郎）的评语是："疏通警敏，亦不失正。"对方宾（兵部尚书）的评语是："簿书之才，驵侩之心。"朱棣把解缙的品评告诉太子，说道：李至刚我已经看清了，其余各人还要慢慢考验。太子也要解缙品评自己身边的官员尹昌隆、王汝玉，解缙依然实话实说：尹昌隆"君子而量不弘"，王汝玉"文翰不易得，惜有市心"。

如此直言无忌地品评当朝大臣，显现了解缙"君子坦荡荡"的作风，却有悖于官场潜规则，有很大的风险。刘基当年在太祖高皇帝面前品评杨宪、汪广洋、胡惟庸，结果遭到胡惟庸报复的前车之鉴，难道解缙忘掉了吗？《明史·解缙传》说："（解）缙少登朝，才高，任事直前，表里洞达，引拔士类，有一善称之不容口。然好臧否，无顾忌，廷臣多害其宠。"《明通鉴》也说："（解）缙以迎附骤贵，才高，勇于任事，然好臧否，无顾忌，廷臣多忮其宠。"喜好臧否人物是才子的秉性，如果臧否的是历史人物，和今人毫无关系，人们不过把他看作狂狷而已，如果臧否的是当朝大臣，就不仅仅是狂狷那么简单了，所以"廷臣多忮其宠"，引来廷臣的妒忌，把自己置于孤立的困境。

更何况解缙把"好臧否"的习气沿用到皇帝的儿子身上，介入了册立皇太子事宜，卷入权力之争，风险就更大了。一旦失去皇帝的宠信，孤立无援的他，面对的必然是一场悲剧。

明成祖朱棣有三个儿子，即长子朱高炽、次子朱高煦、三子朱高燧，在册立谁为皇太子（即皇储）问题上，举棋不定。这三个儿子的生母都是徐皇后（开国元勋徐达之女），没有嫡庶之分，按照"立嫡以长"的原则，朱高炽毫无疑问是不二人选，但是戎马一生的朱棣并不喜欢他，而喜欢跟随自己南征北战的次子朱高煦。朱高煦从征白沟、东昌有功，江上之战又有救驾之功。朱棣曾抚着他的背说：你要努力，世子（朱高炽）多病，不久将立你为皇储。朱高煦的亲信——淇国公丘福、驸马王宁都称呼他为"二殿下"，无形中制造了两个"皇储"的局面。

朱棣私下里征求解缙的意见，解缙很坦率地支持朱高炽，说："皇长子仁孝，天下归心。以孽夺宗，自古致乱。"又说：朱高炽之子朱瞻基是"好圣孙"。朱棣接受了这个合理的意见，永乐二年（1404）册立朱高炽为皇太子，把次子朱高煦册封为汉王，三子朱高燧册封为赵王。这样做并没有使得三个皇子之间争夺皇储的争斗有所缓解。问题出在朱棣身上，他对皇太子朱高炽不满意，对汉王朱高煦却愈来愈宠爱，汉王的礼仪待遇都超过了太子。解缙劝谏道：这样做会开启争端。朱棣很不高兴，认为解缙在离间骨肉关系，对他的恩礼逐渐衰退。正巧这时朝廷议论发兵征讨安南，解缙发表与众不同的意见，反对出兵。朱棣以为解缙是故意和他唱反调，从此对他不再信任。永乐四年（1406），朱棣赏赐黄淮等五人"二品纱罗衣"，唯独没有解缙的份。汉王朱高煦诬陷解缙泄露宫禁秘密，又揭发他上年廷试阅卷不公，激怒朱棣。永乐五年（1407）二月朱棣下旨：翰林学士解缙贬为广西参议。将要启程，被解缙讥讽为"诞而附势，虽才不端"的礼部郎中李至刚，乘机进谗言：解缙对于贬官心怀怨望。朱棣索性把解缙贬为交趾参议，到化州去监督军饷。

永乐八年（1410），解缙回京述职，适逢朱棣率军北征，他向临时"监国"的皇太子朱高炽汇报工作。此事被汉王朱高煦抓住把柄，向朱棣挑拨：解缙窥伺皇上外出之机，私自觐见太子，不等皇上返回，径自离京，毫无人臣之礼。朱棣郁结心头的怒气登时迸发，下令逮捕解缙，关入锦衣卫镇抚司诏狱，严加惩处。永乐十三年（1415），锦衣卫指挥使纪纲向皇帝送上在押囚犯名册，朱棣看了，随口说了一句：解缙还在啊！纪纲心领神会，把解缙灌醉后，埋在积雪中，活活冻死。他的妻子和其他亲属受到牵连，全部发配辽东。这一事实证明，处死解缙并非纪纲的胡作非为，而是朱棣的本意。

永乐二十二年（1424），朱棣病逝于榆木川军营，皇太子朱高炽即位（即仁宗），改元洪熙，大赦天下。他想起了解缙，拿了解缙品评当朝诸臣的文章，对大学士杨士奇说：人们都说解缙狂，我看他的论断，都有定见，一点也不狂。随即下达诏书，把发配辽东的解缙妻子和其他亲属全部无罪释放，并且给解缙的儿子解祯亮一个官职——中书舍人。

历史已经证明，解缙当年的判断是正确的：皇长子朱高炽"仁孝""天下归心"，他的儿子朱瞻基是"好圣孙"。后来一个成为明仁宗，一个成为明宣宗，父子合力缔造了十年太平盛世。谷应泰赞誉为"仁宣致治"是恰如其分的。反观汉王朱高煦，口碑很差——"狙诈多智，以材武自负"，当不上皇帝，就效法吴王刘濞，发动武装叛乱，又没有乃父的本领，"外多夸诈，内实怯懦"，终于落得个身败名裂的下场。

《明通鉴》的编者夏燮对解缙有褒扬也有非议，颇有史家眼力，但是他把解缙的悲剧结局全部归咎于解缙自己，说："语曰：'君不密则失臣，臣不密则失身。'缙以不谨持躬而卒以不密取祸。"显然是在为明成祖朱棣辩解，有失公允。其实，"取祸"的根本原因并非"不密"，那么根本原因是什么呢？恐怕不言自明了吧！

解缙与方孝孺不可相提并论，后人对方孝孺忠贞不屈寄予无限的同情与敬仰，而"叩马首迎附"的解缙却没有这样的待遇。这可能是他自己不曾料到的。

第三章

中衰：正统失国与夺门复辟

"弄冲主于股掌"的王振

"弄冲主于股掌",是前辈史家孟森对太监王振的评语,意思是王振这个宦官竟然玩弄少年皇帝于股掌之上。

明朝开国皇帝朱元璋深知历朝宦官干政的弊端,但内廷深宫之中又少不了这批阉割过的奴才,所以既要使用又要加以制约,为此,他明令宦官不许读书识字,目的是防止他们干预朝政。他的子孙违背了这一"祖训"。燕王朱棣为了刺探朝廷政治动向,收买建文帝左右的宦官,他们为"靖难之役"立下汗马功劳。待他登上皇帝宝座以后,特别重用宦官,派他们出使、专征、监军,设立由宦官掌控的特务机构东厂,刺探臣民隐事。朱棣的孙子——宣宗朱瞻基,继承祖父的传统,在宫内设立内书堂,挑选十岁以下的小宦官,由大学士、翰林教他们读书识字,从此成为定制。以后的宦官大多成为有文化的人,正如《明史·宦官传》所说:"多通文墨,晓古今,逞其智巧,逢君作奸。"不过,在皇帝眼里他们依然是奴才,一旦违法乱纪,便立即严加惩处,要了他们的小命。但到了英宗时代,情况发生了变化。

宣德十年(1435),宣宗在乾清宫病逝,年方九岁的皇太子朱祁镇登极(即英宗),越级提拔王振为司礼监掌印太监,让他登上太监权力的顶峰。这有两方面的原因:就朱祁镇而言,还在东宫当太子的时候,王振就在身边侍候,如同心腹;就王振而言,他的知识才干确有过人之处。

山西大同府蔚州(今河北蔚县)人王振,并非猥琐之辈,而是知识分子,他进宫前的职务是学官(学校的教官)。永乐末年,为了培训宫内的女官，从学官中选拔自愿净身（阉割）者，进入内宫充当女官的教师。当时一共选拔了十几个人，其他人都默默无闻，唯独王振得到皇帝的宠信，而一步登天。内书堂培训的小宦官，不过初通文墨而已，担任教职多年的王振自然鹤立鸡群了。英宗尊称他为"先生"，而不直呼其名，因为他不仅是女官的先生（教师），也是自己的先生。皇帝如此尊重有加，其他人岂敢怠慢！

九岁即位的小皇帝缺乏必要的知识储备，内阁大臣建议"开经筵"。所谓"经筵"，是给皇帝讲解四书五经，课后皇帝特赐筵席答谢教官，所以把"经"和"筵"两个毫不相干的字连在一起。王振却引导小皇帝到朝阳门外近郊的武将台，检阅将士骑马射箭。守卫居庸关的纪广，投奔王振门下，大献殷勤，王振也需要宫外有人充当左右手，二人关系非常亲昵。乘阅兵的机会，王振向皇帝报告纪广骑射第一，使之得到了越级提拔。《明史纪事本末》评论道："宦官专政自此始。"其实，这不过是王振小试牛刀而已。

当时太皇太后张氏垂帘听政，王振不敢放肆。某一天，太皇太后在便殿召见皇帝，以及英国公张辅，内阁大学士杨士奇、杨荣、杨溥，礼部尚书胡濙。太皇太后对站立东面的皇帝说：这五人是前朝重臣，有什么事，都应该和他们商量，他们不赞成的事不可以做。皇帝唯唯诺诺，连声应允。少顷，宣太监王振晋见。王振进来，立即俯伏在地。太皇太后板着脸孔训斥道：你侍候皇帝起居，多不守规矩，今天要赏你死。说罢，女官已经把刀架在王振脖子上了。皇帝跪下去为他求情，众大臣也一起跪下。太皇太后口气缓和了，说：皇帝年少，不知道你们在祸害家国。我听从皇帝和众大臣的请求，不予追究，今后不可干预朝政！

但王振自以为皇帝宠信，愈加有恃无恐。正统六年（1441），乾清宫、坤宁宫、奉天殿、华盖殿、谨身殿相继落成，皇帝宴请百官，以示庆祝。按照惯例，宦官不得参与外廷宴会，皇帝特地派使者去向王振打招呼。王振大怒，口出狂言："周公辅成王，我独不可一坐耶？"显然，他把小皇帝比作"成王"，把自己比作辅佐成王的"周公"，气焰何其嚣张！使者把话传达给皇帝，皇帝只得破例，下令打开东华门，请王振赴宴。百官都在门外迎接这位"周公"的到来。王振对皇帝尚且如此，如何对百官就可想而知了。

正统七年（1442），太皇太后张氏病故，王振更无所忌惮了。他首先要除去太祖高皇帝留下的"紧箍咒"。朱元璋鉴于前代的教训，在宫门内设置高达三尺的铁碑，上面镌刻"内臣不得干预政事"八个大字。王振把它盗走、毁掉，颇有点掩耳盗铃的意味，日后干政，就不必承担"违背祖训"的责任了。

正统八年（1443），雷震奉天殿，皇帝以为是天谴，下诏征求谏言。翰林院侍讲刘球，应诏陈言十事。其中之一是："宜亲政务，权不可下移。"王振看了大怒，想要嫁祸于他，又找不到由头。锦衣卫指挥彭德清奔走在王振门下，颇受信用，又掌管着特务机构，达官贵人无不趋谒拜访。刘球不愿同流合污，遭到彭德清忌恨。彭德清对王振说，刘某奏疏中所说的"权不可下移"一段话暗指王公公，而且奏疏中还有太常寺少卿不可用道士，应该由进士出身的官员担任。正巧此时翰林院编修董璘自愿担任太常寺少卿，王振抓住把柄，诬陷刘球与董璘同谋，把两人关入锦衣卫镇抚司监狱，指使锦衣卫官员马顺暗中处死刘球。一日五更，马顺带领一名小校打开监门，小校用刀割断刘球头颈。刘球血流不止，却屹立不动。马顺上前骂道："如此无礼！"一脚把他踢倒，然后肢解，装入蒲包，埋在锦衣卫后院空地。和他共处一室的董璘从旁藏匿刘球的血裙，秘密转交他的家人，家人造衣冠冢安葬。

王振权力愈来愈大，谄媚奉承的徐晞，被他提拔为兵部尚书。于是乎，中央朝廷各部门的长官，以及地方的封疆大吏，都纷纷前来拜见王振。每当接见的日子，王振设在宫外的私邸，车水马龙，来拍马溜须的官员络绎不绝。据说，礼金在一千两银子以上方才可以在他的府上醉饱一顿。王振用贪赃的钱财，在宫外为自己建造豪华的府第，还造了智化寺，自撰碑文，祝厘祈福。王振死后充公的家产有"金银六十余库，玉盘百，珊瑚高六七尺者二十余株，他珍玩无算"。此人不仅专权，而且敛财有道。

当时内阁权臣"三杨"（即杨士奇、杨荣、杨溥）已成强弩之末，王振对"三杨"说：朝廷事仰赖三位先生，然而你们都高龄倦勤了。言外之意请他们主动让位。杨士奇说：老臣当尽瘁报国。杨荣说：不然，我们已经老了，不能再效力了，应当推荐几个后生报主。王振大喜，要他们开出名单。第二天就推荐了曹鼐、苗衷、陈循、高穀等，杨荣向杨士奇解释说：王振已经讨厌我辈了，一旦从宫中传出片纸，以某人入阁，那时我辈就束手无策了，如今推荐的都是我辈的人，没什么妨碍。但是，事情并不像他们想象的那样，继任者无论资历与威望都难以和"三杨"比肩，很难和王振相抗衡。于是，朝廷内外大权完全落入王振之手。公侯勋戚见了他，都要喊一声"翁父"，尚书一级官员见了他，要行屈膝礼。承担监察责任的言官，仰承他的风指，罗织大臣的"过错"，尚书、都御史及各级官员，大多遭到弹劾，或者下狱，或者充军，几无宁日。

正统十一年（1446），英宗赏赐王振白银、宝钞、绸缎，还写了一篇敕书，称赞他"性资忠孝，度量弘深"，在朕身边，"保护赞辅，克尽乃心，正言忠告，裨益实至"云云，溢美之词无以复加。被玩弄于股掌之上，却浑然不觉，一味感恩戴德，一个二十岁的皇帝，难道没有一点辨别是非的能力吗？这也从另一个侧面映照出，王振是一个非常厉害的角色，把皇帝当作傀儡玩弄、蒙蔽，还要让他发自内心表示感激，服膺儒家仁恕伦理的大臣哪里是他的对手！

皇帝的溢美之词余音还未消逝，被诩为"保护赞辅"的王振便一手导演了一幕御驾亲征的闹剧，使得皇帝成为敌军的俘虏。

其时，北方的蒙古瓦剌部逐渐强盛，向南扩张，其首领也先与专擅朝政的王振暗中往来。王振指使亲信——大同镇守太监郭敬，把大量战略物资——钢铁箭头，卖给也先，也先则以马匹等物贿赂王振，作为回报。因为这样的缘故，北方毫无边防可言。正统十四年（1449），也先以为时机成熟，分兵四路大举进犯，长城内外很多要塞相继陷落。

王振竟然异想天开，鼓动皇帝御驾亲征。兵部尚书邝埜、兵部侍郎于谦竭力反对这样的轻举妄动，皇帝和王振都不接受。吏部尚书王直率领百官劝谏，也无效。皇帝在御驾亲征前，发布诏书，命令太监金英辅佐他的弟弟郕王朱祁钰居守北京。

皇帝的车驾从北京出发，王振及英国公张辅、成国公朱勇、兵部尚书邝埜、户部尚书王佐、内阁大学士曹鼐与张益等数百名官员"扈驾从征"，军队和闲杂人等号称五十万，毫无准备地仓促行动，根本不像出发打仗的样子。扈驾的高官无论资历、地位，许多都高于王振，却不得参与机务，一切由王振一个人说了算。

御驾亲征的一干人马抵达宣府（今河北宣化），风雨交作，边关形势危急，扈驾的大臣们都主张不要继续冒进，王振大怒，成国公朱勇等"膝行听命"，尚书王佐、邝埜罚跪草中，一直到黄昏都不得起身。钦天监主管彭德清是王振的亲信，眼看情况紧急，借口天象"示儆"，劝王振停止前进，说："再前恐危乘舆。"意思是恐怕皇帝有危险。王振根本不把皇帝的安危放在心上，轻飘飘地回应："倘有此，亦天命也。"到达大同，王振还想北上。大同镇守太监郭敬把前线惨败的情况如实禀报，他才开始感到恐惧，第二天匆匆下令班师回朝。

大同总兵郭登建议，从紫荆关撤退最为安全。王振为了显示衣锦还乡的荣耀，邀请皇帝到他的家乡蔚州去看看，走到半途，担心几十万人马踩蹦家乡庄稼，又反悔，改道由宣府回京。这样一迂回，浪费了宝贵的时间，瓦剌追兵赶来，全歼后卫部队，把御驾亲征的人马围困在土木堡（今河北怀来东南）。在瓦剌铁骑的冲击之下，明军全线崩溃。扈驾的英国公张辅、尚书王佐、邝埜等几百名官员战死，皇帝朱祁镇被俘。

天朝大国的皇帝被蕞尔小邦俘虏，其中的细节，官方正史当然不会披露，只能从野史中寻找端倪。朱国桢《皇明大事记》卷十九"北狩"一节，保留了一些细节：

> （八月十四日）上（英宗）与亲兵乘马突围，不得出，遂下马据地坐，惟喜宁随侍。一虏（蒙古兵）索衣甲，不与，欲加害，旁一虏沮曰：此非凡人。拥至雷家站见赛刊王。上（英宗）即问："汝是也先么？是伯颜帖木儿么？是赛刊王么？是大同王么？"（原注：俱也先弟）赛刊王惊，驰见也先，即命原使臣二人来认。上（英宗）呼其名，皆叩头。回报也先曰："果大明皇帝也。"众哄然，又欲加害，伯颜帖木儿愤怒骂曰："皇帝自云端堕下，乱军中一无所伤，大福未可量，且曾受重赏，只宜报京送回，图好名留书史上。此狗辈恶言，违天犯顺，不可从。"也先喜，命伯颜帖木儿奉居营中。校尉袁彬自群房中望见来侍，上（英宗）曰："能书否？"曰："能。"即命彬作书，差前使臣梁贵回京，取金宝赏也先。

皇帝被敌方俘虏，简直是奇耻大辱。看来纯属偶然，其实是王振一手操纵御驾亲征的必然结局，皇帝落于敌手，王振是难辞其咎的，也就是说，他难逃一死。果然，护卫将军樊忠操起铁锤，把王振活活砸死，大喊：我为天下杀此奸贼！

皇帝被俘的消息传到北京，官员们把怒气都发泄到王振及其党羽身上。都察院右都御史陈镒联合其他大臣，向"代总国政"的郕王朱祁钰提议：王振倾危社稷，构陷皇帝，应当对他族诛，以安人心。话音刚落，殿陛之间哭声震天。王振的党羽马顺大声呵斥众大臣退去，给事中王竑、曹凯怒不可遏地冲上前去，抓住他的头发，咬他的肉，申斥道：你小子往日帮助王振作恶多端，如今还敢如此嚣张？几个胆大的官员一拥而上，把他活活打死。众官员还要搜索王振的党羽毛某、王某，太监金英眼见势不可挡，急忙把毛、王二人推了出来，也被活活打死。三具尸体横陈在东安门前。少顷，官员们又把王振的侄子王山抓来，使其跪于廷前，遭众人唾骂。

一时间，卫卒汹汹，朝班大乱，郕王朱祁钰不知所措，想回避矛盾，溜之大吉。兵部尚书于谦审时度势，十分镇定地大步上前，一把抓住朱祁钰袍袖，虽用力过猛拉裂了袍袖，也顾不得那么多礼数了，立即向他耳语几句，请他当场表态。朱祁钰此时已无退路，不得不对文武百官说：马顺等罪当死。随后又发布命令：把王山绑赴西市凌迟处死，王振家族无论老少，依律斩首，抄没家产。听到这些符合舆情的口谕，上朝的官员怒气渐渐平息，逐渐散去。出了左掖门，吏部尚书王直激动地握着于谦的手说：国家正仰赖于公，今日之事，虽有一百个王直，也办不好啊！

令人不解的是，后来朱祁镇被释放回京，经过政变，重新登上皇位后，对王振仍顾念不止，为他招魂、安葬，在智化寺永远祭祀，亲自题写"精忠"匾额。这个朱祁镇实在昏庸，被王振玩弄于股掌而不自觉，御驾亲征差一点丢了性命，居然对鼓动他亲征的王振毫无反感，视其为"精忠"的表率。由此可以明白一个道理：皇帝有时近乎白痴。

英宗被俘与获释

正统十四年（1449）八月，在太监头目王振的怂恿下，明英宗朱祁镇御驾亲征，在土木堡惨遭蒙古军队突击，全军覆没，自己也当了俘虏。皇帝被俘不仅是明朝开国八十年来从未有过的奇耻大辱，在历史上也极为罕见，只有北宋末年徽钦二帝被金军俘虏可以与之相比拟。在帝制时代，皇帝被敌方俘虏足以引起政治地震。英宗被俘的消息传到北京，朝廷上下极度震惊。蒙古的首领也先气焰嚣张，不可一世，以为攻占北京有如探囊取物，兵锋直指北京。北京城内一片慌乱，大臣们不知所措，有的号啕大哭，有的主张逃跑。兵部侍郎于谦力挽狂澜，升任兵部尚书，保卫北京。

国不可一日无君。英宗出征前，任命他的弟弟郕王朱祁钰"居守"，非正式地暂时代理朝政。在此紧急关头，要收拾人心，抗击来犯之敌，必须有一个名分。八月二十二日，英宗生母、皇太后孙氏召集百官，宣布册立年仅三岁的皇长子朱见深为皇太子，由郕王辅佐，"代总国政"。几天后，群臣向皇太后进言，皇太子毕竟年幼，"国有长君，社稷之福"，希望郕王即帝位，度过这个非常时期，太后同意了。群臣把太后的旨意告诉郕王，他表示惊讶，再三谦让，后来索性离开紫禁城，退避到自己的王府。于谦前往劝说：臣等实在是担忧国家，并非为私人考虑。郕王朱祁钰才于九月初六日受命登极（即景帝），改年号为景泰，遥尊英宗为太上皇。

九月十六日，锦衣卫都指挥同知季铎奉皇太后之命，带了御寒衣物，来到蒙古军营慰问被俘的英宗，报告郕王已经即位，英宗长子也已立为太子。英宗命随侍左右的锦衣卫指挥佥事袁彬写了三封回信，叫季铎带回。一封信给郕王，表示"禅位于郕王"；另一封信向太后请安；第三封信告诫文武百官，必须显示实力，断绝蒙古南下扩张的念想。

这三封信收到了安抚民心、稳定局势的作用。也先企图以英宗作为人质，要挟边关守将，诡称"奉皇上还京"，可以兵不血刃地拿下北京。行至大同，总兵郭登不肯打开关门，派人告知：国家已有君主。也先的图谋化作泡影，只能强攻，于十月初包围北京。

兵部尚书于谦早已严阵以待，在德胜门外亲自督战，激战至第五天，死伤惨重的蒙古军队恐怕后路被断，不得不撤退。

这就为通过谈判释放英宗创造了条件，双方先后交涉达五次之多，内情颇为复杂，关键在于景帝的态度。大臣们获悉也先愿意送还英宗，建议景帝派遣使节前往迎接，景帝颇为不悦地说：朕本来不愿意登极，当时都是卿等极力推动的。言外之意，如果把英宗接回来，岂不是要我让位吗？他又不能公开表示拒绝，那样的话就太有违兄弟情谊了。因此，整个过程就充满了曲折而有趣的情节。

其实，当时的蒙古军事力量有限，土木堡之战纯粹是侥幸取胜。北京之战失利后，蒙古认识到明朝依然坚不可摧，只能利用英宗作为筹码，与明朝和谈，谋取更多的经济利益。至于明朝方面，在前期军事形势还不明朗的情况下，朝廷的主战派拒绝为了迎回英宗而向蒙古妥协让步，这一点与景帝的意愿不谋而合。当军事形势渐趋明朗，蒙古已不足以威胁明朝之时，大臣们一致主张迎回英宗。景帝考虑到英宗归来必然会动摇自己的帝位，想方设法促使也先不要释放英宗。任何事情一旦与权力地位相关，就变得错综复杂了。

我们不妨从头至尾回顾一下事情的始末。锦衣卫指挥佥事袁彬作为皇帝的贴身侍卫，与英宗同时被俘，在蒙古营帐中一直形影不离，随侍左右，以后又随英宗一起返回北京，向史官追述英宗被俘后的经历，这就是尹直撰写《北征事迹》的主要依据，保留了正史所没有的许多细节。

九月二十八日，景帝晋升季铎为锦衣卫指挥使，派他再次出使蒙古，带去自己的亲笔书信。这封措辞谦恭的信颇值得玩味：

弟祁钰再拜，奉书大兄皇帝陛下。

迩者，以保宗庙社稷之故，率师巡边，不幸被留边廷。自圣母皇太后以及弟与群臣，不胜痛恨。我皇太后复念宗社臣民无主，已立大兄皇庶长子为皇太子，布告天下，以系人心，以待大兄驾回。奈何日久，宗庙缺祀，国家无主。我皇太后及宗亲诸王……命弟即皇帝位，以慰舆情……弟不得已受命主宰天下，尊大兄为太上皇帝，弟身虽已如此，心实痛恨不已。仰望大兄早旋，诚千万幸也……大兄到京之日，君位之事，诚如所言，另再筹划，兄弟之间，无有不可，何分彼此！但恐降尊就卑，有违天道……

信中，景帝坦诚相告，自己当皇帝实在是不得已的权宜之计，希望英宗早日回归，今后谁当皇帝，可以再行商议。言外之意，他可以拱手奉还大位。但日后的事态表明，这些完全是言不由衷的客套话，景帝内心迷恋大位，并不希望英宗回来。

十月十二日，双方军队主力在北京城下交锋，蒙古方面要求派于谦等高官和谈，明廷方面拒绝，只派出太常寺少卿赵荣前往，一则打探军情，二则觐见英宗。蒙古方面以武力相威胁，蔑视赵荣等官职卑微，不予理睬。赵荣无果而返。

蒙古从北京撤退之后，处于被动境地。十二月二十九日，英宗派人带回书信，希望皇帝与文武群臣以社稷为重，用心操练军马，不必顾虑，他自有归期。也先遭受挫折后，表示愿意与明朝谈判释放英宗之事，明朝方面断然拒绝。于谦向景帝解释其中缘故，"万一和议既行，而彼有无厌之求，非分之望，从之则不可，违之则速变"，是有道理的。

景泰元年（1450）四五月间，蒙古在军事上频频失利，蒙古首领也先的左右手喜宁被擒，也先主动派遣使节拿了正式文书前来讲和。被羁押的英宗十分兴奋地对人说："使两下里动干戈害人民，都是这厮（指喜宁），如今拿了他，边上方得宁靖，我南归也可望了。"朝廷方面的主战派也由先前拒绝议和转变为主张议和，迎接英宗回归。

景帝处于尴尬境地，既不能赞成，又不便反对，和高级官僚谈起此事，责问道：朝廷因为通和坏事，要与蒙古绝交，卿等为什么屡屡提议通和？

吏部尚书王直回答：现在形势有利，应当派遣使节议和，迎回英宗，以免他日后悔。

景帝面露不悦，埋怨道：当时是卿等要我当皇帝的，并非出于我的本心。

兵部尚书于谦解释道：皇帝大位已定，谁还敢有别的议论？遣使议和有利于纾解边患。

景帝有所释怀，说道：那就照你们说的办吧！

这次出使的级别有所提高，派了礼部右侍郎李实为正使。李实后来写了《使北录》，留下了真实而生动的记录。现将精彩的片段摘要介绍于下：

临行前，景帝接见正副使节，指示他们："勤谨办事，好生说话，不要弱了国势。"七月十一日，使节抵达也先的军营，也先阅读景帝的敕书后，责问李实："大明皇帝因何差你每（们）来？"李实一一加以解释。次日李实一行在蒙古营帐中觐见英宗。

英宗责问："我在此一年，因何不差人来迎我回？"

李实回答："陛下蒙尘，大小群臣及天下生民如失考妣……又四次差人来迎，俱无回报，因此特差臣等来探陛下回否消息。"

英宗自然明白不迎回他的原因，要李实等转告景帝以及文武群臣:"你每(们)回去,上复当今皇帝,并内外文武群臣,差人来迎我,我情愿看守祖宗陵寝,或做百姓也好。若不来接取,也先说:'令人马扰边,十年也不休。'我一身不惜,祖宗社稷、天下生灵为重。"

也先对使节说:"大明皇帝敕书内只说讲和,不曾说来接驾……你每(们)回去奏知,务要差太监一二人、老臣三五人来接,我便差人送去,如今送去呵,轻易你每(们)皇帝了,再无可言。"

由此可见,景帝虽然接受了大臣遣使议和的建议,但并不想迎回英宗,所以在给也先的敕书里,没有提到"接驾"的事。

七月二十一日,李实一行回到北京,吏部尚书王直、礼部尚书胡濙等联名上疏,向景帝报告,也先明确提出"意要与你每(们)和了回去,你每(们)差人来接得太上皇回,也得个好名儿",英宗也说"如今虏人要和是实情,你每(们)回去说,可将些衣服、缎匹来与我做人情,着我守祖宗陵寝也好,着我做百姓也好"。因此王直等大臣建议景帝,接受太上皇"守祖宗陵寝"的请求,再派李实拿些衣服礼品,前去迎回。

在此之前,即七月十日,蒙古首领也先、脱脱不花分别派遣使节前来北京议和,吏部尚书王直建议,再次遣使前往核实情况。景帝无奈,派遣都察院都御史杨善等赴也先处。不过他仍然"无意迎上皇",所以没有给杨善一点经费,杨善是自己掏腰包购买日用品出发的。由此透露出景帝的内心,其实并不希望杨善此行成功。

景帝的敷衍,引起大臣的强烈不满,吏部尚书王直说,如果不迎接太上皇归来,必将"众志难犯,违天不祥"。翰林院检讨邢让在奏疏中说:太上皇之于陛下,既是君,也是兄,如果迎接太上皇回归,"陛下恩义之笃,昭然于天下";如果不迎接太上皇,而与蒙古议和,陛下图谋什么呢?话说得非常露骨。在巨大的压力下,景帝不得不命令礼部起草皇帝敕书,迂回曲折地为自己辩解:"上皇是朕亲兄,岂有不欲迎复之意?但虏情叵测,今彼急来,我以迟去,盖欲延缓牵制,以探其情,如果出诚意,备礼而迎,固未晚。"

杨善一行七月二十七日抵达也先营帐,很快就遣返英宗达成协议。也先设宴为英宗饯行,颇具蒙古特色,他本人坐在地上弹琵琶,他的妻妾敬酒,他还招呼杨善坐下。杨善在皇帝面前不敢坐,英宗发话:"太师(指也先)着坐便坐。"杨善这才勉强坐下,少顷即起身,周旋于酒席间。饯行完毕,也先请英宗坐上土台,他率领妻妾和各部酋长,在下面跪拜,然后献上礼品、食物。也先和部众送行半日,伯颜帖木儿下马伏地痛哭:"何时复得相见?"

英宗随杨善踏上回京之路,八月十五日到达京城。英宗在一年前的八月十五日被俘,被羁押整整一年以后才返回,何其巧合乃尔!

太上皇安全返回,理应举行隆重的欢迎仪式,景帝却淡化处理,仪式极为简单,没有模仿唐肃宗迎接太上皇(唐玄宗)的礼仪。英宗从东安门进入,景帝上前迎拜,英宗答拜。仪式结束,两人相拥哭泣。然后两人谈及实质性话题——谁来做皇帝?双方推让、谦逊一番,英宗执意维持现状,景帝顺水推舟,护送英宗到延安宫休养。延安宫位于紫禁城的东南角,也称南宫,英宗在那里名为休养,其实是幽禁。景帝害怕英宗东山再起,派士兵严密防守,断绝其与外界的联系。

事实表明,为了权力与地位,英宗朱祁镇、景帝朱祁钰兄弟两人都出尔反尔,言而无信。先前景帝写给英宗的信中,曾经坦言:"弟不得已受命主宰天下……大兄到京之日,君位之事,诚如所言,另再筹划,兄弟之间,无有不可,何分彼此!"结果,"大兄"到京之后,却把他幽禁起来。至于英宗也一样不守信用,先前曾叫李实转告景帝与文武大臣:"差人来迎我,我情愿看守祖宗陵寝,或做百姓也好。"其实是权宜之计,是假话,他根本不想"做百姓",否则绝不会发动宫廷政变,重新登上皇帝宝座。景帝下台以后不久,就莫明其妙地死了。他们两人围绕权力的明争暗斗,让人们对于帝王的作风及手段有了新的认识。

贪位的景帝

历史的偶然性实在是不容忽视的。一个偶然的机会，使郕王朱祁钰登上了宝座，当了七年皇帝，风云激荡，情节曲折离奇。

他的兄长、英宗朱祁镇在土木堡被蒙古军队俘虏，北京顿时乱了方寸。皇太后向大臣们宣布化解危机的对策：一是命朱祁钰以"监国"的名义，总理朝政，大臣都得听从他的号令；二是册立朱祁镇的长子朱见深为皇太子，由于他年仅三岁，由朱祁钰辅佐，"代总国政"。随着形势的日趋紧张，大臣们向皇太后请求，把朱祁钰的"监国"身份改成皇帝，以便收拾混乱的政局。皇太后批准了，派遣太监金英传达她的懿旨："皇太子幼冲，郕王宜早正大位。"朱祁钰获悉太后懿旨，大为惊讶，不知所措，干脆退避到自己的郕王府邸。这种态度究竟是真心谦让还是故作姿态，史无明文，从他以后的表现推测，似乎故作姿态的成分更多一些。大臣们反复"劝进"，更何况此时传来英宗的口信，郕王年长而且贤能，令他继承皇位。朱祁钰不再谦让。

上下左右各种因素，促成了朱祁钰即位，是为景帝，改年号为景泰，遥尊英宗为太上皇。如果英宗客死他乡，或者蒙古人不把他遣返，那么就不会有后来的权力纷争。然而这毕竟是假设，事实是，英宗不仅回到北京，而且七年后居然复辟，事情就复杂了。

如果说，朱祁钰即帝位是出于形势的需要，正如当时大臣所说，"国有长君，社稷之福"，有利于凝聚人心，击退来犯之敌，那么，他迫不及待地"易储"，取消英宗长子的太子地位，由自己的儿子取而代之，则完全出于私心，为"夺门之变"——英宗复辟埋下祸根。

平心而论，事变之前，朱祁钰从未想当皇帝，但时势的机缘把他推上宝座之后，他心态就不一样了：不想当一个代理皇帝，成为过渡人物。他把自己的儿子立为太子，便是这种心态的自然流露。所以在迎接太上皇（英宗）回归的交涉中，景帝始终持消极态度，希望回归不成。这有点类似宋高宗赵构，千方百计阻挠被俘的徽、钦二帝回归，因为一旦他们中的一个回归，高宗的帝位就可能不保。文徵明曾写《满江红》讥讽宋高宗不愿收复中原，迎归徽、钦二帝的原因："但徽、钦既返，此身何属？"宋高宗以阻挠北伐、杀害岳飞的手段，来达成目的。明景帝没有那么坏，不过在维护既得权位这一点上，他们并无二致。

蒙古使节来到北京，请求议和，礼部尚书胡濙等向景帝提请奉迎太上皇，景帝不允，于次日召开御前会议，振振有词地责问大臣：朝廷因为与蒙古通和坏事，正考虑与它断绝关系，你们为何屡次主张奉迎太上皇？吏部尚书王直说：太上皇蒙尘，理应迎复，必须派遣使节交涉，以免他日后悔。景帝听了很不高兴，板着脸孔说：我并非贪恋这个位子，当初是你们把我推上来的，为何今日又要不断提议奉迎太上皇？这一席话把他贪位的内心流露无遗。

终因大势所趋，遣返太上皇一事达成协议。为了遣返太上皇，蒙古方面举行了隆重的饯行仪式。明朝方面的迎接仪式与之相比，未免过于潦草。礼部尚书胡濙草拟的迎接礼仪，原本是极其隆重的：礼部官员前往龙虎台迎接，锦衣卫官员带了皇帝法驾前往居庸关迎接，百官在土城外迎接，将领在校场门迎接，景帝由安定门至东安门接见，然后是百官朝拜仪式。景帝借口太上皇书信中说"迎驾礼从简"，否决了礼部的方案，一切简化，淡化了太上皇回归的政治意义。

朱祁钰在东安门拜会回归的兄长朱祁镇，两人相拥哭泣，互相谦让一番。朱祁镇被俘期间，曾托礼部右侍郎李实带回口信：如果朝廷派人来接我回去，"愿看守祖宗陵寝，或做百姓也好"。朱祁钰也就不再客套，按照预案，直接把朱祁镇送到南宫，表面上似乎是安排他疗养，实际上是把他幽禁起来。此后的事实也证明了这一点，大臣多次提请朝见太上皇，都遭到景帝严词拒绝，切断了太上皇与朝廷的一切关系。

切断关系最厉害的一手，就是"易储"——更换皇太子。景帝即位时，皇太子是英宗的长子朱见深，为了确立自己的世系，必须由自己的儿子朱见济取代朱见深，作为皇储。但是有皇太后的懿旨在，难以启口。亲信太监为他出谋划策，先用金银收买高级官僚，封他们的口。于是景帝赏赐陈循、高穀、王文等黄金五十两、白银一百两，江渊、王一宁、萧镃、商辂、王直等减半。虽然并未明言"易储"之事，大臣们对皇上的用意是心知肚明的，吏部尚书王直拿到赏赐的金银，拍案顿足，大声叹气：这是何等事情？我辈惭愧死了！

此时正好广西土司黄玹犯案，可能判处死刑，为谋生路，派人到北京通路子，呈递奏疏，请求"易太子"，投皇帝所好。这篇奏疏不知何人代笔，写得颇有几分煽动性。他说：皇上即位已经三年，还没有立自己的儿子为皇储，固然有逊让之美，恐怕事机叵测，权势转移，这叫作"寄空名于大宝"。一旦形势有变，肘腋之间，自相残蠖，悔之晚矣。黄玹的出发点是为了自救而投机，并无政治眼光，不过是抓住宫廷权力争斗的要害，景帝看了却很感动，说道：想不到万里之外还有这样的忠臣！

机不可失，时不再来，景帝立即命大臣讨论黄玹的建议，赦免黄玹之罪，还给他一个都督同知官衔。礼部尚书胡濙遵旨召开会议，吏部尚书王直、兵部尚书于谦面面相觑，惊愕无语。奉旨在一旁监视的司礼监太监兴安厉声说：此事不可以拖延，不同意的可以不署名，但不得首鼠两端！大臣们知道这是皇上的意思，唯唯诺诺在文件上签名。由胡濙领衔的文件，大意是：陛下使国家中兴，皇储理应归于圣子，黄玹的建议是正确的。

景泰三年（1452）五月，景帝宣布废除太上皇长子朱见深的皇太子名位，封为沂王，册立自己的儿子朱见济为皇太子。

正所谓人算不如天算，景帝的独生儿子朱见济不久夭折，他的如意算盘落空了。储位虚悬之后，先前反对"易储"的官员，似乎感受到了这是"天意"，于是乎，"复储"的议论纷纷而来。

御史钟同与礼部郎中章纶谈到被废为沂王的朱见深，潸然泪下，相约向皇帝进谏，力主"复储"——恢复朱见深的太子名位。钟同说得十分直率：父有天下，应当传给儿子。日前，太子突然逝世，足见天命有在。臣以为太上皇之子就是陛下之子，沂王（朱见深）天资厚重，足以担当社稷重任，建议恢复他的皇储名位。景帝看了这样的奏疏，虽然不高兴，还是按照程序，要大臣们议论。吏部尚书王直等请求皇上采纳钟同的建议。

两天以后，章纶呼应钟同的建议，话说得更加咄咄逼人，毫无顾忌。他说：孝悌是百行之本，希望陛下退朝后能够朝谒两宫皇太后，遵循问安视膳的礼仪。太上皇君临天下十四年，是天下之父；陛下受到册封，是太上皇之臣；太上皇传位陛下，是把天下让给你；陛下应该尊奉太上皇为天下至尊，每逢初一、十五，陛下应率领群臣朝见太上皇；并且恢复沂王（朱见深）的皇储名位，稳定天下之大本。这些话自然句句在理，但是牵涉到帝王家事，关系到如何对待昔日的英宗、如今的太上皇，以及他的儿子、母后、皇后，这样一些敏感问题。如果景帝全盘接受，自己岂不成了一个摆设！

果然，景帝看了奏疏，勃然大怒，立即传旨：逮捕章纶、钟同。当时已是深夜，宫门关闭，太监把圣旨从门缝向外传出。章纶、钟同当即被押解到锦衣卫诏狱，严刑逼供，追问幕后主使人是谁，以及交通南宫的细节。这是极为阴险的一招，带有查办宫廷政变阴谋的意味，所谓"交通南宫"云云，显然影射幽禁于南宫的太上皇是幕后主使人。孟森对此有这样的评论："狱中逼引主使及交通南宫状，则明与上皇以难堪，尤为帝之显失。"他认为这是景帝明显的过失。在我看来，岂止是"过失"而已，这是景帝防止英宗复辟的一着险棋，用以压制舆论，效果却适得其反。

钟、章二人既然敢于直言极谏，当然早有思想准备，即使被锦衣卫折磨得体无完肤，奄奄一息，却始终没有屈打成招，因而"主使及交通南宫状"始终找不到证据。内阁六部的衮衮诸公，对此噤若寒蝉，不置可否。

针对这种状况，有一个名叫杨集的进士写信给兵部尚书于谦，一针见血触及要害。他说：好人黄竑进献"易储"之说，是迎合"上意"（皇上旨意）的手段，谋求逃死的伎俩。你们这些人身为国家柱石，居然贪恋官僚之赏，而不考虑如何善后，不敢表示异议。如今钟同、章纶又因为主张"复储"而被关入锦衣卫监狱。假如他们死于皇帝杖下，而你们坐享崇高待遇，将如何面对清议？

于谦看了这封信，自知理亏，当时奉旨议论黄竑"易储"奏疏时，自己一言不发，等于默认。他把杨集的信递给内阁大学士王文，王文阅后评论道：杨集这个书生不知忌讳，不过很有胆量，可以升官，让他出六安知州。看来于谦、王文颇为欣赏杨集的胆识，内心并不赞同"易储"，但由于深受景帝重用，不便发表反对意见，只能保持沉默。

尽管钟同、章纶被捕入狱，支持他们的依然大有人在。南京大理寺少卿廖庄抓住这一话题大做文章，把批评的意见委婉地表达出来：希望陛下经常到南宫去朝见太上皇，或者谈论帝王家法，或者商议国家治理，逢年过节委派大臣前往朝谒，安慰太上皇。太子是天下的根本，太上皇的儿子就是陛下的儿子，应予善待，使臣民明白陛下有"公天下"的诚意。

这一番合情合理的话语得到的回报是廷杖八十，谪定羌驿丞。廷杖是老祖宗朱元璋"以重典驭臣下"的发明，就是在宫门外大庭广众之下，用木棍打屁股。廖庄被打了八十棍，没有死，被贬到偏远山区去管理驿站。由于事端是钟同、章纶引出来的，钟、章二人一并廷杖，钟同当场被打死，章纶身受重伤，仍旧押回监狱。

景帝的所作所为，目标很明确：巩固已经到手的权位，并且企图把帝位传给自己的儿子，儿子夭折以后，他坚决反对重新册立沂王（朱见深）为太子。他万万没有料到，幽禁在南宫的太上皇竟然会复辟，而自己又变回原先的郕王。再度登上帝位的英宗，能够放过他吗？

明史专家吴晗认为，明景帝朱祁钰是"难得的好皇帝"，当然不能说毫无根据。但是，此公贪恋权位，幽禁太上皇，废掉已册立的皇太子，似乎与"好皇帝"的称号相去甚远，不知列位看官以为如何？

"夺门之变"的台前幕后

世事难料,为巩固自己的权位而煞费苦心的景帝,突然病倒了,而且病得不轻。当了七年皇帝的他,不过三十的年华,怎么一下子就病入膏肓了呢?

大臣们手忙脚乱,因为"储位未定"——接班人还不明确,他们寄希望于皇上霍然痊愈,危机便可以暂时获得缓解。文武百官天天都到左顺门问安,每次都是太监兴安出来发布消息,时日一多,兴安不耐烦了,说道:你们都是朝廷股肱之臣,不为社稷考虑,每天徒劳问安有什么用?他的意思是在暗示大臣,应该早日册立皇储。

吏部尚书王直、礼部尚书胡濙召集大臣会议,讨论请求景帝重新册立沂王朱见深为皇太子。会议达成的共识,由内阁大学士商辂起草一份文件。内阁大学士王文、陈循、萧镃对此有异议。王文说:如今只能建议册立皇太子,因为不知道皇上属意于谁。朝廷内外传说,皇上与太监王诚密谋,由太后出面迎取襄王世子为皇储。陈循知道王文的心思,沉默不言。萧镃说:沂王(朱见深)既然已经退了,不可重新册立,只能提出"早建元良"(尽快册立太子)的请求。都察院左都御史萧维祯举笔说:我请求更改一个字,把"早建元良"改为"早择元良"(尽快选择太子)。

大臣们联名签署的文件送到景帝的病榻前,得到的批示是:"朕偶有寒疾,十七日当早朝,所请不允。"意思是,我的身体并无大碍,过几天就可以上朝,不必考虑接班人问题。

真的是"偶有寒疾"吗?非也。他于十二月二十八日一病不起,连最重要的仪式——正月初一的元旦朝贺也不得不取消,正月十五的郊外祭祀仪式不能再取消了，他把武清侯石亨叫到病榻前，命他代行祭祀。

石亨是陕西渭南人，出身将门世家，善骑射，有胆略，手提大刀，轮舞如飞，而且仪表威武，四方面孔，魁梧身材，美髯及膝。景帝即位后，接受兵部尚书于谦的推荐，任命石亨为五军都督府右都督，掌管五军大营，封为武清侯，授予大将军头衔。他的侄子石彪，也是一员骁勇善战的枭将，能挽强弓，挥舞板斧，屡建战功，由游击将军升任都督佥事。石亨、石彪叔侄二人内外呼应，掌控军事实权。石亨代表皇帝去郊外祭祀，可见此人在皇帝心目中的地位非同小可。

但景帝有眼无珠，看错了人，从而铸成大错。石亨虽是一介武夫，却机敏过人，在景帝病榻前，近距离观察，皇上已经病入膏肓——这是其他大臣不可能获得的机密信息。一旦景帝驾崩，拥戴谁继位，何去何从，必须作出抉择，政治投机的人是没有原则的，完全从自己的私利出发。

他从宫中出来，立即与都督张𫐐、都察院左都御史杨善、掌管京营的太监曹吉祥一起密谋。他说：皇上病危，拥立皇太子不如恢复太上皇的帝位。为什么呢？他说了四个字："可邀功赏。"这四个字含义颇深，无论拥立谁为皇太子，都属于正常程序，并无"功赏"可言；恢复太上皇的帝位，却能出乎所有人的意料，尤其出乎太上皇本人的意料，必定可以得到大大的"功赏"。后来的事实也是如此，重新登上皇位的英宗，对他们这些复辟功臣，毫不吝啬地论功行赏。从效果来看，石亨之流的投机是成功的。

张𫐐、杨善、曹吉祥支持石亨的主张，考虑到恢复太上皇的帝位带有极大的风险，弄得不好将招来杀身之祸，需要得到更多人的参与，周密谋划。于是他们去找太常寺卿许彬商量。许彬表示赞同，说：这是不世之功，可惜我老了，帮不上忙，徐有贞善于出谋划策，能出奇招，何不找他商量商量？

石亨、张𫐐等人连夜赶到副都御史徐有贞家中，徐有贞一听此事，大为欢喜，点拨道：一定要让太上皇知道我们拥戴他的意思。张𫐐回答：已经暗中把信息送到了。徐有贞叮嘱：必须得到他的赞同才可以进行。

一场宫廷政变正在悄无声息地进行着。

正月十六日夜，石亨、张𫐐、曹吉祥对徐有贞说：已经得到太上皇的赞同，下一步该怎么办？徐有贞此人其貌不扬，但精明多智，《名山藏》说他"有志当世，探究世务无不涉穿"，上知天文，下知地理，精通兵法、阴阳、方术。他爬上房顶，煞有介事地搞了一下阴阳八卦，说道：时间就在今天晚上，机不可失。于是，这几个人密谋策划行动方案。徐有贞退入内室，焚香祈祷上天保佑，与家人诀别：如果事情成功，便是社稷的大好事，不成功便是家族的大灾祸。他虽然号称"多智数"，在众人面前摆出一副"智多星"模样，但毕竟心虚，瞒着皇帝策划宫廷政变，一旦事机泄露，必将满门抄斩。正因为如此，他考虑得非常周到，事先已经布置张𫐐，借口边关形势吃紧，派遣军队进入紫禁城，以防万一。掌握大内钥匙的石亨，在半夜四更时分，打开长安门，让军队把守要害位置。

石亨等人乘着夜色前往南宫，天色晦冥之中，张𫐐有点惶恐疑惑，徐有贞催促他加快速度，张𫐐悄悄问徐有贞：事情能成功吗？徐有贞自己也心虚，但还是口出大言：必定成功！一行人马来到南宫，命随行士兵捣毁围墙，进入宫内。

但见太上皇已经在秉烛等候，众人一起俯伏在地，合声喊道：请太上皇登位！士兵把太上皇抬进轿子，这时天色已经微露晨曦，太上皇一一询问石亨等人的职官姓名。匆匆间，到了东华门，门卫不肯开门，只听得轿子里喊道：我是太上皇！于是大门洞开，一行人马来到奉天门，太上皇在殿上升座，徐有贞带领众人跪拜，口中高呼：万岁，万万岁！

景帝前几天宣布，十七日早朝会见群臣，因此文武大臣这天凌晨早已来到宫门等候忽然听到殿内传来"万岁"的呼噪声，正在惊愕之际，钟鼓声齐鸣，宫门大开。徐有贞出来，向大臣们宣布：太上皇帝复位，请入内祝贺！

太上皇对大臣们说：卿等考虑到景泰皇帝有病，迎接朕复位，各位继续任事如故。

躺在病榻上的景帝，听到外面的钟鼓声，询问左右侍从，侍从回答：太上皇复位。景帝连声说：好，好！这"好好"两个字，含义复杂，既可以理解为赞同太上皇复位，也可以理解为无可奈何的叹息，对他而言，这是最坏的消息。

太上皇复位，旧史家把它称为"英宗复辟"或"南宫复辟"。虽然是复辟，英宗不再沿用"正统"这个年号，而是把景泰八年改为天顺元年（1457）。"天顺"二字的内在含义，彰显英宗复辟是顺应天命。徐有贞起草的即位诏书，除了宣布皇恩浩荡的大赦，就是强调景帝对太上皇的幽禁，一场政治报复不可避免。

英宗复辟的当天，就任命有功之臣徐有贞以原官兼学士，进入内阁，参与机务，次日又加上兵部尚书头衔，事实上成为内阁首辅。"夺门之变"的功臣石亨进封为忠国公，张𫐄进封为太平侯，杨善进封为兴济伯，曹吉祥的养子曹钦晋升为都督同知。以后陆续加官晋级的有功官员，达三千人之多。

与此同时，对"幽禁太上皇"事件的政治清算，也在大张旗鼓地进行，英宗和徐有贞等下手毫不留情。首当其冲的就是少保、兵部尚书于谦，以及内阁大学士王文。英宗复位后的第五天，即正月二十二日，就处死于谦、王文，并且抄了他们的家。

当初廷臣会议，请求复立沂王为太子，王文与陈循不敢违背景帝的心意，主张"请择元良"，一时间盛传王文与太监王诚等企图召取襄王世子为太子。这就成为王文的罪状。至于于谦，因为结怨于徐有贞、石亨，而遭到报复。

当初景帝设立团营，石亨恃功骄纵，以为团营的统帅非己莫属；结果景帝命于谦总其事，石亨受于谦节制。因此《明通鉴》说："亨之不悦于谦已非一日。"至于徐有贞，也与于谦有私人恩怨。他曾经请求于谦推荐他为国子监祭酒，于谦确实向景帝推荐了，但景帝私下对于谦说：徐有贞虽有才，为人奸邪。徐有贞却以为是于谦没有推荐，从此结怨。徐有贞成为内阁首辅后，大权在握，肆意报复。

于谦、王文被捕入狱，徐有贞、石亨唆使言官弹劾，并且以"迎襄王世子"的罪状强迫他们招供。法司苦于缺乏证据，徐有贞说：虽无显迹，意图还是有的。主持此事的司法官员阿附徐、石之流，居然以"意欲迎襄王世子"定案。王文愤怒之极，目如火炬，据理抗辩。于谦在一旁冷笑道：这是石亨等人的意思，辩它作甚？不论事情有无，彼等一定要置我辈于死地。

果然如此，法司的结论是：于、王二人以"谋逆"律处以极刑。英宗有点犹豫不忍，说："于谦实有功。"徐有贞说："不杀于谦，此举（指'夺门之变'）为无名。"英宗只得宣布，把极刑减一等改为斩首，抄家，家属发配边疆。

于谦的死是一幕悲剧。景帝临危授命，于谦力挽狂澜，日夜辛劳，常常在值班室过夜，很少回家，因此颇受景帝宠信。有次他痰疾发作，景帝不仅派遣太监轮番前往探视，而且亲自上万岁山砍伐竹子，取竹沥送给于谦。《明史·于谦传》对此感叹道："宠谦太过！"景帝下台，他自然难逃一死。他死后，家被抄，没有什么财产，清贫萧然，仅有一房书籍，还有皇帝赏赐的玺书、袍铠、弓剑、冠带之类。都督同知陈逵感念于谦的忠义，为他收殓遗骸。次年，于谦女婿朱骥把他的遗骸归葬杭州。

景帝的大臣都受到惩处，陈循、江渊等人充军，商辂、萧镃等人革职为民。景帝自己的下场也不妙。二月初一,英宗以"皇太后诏谕"的形式宣布:废景泰帝,仍为郕王,迁往西内居住。十七日,突然病逝。关于他的死,一说病死,一说被害死。从种种迹象判断,被害死的可能性极大。英宗对"攮位幽闭"始终不能释怀是一个原因;害怕景帝东山再起,也来一次复辟,是另一个原因。景帝的祭葬礼仪一如亲王,但谥号是一个贬义字——"戾",是英宗对他的盖棺论定。除了郕王妃汪氏,他的嫔妃们,英宗赏赐她们上吊自尽,为"郕戾王"殉葬,一起安葬于西山。这样的同胞手足之情,令读史者欷歔不已。

复辟功臣的下场：徐有贞、石亨、曹吉祥

"夺门之变"是石亨、曹吉祥、徐有贞等人一手策划的宫廷政变，它的结果是，以太上皇身份被幽禁于南宫的英宗朱祁镇重新登上皇位，所以史家称为"英宗复辟"或"南宫复辟"。既然称之为复辟，那么新旧势力在朝廷的较量势不可免。英宗重登宝座的天顺元年（1457），剧烈的政治纷争始终不曾间断，封赏与整肃同时展开，朝廷最高权力班子大幅度变动。景帝时的阁部大臣，即使在土木之变后支撑危局、力挽狂澜的有功之臣都遭到整肃，处死的处死，流放的流放。在这种腥风血雨的衬托下，助力复辟的有功之臣一个个加官晋爵。

英宗对于拥戴他再度登上皇位的有功之臣，毫不吝啬他的封赏。即位当天就宣布：徐有贞以原官（都察院副都御史）兼学士的身份进入内阁，参与机务。次日又加兵部尚书头衔，使他成为内阁的第一把手。他还得到皇帝赏赐的"免死铁券"，上面有这样的字句："除逆谋不宥，其余杂犯死罪，本身免二死，子免一死，以报尔功。仍命尔兼华盖殿大学士，掌文渊阁事。"石亨加封为忠国公；曹吉祥晋升为司礼监太监，养子曹钦晋升为都督同知。

然而，"夺门之变"毕竟是一种政治投机，掌管五军大营的石亨是主谋，掌管京营的曹吉祥是协谋，徐有贞是军师。他们的联手是为了获取功赏，一旦投机成功，功赏到手，互相之间的倾轧是不可避免的。

徐有贞由副都御史一跃而为内阁首辅兼兵部尚书，仍不满足，对石亨的"忠国公"头衔很是羡慕，希望他在皇帝面前美言几句，

促成此事。石亨果然为他美言，皇帝加封他为武功伯。这时的徐有贞真是春风得意，不可一世，《明史·徐有贞传》说："事权尽归有贞，中外咸侧目，而有贞愈益发舒，进见无时，帝亦倾心委任。"

太监兴安见徐有贞如此得意忘形，提醒皇帝注意此人的人品，他说：当年土木之变，京城危急时，徐有贞主张皇帝南迁，当日如果真的南迁了，不知置陛下于何地？哪里还有夺门之功呢？英宗听了，默然无语。

兴安所说是事实。当时监国的郕王召集廷臣询问对策，徐有贞放言：从星象历数上看来，天命已去，只有南迁可以舒解危难。立即遭到太监金英的叱责，礼部尚书胡濙、内阁大学士陈循也都认为不妥，兵部侍郎于谦语气最为尖锐：主张南迁者，可杀！徐有贞大为沮丧，从此仕途委顿，久久不得升迁。后来因为治理水患有功，于景泰七年（1456）晋升为都察院左副都御史。此人颇精通为官之道，为了稳固现在的内阁首辅地位，他知道自己必须与昔日盟友石亨、曹吉祥划清界限。

石亨、曹吉祥是贪得无厌之辈，京畿地区百姓投诉石亨、曹吉祥霸占民田，横行乡里，御史杨瑄把这些投诉以及石、曹二人"怙宠专权"的劣迹，写了一个奏折呈上。英宗看了，对内阁的徐有贞、李贤说：杨瑄是真御史！当即要他们派官员前往核实，令吏部提升杨瑄。曹吉祥获悉这一情况，十分惊慌。

此时掌道御史张鹏、周斌正在与十三道御史撰写弹劾石亨、曹吉祥的奏折。正巧石亨西征归来，有人把消息透露给他。于是石亨、曹吉祥一起向皇帝哭诉，说张鹏是刚被处死的太监张永的养子，结党诬陷，企图为张永报仇。第二天，英宗看到奏折，大为光火，命张鹏、杨瑄等御史到文华殿，叫御史周斌读他们的奏折。周斌神色自若地读到"冒功滥职"，英宗责问：他们率领将士迎驾，朝廷论功行赏，为何说是"冒滥"？周斌答：此辈是贪天之功据为己有，当时迎驾的不过几百人，如今越级升迁的竟有几千人，不是"冒滥"是什么？皇帝哑口无言，却依然站在石、曹一边，把杨瑄、张鹏等御史投入监狱。

机敏过人的徐有贞意识到，有必要把自己与石亨、曹吉祥的关系加以切割。当初石、曹之流如果不邀请他参与"夺门之变"，就不会有他今日的飞黄腾达，这一点徐有贞早已抛到九霄云外去了。《明史·徐有贞传》说："（徐）有贞既得志，则思自异于曹（吉祥）、石（亨），窥帝于二人不能无厌色，乃稍稍裁之，且微言其贪横状，帝亦为之动。"说明他看到皇上对石、曹二人已感厌恶，对二人的贪婪横行，内心有所触动。皇上把徐有贞与李贤召来，听取他们对于杨瑄弹劾石、曹的看法。二人认为杨瑄讲得有理有据。英宗的态度立即大变，不但把杨瑄、张鹏释放，而且予以嘉奖。

消息灵通的石亨、曹吉祥怨恨得咬牙切齿，日日夜夜都在想方设法陷害徐有贞。皇上对徐有贞眷顾有加，经常屏退左右密谈。曹吉祥利用司礼监太监的地位，指使皇上身边的小太监在门外偷听，然后向他报告。曹吉祥又把这些秘密谈话故意泄露给皇上，皇上惊讶地问道：你从哪里听来的？曹吉祥回答徐有贞亲口对他讲的，还说某一天谈了某一件事，外间已经无人不晓。英宗大为气愤，徐有贞竟然把君臣两人间的密谈内容透露出去，实属欺君罔上，从此疏远徐有贞。

石亨、曹吉祥乘机向皇上进谗言，说杨瑄、张鹏的幕后指使者正是内阁的徐有贞、李贤，还向皇上大谈"迎驾夺门"的功劳，诉苦说：现今内阁专权，第一步就是先除掉臣等二人。不然，那些御史怎么敢如此胆大妄为？说罢，两人号啕大哭，做功实在了得，使得皇上大为感动，随即发动言官弹劾徐有贞、李贤"图擅威权，排斥勋旧"。接着下旨，把徐有贞、李贤关入监狱，御史杨瑄、张鹏等人死刑。

几天后，狂风暴雨夹杂雷电冰雹横扫北京，大树拔起，房屋倒塌，宫内奉天门建筑也遭到损毁，石亨、曹吉祥家中大树折断，二人以为是天谴。他们的亲信、钦天监主管礼部侍郎汤序也向皇上进言："上天示警，宜恤刑狱。"英宗出于恐惧，接受了这个建议，把徐有贞、李贤释放，宽大处理，分别贬官为广东参政、福建参政；杨瑄、张鹏免死，谪戍辽东，其他御史皆被贬作知县。

石亨、曹吉祥对徐有贞的怨恨并未消解，必欲置之死地而后快，指使亲信投寄匿名信指责皇帝。然后向皇帝揭发：徐有贞心怀怨望，令其门客马士权干出这种勾当。皇帝下旨，把在通州途中的徐有贞逮捕，与马士权一并关入锦衣卫镇抚司诏狱，严刑拷打。马士权四次濒临死亡，始终没有自诬一句。石亨、曹吉祥恐怕皇上再次大赦，造谣中伤说徐有贞自己撰写《武功伯券》，自择封地的武功县是曹操当年的封地，可见他"志图非望"。法司审判时，马士权大声疾呼：岂有自撰《武功伯券》而暴露"逆谋"的道理？刑部官员慑于石、曹的威势，判定徐有贞"窃弄国柄"罪，处以死刑。英宗没有批准，改为流放。

后来英宗仿佛顿悟了，对李贤等大臣说：徐有贞才学难得，哪里有什么大罪？全是石亨辈诬陷的。徐有贞因此得以释归田里，这位昔日的"智多星"，看破官场的沉浮后，远离政治，放浪于山水之间，安然度过十多年的余生。

徐有贞先前的盟友、后来的潜在对手——石亨、曹吉祥的下场就没有那么美妙了。

就在徐有贞下狱之后不久，李贤以吏部尚书兼翰林学士的身份再度进入内阁。英宗对他颇为信任，屏退左右对李贤说：石亨、曹吉祥辈干政，四方封疆大吏向朝廷汇报工作，首先登门拜访他们，互通声气，怎么办好呢？李贤说：只要陛下独断，趋附石、曹门下的现象，自然而然会停息。英宗担心地问道：不采纳他们的意见，他们不反感吗？李贤说：陛下的制裁只能慢慢来。因为当时石亨、曹吉祥势头正盛，李贤有所顾忌，不敢畅所欲言。

另一位内阁大臣岳正，鉴于石亨、曹吉祥恣意妄为，也向皇上指出：二人权势太重，时间长了恐怕难以控制，臣请求用计离间。岳正告诉曹吉祥，石亨时时在窥测他的所作所为，劝他主动辞去兵权；而后又去劝告石亨自我克制。石亨、曹吉祥揣摩，这也许是皇上的旨意，便向皇上请求罢官免死。英宗感到有些内疚，再三安慰他们，随即召见岳正，责备他泄露机密。岳正很认真地说：据臣观察，石、曹两家，今后必定以"谋叛"而灭门，臣为了顾全皇上的恩情，要他们好自为之。正巧此时宫内承天门遭灾，英宗命岳正代他起草"罪己诏"，岳正过于书生气，毫无避讳地历数弊政。石亨、曹吉祥抓住把柄，散布流言蜚语，攻击岳正"谤讪皇上"。英宗大怒，把岳正贬为钦州同知。岳正入阁仅仅二十八天。石、曹之流气焰之嚣张，于此可见一斑。

然而，即使气焰再嚣张，一旦引起皇帝疑忌，他们的垮台不过是一瞬间的事。英宗曾经向内阁大臣李贤请教"夺门"二字。李贤说：可以说"迎驾"，不可以说"夺门"，因为"天位"原本是陛下固有的，不能说"夺"。况且当时幸亏成功，万一事机在成功之前泄露，石亨等死不足惜，不知将会置陛下于何地？此辈因此讨得封赏，杀戮老臣，招权纳贿，国家太平气象被他们损削过半。英宗以为李贤说得有理，宣布今后公文中禁用"夺门"二字，并且把冒功的四千多人全部罢黜。

石亨自以为有皇上的宠信，继续放肆，他营造的府邸，无论规模与装潢，都超越自己的身份，当时叫作"逾制"。石亨这样做，皇帝是心知肚明的。一天他登临翔凤楼遥望石府，明知故问，随从的高官吴瑾回答：这一定是王府。他说：不是。吴瑾反问：不是王府谁敢如此僭越？他笑而不答。其实英宗早就收买了石亨的亲信——

锦衣卫指挥逯杲，作为卧底，所以对石亨的一举一动了如指掌。石亨和他的侄子石彪，蓄养了私家武装几万人，《明史·石亨传》说"中外将帅半出其门"，而这是皇帝最为忌惮的事。

石亨与曹吉祥都是"夺门之变"的功臣，英宗复辟以后，权倾一时。然而好景不长，二人先后死于非命。石亨不得善终的根本原因在于，皇帝不能容忍"威权震主"的臣子。曹吉祥被处死刑，是因为他的养子曹钦竟然"犯上作乱"。所以历来有史家似乎倾向于同情石亨，而鄙夷曹吉祥。

清初历史学家谷应泰的《明史纪事本末》卷三十六，写到"曹、石之变"，篇末有一段文字很有意思。他说：石亨及其侄子石彪，骁勇善战，有陇西李氏之风。假如让他们镇守北方边陲大门，足以使蒙古匹马不得南下。他对于石氏的灭门之祸，颇为惋惜，感叹道：假使没有"夺门"之功，石亨、石彪难道少得了加官晋爵吗？汗马功劳的累积，一定可以功名富贵而致仕，石氏子孙或许至今依然绵延不绝呢！

他当然知道历史已经过去，不可能再来一遍，让他感慨系之的是八个字："功以倖成，福以满败。"石、曹之辈的复辟之功是侥幸得到的，正当他们弹冠相庆、权势不可一世之时，皇帝已经感到芒刺在背，而他们自己却浑然不觉。

英宗对石亨的飞扬跋扈并非不知，只是时机未到。天顺二年（1458），言官弹劾兵部尚书陈汝言，意在敲山震虎。陈汝言是石亨一手扶植起来的，自以为有靠山，贪赃枉法，肆无忌惮，牵连到石彪。英宗下旨，陈汝言囚禁，石彪反省，并且在宫内展示陈汝言接受贿赂的赃物，要大臣们来参观，他乘机训诫道：前兵部尚书于谦死的时候，家无余资。陈汝言才当了几天兵部尚书，贪赃如此，是不是太贪婪了！说罢，怒形于色，脸色大变。在一旁的石亨吓得低头不语。

石彪因为在大同前线屡建战功，以游击将军的职位加封定远伯，不久晋升为定远侯，野心逐渐膨胀，派人向皇帝乞求永远镇守大同，企图以他的大同劲旅，与叔父石亨控制的京都卫戍部队遥相呼应。《明史·石亨传》说："（石）彪本以战功起家……势盛而骄，多行不义，谋镇大同，与（石）亨表里握兵柄，为帝所疑，遂及于祸。"

在专制政治体制下，"为帝所疑"是极其危险的，早晚要受到严惩。果然，石彪被逮捕，关进锦衣卫诏狱，严加拷问。令人疑惑的是，为什么一向叱咤风云的猛将，居然会屈打成招，承认擅自拥有绣蟒、龙衣，以及其他目无王法的行为？这些作为，按照法律应该判处死刑、抄家。

此时的石亨已如惊弓之鸟，英宗暂时没有碰他，待到把他们在军队中的亲信将领清除得差不多了，才对奉命"养病"的石亨隔离审查。天顺三年（1459）十月间，三法司与锦衣卫联名向皇帝报告石亨的罪状："招权纳贿""窃弄国法""侵占官地""纵令侄彪肆为不法"等。英宗的批复是："石亨之罪，论法本难容，第念其曾效微劳，姑从宽贷。"为何要"宽贷"呢？因为他们这些复辟功臣享有"免死铁券"的庇佑，只要不是"谋反"，都可以免除死罪。

英宗在等待"谋反"罪状的出现。奉命在石亨那里充当"卧底"的锦衣卫官员逯杲终于找到了把柄。天顺四年（1460）正月，逯杲向皇帝揭发：石亨"专门伺察朝廷举动"，心怀不轨。证据是他家的奴仆告发石亨"怨谤朝廷，有不轨之谋"。与朱元璋整治李善长的手法如出一辙——李善长因家奴告发串通胡惟庸"谋反"而招致灭门之祸。为了证明其"心怀不轨"，逯杲还揭发石亨曾经扬言："陈桥兵变史不称其篡"，似乎想搞一次黄袍加身的兵变。到了这个时候，欲加之罪，何患无辞！

锦衣卫与百官"廷审"的结论是"图为不轨，具有实迹"，按照"谋叛律"应该处斩、抄家。奇怪的是，在狱中关押了二十一天，还没有来得及行刑，石亨就"瘐死"狱中。"瘐死"二字颇值得玩味，它的本意是病死狱中，但在当时情境之下，不可能是病死，只可能是被折磨致死。四天以后，石彪在闹市被处斩。关于他们的死，夏燮《明通鉴》有这样的评论："权倾人主，群疑其有异志，遂及于祸。"可谓评得贴切。值得注意的是，"疑其有异志"，只是怀疑而已，并非真的"有异志"。

曹吉祥之死情况有所不同。据后来揭发，曹吉祥的养子曹钦得意忘形之际，向他的亲信冯益询问：历史上有没有宦官子弟当皇帝的？冯益回答得很妙：你们的本家魏武帝曹操就是一个先例。据说，曹钦听了很高兴。现在看来那不过是一则传闻罢了，当不得真。

天顺五年（1461）七月，曹钦造反倒是确凿无疑的，不过并非为了篡位当皇帝，而是报复欲置他们于死地的对手。首当其冲的是充当"卧底"的逯杲，曹钦把他的头颅砍下，又碎尸万段；继而奔至西朝房，抓住弹劾他的御史寇深，一刀劈为两半；又奔至东朝房，要追杀李贤。统辖京营的总兵官孙镗，率领将士阻击，迫使曹钦退回自家住宅。曹钦负隅顽抗，孙镗攻进曹宅，曹钦走投无路，投井自尽。

养子曹钦如此犯上作乱，作为养父的太监曹吉祥脱不了干系，曹钦死后第三天，曹吉祥被押赴闹市，凌迟处死。《明史·曹吉祥传》写道："英宗始任王振，继任吉祥，凡两致祸乱。"王振与曹吉祥两个首席太监，使英宗两度颜面尽失，怪谁呢？

孟森不无感慨地说："夺门案至此，前之功人多为叛逆，而所杀以为名之于谦，公道已大彰，然终英宗之世不与平反也。"孟森读史阅世，自然明白：皇帝永远有理，当初是正确的，现在也是正确的。

第四章

腐败：宪武昏庸与群奸乱政

宪宗与方术佞幸

中国历史上因沉迷于道教而影响朝政的皇帝，莫过于宋徽宗和明世宗（嘉靖），但有这种癖好的不乏其人，明宪宗就是一个。

成化二十三年（1487）八月，宪宗朱见深病重，几天后驾崩，皇太子朱祐樘继位，即孝宗弘治皇帝。他即位后的第一个大动作就是拨乱反正：把担任高官的"妖人"李孜省处死；妖僧继晓革职为民，继而处死；太常卿道士赵玉芝、邓常恩发配边疆；番僧国师领占竹等革职；佞幸太监梁芳、陈喜贬往南京孝陵当差。《明史纪事本末》对此评论说："先朝妖佞之臣，放斥殆尽。"可见动作幅度和打击力度之大，也可见他的父亲宪宗朱见深宠信方术佞幸问题之严重。

宪宗擅宠万贵妃，纵容汪直与西厂恣意妄为，这些弊政在他死之前已经得到解决（万贵妃比他早几个月死去；西厂早已解散，汪直也已革职）。唯独宠信方术佞幸，至死不悟，无论大臣如何劝谏，他都拒不接受。问题的严重性连他的儿子都看到了，所以一上台就痛下杀手。

李孜省，原先在江西布政司衙门当小吏，正当升官机会来临时，因为贪赃事发，被革职为民。走投无路之际，他得知皇帝喜好方术，于是学习"五雷法"，买通大太监梁芳、钱义的门路，用符箓博得皇帝的好感。太监梁芳之流虽然没有汪直那样的权势，却善于聚敛财富，不断向万贵妃献宝，被万贵妃视为心腹。李孜省走的是捷径：梁芳——万贵妃——宪宗，很快被皇帝直接任命为太常寺丞。此举遭到御史杨守随的反对，他说：李孜省是一个贪官，论资格不过是刀笔吏；太常寺主管祭祀，怎么可以用这种脏贿罪人来亵渎天地宗庙？宪宗不得已，把李孜省改为上林苑监丞，宠信却日甚一日，赏赐他两枚印章，一枚是"忠贞和直"，另一枚是"妙悟通微"，特许他用印章密封奏折，直送皇帝。于是李孜省和梁芳内外配合，表里为奸，扰乱国事。密封的奏折讲些什么呢？《明史·佞幸传》说，写的全是"淫邪方术"。

一人得道，鸡犬升天。以方术获宠的李孜省蹿红，带动一大批方士进入官场。方士顾玒精通扶乩术（在沙盘上占卜），宪宗很欣赏，任命为太常丞、太常少卿。这种人的升官，没有经过正常的人事程序，由皇帝直接任命，被称为传奉官。与顾玒一起晋升的还有方士赵玉芝、凌中，都是太常寺的官衔。道士邓常恩通过太监陈喜的门路，引导皇帝祭祀淫祠，宪宗欣喜异常，任命他为太常卿。由布衣白丁一下子蹿至太常卿之类的传奉官累计达千余人。这帮人自以为有皇帝的宠信，登时颐指气使起来。

顾玒的母亲去世，乞求皇帝赏赐一道祭文诰书。按照惯例，四品官任期未满三年，不能享受此种待遇，宪宗破例给他诰书。奇怪的是，吏部尚书尹旻居然要向小小的四品官顾玒献媚，请他一并为其父亲乞求诰书。看来在皇帝眼里，吏部尚书的分量还不如方士。不久，顾玒的两个儿子也戴上了乌纱帽，成为传奉官。《明通鉴》评论道："（皇）上方崇信左道，故佞幸之徒猝致荣显如此。"

宪宗宠信李孜省，想越级提拔他，但碍于体制，只得让他在通政司挂名领取俸禄，仍然掌管上林苑。通政司官员王昶厌恶李孜省奸邪乱政，对他不屑一顾。李孜省怀恨在心，向皇帝告状，致使王昶被调离通政司。廷臣目睹王昶的境遇，不敢轻易与李孜省作对。

然而，清流官员无所畏惧。陕西巡抚郑时，鉴于传奉官日益冗滥，弹劾太监梁芳，以及他引荐的李孜省、僧继晓。宪宗大怒，把郑时贬为贵州参政。临行时，陕西父老万人空巷，"哭送如失父母"。

吏科都给事中王瑞率六科给事中，针对传奉官冗滥，向皇帝进谏：爵禄与赏赐乃天下之公器，没有功德才能，难以获得。近年来，侥幸之门大开，卖官鬻爵如同市场，皇帝恩典从天而降，恩惠遍及吏胥，下至白丁，以至于厮养贱夫，市井童稚，骤然高升，窃取名器，逾滥至此，令有识之士寒心。乞求皇上痛下决心，全部罢黜淘汰传奉官，保存国体。御史张稷等人奋起响应，话说得更加尖刻，"传奉各官，至于末流贱伎，妄厕公卿，屠狗贩缯，滥居清要"，"自古以来，有如是之政令否"？

在强大的舆论压力下，宪宗不得不把李孜省贬官一级，罢黜十二名传奉官。朝野上下以为皇上幡然悔悟，相庆称快，殊不知，这是"借以塞中外之望"的策略，宪宗宠信方术佞幸的立场依然如故。

以旁门左道获宠的僧继晓，先后收到皇帝赏赐的美女十余人，金银珠宝不可胜计。这个继晓和尚得到皇帝的批准，在京城西市建造永昌寺，威逼动迁居民数百家，糜费宫廷储蓄白银数十万两，民众怨声载道。

刑部员外郎林俊向皇帝进谏：今年以来，灾难频发，陕西、山西、河南连年饥荒，人民流离。但是僧继晓用妖言迷惑皇上，把有用之财变为无益之费，人民怨恨日渐高涨。因此，臣等主张：杀继晓以谢天下。然而，纵容继晓作恶的是太监梁芳。此人引用邪佞，排斥忠良，几年来，假借朝廷名义，把一百多年的祖宗府藏干没殆尽，私人家产如同山积，连汪直都不能与之比拟。如今内而朝臣，外而市井之徒，恨不得食梁芳、继晓之肉。臣等难道可以畏罪不言，而耽误陛下吗？

宪宗看了这份奏疏，勃然大怒，把林俊押入锦衣卫诏狱拷讯。

后军都督府官员张黻挺身而出，声援林俊。他说：如今四方灾难，愁苦万状，凡是有世道之忧的人，唯恐陛下无法知晓，人臣不敢尽言。林俊为此上言，反而得罪，难道是朝廷之福吗？

宪宗根本听不进不同意见，把张黻也关进锦衣卫诏狱，打算与林俊一并处死。司礼监太监怀恩极力劝阻，宪宗怒气冲冲，把砚台向他砸去，喊道：你想帮助林俊来嘲笑我？随即把他赶了出去。怀恩派人转告锦衣卫镇抚司：你们谄附梁芳迫害林俊，如果林俊死了，你们何以为生？后来，皇帝怒气逐渐消解，并未处死林、张二人，而是贬官边疆。这样一番波折，使得林、张二人"直声震都下"。当时有顺口溜唱道："御史在刑曹，黄门出后府。"林俊只是刑部员外郎，却起到了御史的作用；能够犯颜进谏的不是言官，而是后军都督府的张黻。

一向刚直敢言的南京兵部尚书王恕听闻林俊、张黻先后得罪，向皇帝进谏：天地只有一个祭坛，祖宗只有一个宗庙，而佛寺多至千余所。每建造一个佛寺就要动迁民居数百家，浪费宫内府库积蓄银子数十万。人人都知道不妥而不批评，唯独林俊批评了；人人都知道林俊说得对而不吭声，唯独张黻敢于主持正义。如今把林、张二人关入监狱，造成以言贾祸的错觉，假如再有奸邪之人误国，就没有人对陛下直言了。

在此之前，太监怀恩曾请求户部尚书余子俊出面为林俊辩护，余子俊不敢。当他看到王恕的奏疏时，感叹道："天下忠义，斯人而已。"由于王恕的带头，六部、都察院官员也开始谴责传奉官。身负言责的吏科给事中李俊率领同僚向皇帝上了一本奏折，指出今日最大的弊政，莫过于近幸干纪、大臣不职、爵赏太滥、工役过烦、进献无厌、流亡未复等，重点是在讲方术佞幸与传奉官带来的危害。奏疏指出：官爵给予有德之人，赏赐给予有功之人。如今无缘无故把官爵授予一个庸流，或者赏赐一个无功的佞幸，于是乎形成一种风气，方士贡献炼丹服药的书籍，优伶演奏曼妙的戏曲，吏胥、戏子、僧道由此得到官爵俸禄，玷污了官僚队伍。一年之中传奉官多至千人，几年就是几千人，国家的财政税收是民脂民膏，不用来供养贤能人才，而用来喂饱奸蠹庸流，实在太可惜了。

说得有理有据,皇帝抓不住把柄,只得给予模棱两可的肯定。眼看皇帝态度有所转变,给事中卢瑀、御史汪奎等言官先后进谏,大多针对李孜省、僧继晓以及传奉官的冗滥而慷慨陈词。这时正好遭遇天变,迷信方术的皇帝惧怕天变加剧,不得不作一点应付舆论的表面文章,把李孜省降职为上林苑丞。僧继晓一看苗头不对——"自知清议不容",辞去官职,回家奉养老母去了。林俊、张黻不但获释,而且授予南京散官。一时间朝野上下无不拍手称快。

　　人们未免高兴得早了一点。宪宗对于言官的批评怀恨在心,秘密指示吏部尚书把进谏的六十名言官的姓名书写在身旁的屏风上,待到考察京官之时,把他们一个个贬谪到边远荒凉之地,而对李孜省、邓常恩等佞幸依然宠信如故。

　　当时朝廷多纰政,皇帝崇信道教,重用李孜省、邓常恩之流,内阁也由一班庸人把持。巴结万贵妃而官运亨通的万安,是四川眉县(今四川眉山)人,偏偏要和山东诸城人万贵妃攀亲戚,自称万贵妃的侄子。此人的为官之道就是一切顺从皇帝,觐见皇帝不谈国事,只高呼"万岁",人称"万岁阁老"。他的奏疏从不议论大政方针,而是投皇帝所好,提供各种"房中术"的秘方。无怪乎当时人讽刺万安:"面如千层铁甲,心似九曲黄河。"后来又进来一个彭华,此人与李孜省、邓常恩关系密切,以排斥异己为首务,正直大臣相继被逐。所以人们说他"深刻多智数,善阴伺人短"。他进入内阁后,与万安朋比为奸,官员都厌恶他,也畏惧他。内阁的另外两位——刘吉、尹直也都是阿附权势之徒。因此,方术佞幸问题直到宪宗驾崩都无法解决。他的儿子孝宗即位后,一方面把方术佞幸斥逐殆尽,另一方面引用正直大臣,政局为之一变,无怪乎史家称孝宗为"中兴之主"。

宪宗擅宠的万贵妃

明宪宗朱见深在幼年时代,经历了与他的年龄不相称的风波,大起大落。三岁时,他的父亲——英宗朱祁镇在土木堡被蒙古军队俘虏,皇太后为了应对突发事变,宣布册立他为皇太子,由他的叔父——郕王朱祁钰以"监国"身份辅佐。朱祁钰称帝(即景帝)以后,为了确立自己的世系,把朱见深废为沂王,册立自己的儿子朱见济为皇太子。危机过后,经过一场精心策划的宫廷政变,英宗复辟,朱见深再度成为皇太子。

七年后,英宗驾崩,十八岁的朱见深即位(即宪宗)。这是一个平庸的皇帝,依仗祖宗留下的家底,勉强维持"太平盛世"的假象。和父亲英宗相比,他颇有略胜一筹之处,例如为冤死的于谦平反昭雪,恢复郕王朱祁钰的帝号——恭定景皇帝,有一点和父亲对着干的架势。但是,这些德政掩盖不了为人诟病的弊政,一是擅宠万贵妃,把内宫和外廷都搅得一塌糊涂;二是任用太监汪直,设立西厂,把特务政治视为不二法门。

万贵妃原名万贞儿,山东诸城人,四岁时进入后宫,成为宣宗皇后孙氏的侍女。朱见深被册立为太子,孙太后把侍女万贞儿派去侍奉太子,使万氏有幸成为太子的保姆。景帝即位后,朱见深被废为沂王,一切荣华富贵离他远去,与寂寞冷清的朱见深朝夕相伴的就是这个姓万的宫女。两人的年龄相差十七岁,却滋生了超越年龄的复杂感情。英宗复辟后,十一岁的朱见深再度成为太子,万贞儿的地位逐渐显要起来。

天顺八年(1464)正月,宪宗即位,对万贞儿多年相伴的依恋之情难以忘怀，恋母情结演化为情人关系，十八岁的皇帝把三十五岁的万氏册封为妃子。妻子比丈夫大十七岁，堪称明朝历史上离奇的皇室婚姻。宪宗娶了一个可以充当母亲的女人为妻，在常人看来，或许离奇，但在宪宗心目中，最爱怜他的正是这个妻子与母亲一身二任的女人，他最需要的不是刚刚认识的后妃，而是早已熟悉、形影不离的万氏。甚至在皇后吴氏与妃子万氏发生冲突时，宪宗也毫不犹豫地站在万氏一边。

天顺八年七月，吴氏被册立为皇后，宪宗的册文对她赞誉有加："毓秀勋门，赋质纯粹，有端庄静一之德，有温和慈惠之仁。"一个月后，这位"端庄温和"的吴皇后就被废掉，打入冷宫。其故何在？因她得罪了妃子万氏。

吴皇后毕竟只有十七岁，对后宫争斗的凶险估计不足，一上台就摆出一副"母仪天下"的姿态，整顿后宫，首当其冲的就是得到皇帝擅宠的万氏，寻找借口，把她杖责一顿。这样的事情，万氏不能容忍，宪宗也不能容忍，他的废后诏书，措辞与先前截然不同："言动轻浮，礼度粗率，留心曲调，习为邪荡。"个中缘由，当然是万氏在作祟。

《明史·后妃传》对万氏这样评论："机警善迎帝意，遂谮废皇后吴氏，六宫希得进御，帝每游幸，妃戎服前驱。"其中的要害就是"谮废皇后吴氏"六个字，皇后被废是万氏进谮言的结果。问题在于，宪宗何以对万氏"从善如流"呢？从小和她相处十多年，衣食起居都在她的照料之下，已经须臾不可或缺，是一个原因。另一个原因是，万氏对宪宗早已摸熟脾性，投其所好，所谓"机警善迎帝意"，俘获男人的心，在这点上，十几岁的少女显然不是三十五岁成熟女性的对手。她可以使得"六宫粉黛无颜色"，皇帝很少去亲近其他嫔妃，而频繁到她那里去。每次皇帝出游，她都精心打扮，身穿戎装为其前驱，让少年天子充满新鲜感而兴致勃勃。

成化二年（1466），三十七岁的万氏生下第一个皇子，宪宗大喜，视为上天的恩赐，派太监四处祭祀山川，并且册封万氏为贵妃。但上天似乎和万贵妃开了一个玩笑，十个月后，她的儿子夭折，而且以后再也没有怀孕。在这种情况下，万贵妃是否失去皇帝的擅宠了呢？没有。这个女人不寻常。

成化四年（1468），鉴于地震灾变，宪宗颁布罪己诏，向全国臣民检讨自己的过失，唯独不提擅宠万贵妃。内阁大学士彭时向皇帝进谏，强调：外廷大政固然应当优先，后宫乃朝廷根本，尤为至要，不可忽略，民间谚语说"子出多母"，陛下嫔妃众多，为何子嗣不繁？原因在于陛下爱有所专，而专宠者已过生育之期。希望陛下"均恩爱"，为宗社大计考虑。宪宗也知道，这是在暗指万贵妃已经年近四十，过了最佳生育年龄，"均恩爱"的建议是出于一片忠心。但是，他实在不愿意"均恩爱"，只当是耳旁风吹过。礼科给事中魏元等人眼看皇帝置之不理，联名上疏，借口星变，影射擅宠的万贵妃，说：陛下富有青春，而无皇子，原因是专情于一人。此乃宗社大计，难道陛下不求"固国本，安民心"吗？十三道御史康允韶等人也纷纷劝谏，希望皇上对其他嫔妃广施"恩泽"，"以广子嗣"。宪宗有些不耐烦了，在他们的奏折上用红笔批复道："宫中之事，朕自有处。"那意思是，后宫的事情是朕的家事，朕自有主张，尔等不必说三道四。

次年四月，柏贤妃所生的二皇子朱祐极出世，汹涌的议论才稍稍缓解。

万贵妃依然擅宠如故。礼部侍郎兼翰林院学士万安进入内阁，参预机务，此人外表宽厚，内里尖刻，大权在握以后，每天考虑的是如何通路子，搞关系，巴结太监作为内援。他知道万贵妃宠冠后宫，便通过太监向她献殷勤，因为同姓，自诩为万贵妃的子侄。万贵妃正苦于没有门阀外戚，大喜过望，要她的弟弟锦衣卫指挥万通，与万安打成一片。万通的妻子可以随意进出后宫，万安由此对宫中的一举一动了如指掌。

万贵妃的擅宠，带动了群小夤缘成风。司礼监太监黄赐是沟通万贵妃的途径，因此身价倍增，引来廷臣追逐拍马。黄赐的母亲去世，居然惊动廷臣纷纷前往吊唁。正直官员怒斥道：天子侍从大臣相率拜谒太监的家室，有失体统，将如何面对清议？都给事中潘荣率同僚上疏，希望陛下每天在便殿召见大臣，检讨朝政缺失。他们所指"缺失"，就是"万妃专宠，群小夤缘，进宝玩，宫赏冗滥"。宪宗对潘荣的奏疏不予理睬。另一名都给事中丘宏再次上疏，揭发太监梁芳、陈喜争先恐后向万贵妃进献"淫巧"物品，奸人屠宗顺之流每日进献珍异宝石，她动辄赏赐，糜费宫中储蓄白银数以百万两计。

柏贤妃所生的皇子朱祐极，被万贵妃收养在昭德宫，成化七年（1471）十一月册立为太子，两个月后（即成化八年正月）就夭折了。死因十分可疑，夏燮《明通鉴》说："传者以为万贵妃害之也。"从各种迹象判断，这种传言是有根据的，万贵妃自己不再有孕，就千方百计让怀孕的嫔妃流产，《明史·后妃传》说："饮药伤坠者无数。"

两个皇子接连死去，宪宗伤心不已。其实他另有一个皇子，是西宫的纪淑妃所生。

纪氏是广西土司的女儿，被俘入宫，因为文化素养很高，负责管理皇室内库。某一天宪宗偶然来到此地，见纪氏应对如流，颇为喜欢，一来二去，纪氏怀孕了。万贵妃非常妒忌，命婢女让她服堕胎药。宪宗知道了，要纪氏谎报病重，谪居安乐堂（养老院），委托太监张敏照看。不久，皇子出生，头顶有寸许没有头发，就是服药留下的痕迹。纪氏害怕因此遭祸，请求太监张敏把婴儿溺死，张敏知道是皇上的儿子，不敢下手，假称溺死，在密室抚养。被废的吴皇后住在西内，离安乐堂很近，获悉此事，时时前来哺养。

得到了万贵妃的同意后，宪宗派太监前来安乐堂迎接皇子。纪氏抱着皇子哭泣道：儿子去了，我就活不成了。儿见到身穿黄袍有胡须的人，就是你的父亲。身披长发穿着小红袍的皇子，乘坐小轿，来到父亲面前。宪宗把他抱在膝上，悲喜交加地抚视着，流着眼泪说：儿子长得像我。此时皇子已经六岁，还未命名，宪宗要礼部草拟，由他圈定为"祐樘"。

外廷大臣得知皇子交由万贵妃抚养，生怕又弄出什么事端。内阁大学士商辂与同僚联名上疏，向皇帝指出：皇子聪明绝顶，国本攸关，外间传闻生母因病别居，母子久久不得见面。希望把皇子生母移住近处，使母子朝夕相处，是宗社的大幸。纪氏迁居永寿宫后，宪宗多次与她宴饮。万贵妃妒火中烧，设计下毒，致使纪氏病倒，几天后去世。《明史·后妃传》说："纪淑妃之死，实（万贵）妃为之。"这一点是确凿无疑的，连宪宗心里也明白，却不敢说破。千方百计保护皇子与纪氏的太监张敏，害怕遭到万贵妃陷害，自尽而死。

成化十一年（1475），宪宗册立皇子朱祐樘为皇太子。皇太后周氏担忧太子的安危，向宪宗提出，由她来抚养，于是朱祐樘离开万贵妃，来到太后的居所仁寿宫，得以平安成长。某一天，万贵妃请太子吃饭，太后叮嘱他不要吃贵妃的东西。太子到了那里，先是说已经吃饱了，继而说怀疑有毒。万贵妃恨之入骨，说：此儿才数岁，就如此厉害，他日要鱼肉我了！幸亏她死在宪宗之前，没有任何人敢"鱼肉"她。

成化二十三年（1487）春，万贵妃暴病而死，宪宗连续七天不上朝，伤心地说：万贵妃去了，我也快要去了！八月间，宪宗果然追随万贵妃而去。看来宪宗对于万贵妃的擅宠，端的是真情流露，依怜、畏惧、恩爱，交织在一起。

万贵妃的肆无忌惮，完全是宪宗纵容出来的。举一反三，历史上常见的所谓后宫"祸水"，其实责任应在皇帝身上。

汪直与西厂

明朝成化年间，特务头子——西厂总督太监汪直，得到皇帝的宠信，横行无忌，不可一世，官员一提到他的名字就谈虎色变。此人的蹿红，与万贵妃有一点关系。

汪直的原籍是广西浔州（今广西桂平）大藤峡，当地山高水深，形势险要，成化初年发生叛乱。朝廷派军队平定大藤峡叛乱后，年幼的汪直被带进宫中，阉割后，在万贵妃的昭德宫充当小内使，颇得万贵妃的欢心。《明史纪事本末》说他"年少黠谲"——小小年纪，聪明而狡猾，善于玩弄手腕。万贵妃喜欢这样的人，可以帮助她掌控后宫。不久，他就被提升掌管御马监。

妖道李子龙以旁门左道迷惑群众，宫内的宦官鲍某、郑某成为他的信徒，把他引进皇城，登上万岁山观望形势，图谋不轨，被锦衣卫的侦缉人员处死。宪宗为了防止类似事件再度出现，也为了掌控外界的动态，意欲强化特务政治。

成化十三年（1477）正月，宪宗命汪直在锦衣卫的校尉中选拔一百多名善于刺探情报的能手，组建特务机构，总部设在灵济宫前，称为西厂，与东厂相区别。东厂是永乐年间明成祖为了镇压建文旧臣而设立的特务机构，由司礼监太监掌管，直接听命于皇帝，所以明清史专家孟森说它是"皇家侦探"。西厂和东厂的性质并无二致，不过因为汪直的关系，西厂的势力与影响远远凌驾于东厂之上。

特务政治是太祖高皇帝朱元璋的发明，他为了"以重典驭臣下"，设立特务机构——检校，职责是"专主察听在京大小衙门官吏不公不法及风闻之事"。检校的鹰犬无孔不入，朱元璋对各级官员的一举一动了如指掌。大杀功臣的"胡惟庸党案"爆发两年以后，即洪武十五年（1382），朱元璋又设立锦衣卫——由皇帝直接指挥的军事特务组织，掌管侍卫、缉捕、刑狱，它所设的监狱称为"诏狱"，审判皇帝特批的人犯。酷似乃父的明成祖朱棣，为了对付政敌，在锦衣卫之外再设东厂，专门刺探臣民隐事，令人望而生畏。朱棣把特务政治推到一个新高度。几十年之后，他的四世孙朱见深，百尺竿头更上一步。余继登《典故纪闻》写道：

> 昭德宫内使汪直得宠于宪庙，自黑眚之后，命外出调察物情。（汪）直布衣小帽，乘驴骡往来京城内外，人不之知。（汪）直刺得外间隐事，以取信于上，上益委任，遂谤及诸大臣，权宠赫奕。又委官校四外缉事，不拘京官藩臬，动皆拘系西厂。或夜入其家，搜其财物，刑其妻女，朝臣惴惴不自安。

前朝大学士杨荣的曾孙杨鳎和他的父亲杨泰，被仇家诬告杀人，朝廷派官员前往勘察。杨鳎来到北京，通过姐夫——礼部主事董序向太监韦瑛求救。韦瑛本是无赖，一面答应解救杨鳎，把杨鳎的钱财敲诈一空；一面向汪直告密，说杨鳎父子杀人畏罪潜逃，挟带巨额钱财藏匿在董序家中，企图贿赂有关官员，减轻罪责。汪直派侦缉人员逮捕杨鳎、董序，严刑拷打，杨鳎屈打成招，妄言钱财存放于叔父——兵部主事杨仕伟家。韦瑛连夜带领士兵闯进杨仕伟家，对杨仕伟及其妻子动用酷刑。与杨家比屋而居的翰林侍讲陈音听得凄惨的哭叫声，大声责问：尔等擅自侮辱朝廷大臣，难道不畏惧国法吗？隔壁的西厂人员应声反问：尔是何人？难道不畏惧西厂？陈音厉声回答：我是翰林陈音。韦瑛赶紧把杨仕伟押走。

汪直认定，前往勘察的官员接受杨家贿赂，一并押解北京。结果，杨鳎瘐死狱中，杨泰被处死、抄家，杨仕伟、董序罢官。汪直乘机诬陷左右大臣都接受杨晔的贿赂，利用这桩错案博得皇帝对他的信任。《明通鉴》说："（汪直）气焰熏灼，凡西厂逮捕朝臣，初不俟奏请。"西厂逮捕高级官员，不必请示皇帝批准。

宪宗朱见深见汪直屡屡揭发奸贼，愈发宠信他。有了皇帝的宠信，西厂愈发肆无忌惮，屡兴大狱。《明史·汪直传》写道，上自王府下至边镇，大江南北，到处都有西厂的侦缉校尉，"民间斗詈鸡狗琐事，辄置重法，人情大扰。（汪）直每出，随从甚众，公卿皆避道。兵部尚书项忠不避，迫辱之，权焰出东厂上"。

西厂横行五个月以后，内阁大学士商辂率领阁员联名上疏，罗列汪直十二条罪状，指出：近日西厂伺察太繁，政令太急，刑网太密，人情怀疑畏惧，汹汹不安。原因在于，陛下依据汪直的报告作出决断，汪直又把手下群小作为耳目，都声称秉承皇上密旨，得以专断刑杀，擅作威福，残害忠良。自从汪直掌管西厂以来，人心疑畏，使大臣不安于位，小臣不安于职，商贾不安于市，行旅不安于途，士卒不安于伍，庶民不安于业。如果不赶快除去汪直，天下安危就很难说了。希望陛下亲自决断，革去西厂，罢免汪直。

宪宗看了奏疏，很不高兴地说：用一个太监，何至于危害天下！这奏疏是谁的主意？随即命司礼监太监怀恩前往内阁传达圣旨，谴责的语气十分严厉。

内阁首辅商辂挺身而出承担责任，正色道：臣等同心一意为国除害，没有先后之分。朝臣不论大小，如果有罪，可以请示皇上逮捕审问。汪直擅自对三品以上京官抄家；大同、宣府边城要害，守备官员一刻都不可空缺，汪直一天之内逮捕数人；皇帝左右的近侍，不合汪直心意者，动辄更换。这样的汪直不除去，天下怎么可能安稳？

怀恩是一个正直的太监，听了商辂慷慨激昂的陈词，颇为感动，回去如实向皇上禀报。宪宗似乎感受到阁臣的忠心，传旨予以慰劳。次日，兵部尚书项忠等部院大臣支持阁臣的行动，联名弹劾汪直与西厂。在巨大的压力下，宪宗不得已宣布关闭西厂，派怀恩当面向汪直宣读罪状。但是雷声大雨点小，高高举起轻轻放下，只是把汪直调回御马监，西厂的侦缉人员归还锦衣卫。

正当朝廷上下、京城内外欢欣鼓舞之际，形势急转直下。宪宗只是在表面上指责汪直，内心仍一如既往地对他眷顾，秘密指示他侦察外间动静，给汪直的反扑提供了契机。他向皇上进谗言，说内阁弹劾他的奏疏，出于司礼监太监黄赐等人之手，意在对他进行报复。御史戴缙与汪直密切配合，上疏盛赞汪直的功劳，说大臣对于朝政都没有裨益，唯独太监汪直"缉奸恶，惩贪赃，释冤抑，禁宿弊，皆合公论而服人心"。宪宗抓住时机，立即宣布恢复西厂。从五月罢西厂，到六月复西厂，不过短短一个月而已，岂不是开玩笑吗？看起来像玩笑，接着而来的报复绝非玩笑。

西厂一恢复，汪直气焰更加嚣张，指使亲信、掌管锦衣卫镇抚司的吴绶罗织兵部尚书项忠的罪名。项忠惶恐不安，以治病为由，向皇上请辞，还未成行，言官的弹劾接踵而来，牵连到他的儿子项经，以及太监黄赐与兴宁伯李震等人。皇帝命三法司（大理寺、刑部、都察院）与锦衣卫联合审讯，项忠对于诬陷不实之词一一抗辩，然而审讯官员知道这是汪直的意思，没有人敢为他辩白。结果，项忠革职为民。内阁大学士商辂因为奏罢西厂，汪直恨之入骨，诬陷商辂接受杨鏸贿赂，迫使他辞官而去。一时间部院大臣罢官的，有都察院左都御史李宾、刑部尚书董方，以及侍郎滕昭、程万里等数十人。阿附汪直的王越晋升为兵部尚书兼都察院左都御史，另一阿附者陈钺晋升为都察院右副都御史、辽东巡抚。那个对汪直拍马溜须的御史戴缙，顿时青云直上，晋升右佥都御史之后，又升为副都御史，再升为都御史，成为都察院的一把手。朝廷的格局严重倾斜，《明史·商辂传》说，从此以后，"士大夫益俯首事（汪）直，无敢与抗者矣"。

成化十五年（1479）夏秋间，汪直受命巡视边疆，威风八面，每日飞骑奔驰数百里，御史、主事等官员纷纷在马前迎拜，地方长官稍不顺意，立即篓打。慑于汪直的威势，各边镇的巡按御史身穿戎装骑马前往迎接，为他接风洗尘的宴席摆到百里之外。汪直到辽东，辽东巡抚陈钺身穿戎装，前往郊外迎接。吕毖《明朝小史》说：官员们"叩头半跪，一如仆隶……以是皆见喜，遂得进升工部、户部、兵部侍郎，时有谚云：'都宪叩头如捣蒜，侍郎扯腿似烧葱。'奔竞之甚，一至于此"。正在辽东视察的兵部侍郎马文升，不愿向汪直低声下气，对陈钺的所作所为嗤之以鼻，遭到陈钺的诋毁，马文升以"妄启边衅"罪，遭革职流放。

歪风邪气是难以持久的。有一个故事很有意思，说的是王越、陈钺成为汪直的左右手，人称"二钺"——两把兵器。有一个名叫阿丑的小宦官，很会演戏，某日，扮演一个醉酒者在谩骂。边上有人喊道：皇上驾到！他谩骂如故。有人喊道：汪太监来了！他立即躲避，口中喃喃："今人但知汪太监也！"阿丑察觉汪直并没有来，继续演戏，扮演汪直模样，手里拿着两把像斧头样的"钺"，在耍弄着。边上有人插科打诨，他道：这两把"钺"就是我的兵器。旁人问道：什么"钺"？回答：王越、陈钺。在一旁偷看的宪宗也笑了，似乎若有所悟，对汪直的宠信逐渐衰减。

给事中孙博向皇帝陈述东、西厂的危害：东、西厂的辑事旗校，吹毛求疵，中伤大臣。旗校不过是厮役，大臣乃是国家的股肱。中伤大臣有伤国体，绝非太平盛世应有之事。宣府巡抚秦纮写了秘密奏折，揭露汪直纵容西厂旗校骚扰民众。宪宗把弹劾奏折出示给汪直，汪直的反应与先前截然不同，叩头伏罪，连连称赞秦纮贤能廉洁。

宪宗把汪直与他擅权以来朝政的紊乱联系起来，对于他的"浸淫"感到厌恶。敏感的言官们仿佛嗅到了气息，接二连三弹劾西厂"苛察"，有违国体。宪宗接受言官的意见，宣布罢废西厂。这一次西厂真的受到了应得的惩处（武宗时宦官刘瑾专权，曾一度复置西厂）。

成化十九年（1483）六月，汪直被降职为南京御马监太监。此次出行，与昔日有天壤之别。当初汪直显赫不可一世，车盖所至，有司迎候唯恐不及。如今南下，所过州县，有司避之唯恐不及。汪直困顿仰卧驿站公馆，孤灯荧然。《典故纪闻》写到这一情节，感慨道："小人得丧之态，可为世戒。"

巴结汪直而飞黄腾达的官员纷纷落马。威宁伯王越削夺官爵，发配安陆州；兵部尚书陈钺、工部尚书戴缙、锦衣卫指挥吴绶革职为民。

谷应泰谈到他写明朝历史的感悟，"至宪宗命汪直设西厂，喟然叹曰：嗟乎，法之凉也，国制乱矣！"可谓入木三分，"法凉"的结果，必然是"国乱"。

明君孝宗和他的诤臣们

一、孝宗初政，清除宵小

从秦至清的帝制时代，值得称道的好皇帝屈指可数，除了打天下的开国君主，大多数守成君主实在难以恭维。何故？这批人从小在深宫高墙之内成长，没有经历磨难，耳边一片阿谀奉承之声，养成刚愎自用、骄奢淫逸的习性。指望他们力挽狂澜，难矣哉！清朝初年的历史学家谷应泰对此有一段精辟的议论，颇值得细细品味。他说："人主在襁褓，则有阿姆之臣；稍长，则有戏弄之臣；成人，则有嬖幸之臣；即位，则有面谀之臣。千金之子，性习骄佚，万乘之尊，求适意快志，恶闻己过，宜也！"大多数守成之君难有作为的原因端在于此。

当然，也有例外。谷应泰的这段话是在评论明孝宗朱祐樘时说的，在他看来，孝宗就是例外：他"恭俭仁明，勤求治理"，能多方倾听诤臣的意见，杜绝嬖幸之门，抑制外戚，制裁太监；在早朝之外增设午朝，频繁召见大臣，寻求治安之道。所以弘治一代，号称"众正盈朝"。

这和孝宗的素质很有关系。他在太子时期，得到博学多才的程敏政、刘健等人的指点，熟读经史，养成"仁孝恭俭"的品格。即位后仍然手不释卷，经常阅读《孝经》《尚书》《朱熹家礼》《大明律》，稍有疑问立即请教儒臣法吏，无怪乎人们称赞他是明朝最为遵循儒家伦理规范的皇帝。即位以后，他拨乱反正，罢黜佞幸之臣，对内阁、六部作了大幅度的人事调整。

首先触及的是内阁大学士万安。此人可以说是一无是处，不会理政，只会高呼"万岁"，被人讥讽为"万岁阁老"。此人升官的不二法门，就是巴结万贵妃及其兄弟，投宪宗皇帝所好，与方术佞幸李孜省互相勾结，惑乱朝政。孝宗即位以后，查获一批奏折，上面都署名为"臣安进"——是万安的奏折，每一件都是向宪宗推荐"房中术"的秘方。孝宗派太监怀恩带着这些奏折前往内阁，传达他的口谕：这是大臣应当做的事吗？万安无法辩解，一声不吭，只顾叩头。他的名声本来就臭，言官听说此事，接二连三上疏弹劾。孝宗顺从舆论，把万安罢官。

接着被罢官的是另一个内阁大学士尹直。

和万、尹沆瀣一气的大学士刘吉，有风雨飘摇之感，向言官们封官许愿，建议皇帝越级提拔言官，希望他们手下留情。这一招果然厉害，言官们都缄默了。但是言官以外还有敢于直言的人，翰林院候补官员张昇出来弹劾，说刘吉把口蜜腹剑的李林甫和钳制言路的贾似道合而为一，是双料奸臣。大理寺评事夏鍭揭发，刘吉的罪状并不比万安、尹直小，奇怪的是刘吉屡遭弹劾，依然在加官进爵，人们称他为"刘棉花"——"愈弹愈起"。孝宗终将刘吉罢官。

清除宵小之徒，起用德高望重的正直大臣，朝廷由此而面貌一新。当时内阁、六部、都察院等衙门，可谓"一时得人甚盛，政事多所兴革，而士之沉抑者举用殆尽"。

二、起用贤臣王恕与丘濬

孝宗即位之初，就想起了刚直不阿的司礼监太监怀恩——因为支持言官抨击传奉官被先帝贬往凤阳，出于敬佩与倚重之心，把他召回。怀恩回来后，立即向孝宗建言：罢免阿谀万贵妃的佞臣，召还刚直方正的王恕。孝宗采纳了这一建议，召回已经致仕的南京兵部尚书王恕,让他出任吏部尚书,使他能针砭时弊,推举贤能之人。

王恕,字宗贯,陕西三原人,正统十三年(1448)进士,历任右副都御史、云南巡抚,声誉卓著,人称"威行徼外","直声动天下"。宪宗时,升任南京都察院左都御史、南京兵部尚书后,他对于时弊侃侃论列,从不回避,《明史·王恕传》写道:

> 先后应诏陈言者二十一,建白者三十九,皆力阻权幸,天下倾心慕之,遇朝事有不可,必曰:"王公胡不言也?"则又曰:"(王)公疏且至矣!"已,(王)恕疏果至。时为谣曰:"两京十二部,独有一王恕。"于是贵近皆侧目,帝(指宪宗)亦颇厌苦之。

王恕的直言无忌得罪了不少达官贵人,宪宗朱见深也很讨厌他,成化二十二年(1486)把他罢官。罢归以后,他的名声愈来愈高,野史笔记中有关他的高风亮节的谈资很多。比如,成化十三年(1477),他到云南出任巡抚,不带僮仆,行李只有一个行灶、一个竹食箩。他在给百姓的《告示》中说:"欲携家童随行,恐致子民嗟怨,是以不恤衰老,单身自来,意在洁己奉公,岂肯纵人坏事。"在云南期间,他所穿便服没有绫罗绸缎,每天食物不过猪肉一斤、乳豆两块、蔬菜一束,没有衙门的特供。

这样清正廉洁的大臣被罢黜,引起"朝野大骇",正直的官员们一再向皇帝建言,推荐他复出。工部主事王纯甚至把他比喻为汉朝的名臣汲黯,却因而遭到杖责贬官的处分。孝宗即位后,接受建言,起用王恕为吏部尚书,不久又加太子少保头衔。

王恕刚刚抵达北京,很有政治头脑的翰林院庶吉士邹智向他提醒:以往大臣不能会见皇帝,所以朝廷事事苟且。先生应该先请求皇帝召见,一一指出时政的弊端。

王恕在皇帝面前畅所欲言，很好地履行了吏部尚书的职责。他向皇帝说，从正统年间以来，皇帝每日只上朝一次，臣下觐见不过片刻。圣主虽然聪明，哪里能够尽察大臣贤能与否？希望陛下每天下朝以后，前往便殿，召见大臣，详细讨论治国之道，谋划大政方针。孝宗采纳了这个建议，从弘治元年（1488）三月开始，早朝之外，增加了午朝，皇帝在文华殿接见大臣。被接见的大臣可以当面向皇帝陈述政见，皇帝详细询问，作出裁决。

当时陕西缺巡抚，王恕作为主管人事的吏部尚书，推举河南布政使萧祯。孝宗要他推荐别人，王恕坚持己见，对皇帝说：陛下任命臣执掌吏部，倘若所推举官员失职，是臣的罪错。如今陛下怎么知道萧祯不才？抑或是左右近臣意有所属？臣不能承望风指，以固禄位。陛下既然以为臣不可用，愿请求骸骨归乡。孝宗最终还是接受了王恕的推举，任命萧祯为陕西巡抚。焦竑《玉堂丛语》如此品评王恕：

> 王端毅（王恕）鲠亮峭直，好善恶恶，出于诚意，悯时悼俗，有甚护疾。故身虽在外，而其心无日不在朝廷。如公者，古之所谓"社稷臣"也……至其爱君忧国之心，发于至诚，故知无不言，言无不尽，婴触忌讳，死生以之，又不但终日不食而已也。世方以阿意顺旨为贤，剥肤椎髓为能。吁，亦可以鉴矣！

孝宗起用的另一位名臣，是学者型官僚丘濬。

丘濬，字仲深，广东琼山人（今海南省海口市琼山区），幼年丧父，由寡母李氏教导，读书过目成诵，家贫无书，常常步行数百里借书。苦读的结果是乡试考了第一名。景泰五年（1454）成为进士，在翰林院工作，见闻愈加广阔，熟悉朝廷所颁典章制度，以经济之才自负。成化元年（1465）朝廷在两广用兵，丘濬向内阁大学士李贤上书，洋洋数千言，分析形势。李贤很欣赏，推荐给皇帝，皇帝命人抄录，发给总兵、巡抚参考。丘濬因此而声誉鹊起，晋升为礼部右侍郎兼国子监祭酒。

鉴于真德秀的《大学衍义》关于"治国平天下"的内容有所欠缺，丘濬博采群书予以补充，写了一本《大学衍义补》，阐述"四书"之一的《大学》关于治国平天下的道理，重点在于治国的方略。比如，他讲到从唐代以来，朝廷财政仰赖于江南已见端倪，到了明代江南已经成为财赋重地，以唤起朝廷对江南的重视，极具政治家见识。弘治元年，他把此书呈献给皇帝，孝宗看了非常欣赏，批示说："考据精详，论述该博，有辅政治。"随即指示礼部出版此书。用这样的语言品评一本著作，显示了品评者自身的学术功底，这与孝宗在太子时期受到的系统经史训练，以及自己的文化追求有关。由于皇帝的器重，丘濬晋升为礼部尚书，奉命编撰《宪宗实录》。弘治四年（1491）书成，以礼部尚书兼文渊阁大学士之职，参与机务，开创了尚书进入内阁的先例。当时他已经七十一岁了。

丘濬没有辜负孝宗的信任，屡屡上疏，触及时政的弊端。他指出：陛下应端正自身作为立朝之本，清心寡欲应对政务，谨慎对待喜好而不流于异端，节约开支而不至于耗费国力，任用官员出于公心而不失于偏听，禁止拉关系以严肃内政，提倡义理以杜绝奸佞。这样可以消除天灾人祸，实现帝王之治。一共拟了二十二条，洋洋万言。好学的孝宗耐心批阅，给予"切中时弊"的高度评价。

令人不解的是，王恕和丘濬这两位皇帝倚重的大臣，互不服气。有一天宫内举行宴会，座次的排列有一点麻烦：丘濬作为内阁大学士，自以为应该排在王恕前面；王恕以吏部尚书身份位居六部之首，自以为不宜排在礼部尚书丘濬后面，颇有牢骚。二人从此有了嫌隙。不久，丘濬指使太医院官员刘文泰弹劾王恕。先前刘文泰企求升官，吏部尚书王恕没有批准。刘文泰自以为有丘濬撑腰，弹劾王恕变乱选拔官员的成法，揭露他请人为自己撰写《大司马王公传》，大量透露被"留中"奏疏的内容。丘濬随即指责王恕"卖直沽名"。孝宗听信刘文泰与丘濬的意见，谴责王恕"沽名"，责令焚毁《大司马王公传》的书版。王恕不得不向皇帝作自我检讨，请求退休。王恕被迫退休，引来舆论哗然，言官交章弹劾丘濬"媢嫉妨贤"。

弘治八年（1495）二月，七十五岁的丘濬去世，史家对他的盖棺定论还是公允的，说他在内阁五年，常常以宽大启迪皇上，用忠厚改变士人习气，清廉耿介，嗜好学问，自己家的房屋低湿狭小，却几十年没有翻修。史家焦竑说：

> 丘濬文章雄浑壮丽，四方求者沓至。碑铭志序记词赋之作，流布远迩。然非其人，虽以厚币请之不与。

又说：

> 丘文庄（丘濬）不可及者三：自少至老，手不释卷，好学一也；诗文满天下，绝不为中官（太监）作，介慎二也；历官四十载，仅得张淮一园，邸第始终不易，廉静三也。

当然，丘濬也有弱点，即"议论好矫激"，例如讥讽范仲淹的庆历新政是"多事"，说岳飞未必能够恢复故土，秦桧有再造之功云云。这种令人惊骇的言论，与他性情的偏隘不无关系。他和内阁同僚议事，意见不合，竟然把官帽扔到地上；看不惯言官的言论，动不动就当面大骂；和王恕有嫌隙，甚至见面不说一句话，以致指使刘文泰攻击王恕，招来一片谴责声。他去世后，刘文泰前往吊唁，被丘夫人赶了出来，骂道：因为你的缘故，使得已故相公与王公失和，背负不义的名声。由此可见，丘濬和他的夫人，对于无端攻击王恕，导致王恕罢官，事后有所反省。

　　王恕从政四十余年，刚正清严，始终如一，在吏部尚书任上引荐的人才，如耿裕、彭韶、何乔新、周经、李敏、张悦、倪岳、刘大夏等，都是一时名臣。《明史·王恕传》说：弘治二十年间，众正盈朝，职业修理，号称极盛，王恕功不可没。武宗即位后，仰慕他的名声，派遣官员前往慰问，向他征求高见，要他知无不言，言无不尽。正德三年（1508）四月，九十三岁的王恕逝世，武宗得到讣告，停止上朝，赠给左柱国、太师头衔，赐谥号"端毅"。

三、重用直臣马文升与刘大夏

　　孝宗重用的大臣，还有马文升和刘大夏。

　　孝宗早在太子时期就知道南京兵部尚书马文升的正直名声，即位后任命他为都察院左都御史，希望他在监察岗位上发扬疾恶如仇的风格。

　　马文升对于皇帝的知遇之恩十分感动，自我奋励，犯颜直谏。弘治元年（1488）二月，孝宗举行"耕藉"仪式后，宴请群臣，觥筹交错之际，还有文艺节目演出，教坊司歌舞伎的表演粗俗淫秽。马文升拍案而起，厉声说：新天子耕藉田，是为了知道稼穑的艰难，怎么可以用这种东西来亵渎宸聪呢？然后立即把歌舞伎赶下台去。几天以后，马文升从监察官的角度向皇帝提出时政的十五件大事："选廉能以任风宪，禁撦拾以戒贪官，择人才以典刑狱，申命令以修庶务，逐术士以防煽惑，责成效以革奸弊，择守令以固邦本，严考课以示劝惩，禁公罚以励士风，广储积以足国用，恤土人以防后患，清僧道以杜游食，敦怀柔以安四裔，节费用以苏民困，足兵戎以御外侮。"孝宗欣然接受，一一付诸实施。

　　次年，兵部尚书余子俊去世，由马文升顶替他出掌兵部。当时承平日久，兵政废弛，他严厉考核将校，罢黜贪赃懦弱者三十余人。这批人大为怨恨，夜里挟带弓箭埋伏他家门口，企图暗杀，并且炮制毁谤文书射入长安门内。孝宗获悉后，命锦衣卫搜捕人犯，并给马文升加派十二名卫士，保护他的出入。

孝宗倚重的大臣中，最不为人注意的是刘大夏。此人的名声远远不及王恕与丘濬，却最和皇帝谈得来。

弘治十五年（1502），孝宗任命两广总督刘大夏为兵部尚书，并立即召见他，问道：朕一向重用你，为何屡次推辞？刘大夏回答：臣年老多病，现在天下民穷财尽，万一发生动乱，责任在兵部，自度能力不足以胜任，因此推辞。孝宗默然无语。几天以后，孝宗再度召见，问道：税收和往年一样，为何说今日民穷财尽？刘大夏说关键在于"不尽有常"——并不按照常例征收，他以广西征敛铎木、广东征敛香药为例，额外征收的费用超过白银一万两。孝宗说：听取你的建议，这些征敛已经停止了，其他征敛可以一一设法停止。

几天后，孝宗召见他，询问卫所的士兵是否强勇，是否可用。刘大夏回答：臣日前说民穷，而卫所士兵的穷困更甚，怎么能够指望他们强勇？孝宗十分不解地说：士兵在驻地有月粮，出征有行粮，何至于穷困呢？刘大夏说：江南的士兵困于漕粮的转运，江北的士兵困于充当京操，所谓月粮、行粮大半为将帅独吞，能不穷困吗？孝宗叹息道：朕在位十多年居然一无所知，辜负了人主的称呼。随即命令各部门的大臣，从本职出发，畅言军民弊政，择要改正。

弘治十六年（1503）五月，北京大旱。兵部尚书刘大夏向皇帝指出，兵政的弊端没有全部革除，引咎自责，请求罢官，皇帝不许，要他陈述所说的弊端。刘大夏写了一份奏折，列举十件大事。皇帝看了表示嘉许，指示有关部门一一照办，并且在便殿召见刘大夏，君臣之间畅所欲言。

孝宗说：每每遇到棘手的事情，总想召你来讨论，又因为不是兵部的职责而作罢。今后如有应当实行、应当废止的事情，你可以写揭帖（直达皇帝的机密文件）直接送给朕。

刘大夏对于这种特殊待遇有点受宠若惊，回答：不敢。

孝宗问：为什么？

刘大夏以为，用揭帖形式的君臣单独交流，有片面性，如果臣下都给皇帝写揭帖，朝廷按照揭帖来发布政令，越过了正常的行政程序。他说：一件事情是否可行，应该交给各府、部审议，然后征询内阁的意见，才可以作出决定。如果用揭帖，对上对下都有弊端，不是后世可以效法的，因此臣不敢效从。

孝宗欣然接受，还问他：天下何时可以太平？

刘大夏说：求治不宜太急。凡是用人行政大事，应该召见内阁大学士，以及各府、部执政大臣，当面议论决定，然后实行，但求顺理，以致太平。

孝宗说：内阁大学士刘健推荐刘宇，说他"才堪大用"。朕看刘宇是个小人，如此看来，内阁也未必全可信赖。刑部尚书闵珪执法有时违背圣旨，朕甚是恼怒，想听听你的意见。

刘大夏说：臣下执法以效忠朝廷为前提，闵珪所作所为，不足为奇。

孝宗问：古代也有这种情况吗？

刘大夏用上古时代舜与皋陶的关系为例，予以说明。

孝宗沉默片刻，他虽然感到闵珪执法有点过分，但考虑到人才难得，还是批准了闵珪的奏请。

这样的君臣对话次数很多。有一次孝宗把刘大夏召到御榻前，命左右侍从太监回避，两人单独侃侃而谈，时间不知不觉过去。对话结束时，跪在地上的刘大夏累得站不起来，由太监搀扶而出。

孝宗与刘大夏的密谈，连内阁辅臣也不与闻，阁臣为了了解皇上旨意，等候刘大夏出来，询问皇上说了些什么。有好事者赋打油诗："当时密语人不知，左右惟闻至尊羡。"

有一次，孝宗在内宫召见刘大夏，屏退左右侍从，问道：朕遵守祖训，不敢过分渔猎人民，然而各省依然民穷而亡，是什么原因？刘大夏叩头说：臣在广东时间很长，请以广东为例说明。广东市舶司太监一年聚敛的钱财，相当于一省官员俸禄的总和；如果稍微放纵一下，数目立即成倍增长，这可都出于人民。孝宗说：这种弊端由来已久，朕在宫内势力孤单，恐怕难以大改，只能等待这些太监老死，或有罪罢官，不再派太监继任。这段对话被躲在暗处的小太监偷听到了，孝宗死后，刘大夏竟然被发配肃州，就缘于此——

正德三年（1508），专权乱政的大太监刘瑾找个借口把他逮入锦衣卫诏狱。与他同一牢房的人建议他以行贿求生，刘公回答：死在诏狱，祸止一身；纳贿免死，累及子孙，丧失一生名声。刘瑾本欲处死他，都察院都御史屠滽力持不可，刘瑾谩骂道：即使不死，也应该充军。于是刘大夏被发配肃州。

当时刘大夏已经七十三岁，身穿布衣徒步来到大明门下，叩首而去。

四、后期怠政，沉迷道教

孝宗并非完人，他也有帝王的劣根性。《明史》赞誉孝宗为"贤君"，把他与宋仁宗相比拟，说："宋仁宗时，国未尝无嬖幸，而不足以累治世之体；朝未尝无小人，而不足以胜善类之气。孝宗初政亦略似之。"请注意最后一句话"孝宗初政亦略似之"，是说他的前期约略近似于宋仁宗，言外之意他没有慎终如始。

他的"初政"，有一点拨乱反正的架势；弘治八年（1495）以后，孝宗渐趋懈怠，上朝经常迟到，沉迷于道教，耽于游乐，流露出帝王常有的惰性。太监李广投其所好，怂恿诱导，使他不能慎终如始。《明通鉴》说："上（指孝宗）自八年后视朝渐晏，中官李广以斋醮烧炼被宠。"

弘治十年（1499）三月，他在李广的带领下去西苑游猎，匆匆赶回参加"经筵"（为皇帝安排的经学课程）。侍讲学士王鏊在讲课时，特地引用周文王不敢盘桓于游猎的典故，反复规劝。孝宗为之动容，对李广说：讲官所指就是你们这些人。但此后依然故我。内阁辅臣刘健、李东阳针对他倦于朝政，在近侍太监李广引诱下继续"驰骋荒淫等事"，向他提出批评："近日视朝太迟，免朝太多，奏事渐晚，嬉游渐广"。希望他"惕然省悟，侧身励精"，但他根本听不进去。

李广在宫中多年，深知皇上的软肋——沉迷道教，于是他把道士请进宫来，做法事，摆道场，炼丹药，博得皇上的欢心。结果是，朝政荒疏，李广愈发受宠。

内阁大学士徐溥写了奏疏劝谏：近来陛下批答奏疏经常中断，或者稽留数月，或者不交廷臣施行，政务大多壅滞，正直人士遭到疏远，异端邪说畅行无阻。最近听说，有人用斋醮烧炼之说迷惑皇上。有史为鉴：宋徽宗崇信道教符箓，导致皇位不保；烧炼丹药，药性酷烈，唐宪宗因此而殒命。陛下如果亲近儒臣，明正道，行仁政，福祥善庆不召自至，何必假手妖妄之说？

据说，孝宗看了这份奏疏，"为之感动"，不过仅仅是感动，并未付诸行动。

几天以后，户部主事胡爟直言：陛下受到左右小人蒙蔽，李广之流引用道士，在宫中滥设斋醮，惑乱圣听，浪费国储。竟然有不肖士大夫从早到晚乞怜于其门，交通请托，不以为耻。言官有所检举揭发，动辄瞻前顾后，苟且塞责。对此，胡爟主张消除方士、中官、传奉冗员之害。孝宗的态度如何呢？"留中不报"——扣压奏疏不转发内阁，不了了之。礼部郎中王云凤、给事中叶绅、御史张缙先后上疏，议论时事，支持胡爟的观点。叶绅的奏疏集中弹劾李广八大罪状，例如：诳陛下以烧炼而进不经之药；道士崔志端与王应祎称李广为"教主真人"，李广则为他们乞求官职；盗引玉泉之水绕经自己私宅；首开幸门大肆贪赃；等等。一时间李广权势显赫，皇亲驸马把他视为父辈，总兵镇守尊称他为公爵。叶绅责问道："陛下奈何养此大奸于肘腋，而不思驱斥哉？"王云凤的言辞更为激厉，请求把李广斩首，以消弭灾变。李广对他恨之入骨，派锦衣卫校尉埋伏在王云凤寓所附近，企图暗杀，未遂。不久，在扈从皇帝举行祭祀仪式的归途上，李广征得皇帝同意，逮捕王云凤，关进锦衣卫诏狱。

李广根据道士的建议，劝皇帝在万岁山上建造毓秀亭，在河间府修建道观庙宇，遭到吏科给事中周玺抨击，皇帝不予理睬。巧合的是，毓秀亭建成不久，孝宗的小女儿（幼公主）病死，太皇太后居住的清宁宫发生火灾，引起朝野震动。内阁大学士刘健尖锐地指出：斋醮祈祷乃邪妄之术，适足以亵渎上天，助长邪恶。近来奸佞之徒每每用斋醮荧惑陛下视听，妨碍朝政，致使贿赂公行、赏罚失当、纪纲废弛、贤否混淆、工役繁兴、征敛百出、公私耗竭，而大小臣僚被奸佞挟制，畏罪避祸、钳口结舌、下情不能上达，以致愁叹之声仰干和气，积累为灾异。刘健的矛头直指李广，然而却奈何不了这位皇帝宠信的佞幸。真正给李广致命一击的是太皇太后，她对于公主之死、清宁宫之灾大为光火："今日李广，明日李广，果然祸及矣！"老祖宗发话，李广知道大祸临头，畏罪自杀。

李广死后，孝宗怀疑他家中藏有道教的"异书"，派人前往搜索。结果，搜到了一本比"异书"更异的"贿籍"——记载官员贿赂的账簿，上面写着文武官员的姓名，某某馈赠黄米几百石，某某馈赠白米几千石。孝宗十分不解，问左右侍从：李广一家要吃多少粮食？为什么要那么多的黄米白米？左右解释：这是隐语，黄米指的是黄金，白米指的是白银。孝宗听了勃然大怒，想不到他宠信的奴才竟然是个巨贪，随即下令把李广家产充公，并且要司法部门查处贿赂李广的官员。那些贿赂者惊恐万状，连夜奔走于寿宁侯张鹤龄家，寻求庇护。张鹤龄非等闲之辈，乃孝宗的皇后张氏的弟弟，可以通天。孝宗是少见的感情专一的皇帝，夫妇感情甚笃，碍于皇后与国舅的面子，查处贿赂官员之事不得不半途而废。皇后张氏和她的弟弟张鹤龄、张延龄为非作歹，全是孝宗"仁而不断"的结果。

《明史·孝宗本纪》这样点评道："成化以来，号为太平无事，而晏安则易耽怠玩，富盛则渐启骄奢。孝宗独能恭俭有制，勤政爱民，兢兢于保泰持盈之道，用使朝序清宁，民物康阜。"一味赞誉，对孝宗的不能慎终如始，只字不提，未免失之偏颇。

"一个朱皇帝，一个刘皇帝"：刘瑾弄权

明朝正德年间，横行政坛的太监头子刘瑾，由于皇帝的宠信与纵容，权势显赫到可以代表皇帝行事。大臣们上朝的时候，坐在龙椅上的皇帝朱厚照，完全听凭站在身边的刘瑾吩咐。大臣们山呼万岁、跪地叩拜时，受礼的不仅是皇帝，还有刘瑾。因此，京师盛传这样的政治谣谚："一个坐皇帝，一个立皇帝"；"一个朱皇帝，一个刘皇帝"。就这样，刘瑾有了"立地皇帝"的桂冠。吕毖《明朝小史》说：官僚给刘瑾的拜帖，都写"顶上"；朝官出差回京，朝见皇帝以后，必定再去朝见刘瑾，成为常礼；官员的奏折一式两份，先送给刘瑾的叫作"红本"，后送给皇帝的叫作"白本"。

刘瑾原是个小角色，本姓谈，景泰年间自宫（自己阉割）后，投奔刘太监名下，改姓刘，曾经负责教坊司，后贬为茂陵（宪宗陵墓）司香。朱厚照成为太子，他调入太子东宫，从此有了飞黄腾达的机会。

弘治十八年（1505）五月，孝宗皇帝病危，把内阁大臣刘健、谢迁、李东阳召到乾清宫，临危托孤，抓着刘健的手说：卿等辅导太子用心良苦，朕是知道的，太子年幼，喜好逸乐，卿等应当教他读书，辅导他成为有德的皇帝。

太子朱厚照即位时，刘瑾是掌管钟鼓司的太监，在他的狐群狗党"八虎"中，排名并不靠前。所谓"八虎"，即马永成、谷大用、丘聚、刘瑾、张永、高凤、罗祥、魏彬。他们与皇帝同卧起，成天用狗马鹰兔、歌舞角抵引诱十五岁的小皇帝，满足他喜欢逸乐的癖好，由此博得皇帝的宠信。"八虎"多是大老粗，唯独刘瑾稍有文才，

略通古今，为人狡猾且野心勃勃，非常仰慕前朝那个"弄冲主于股掌"的太监王振。刘瑾想仿效王振，冲主朱厚照也对他刮目相看，把他提升为内官监太监兼团营（警备部队）提督，赋予他很多权力。架空内阁，皇帝的圣旨通过刘瑾向外发布，内阁毫不知情；内阁票拟的朱批，刘瑾随意改动；或者把内阁的票拟留中不发，视之若无。

正德元年（1506）六月，北京上空雷雨交加，雷电击中郊坛、太庙、奉天殿，笃信"天人感应"的大臣们，以为是上天对于"八虎"引诱皇帝游戏无度的警告。内阁大学士刘健、谢迁、李东阳接连请求皇帝严惩"八虎"，皇帝不予理睬。

户部尚书韩文鉴于"八虎"恣意横行，每次退朝与僚属谈起此事，忧心忡忡，涕泪双流。户部郎中李梦阳对他说：韩公何必哭，官员们正在弹劾这批阉宦把持朝政，当此之际，你应该率领大臣力争，除去"八虎"就易如反掌了。韩文捋着胡须昂起肩膀毅然说：对，即使事情不成功，活到这个年纪死也足矣，不死不足以报国。随即要求李梦阳起草弹劾"八虎"的奏疏不要太文、太长。太文，恐怕皇上看不懂；太长，恐怕皇上没有耐心看完。可见他很在意这次弹劾，力求成功。

韩文与各部门大臣联署的奏疏，直截了当地指出：近日朝政日非，号令失当，朝野上下都认为，是太监马永成、谷大用、张永、罗祥、魏彬、丘聚、刘瑾、高凤等一手造成的。他们造作巧伪，淫荡皇上之心，使皇上沉迷于击球走马、放鹰逐犬、俳优杂剧，日游不足，夜以继之，劳耗精神，亏损志德，终于使得天道失序，地气不宁。历史上阉宦误国为祸尤烈，如今马永成之流罪恶昭彰，如果放纵不治，将来必将肆无忌惮，成为社稷之大患。伏望陛下忍痛割除私爱，对他们明正典刑。

皇帝朱厚照看了奏疏，大惊失色，痛哭不已，顾不得吃饭，立即派司礼监太监李荣、王岳来到内阁听取意见。一天之内往返三次。

皇帝提出把"八虎"安置南京的主张，谢迁以为过于宽大，应该立即处死。刘健拍着桌子哭道：先帝临终前拉着老臣的手，托付大事，如今陵墓泥土未干，朝政就被这批人败坏至此，臣还有什么面孔去见先帝？

在皇帝派来的司礼监太监面前，刘健、谢迁声色俱厉，唯独李东阳态度缓和而暧昧。

太监王岳生性刚直，疾恶如仇，支持内阁对于"八虎"的处理意见，回去向皇上如实禀报。次日，大臣们奉皇帝之召入宫，来到左顺门，太监李荣传达皇上旨意：诸大臣爱君忧国，所言极是。那些奴才长期在朕身边服侍，不忍心置之重典，希望从宽发落，由皇上自己处置。对于皇帝的圣旨，众大臣面面相觑，不敢反驳。

少顷，户部尚书韩文说：今日海内民穷盗起，那批宵小之徒还在引导皇上游宴无度，荒废朝政，我等怎么忍心沉默不言！李荣说：皇上并非不知，只不过从宽而已。礼部侍郎王鏊反问：假如不处置，奈何？李荣回应：难道我的头颈裹着钢铁吗？

消息灵通的"八虎"惊恐之余，赶忙研究反击策略，考虑到刘瑾巧佞狠戾，敢于作恶，众人一致推举他为首，进入司礼监，掌握实权，以便"脱祸固宠"。同时施放烟幕，以退为进，"八虎"主动请求安置南京。内阁不予批准。司礼监太监王岳等人，支持韩文等大臣赶快呈进秘密奏疏，迫使皇上同意逮捕刘瑾等人。吏部尚书焦芳与刘瑾有旧交，向刘瑾告密。刘瑾等八人连夜跑到皇上身边，跪在地上，号啕大哭，呼天抢地说：没有皇上恩典，刘瑾等人早已碎尸万段喂狗了。见皇上有些动容，刘瑾赶紧说：陷害我们的是王岳。皇帝不解地问：为什么？刘瑾说：太监王岳身为东厂提督，居然串通外廷，煽动大臣弹劾我们；内阁议论此事时，他又表态支持，这是什么感情？所谓"鹰犬"，王岳自己也买来进献，却独独归咎于我们。

皇帝听了刘瑾的一面之词，大怒道：我要把王岳抓起来！

刘瑾进一步煽动说：鹰犬并不损害皇上日理万机，朝廷大臣之所以敢于肆无忌惮地攻击，就是因为司礼监没有自己人，否则的话，皇上为所欲为，谁敢说半个不字。

皇帝听了如此体贴的话语，对王岳等人更加恼怒，当即下令逮捕，发配南京；任命刘瑾为司礼监掌印太监（一把手）兼任团营提督，马永成为东厂提督，谷大用为西厂提督，张永等掌管京营武装，分别把守要害地方，把宫廷的机要、特务以及警卫部门牢牢地控制在他的亲信"八虎"手中。

这些人事变动都发生在当天夜里，外廷大臣一点也不知道。次日清晨，大臣们按照事先商定的部署，在宫门外向皇帝请愿——严惩"八虎"。得到的圣旨，却是对于刘瑾、丘聚、谷大用、张永等"八虎"的新任命。内阁大学士刘健等大臣知道事情已经无法挽回，纷纷向皇帝辞职。刘瑾利用司礼监掌印太监的权力，代皇帝起草诏书，勒令刘健、谢迁致仕，三名顾命大臣只留下李东阳。李东阳有些尴尬地向皇上进言：臣等三人，责任相同，而独留臣，将何以辞谢天下？皇帝不予理会。

刘瑾得势以后，一方面揣摩皇帝心意，百般迎合；另一方面不断罗织外廷大臣罪状，使他们自顾不暇，不敢上疏议论国事。皇帝欣喜不已，更加坚信刘瑾可以委任。刘瑾一向善于矫饰，内心极为狠毒，为了凸显自己的权威，抓住同党谷大用、马永成、丘聚等人的把柄，严厉制裁。为了掌控外廷，他把吏部尚书焦芳引入内阁，内外配合，表里为奸。

在皇帝心目中，刘瑾是可以仰赖的亲信，把批答奏疏的大权交给了他。刘瑾为了专权，引导皇帝沉迷于声色犬马，看戏娱乐，乘他玩得兴起，拿着各衙门的奏章请示处理意见。皇帝不高兴地说：我用你干什么，为何一再烦我？心甘情愿大权旁落。余继登《典故纪闻》说，皇帝多次说"吾用尔何为？"以后事无大小，刘瑾都按自己的意思裁决，即使下发诏令、圣旨，也不让皇帝知道了。从此刘瑾可以代表皇帝独自裁决大政方针。起初，还形式主义地送内阁"票拟"（草拟处理意见），内阁大臣下笔之前一定要摸清刘瑾的意思；遇到重大事情，还特地派人向刘瑾请示，然后下笔。后来，刘瑾索性在自己私宅草拟圣旨，把副本送交内阁过目，李东阳等看了必定称赞一番，大抵是些"刚明正直""为国除弊"之类肉麻言辞。

当然，也有和刘瑾对着干的正直官员。给事中戴铣、御史薄彦徽等言官上疏给皇帝，请求"斥权阉，正国法，留保辅，托大臣"，矛头直指刘瑾。刘瑾一手遮天，下令锦衣卫缇骑逮捕戴铣等言官，关入锦衣卫诏狱。此事引起兵部主事王守仁（阳明）的不满，他挺身为言官辩护："戴铣等职居司谏，以言为职，其言而善，自宜嘉纳；如其未善，亦宜包容。"刘瑾大为光火，把王守仁廷杖五十大板，发配贵州龙场驿。王守仁获悉刘瑾派人在中途要暗杀他，半夜时分，把自己的鞋帽投入钱塘江，佯装投江而死，并且写了"遗诗"一首，其中有两句："百年臣子悲何极，夜夜江涛泣子胥。"浙江的地方官都信以为真，在江边祭祀他，在余姚的家属也为他穿了丧服。从此王守仁便隐姓埋名，隐居于武夷山中，直到父亲王华（南京吏部尚书）病逝，为了服丧，才不得不现身。历史上赫赫有名的思想家王阳明先生的这种遭遇，折射出刘瑾当时的气焰是何等嚣张。

刘瑾的嚣张远不止此。为了震慑反对派，他以皇帝的名义，在朝堂上公布"奸党"名单，并且向全国公示。这份"奸党"名单包括大学士刘健、谢迁，尚书韩文，都御史张敷华，郎中李梦阳，主事王守仁等五十三人。后来又把早已脱离官场的刘健、谢迁、马文升、刘大夏、韩文等六百七十五名官员追夺官衔，充军发配。

且看刘瑾的垮台

皇帝朱厚照把批答奏疏的权力交给了刘瑾,使他成为皇帝的代言人,当时人戏称刘瑾为没有龙椅可坐的"立地皇帝"。为了维护既得权位,刘瑾醉心于特务政治。有一天,早朝结束以后,宦官在丹墀下捡到一份匿名文书——《告刘瑾不法状》。刘瑾大怒,假传圣旨,命文武百官跪在奉天门下,逐一审问。无论是大臣,还是翰林院官、言官,都不承认是自己写的。于是刘瑾不分青红皂白,逮捕三百多名朝官,押入锦衣卫诏狱,继续审讯。

刘瑾的党羽控制了锦衣卫、东厂、西厂,四处骚扰,形成一片恐怖气氛,正如《明史纪事本末》所说:"偏州下邑,见华衣怒马,京师语音,辄相惊告,官司密赂之,人不贴席矣。"《明史·刑法志》则称"厂卫之势合矣"。然而,刘瑾仍不满足,另外设立了一个由他直接控制的特务机构——"内厂",也称之为"内行厂"。对于这个"内厂",王世贞《弇山堂别集》称"兼察两厂及内诸司事",《明史纪事本末》称"比东、西厂尤酷烈",《明通鉴》则称"凡所逮捕,一家有犯,邻里皆坐……屡起大狱,冤号相属"。

刘瑾满以为如此这般,他的地位就坚如磐石了,其实不然。帝制时代,天无二日,国无二帝,胆敢与皇帝平起平坐,就是僭越,就是犯上作乱,理当满门抄斩。刘瑾心知肚明,他的地位与权力是皇帝赏赐的,只要皇帝认可,谁也扳不倒他;能扳倒他的,只有皇帝本人。一旦皇帝震怒,弃之如敝屣,他就什么也不是了。

果然,在横行了多年以后,一个偶发事件导致了他的垮台。正德五年(1510)四月,安化王朱寘鐇起兵,皇帝派遣都察院右都御史杨一清与神机营总督太监张永率领兵马前往平叛。

杨一清虽是进士出身,却与一般文官不同,性警敏,善权变,治理西北边境颇有成效。因为不满于刘瑾专权,他曾遭到刘瑾诬陷,被投入锦衣卫诏狱,幸亏大学士李东阳、王鏊大力营救,他才得以无罪致仕。安化王寘鐇起兵,皇帝想起了在西北治理有方的杨一清,将他恢复原官职,出任平叛总指挥。

叛乱平定后,出现了一般人难以预料的一幕:杨一清策反张永。要知道,张永是皇帝派来的监军,而且是"八虎"之一,也就是说,他是刘瑾的党羽,要他向刘瑾反戈一击,岂非白日做梦!如果张永向刘瑾告密,那么杨一清便死无葬身之地了。权衡利弊得失,杨一清走了一步险棋,他知道张永与刘瑾之间嫌隙之深,已成水火之势。就在几个月之前,张刘二人在皇帝面前发生了正面冲突。

起因是,张永对刘瑾的胡作非为久已不满,刘瑾也发觉张永的离心离德,试图怂恿皇上把他发配到南京去。张永向皇上控诉,这是刘瑾对自己的陷害。皇帝让两人当面对质,刘瑾油嘴滑舌,张永逐渐落于下风,心有不甘,挥起老拳向刘瑾打去,演出了一场全武行。皇帝不得不叫来"八虎"之一的谷大用,摆了一桌酒席,为两人和解。由此可见,在皇帝心目中,张永的地位并不在刘瑾之下。杨一清对此一清二楚,策反是有把握的。两人之间开诚布公的一席谈,对正德年间的政治走势影响巨大,所以《玉堂丛语》《明史》《明史纪事本末》《明通鉴》等文献中都有详细的记录。

杨一清说:仰赖公公,使得叛乱得以平定,然而国家内乱不可测,无可奈何。

张永反问:什么意思?

杨一清解释道:公公哪里会不知道,只是没有人为公公出谋划策而已。随即靠近他的身边,写了一个"瑾"字。

张永心领神会,叹息道:刘瑾白天黑夜都在皇上身边,皇上一天不见他就闷闷不乐，如今他羽翼丰满，耳目众多，怎么下手呢？

杨一清说：公公也是皇上宠信的幸臣，此次平叛，不派别人而派公公，皇上的心意已经十分明白。班师回朝时，面见皇上，汇报朱寘鐇叛乱檄文提及请诛刘瑾以清君侧，强调海内愁怨，天下将要大乱。皇上聪明英武，必定领悟，一怒之下杀了刘瑾，把宫内大权交到你的手上。这真是千载难逢的机会。

张永颇有顾虑地说：假如不成功，怎么办？

杨一清说：这些话由公公讲出来，必定成功。不过你在讲的时候，必须思路清晰，措辞委婉。假如皇上不信，公公立即叩头请死，痛哭流涕请求皇上严惩刘瑾，只要皇上松口，立即采取行动，以免泄露事机，招来杀身之祸。

张永终于下定决心，奋臂喊道：我又有何舍不得余生报答皇上！

正如杨一清所料，张永押解安化王一行班师回朝，抵达涿州时，刘瑾派人宣布张永一行不得进城，"听行勘处"。张永有所准备，连夜由小路直奔京城，觐见皇帝，秘密奏报刘瑾"浊乱天下，阴图不轨"。

正德五年八月，张永押着朱寘鐇及其亲属十八人抵达京师，皇帝在东安门举行献俘与受俘仪式。仪式完毕以后，皇帝设宴慰劳张永，刘瑾、马永成陪坐。待到刘瑾告退，张永向皇帝揭发刘瑾谋反，从袖子里拿出奏疏，列举其十七件不法事。已经有些醉意的皇帝问道：这个奴才果然负我？张永回应道：此事不可耽误事机，否则的话，奴才粉身碎骨，陛下也无处安身了。马永成在一旁敲边鼓，支持张永。皇帝终于下定决心，逮捕刘瑾。

当天夜间，刘瑾留宿在宫中值班，听到外面人声喧哗，喝问：谁？外面应声：皇上有旨。刘瑾披着青色蟒衣出来，立即被士兵捆绑，押往东华门外。皇帝念于旧情，不想杀他，只是宣布：刘瑾前往凤阳闲住。鉴于朝野盛传刘瑾贪赃枉法，富可敌国，皇帝下令

"籍没"——没收其全部财产。

刘瑾的家产令人震惊。王世贞在他的著作中说，刘瑾有黄金一千二百万两、白银两万五千九百五十八万两。《宪章录》《皇明通纪》沿用了这一说法。《明史纪事本末》大概也是这种说法，具体为：金元宝二十四万锭（一锭五十两），零碎黄金五万七千八百两；银元宝五百万锭，零碎白银一百五十八万三千六百两。夏燮在《明通鉴》中对此作了考证，认为金银数字过于夸张，并不可信："恐当时传闻如此，未必真有此数。"所以他采用比较含糊的说法："金银累数百万。"这还不包括无法计算的珍珠、玉器、文物、字画。皇帝最为关注的不是这些财产，而是从他家里查抄的衮衣、玉带、甲仗、弓弩之类的违禁物品，特别是刘瑾从不离手的扇子内竟暗藏两把锋利的匕首。皇帝朱厚照勃然大怒，想不到成天在他身边转悠的奴才，竟然挟带凶器，显然心怀叵测，不由得吐出三个字："奴果反！"——下旨把刘瑾关进监狱。

一时间，舆论风起云涌。以谢讷为首的六科给事中和以贺泰为首的十三道御史联名揭发刘瑾十九条罪状，请求皇帝立即明正典刑。皇帝批准了这一请求，命令三法司（刑部、大理寺、都察院）与锦衣卫会同有关部门官员，在午门外审讯刘瑾。主持审讯的刑部尚书刘璟，面对昔日的"立地皇帝"，紧张得不敢发声。刘瑾气势汹汹地大声喊道：满朝公卿多出于我的门下，谁敢审问我？审问官们一个个都避开他的凶狠目光，噤若寒蝉。此时，驸马都尉蔡震挺身而出：我是皇亲国戚，不出于你的门下，敢于审问你。蔡震追问他为何私藏兵器，刘瑾辩解：为了保卫皇上。蔡震追问：为何藏在自己家里？刘瑾无言以对。

以"反逆"罪定案后，皇帝下旨：不必复奏，凌迟处死，三日后割其首级，并把审问笔录与处决图状向全国公布。

刘瑾罪有应得，死有余辜，然而定为"反逆"罪，似乎有点牵强。野史传闻，他竟有"篡位"的图谋。说得最为活灵活现的，是刘瑾与张彩的密谋。话说有一天，刘瑾与他的亲信、吏部尚书张彩聊天，竟然痛哭流涕地说：先前，谷大用、张永等人担心遭到外廷大臣攻击，推我为首。我以身徇天下，摧折大批正人君子，天下怨仇都集中于我，不知道今后下场如何？张彩屏退左右悄声对他说：如今皇上没有儿子，势必册立宗室子弟，如果是一个年长又贤能的人，公公必将受祸，不如援手拥立年幼的弱者，公公可保富贵无忧。刘瑾表示赞赏。过了几天，他突然变卦，对张彩说：不必拥立宗室子弟，我自立为帝。张彩期期以为不可。刘瑾大怒，拿起茶碗向张彩掷去，张彩不敢再劝阻。刘瑾被处死后，张彩作为同谋被捕入狱，却大喊冤枉。明眼人一看便知，此类"天知地知，你知我知"的事情，随着张彩死于狱中，已经死无对证，其可信度究竟如何是颇值得怀疑的。

主犯虽死，横行政坛五年的流毒却难以消除。皇帝朱厚照只想除掉一个"反逆"太监，并不想改弦更张。张永也不想打击面过于扩大，以免使自己陷于难堪境地。言官们纷纷上疏弹劾为刘瑾摇旗呐喊的文武大臣，张永拿了奏疏到左顺门，向言官打招呼说：刘瑾专权时，我辈都不敢讲话，何况文武两班官员！如今只追究刘瑾一人之罪，以后不要再写这样的奏疏了。

先前为虎作伥的佞臣，如内阁大学士焦芳、刘宇、曹元，户部尚书刘玑，兵部侍郎陈震等，不过是被"削籍为民"了事。相对于张彩瘐死狱中之后再"磔尸于市"（在街头对尸体千刀万剐），罪大恶极的焦芳父子竟然得以寿终正寝，反差极大，却不足为奇。

刘瑾倒下，张永取而代之，太监专权的局面没有改变。《明通鉴》说得好："瑾虽诛，而张永用事，政仍在内，魏彬、马永成等擅窃威柄，阁部仍敛手而已。"正德朝的腐败政局并没有根本的变化。

告密者焦芳

焦芳何许人也？翻看《明史·阉党传》，他的名字赫然排在榜首，与同在《阉党传》的张彩，拜倒在大太监刘瑾的脚下，为虎作伥。和他们同在《阉党传》的，还有天启年间成为大太监魏忠贤党羽的顾秉谦、崔呈秀、田尔耕之流。名列《阉党传》的官员，个个都是寡廉鲜耻的宵小之徒。

焦芳，河南泌阳人，天顺八年（1464）进士，得到同乡内阁大学士李贤的引荐，进入翰林院，成为庶吉士。焦芳对李贤感恩戴德，低声下气，如同厮役一般。同僚都羞与为伍，因为此人不学无术且品行卑劣，正如《名山藏》所说："猜狠无文，众尽畏知。"但是，他的仕途却很顺畅。他由编修做到侍讲，任满九年，按照惯例应当晋升学士。这时发生了一个小小的插曲，据焦竑《玉堂丛语》以及《明史》所说，当时熟悉焦芳的朝官彭华，鄙薄他的才学，向主管此事的内阁大学士万安质问：像焦芳那样不学无术的人，也可以当学士吗？焦芳听了大怒，扬言：彭华与万安关系不浅，企图阻挠我的升迁，假如我成不了学士，就在长安街上刺杀彭华。彭华吓得不知所措，赶紧向万安打招呼，息事宁人。焦芳就这样当上了侍讲学士。侍讲学士要为东宫太子讲学，所用教材多出于彭华等人之手，焦芳不愿落于下风，每次进讲，故意对教材吹毛求疵，并且在公开场合大肆宣扬。《明史》写道："翰林尚文采，独（焦）芳粗陋无学识，性阴狠，动辄议讪，人咸畏避之。"流氓无赖的嘴脸跃然纸上。

正所谓无巧不成书。由于受到尹旻父子的牵连，焦芳被贬为桂阳州（今广东连州）同知，他怀疑是彭华、万安从中作梗，恨之入骨。弘治初年，他逐渐升为霍州知州、四川提学副使、湖广提学副使，千方百计图谋恢复翰林学士之职。从翰林贬为南京国子监祭酒的李杰，通过阁臣徐溥的路子，希望官复原职，阁臣刘健以为不妥，说：焦芳日夜窥伺这个职位，今日援引李杰，他日怎么拒绝焦芳？徐溥我行我素，帮助李杰官复原职。焦芳得知后，日夜兼程赶往北京，多方钻营，果然得到太常少卿兼翰林学士之职，不久又升任礼部侍郎。他升任礼部侍郎后，埋怨内阁大学士刘健钳制自己，经常当众破口大骂；刘健的批示不合他的心意，他不报告顶头上司礼部尚书，便擅自引笔抹去。他出任吏部侍郎后，看不惯一身正气的吏部尚书马文升，动辄口出秽言，公开侮辱，还暗中勾结一些言官，唆使他们抨击他的顶头上司。内阁大学士谢迁看穿此人心术不正，对他有所抑制，他怀恨在心，每每谈到余姚人（谢迁是余姚人）、江西人（彭华是江西人），就恣意谩骂。

得罪了那么多阁部大僚，要想升迁，就得另辟蹊径，走太监的门路，图谋飞黄腾达。《明通鉴》说："（焦）芳粗鄙无学识，好谩骂，刘健、谢迁诸正人皆恶之。（焦）芳既积忤廷臣，乃深结阉宦，以干进。"

正德元年（1506）四月，吏部尚书马文升鉴于朝政逐渐为太监把持，难以施展抱负，向皇帝提请退休。吏部尚书的位子虚悬，身为吏部左侍郎的焦芳机会来了。

朱厚照刚即位时，户部尚书韩文提出财政入不敷出的问题，大臣们认为，理财没有特别的手段，只有劝皇上厉行节俭。焦芳知道有太监在一旁窃听，故意大声表示不同意见：庶民家庭都需要开支用度，何况县官！谚语说得好：无钱拣故纸。如今天下拖欠的赋税很多，不去追讨，为什么光叫皇上节俭？皇帝从太监那里听到了这样体贴的话语，大为欢喜，提升焦芳为吏部尚书。

同年十月，大学士刘健、谢迁与户部尚书韩文等大臣上疏，请求皇上严惩刘瑾等太监，皇帝朱厚照不但不予理睬，反而更加宠信他们。户部尚书韩文在户部郎中李梦阳的怂恿下，联合六部及都察院的大臣，弹劾刘瑾、马永成、谷大用等"八虎"，"造作巧伪，淫荡上心"，请求皇上"明正典刑，潜消祸乱之阶"。内阁大学士刘健表示坚决支持，决定次日率领各部门大臣向皇帝当面力争，不给刘瑾等太监回旋的余地。身为吏部尚书的焦芳，参与了全过程，对情况了如指掌。他不愿与大臣们共进退，选择了暗中告密的勾当，把内阁的议论与策划透露给刘瑾，说：明日刘健将率领韩文及各大臣，进宫向皇上当面力争严惩"八虎"，司礼监太监王岳从中策应。

得到焦芳的告密，刘瑾等"八虎"立即抢先一步，连夜赶到皇帝身边哭诉，矛头直指司礼监太监王岳，诬陷王岳勾结阁臣，企图控制皇上的出入，故而要先除掉他们所忌惮的人。如果司礼监有皇上得心应手的亲信，外廷大臣怎么敢如此大胆妄为！朱厚照觉得刘瑾说得有理，把他们安插到重要岗位：刘瑾掌管司礼监，马永成掌管东厂，谷大用掌管西厂。

为了感谢焦芳的告密，刘瑾引荐他以吏部尚书兼文渊阁大学士，入阁办事。焦芳入阁以后，还想兼任吏部尚书，继续掌握人事大权。刘瑾也想通过他来控制内阁与六部，多次与内阁首辅李东阳商议，希望能够通融一下。从焦竑《玉堂丛语》可以看到李刘二人的对话。刘瑾说：曾经听说内阁大学士李贤兼管吏部。李东阳说：李贤是以吏部侍郎身份进入内阁的，入阁后升为吏部尚书，是个虚衔，吏部仍由尚书王翱掌管。刘瑾又问：以前有过这类事例吗？李东阳回答：吏部尚书蹇义与户部尚书夏原吉，每隔五天去一次内阁，和大学士"三杨"（杨士奇、杨荣、杨溥）议论朝政，不过蹇义并没有兼任内阁大学士。说得刘瑾无言以对。

焦芳仍不甘心，他以吏部公文形式，"内批令焦芳兼管部事"，逼首辅李东阳表态。李东阳坦言：我已经说过，这两件事情实在难以兼摄。内阁的职责是辅佐皇帝发号施令，吏部负责官员的任免升迁，难道可以自己拟定人选名单，让自己审批吗？可以自己否定自己吗？焦芳一时语塞，无可奈何地辞去了吏部尚书之职。

尽管如此，焦芳进入内阁，后果还是相当严重的，正如《名山藏》所说："（刘）瑾援（焦芳）入内阁，凡瑾所以浊乱海内，变置旧章，皆（焦）芳导佐之。"焦芳每次遇到刘瑾，必尊称"千岁公公"，自称"门下"，处理政务必先征询刘瑾意见。四方官员若要贿赂刘瑾，必先贿赂焦芳。他以内阁大学士身份主持《孝宗实录》的纂修，肆意篡改历史，随意褒贬毁誉，使得"实录"失实。正如焦竑《玉堂丛语》所说："焦芳为孝庙实录总裁官，笔削任意，尤恶江西人，一时先正名卿，无不肆丑诋，以快其私忿……挟（刘）瑾威以钳众口，同官避祸，皆莫敢窜定一字。"

其子焦黄中一如乃父，也是"傲狠不学"之徒，参加进士考试，焦芳想把他内定为头名状元。内阁一二把手李东阳、王鏊慑于他的威势，勉为其难地送了一个"二甲之首"，焦芳气得大骂。这种嚣张气焰连刘瑾也难以容忍，对他说：黄中昨日在我家，我叫他写诗，实在太差，怎么可以怨恨李东阳呢？这件事或许成为焦芳仕途的一个转折点。但关键人物是张彩。

张彩其实是一个小角色，弘治三年（1490）进士及第以后，担任吏部主事、文选司郎中之类小官，默默无闻。然而此人颇有手腕，精通官场潜规则，议论政事善于窥伺权贵的旨意，还善于矫饰自己，博取声誉，居然得到吏部尚书马文升的错爱，言官弹劾他"颠倒选法"，马文升一一为之辩护，反赞誉他"聪明刚正，为上下所推服"。精通欲擒故纵计谋的张彩，诡称有病，挂冠而去。马文升苦苦挽留，没有成功。一时舆论赞扬之声甚嚣尘上，不少官员纷纷出面推荐，其中不乏像杨一清这样的重量级人物。

有意思的是，焦芳也参与其间，他发觉张彩与刘瑾同乡，极力向刘瑾推荐。刘瑾正需要一员得力干将，发话给他：如果因病过期不赴任，就斥革为民。张彩要的就是这样的机会，立即赶往京城，觐见刘瑾。那天张彩刻意打扮了一番，"高冠鲜衣，貌白皙修伟，须眉蔚然"，见到刘瑾，"词辩泉涌"，摆出一副博学多才的样子。刘瑾大为激动，握着他的手赞叹道：你真是神人，我怎么如此幸运，能够遇到你！于是张彩回到了吏部，从此一心一意追随刘瑾。刘瑾不满意吏部尚书许进，张彩排挤许进，由刘宇代替。刘宇心中明白，这是刘瑾对自己的信赖，吏部大小事务一概交给张彩包办。张彩索性独断专行，不向刘宇请示汇报，偶尔请示汇报，刘宇总是低声下气地倾听，佝偻着身子连声说：不敢当！

半年以后，张彩升任都察院左金都御史，与新任户部右侍郎韩鼎同时到朝廷拜谢。韩鼎年老，跪拜不能如仪，为谷大用、张永等"八虎"所窃笑。张彩跪拜时，"丰采英毅"，谷大用等人称羡不已，刘瑾也为自己慧眼识人才而沾沾自喜。次年，刘瑾为了充分使用张彩，先是越级提升他为吏部右侍郎，紧接着把吏部尚书刘宇调入内阁，让张彩出掌吏部。此时的张彩早已今非昔比，对于昔日的同僚、今日的下属，他"厉色无所假借"；对于主子刘瑾，他已是知无不言的亲信，可以自由出入其官邸。每当刘瑾休假，那些高官前往刘府拍马溜须，从早晨等候至黄昏，都未必能见上一面。张彩姗姗来迟，无需等候，径自登堂入室，来到刘瑾的小阁，欢饮畅谈；少顷，得意洋洋地出来，向在外等候的官员打躬作揖而去。官员们因此更加畏惧张彩，见他如同见刘瑾一般。

凡张彩所言，刘瑾无不从，他与刘瑾已经浑然一体，越发肆无忌惮。《明史·张彩传》说："变乱旧格，贿赂肆行，海内金帛奇货相望涂巷间。"此人不仅贪财，而且好色。得知他的同乡、抚州知州刘介有一个美如天仙的小妾，特地提升他来京出任太常寺少卿。隔天，张彩盛装前往祝贺，问道：你用什么来报答我？刘介惶恐答谢：一身之外都是公物。言外之意，除了我的身体，什么都可以奉送。张彩机敏地应声：遵命了！立即进入内室，牵着他的小妾，乘上轿子，扬长而去。

在这种情况下，焦芳的失宠是必然的。张彩乘机指使他的亲信段炅，揭发焦芳违法乱纪的"阴事"。刘瑾大怒，多次当众训斥焦芳。机敏过人的焦芳明白，刘瑾有了更为得心应手的亲信，自己已经失宠，便乘还没有翻脸，识相地辞官而去，离开了这个是非之地。世间的祸与福是互相依存、互相转化的，焦芳的离去，因祸得福。刘瑾案发被处死，张彩作为主要党羽同时处死，而作恶多端的焦芳却因为早已离去而躲过一劫。

焦芳的逍遥法外激起了民愤。正德六年（1511）冬，流民起义首领赵镓攻入焦芳家乡泌阳，焦芳事先得到消息，逃之夭夭。赵镓掘了他的祖坟，把他的衣冠挂在树上，历数其罪恶，高喊：我并非造反，而是痛恨焦芳父子二贼帮助刘瑾浊乱朝政，我要手诛此贼以谢天下！后来赵镓兵败被俘，死前慨叹：我不能亲手处死焦芳父子，死有余恨！

"甘心颐指"的李东阳

"甘心颐指"四字，是谷应泰对李东阳的评价，他在《明史纪事本末》卷四十三《刘瑾用事》的末尾，颇有微词地议论道："廷臣自李东阳而下，无不腼颜要地，甘心颐指。""腼颜要地，甘心颐指"就是不要颜面，心甘情愿对刘瑾俯首帖耳。

在谷应泰看来，一代名臣李东阳的气节，确实不如他的同僚刘健、谢迁，没有宁折不弯的骨气。但是，李东阳又不愿意同流合污，想走中间路线，总是左右失据，进退维谷，日子过得并不舒心。

李东阳是一个很有天赋的才子，年仅四岁时，就能写出一尺见方的大字。景帝朱祁钰慕名召见，命他当场书写后，大为惊喜，抱在膝上，欣喜不已。以后朱祁钰又两次召见，听他讲解《尚书》大义，十分满意，让他进入顺天府学学习。十八岁那年，他进士及第，进入翰林院。何乔远说他，"诗词清丽，字画遒美，所作文章殆遍天下"。因为其貌不扬，且言语诙谐，不受政坛大佬的器重，始终在翰林院任个闲职，一直到弘治八年（1495），才与谢迁同时进入内阁，参与机务。孝宗皇帝很有中兴气象，经常召见阁臣刘健、谢迁、李东阳面议政事，刘、谢、李等也竭心献纳，剖析时政缺失，无所顾忌，君臣关系相当和谐。李东阳在内阁充分发挥自己的专长——写得一手漂亮的文章，内阁的公文多出于他之手。他起草的奏疏一旦在邸报（朝廷公报）上发表，立即天下传诵，成为当时的佳话。

李东阳的确才华横溢，野史笔记中佳话不少。一则说，他在翰林院时，偶尔迟到被罚，印证了翰林院旧有的自嘲诗："一生事业惟公会，半世功名只早朝。"意在讥刺清闲无事。李东阳被罚后，续写两句:"更有运灰兼运炭,贵人头上不曾饶。"一座哄然。又一则说,一个邻国使节很傲慢,对接待官员说,有一个偶语无人能对:"朝无相,边无将,气数相将。"显然含有蔑视中原的意味,李东阳一听,立即口占下联:"天难度,地难量,乾坤度量。"应对得不卑不亢。另一则说,他任内阁大学士时,喜欢奖掖提携人才,门生下朝或散衙后,都群聚他家,讲艺谈文。某日,有一门生探亲兼养病,即将还乡,李东阳召集同门诸人为他饯行。汪石潭(汪俊)才思敏捷,先成一诗,中联是:"千年芝草供灵药,五色流泉洗道机。"众人传阅,以为绝佳。李公看了,把后一句抹去,令石潭重写,众人愕然,向老师请教。李公说:归省与养病是两件事,如今两句单说养病,不提归省,便是偏枯,且又近于合盘。大家请老师改写,李公提笔写道:"五色宫袍当舞衣。"众人叹服。故而时人品评道:"(李东阳)公于弘(治)、正(德)间为一时宗匠,陶铸天下之士,亦岂偶然者哉!"

弘治十八年(1505)孝宗去世,李东阳与刘健、谢迁作为顾命大臣,辅佐少年皇帝朱厚照,政局急转直下。

武宗朱厚照是个昏君,宠信太监刘瑾等"八虎",沉迷于声色犬马,把朝政搞得一塌糊涂。内阁首辅刘健与他的同僚谢迁、李东阳联合部院大臣,请求皇帝严惩刘瑾等"八虎"。结果适得其反,"八虎"不但没有被惩处,反而更加被重用,刘瑾掌管太监最高权力机构——司礼监,马永成掌管特务机构——东厂,谷大用掌管另一个特务机构——西厂,形成太监专政的局面。为了表示不满,刘健、谢迁、李东阳当即向皇帝辞职。皇帝的圣旨颇为耐人寻味,批准刘、谢辞职,挽留李东阳——毫无疑问,这是刘瑾的意见,不过是用皇帝的口气表达出来而已。

这种结局,让李东阳感到尴尬,再次上疏请求辞职,也没有得到允许。刘瑾对刘、谢恨之入骨,为什么对李情有独钟呢?《明史·李东阳传》说得很清楚:"(刘)健、(谢)迁持议欲诛(刘)瑾,词甚厉,惟(李)东阳少缓,故独留。"刘瑾要专断朝政,需要李东阳这样的大臣来粉饰门面。士大夫一向视气节如生命,被"八虎"头目刘瑾所器重,自然令李东阳羞耻不已。刘健、谢迁辞官回乡前夕,李东阳为他们设宴践行,潸然泪下,刘健正色道:还哭什么?假如你当日力争严惩刘瑾,那么今日就与我辈同行了。对于这样不留情面的责备,李东阳无话可说,只能写诗抒发郁闷的心情:

十年黄阁掌丝纶,共作先朝顾命臣。
天外冥鸿君得志,池边蹲凤我何人?
官曹入梦还如昨,世路论交半是新。
仄柂欹帆何日定,茫茫尘海正无津。

这时朝廷内外大权完全落入刘瑾之手,焦芳进入内阁以后,与他表里为奸,气焰更加嚣张。李东阳毕竟不同于焦芳,他与同僚王鏊尽力补救,使得刘健、谢迁、刘大夏、杨一清等下野的名臣免于惨遭荼毒。然而终究无法改变大局,王鏊深感悲戚。刘瑾获悉后,劝慰道:王先生身居高位,何必如此自寻烦恼啊?王鏊不为所动,三次请求辞职,终于摆脱了这个是非之地,洁身自退。

李东阳继续保持"甘心颐指"的姿态,崇尚气节的士大夫对他颇有非议,形容他是"湘江春草"(李东阳是湘江之畔的茶陵人),讥讽他随风摇摆毫无立场;还说他是"子规鹧鸪",讥讽他没有气节。南京吏部侍郎罗玘劝他早日退出政坛,他不愿意,气得罗玘写信给他,请求削除"门生之籍",不认他这位"座师",意味着他们之间的师生关系从此恩断义绝。《明史·李东阳传》说:"东阳得书,俯首长叹而已。"他的"俯首长叹",个中况味复杂而难以言表,既是抱怨罗玘的绝情,也是抱怨自己在夹缝中的处境得不到谅解。

身处夹缝中的李东阳，既不想投靠刘瑾，又不想得罪刘瑾，力图左右"弥缝"，希望自己能够"潜移默夺，保全善类"。可是谈何容易！特别是在焦芳进入内阁以后，秉承刘瑾旨意，打击排斥元老重臣、忠直之士，无所不用其极。何况，他还妒忌李东阳地位高于自己，觊觎他的内阁首辅位子，白天黑夜都在刘瑾那里讲坏话。李东阳感受到自身的岌岌可危，心情是复杂的，一方面是"悒悒不得志"，另一方面是"亦委避祸"。有两件事情颇能反映他当时的"避祸"心态。

其一是关于《孝宗实录》。焦芳入阁以后，由《孝宗实录》副总裁晋升为总裁，操纵书写历史的大权，假公济私，挟带个人恩怨，任意褒贬。天下所推许的正直人士如何乔新、彭韶、谢迁，他在实录中大肆诋诬，反而把自己吹嘘为正直人士。内阁首辅李东阳作为他的上司，本应该予以批评，却畏惧他的卑劣手腕，更慑于他的后台刘瑾，不敢表示不同意见。在向皇帝呈报《孝宗实录》的奏疏中，模棱两可，尽是些"传疑""传信""庶以备于将来"等含糊其辞的判断。《明通鉴》的编者夏燮严厉地谴责李东阳，说他这种不负责任的态度成为焦芳"改窜实录之张本"，为焦芳大开方便之门。

其二是关于《通鉴纂要》。李东阳奉命编《历代通鉴纂要》，刘瑾为了给李东阳一点颜色看看，派人逐字逐句吹毛求疵，寻找差错。李东阳大为惶恐，连忙请求臭名昭著的焦芳、张彩帮忙缓解，希望刘瑾手下留情。

正德五年（1510），刘瑾案发，被捕入狱，皇帝念及旧情，从轻发落，流放其到凤阳皇陵当差。李东阳对当权的太监说：假如他再度复出，怎么办？"八虎"之一的张永拍着胸脯说：有我在，不必顾虑。不久，刘瑾给皇帝写信，说自己被捕时赤身裸体，乞求给予一两件衣服蔽体。皇帝看了信，动了怜悯之心，命有关部门给他旧衣服一百件。原先无所畏惧的张永顿时感到恐惧，与李东阳计谋，怂恿言官联手弹劾刘瑾。言官们不明就里，在弹劾奏疏中牵连了许多文武大臣。张永拿了奏疏到左顺门对言官们说：刘瑾专权时，连我辈都不敢讲话，何况文武两班官员！奏疏必须修改，只弹劾刘瑾一人。最后定案时，受牵连的只有文臣张彩、武臣杨玉等六人而已。张彩当然不服，大量揭发李东阳阿谀奉承刘瑾的事实。结果，张彩突然暴毙于狱中，个中缘由不言自明。

刘瑾伏法抄家，查抄出来的不仅有金银珠宝、违禁物品，还有各级官员写给他的书信。秦王府永寿王为刘瑾庆贺寿辰所写的诗和序，过于卑颜诣媚，皇帝看了大怒，下旨严厉谴责，并且要彻查所有的书信，看一看诣媚者的嘴脸。李东阳一反常态，执意反对，用他的生花妙笔写了一份长长的奏疏，说道：自古以来惩治乱臣贼子，正名定罪，仅仅诛戮本人。从前汉光武帝平定王郎反叛，查获官民与他交往的文书几千件，下令付之一炬，他解释这样做的原因是：给追随他的人一个改过自新的机会，使之安心效劳朝廷。先前刘瑾专权乱政之时，假托朝廷威福，生杀予夺，为所欲为，朝廷内外的官员，谁不屈意待之？他们的细故小过，希望皇上曲赐包容。如果降旨严厉追查，那么凡是有书信馈送的人，一定惊骇得不能自安。臣愿意看到皇上心胸广大，涵养深厚，把所有文书无论是否涉及叛逆事情，全部焚毁，消灭痕迹。皇帝觉得有理，欣然同意。

李东阳的建议具有政治家风度，不使打击面过于扩大，可以稳定人心。这是他作为内阁首辅的职责。但细细揣摩，其中也不乏私心——他自己也是书信馈送者之一，"毁尸灭迹"的话，就可以使自己的诣媚不被曝光，实在是政治谋略的高招，既可以自保，又可以使天下太平。

谷应泰谈到刘瑾"流毒五年"，集中到一点——"士大夫悉为曲学阿世"，可谓入木三分！李东阳虽然不愿意同流合污，但也不能免于"曲学阿世"之讥。孟森在《明史讲义》中说："刘、李、谢三相同心辅政，皆为贤相，刘、谢去位，李稍依违，遂为同时所诟病。阉党以尽逐阁员为有所却顾，乐得一不甚激烈者姑留之。其后李遂久为首相，誉之者谓其留以保全善类，善类之赖保全者诚有之，要其不与刘、谢同退之初，未必遂为将来之善类计也，故嘲之者曰'伴食'，曰'恋栈'，未尝无理。"孟氏责备他"伴食""恋栈"，似乎过于苛刻。在当时的情况下，那实在是他不得已的选择，明朝人对此还是理解的。孝宗病危，在御榻前召见刘健、谢迁和李东阳，亲口把少主（即武宗）托付给三位顾命大臣。后来刘瑾专权，迫使刘健、谢迁辞官而去，独留李东阳。史家焦竑是这样解释的：假使李东阳也一走了之，"则国家之事将至于不可言，宁不有负先帝之托耶！文正（李东阳）义不可去，有万万不得已者。西涯（李东阳）晚年，有人及此，则痛哭不能已"。对于他委曲求全的内心痛苦，焦竑有着同情的理解，是很难得的境界。

李东阳毕竟不是佞臣，他谨慎、和气、忠厚，文学造诣又冠绝一时，著作《怀麓堂集》，令后人敬仰不已，人们也就不再苛求他的委曲求全了。况且很多事情他也无可奈何，一介文人要应对险恶的政治斗争，免不了顾此失彼。人们对他是宽容、谅解的，焦竑《玉堂丛语》对他的评价颇有代表性：

> 刘瑾威权日盛，狎视公卿，惟见东阳则改容起敬。时焦芳与东阳同官，又助（刘）瑾煽虐，东阳随事弥缝，去其太甚，或疏论廷辩，无所避忌。所以解纾调剂，潜消默夺之功居多，否则衣冠之祸不知何所止也。或者乃以其依违隐忍不决去非之，过矣。

《明史·李东阳传》的基调也是宽容、谅解的："立朝五十年，清节不渝，既罢政居家，请诗文书篆者，填塞户限，颇资以给朝夕。"他致仕回乡，两袖清风，以致要依靠书法的润资来贴补家用。有时他感到厌倦，不想动笔，夫人笑着说：今日有客人来，难道可以让桌上没有鱼菜吗？于是他又欣然命笔，写了几个时辰才停歇。这时的李东阳无牵无挂，俨然一个随遇而安的老人。

　　李东阳仕宦五十余年，担任阁老也有十多年，致仕后过着清贫生活，友人到他家拜访，但见四壁萧然，全部家当还抵不上严嵩一桌酒席的花费。他去世后居然没有钱治丧，还是门人故吏解囊相助，才得以安葬。焦竑因此感叹道："彼时权珰狂狙，公卿鲜不受其螫者，而卒不敢有加于公。公岂有权术牢笼之哉！毋亦贞操洁履，有以服其心耳。"

　　李东阳还是值得人们敬重的，毕竟他"清节不渝"。

武宗与豹房政治

十五岁登上皇帝宝座的武宗朱厚照,生性放荡,不知廉耻为何物,一副花花公子的派头。他在位十六年中,所作所为最为奇特的莫过于豹房政治。

所谓豹房,原本是皇宫中豢养猛兽的场所。武宗朱厚照的豹房并非动物园,而是在皇宫红墙之外,另建一处会所,娱乐、办公两不误,美其名曰"豹房公廨"。它的规模有多大已不得而知。不过据正德七年(1512)工部为了扩建豹房所写的报告透露:已经建造了五年的豹房,耗费二十四万两银子,如今又增建房屋二百余间。由此可见,它的规模肯定超过二百间是毫无疑问的。武宗对豹房情有独钟,从正德二年(1507)离开乾清宫入住豹房,直到正德十六年(1521)病死于其中,他的皇帝生涯都在豹房度过。

那么,豹房究竟坐落于何处呢?有人以为,今日北京东华门外的报房胡同就是当年的豹房,"报房"是"豹房"的谐音。这是似是而非的臆测。据学者们考证,武宗的豹房在皇城的西苑太液池西南岸,西华门内外,也就是现在中南海一带,离皇宫近在咫尺。这种说法是可信的。有一条史料可以作为旁证:正德九年(1514)正月,宫内张灯结彩放烟火,导致火灾,乾清宫化为灰烬。武宗在豹房登高临视,但见"光焰烛天",竟然笑着对左右随从说:"是一棚大烟火也!"如果在东华门外,不可能看得如此真切。

朱厚照之所以要从乾清宫搬到豹房,就是要摆脱紫禁城红墙的束缚,自由自在地玩乐。在一般人看来,皇帝似乎权力无边,可以为所欲为,其实不然。他必须遵循传统伦理的约束,尤其是不得违背"祖训",红墙对于皇帝而言是一道不可逾越的障碍。入住豹房,就为逾越红墙、违背"祖训"提供了方便。

豹房建筑极为复杂,有处理公务的"公廨",有游戏玩乐的"豹房",有训练卫队的"教场",还有做佛事的寺庙,以及"迷宫""密室"。刘瑾等"八虎"形影不离地随侍左右,正如吕毖《明朝小史》所说,这些人每天与皇上同睡同起,引导皇上"为狗马鹰兔与舞娟角抵戏",使得皇上"渐废万机,不亲庶政"。皇帝沉迷于玩乐,索性把批答奏疏的权力完全交给刘瑾。刘瑾则尽量满足皇帝玩乐的欲望。余继登《典故纪闻》也说,刘瑾为了专权,向武宗进献各种杂技,待他玩弄得入迷时又把各衙门的请示报告拿给他裁决。武宗不耐烦地说:我用你干吗?一再麻烦朕,你自己赶快去办。后来,事无大小,刘瑾就自己裁决,不再请示,即使发布诏旨,也不报告皇帝了。

刘瑾被处死以后,两个佞幸之徒——钱宁、江彬,先后成为朱厚照的亲信,豹房政治由此而花样翻新。

钱宁,一个出身不明的人,从小就卖身给太监钱能充当家奴,冒姓钱,在锦衣卫混个小差使。通过刘瑾的引荐,他有机会在皇帝面前施展才华,左右开弓,百步穿杨,深得皇帝的喜爱,赏赐国姓(朱),收为义子。刘瑾案发,狡猾的钱宁安然无恙,步步高升,成为左都督(武职一品),掌控军事特务机构锦衣卫,可以"法外用刑",一下子显赫起来,名片(当时叫作"名刺")上自称"皇庶子"。

这个"皇庶子"善于迎合主子,皇上喜欢歌舞,他引荐乐师臧贤,"恣声伎为乐";皇上好色,他引荐回回人以及密宗和尚,进献"房中秘戏"。如此佞幸,自然博得皇帝欢心,在豹房内同吃同住同进出。有时候,皇帝喝醉了就枕在钱宁身上睡。文武百官想朝见皇上,从早到晚都见不到面,也得不到信息,不得不严密窥伺钱宁的踪迹,只要钱宁出现,就可以料定皇上即将出现。

武宗在豹房纵情声色，看似不作为，其实通过特务政治严密控制朝廷内外。特务政治的两个轮子，一个是由司礼监太监张锐掌管的东厂，号称"缉事横甚"；另一个是钱宁掌管的锦衣卫，号称"势最炽"。

钱宁这种政治暴发户，欲壑难填，野心勃勃。他看到武宗没有儿子，就想勾结强大的外藩——宁王朱宸濠作为新靠山，授意宁王向武宗讨好，让儿子到太庙"司香"，诱使武宗把宁王子立为"皇储"。

不久宁王发动叛乱，武宗亲自出征，行至半路，叛乱已经平定。武宗回京后，逮捕钱宁，抄了他的家，念及旧情，并没有处死他。世宗即位后，才把钱宁凌迟处死，他的养子钱杰等十一人斩首。

比钱宁更厉害的是江彬。此人不过是北方边镇一个小军官，因为钱宁的关系，得到皇帝召见，喜欢武术的武宗惊呼：阿彬竟然如此强健啊！江彬虽然是一介武夫，身材魁梧，骑马射箭功夫了得，却粗中有细，为人狡黠，善于察言观色，在皇上面前侈谈兵法，武宗欣赏极了，把他从大同调入京城。从此江彬出入豹房，与皇帝"同卧起"。

江彬比钱宁棋高一着，钱宁只是把"房中秘戏"之类引入豹房，江彬则把武宗从豹房中引出，微服私访，到处寻花问柳，并且为武宗建造花毡帐篷一百六十二间，形制与离宫一样豪华，供武宗微服出行时歇脚。钱宁见江彬骤然得宠，心中颇为不平。武宗也察觉到了这一点。一天他带领钱宁、江彬出去戏耍老虎，他叫钱宁先上，钱宁畏缩不前，老虎径直向武宗逼近。说时迟那时快，江彬一个箭步扑上去，制服了老虎。武宗自我解嘲：我足以应付，用不到你来帮忙！嘴上虽然这样说，心中却暗暗佩服江彬，而瞧不起钱宁。

江彬知道钱宁掌控锦衣卫和京军，豹房之中都是他的党羽，而自己的势力在边镇，乘机向武宗进言：边镇军队骁勇剽悍，胜过京军，请求把边军与京军对调。于是武宗下令，调辽东、宣府、大同、延绥四镇军队进京。每次操练，江彬陪同武宗检阅，两人骑着高头大马，身穿盔甲戎装，旁人无法分辨谁是皇帝，谴责江彬僭越。然而武宗非常满意，任命江彬兼任四镇军队统帅，他自己率领太监组成的一支军队，号称"中军"，每天从早到晚在校场上驰逐，盔甲兵器光照宫苑，呼噪声远震九门。

为了使皇上疏远钱宁，江彬怂恿武宗到边镇去微服私访。多次对皇上说，宣府多美女，边塞风光胜过京师。正德十二年（1517）八月，武宗在江彬陪同下，由昌平出居庸关，遭到御史张钦阻拦，半途而返。几天后，江彬先派太监谷大用取代御史张钦，然后乘着夜色，引导武宗微服出行，出居庸关抵达宣府。江彬事先在那里为皇上建造"镇国府第"（皇帝自称镇国公，故名），把豹房中的珍玩和美女带到镇国府第，营造销魂窟。武宗仍不满足，每天夜里穿着便服和江彬出游，见到高门大户擅自闯入，索要妇女。吓得那些富户厚赂江彬，请求网开一面。风流天子乐而忘返，把"镇国府第"称为"家里"。

此时蒙古军队南下，官军取得了死数百人杀敌十六人的"大捷"，武宗傲然自称"威武大将军朱寿"，驻跸处称为"军门"。这位自称大将军的皇帝完全把他的职责抛到九霄云外去了，朝廷内外事无大小，由江彬一手处理。大臣反复劝谏，武宗置之不理。一直到次年正月，武宗才恋恋不舍地返回北京。为了显示"威武大将军"的威仪，武宗命京官、朝官身穿正式朝服举行"迎驾"仪式，他自己身穿戎装，佩宝剑，骑在马上，款款而来。迎驾的大臣望见远处火球升腾，硝烟直上，知道皇上驾到，立即伏地叩首，内阁首辅杨廷和率阁部大臣，手擎金花祝贺。不料皇上开口说的第一句话竟是："朕在榆河亲斩敌首一级，亦知之乎？"随即进入东华门，奔豹房而去。

回来以后，武宗心中念念不忘宣府。不久在江彬陪同下，再次微服出游，到大同、榆林、绥德、西安、太原，干出了更为荒唐的事。

一是霸占他人妻子为自己的嫔妃。京剧《游龙戏凤》中，武宗扮作军官，与酒家女招待李凤姐调情，并非子虚乌有，不过女主角不姓李而姓刘，就是后来被江彬和其他佞幸尊称为"刘娘娘"的女人。关于这个刘娘娘，有两个说法。《明史·佞幸传》说，武宗一行抵达太原，在晋王府看中了乐师杨腾的妻子刘氏，据为己有，江彬等"义子"认她为母，叫她刘娘娘。《稗说》《万历野获编》等野史，则有另一种说法：武宗化装成军官，在大同代王府的教坊中游玩，结识了能歌善舞，又会演奏乐器、打球骑马的歌女刘姬。此人后来成为他最为宠爱的妃子——刘娘娘。

二是把已经怀孕的马姬带回豹房。丢了乌纱帽的延绥总兵马昂，托老友江彬帮忙。江彬就向武宗介绍马昂的妹妹、已经嫁给军官毕春的马姬。这个美女善歌舞，能骑射，又通晓外国语，武宗一见钟情，明知她已经怀孕，还是把她带回豹房宠幸，并且破格把马昂晋升为后军都督府右都督。武宗经常骑马到马昂家里饮酒，一天酒酣耳热之际，要马昂的小妾出来陪酒，马昂以妾病推辞。武宗大怒，拂袖而去。马昂惶恐地通过太监张忠，把小妾杜氏送进豹房。武宗立即把马昂的两个弟弟升为都指挥和守备。马昂大喜过望，又向豹房送去美女四人。喜新厌旧的武宗从此对孕妇马姬的宠幸渐衰。

正德十四年（1519）三月，武宗突发奇想，兴师动众地南巡。大臣们鉴于江西的宁王朱宸濠"久蓄异谋"，认为此举过于冒险，纷纷上书劝阻。武宗大为光火，江彬把兵部郎中黄巩等人关入锦衣卫诏狱，把翰林修撰舒芬等一百零七人罚跪午门外五日。六月宁王朱宸濠谋反，武宗以大将军名义带兵亲征，任命江彬为"提督赞画机密军务，并督东厂、锦衣官校办事"，把张锐、钱宁两人的职权交由他一人包办。江彬红得发紫之际，绝对没有料到几年后会有明正典刑的下场。

第五章

陵夷：嘉靖积弊与居正秉政

杨廷和拨乱反正

正德十六年（1521）三月十四日，明武宗朱厚照病死于豹房，年仅三十一岁。武宗放荡成性，宠幸的女人很多，却没有传宗接代的儿子，谁来继承皇位成了问题。

内阁首辅杨廷和在皇太后支持下，按照"兄终弟及"的原则，拥立宪宗的第四子、孝宗之弟（兴献王）的次子朱厚熜继承皇位。从北京派出使臣前往兴献王封地湖广安陆（今湖北钟祥），再由安陆护驾前往北京，往返颇费时日。这一段时间，老皇帝已死，新皇帝还未登极，成了没有皇帝的权力"真空"。幸亏有一位胆识与魄力兼具的内阁首辅杨廷和，在这一"真空"时段，总揽朝政，拨乱反正，为世宗嘉靖皇帝开了一个好局。

杨廷和是一个才子，十二岁中举，十九岁成为进士，授官翰林检讨。然而，在他身上很少文人从政的书生气，他注重的是政治实务——经国济世。他的上司李东阳评论道：我在文翰方面有一日之长，在经国济世方面，逊色于介夫（杨廷和字介夫）。晚明史家何乔远对他的品评也是如此："（杨）廷和美风姿，沉静详审，好考究掌故民谟边事，及一切法家言。"此人精通韬略，有锋芒而不毕露，在皇帝昏庸、奸佞当道之时，能屈能伸，既不同流合污，也不剑拔弩张。正德三年（1508），他进入内阁，在这个权力与风险并存的岗位上，委曲求全。在刘瑾与焦芳、张彩内外勾结、把持朝政的局面下，也只能如此。《明史》说："廷和与东阳委曲其间，小有剂救而已。"

正德七年（1512），李东阳退休，杨廷和升任内阁首辅，身处风口浪尖，艰难地行使首辅的职责。对于皇帝搬出宫廷，去到豹房寻欢作乐，不理朝政，正直大臣敢怒而不敢言。杨廷和借着乾清宫火灾，敦请皇帝下"罪己诏"，深刻检讨：今后准时上朝，恢复大臣面奏制度，广开言路，禁止皇室经商开店，裁减太监掌控的织造机构。武宗置之不理。吏部尚书杨一清与他相呼应，指责豹房政治："以夜继日，既无警跸之规，复乖堂陛之分。"御史张翰也直言进谏：近来民间相传，朝廷正在海选美女充实后宫，凡是没有择婿婚配，或虽已婚配但还未举办婚礼的女子，都不得逃避，闹得人心惶惶，天下惊疑。这种做法，既有损于皇帝圣德，也有悖于民间伦理。这些语重心长的逆耳忠言，都没有得到皇帝的回应，杨廷和深感无奈、失望。

这时，一个让他"息肩"的机会来了。正德十年（1515）三月，父亲病故。按照"皇明祖制"的规定，官员丁忧，必须回乡守制服丧二十七个月。杨廷和名正言顺地向皇帝请求"回籍守制"。这篇请辞奏疏写得颇为感人："臣自母丧至今，不得见父者十有四年，一旦抱恨终天，冀得早从礼制……臣若未即就木，尚有十年堪备任使，是臣以三年报父，以十年报陛下；是尽孝之日少，尽忠之日多也。"经过再三请求，皇帝批准他回籍守制。这并不表示武宗多么重视"祖制"——此公从不把"祖制"放在眼里，他心中考虑的是，少了一个元老重臣在旁监督，可以更加肆无忌惮地纵情作乐。果然，在江彬等佞幸策划下，他到处巡游，把孕妇马姬带回豹房宠幸，都发生在这段时间。

正德十三年（1518），杨廷和丁忧期满复出，回到内阁首辅的岗位。武宗依然故我，不理朝政，到处巡游，杨廷和多次劝谏毫无结果，请求辞官回乡又得不到批准，心情的郁闷是可想而知的。在这种情势下，他只能虚与委蛇，既不屈从于那些佞幸之徒，也不和他们对着干，彼此相安无事。《明史》写道："中官（太监）谷大用、魏彬、张雄，义子钱宁、江彬辈，恣横甚，廷和虽不为下，然亦不能有所裁禁，以是得稍自安。"这是深谙权谋术数的杨廷和高明之处，暂时的隐忍，是在等待发力的时机。

这种韬略当然是不可能公开宣扬的，人们看到的是其明哲保身的一面，因而他遭到一些忧国忧民之士的非议。言官徐之鸾、李润弹劾杨廷和，说他身居师保重地，没有忧国之忧，皇上出外巡游一月有余，宗庙社稷百官万姓寄于空城之中，正是大臣身系安危之日，他竟然借口生病而请假，杜门不出，还扬言请辞，完全是为自身考虑。他们甚至气势汹汹地责问："其自为计则得矣，居守之事，将谁是托？中外之心，将谁是恃？"指责杨廷和明哲保身，为了顾全自己，而把朝廷大事、臣民托付，完全置诸脑后。

杨廷和此时的心态究竟如何呢？焦竑《玉堂丛语》有一条资料值得注意，说的是：杨廷和入阁已久，无所建树，人们对他有意见。武宗南巡，佞幸窃据国柄，舆论汹汹。有一个狂狷书生写信给他，指责他的过错。杨廷和接见了这位狂生，流着眼泪对他说："久当不负良意。"武宗死后，他一反往昔的隐忍，无所顾忌地革除弊政，兑现了自己的承诺。

正德十五年（1520）九月，武宗南巡返回途中，突发奇想，自驾小船在湖上嬉戏，翻船落水，受到风寒。长期荒淫无度本已外强中干的身体，顿时垮了。次年正月，在郊外祭祀仪式上，他口吐鲜血，被迫赶回豹房。一个多月后，病情愈发严重。司礼监太监魏彬来到内阁，告诉阁臣，皇上病危，御医们已经束手无策，意味深长地强调："请捐万金购之草泽。"这句话粗听起来似乎是用重金聘请民间圣医，其实是试探内阁对于皇位继承人的想法。杨廷和当然心知肚明，只是简单应对一句：按照皇室的"伦序"办吧！

正德十六年三月十三日，濒临死亡的武宗向身旁的司礼监太监发出平生最后一道谕旨：朕的疾病已经不可能治愈，把朕的意思传达给皇太后，天下事慎重与阁臣审处，以前的事情都是朕的错误，不是你们所能干预的。

三月十四日，武宗在豹房病死。

皇上驾崩的当天，太监张永、谷大用奉皇太后之命，把武宗的遗体从豹房移到大内，并去内阁商议，立谁为皇位继承人。杨廷和早就有所考虑，先前对魏彬说按照皇室"伦序"办，言外之意是：既然皇上没有子嗣，就根据"兄终弟及"原则，拥立皇上的弟弟。但是武宗是独子，没有嫡亲兄弟，"兄终弟及"的弟非堂弟莫属。如今张永、谷大用正式传达皇太后的咨询——"议所当立"，他从容不迫地从袖子里取出"祖训"，给张、谷二人，说道：兄终弟及的祖训谁能够更改？兴献王的世子是宪宗的孙子、孝宗的从子（侄子）、大行皇帝（武宗）的从弟（堂弟），按照"伦序"，应当继承皇位。皇太后支持内阁的意见。少顷，太监向朝廷大臣宣布，根据皇帝遗诏和皇太后懿旨，由兴献王世子继位。

其实，武宗死前并没有留下遗诏，所谓"遗诏"是杨廷和受皇太后之命代已故皇帝起草的，关键的一句话就是"兴献王世子厚熜嗣皇帝位"。这份"遗诏"经由太监当众宣布以后，便具有了无可怀疑的效力。杨廷和凭借它和皇太后懿旨，总揽朝政，力挽狂澜。

一方面，要派遣元老重臣前往湖广安陆，迎接兴献王世子朱厚熜"嗣皇帝位"；另一方面要兵部尚书王宪调兵遣将，控制皇城四门、京城九门，严防发生宫廷政变。

宫廷政变的危险是存在的，最可疑的是江彬。江彬为了巩固自己的地位，把北方边镇军队调到自己身边，成为一支威慑力量，继而又把武宗亲自统率的"威武营"划归自己指挥，所以《明史》说他"拥重兵，在肘腋间"。杨廷和巧妙地把它化解于无形，用先帝"遗诏"的名义宣布：取消威武营的建制，入驻京城的边镇军队遣返原镇。为了不过分刺激江彬，在宣布上述两条的同时，取缔皇室经营的商店，关闭军队的驻京办事处，遣返各地来京的朝贡使节，遣散豹房的番僧、少林僧以及教坊乐人，释放各地进献的美女，收回宣府行宫的全部财产。给人的感觉，似乎意在节省财政开支。

最为棘手的是如何收拾江彬。杨廷和与皇太后达成共识，必须干净利落地除掉这个祸害。于是他和同僚蒋冕、毛纪、司礼监太监温祥密谋计擒江彬。当时情势的危险性确实不容低估。江彬知道自己深受国人憎恶，又看到朝廷正在遣散驻京的边镇军队，对他有所提防；党羽李琮怂恿他立即发动兵变，如果失败，就北走塞外。江彬犹豫不决，诡称疾病，闭门不出，暗中静观待变。

三月十八日，坤宁宫有一个上梁仪式，江彬和工部尚书李鐩奉命前来行礼。江彬穿着平日的官服（未穿丧服）只身前来，礼毕，太监张永挽留江、李二人共进午餐。吃到一半，皇太后懿旨传来：逮捕江彬！江彬发觉中计，飞快地向西安门逃去，看到大门紧闭，改走北安门。把守大门的卫士大喝一声：有圣旨，请提督留步！江彬反问：今日从哪里得到圣旨？卫士不由分说，一拥而上把他制服。江彬的下场是不言而喻的：一是"磔于市"——在闹市街口凌迟处死；二是"籍其家"——没收其全部财产（黄金七十柜，白银二千二百柜，其他珍宝不可胜计）。

正德十六年四月二十二日，朱厚熜抵达北京，皇太后为了尽快结束权力"真空"状态，催促群臣立即上表劝进。这天中午，朱厚熜在奉天殿即位。杨廷和起草的《登极诏书》宣布革除正德年间的弊政：裁减锦衣卫、宦官机构的官兵、工役十四万八千七百人，减免漕粮一百五十三万二千石，达官贵人利用特权"恩幸"得官者，大半革职为民。既得利益集团因此对杨廷和恨之入骨，图谋在上朝路上行刺他，新皇帝特地派一百名士兵保卫他的出入。史家赞誉："杨廷和总朝政者三十七日，中外倚以为安。"殊不知，天下的安宁是杨廷和冒着生命危险换来的。

"大礼议"与张璁的浮沉

出身于藩王的朱厚熜，在内阁首辅杨廷和的拥戴与辅佐下，本可以无所顾忌地大干一番，开创中兴局面。然而他对于自己不是皇室嫡系颇为自卑，性格又非常执拗，刚刚登上皇位，就全神贯注于"大礼议"。《明史·世宗本纪》评论道："世宗御极之初，力除一切弊政，天下翕然称治。顾迭议大礼，舆论沸腾，幸臣假托，寻兴大狱。"杨廷和拨乱反正的政绩逐渐付诸东流。

武宗没有儿子，皇位只能按照"兄终弟及"原则传给弟弟，可是他的弟弟朱厚炜早已夭折，只能从堂弟中物色。孝宗的父亲宪宗生了四个儿子，长子、次子先后夭折，三子孝宗，四子兴献王。兴献王有两个儿子，长子夭折，次子就是朱厚熜，其时兴献王已死。按照"伦序"，朱厚熜由藩王而入继大统是顺理成章的。这样七绕八弯，带来了麻烦的"大礼议"。

围绕"大礼议"形成的对立两派，在现代人看来有一点滑稽：一派主张把伯父改称父亲，另一派主张把兴献王改称皇帝。

以杨廷和为首的一派主张，朱厚熜虽然不是孝宗的儿子，但继承了孝宗传给武宗的皇位，因此必须尊崇孝宗为"皇考"——称他为父亲，自己的生身父亲兴献王则改称叔父。自卑而执拗的世宗哪里肯接受这样的"大礼"，责问道：为了做皇帝，难道父母都可以更改吗？这就为善于趋炎附势的官僚提供了一个契机，他们百般迎合，唯皇帝马首是瞻，主张以朱厚熜的生身父亲兴献王为"皇考"，而以孝宗为"皇伯考"。可是兴献王并非皇帝，朱厚熜的皇位不是从他那里继承下来的，因此为了名正言顺，必须把兴献王改称皇帝。世宗要的就是这些。这一派的代表人物就是张璁。

朱厚熜即位后的第五天,就指示礼部讨论按照什么规格崇祀已故的兴献王。礼部尚书毛澄请示内阁首辅杨廷和,杨廷和主张仿效汉定陶王入继汉成帝、宋濮王入继宋仁宗的先例,尊孝宗为"皇考",称兴献王为"皇叔考"。世宗借口"父母可移易乎",命礼部再议。

刚刚成为进士、处在见习期间的张璁,投皇帝所好,反对杨廷和、毛澄等主流派官员的意见。此人颇有才华,史家如此品评道:"张璁秀伟美髯,产不能中人,恢廓从性,动止若大豪。于书无所不窥,而尤精五礼。"精通儒家礼制的他,写了洋洋洒洒的《大礼疏》,引经据典,一一道来:汉定陶王与宋濮王入继大统,是汉成帝与宋仁宗在世时预先"立为皇嗣",而且"养于宫中",所以尊汉成帝、宋仁宗为皇考名正言顺。如今情况不同——武宗生前并未确定皇位继承人,遗诏也未明确以孝宗为"皇考",因此他主张应该尊崇生父为"皇考"。他振振有词地说:"利天下而为人后,恐子无绝其父母之义。"朱厚熜看了张璁的《大礼疏》,喜出望外,说道:此论一出,我父子可以获全了!

廷臣对张璁群起而攻之,责骂多于说理。杨廷和也感到难以驳倒张璁,最好的办法是堵住他的嘴,一面授意吏部把他外放为南京刑部主事,一面向他求饶:请在南京"静处",不要再谈"大礼"来为难我。

扫除障碍以后,杨廷和毫不留情地批评皇帝:不听举朝大臣言官劝谏,偏听偏信二三邪佞之人,陛下能单独与二三邪佞之人共治天下吗?可是朱厚熜不是一个任凭别人摆布的角色,一面迫使杨廷和辞官归去,一面把张璁以及支持他的桂萼、席书调回北京。七十余名言官接连弹劾张璁、桂萼"赋性奸邪,立心险佞",皇帝不为所动,反而任命张、桂为翰林学士,并且按照他们的观点正式宣布追尊他的生父兴献王为"恭穆献皇帝",生母为"章圣皇太后"。

张璁、桂萼因为"大礼议"而骤然飞黄腾达,引起主流派官员的抨击,他们二人反过来指责这些官员为"朋党"。顿时舆论哗然,朝廷各部门官员将近二百人,齐聚皇宫的左顺门,跪倒在地,向皇帝请愿,口中高呼太祖高皇帝万岁、孝宗皇帝万岁,无异于向皇帝朱厚熜"逼宫"。

朱厚熜听到消息,立即派司礼监太监传达他的口谕,要他们散去。请愿者不但没有散去,甚至内阁大学士毛纪等也加入了请愿队伍,一起跪伏在左顺门。局面完全失控了,从早晨一直持续到中午。

朱厚熜大为震怒,命令司礼监太监记录请愿者姓名,逮捕为首分子丰熙等八人。杨廷和之子杨慎等人撼门大哭,声震阙廷。结果是严重的,马理等一百三十四名官员被捕,何孟春、洪伊等八十六名官员"待罪",有的流放,有的夺俸,有的廷杖,十七人死于杖下。当时人感叹:从此衣冠丧气。张璁、桂萼声势日益嚣张,有恃无恐,以廷臣为仇敌,举朝士大夫都对他们咬牙切齿。内阁首辅杨廷和陷入了艰难的处境,叹息道:"众尤交责,吾何逃乎?义之尤我,命也;人之尤我,遇也;事之尤我,时也。吾有去而已。"无可奈何地辞官而去。

张璁在"大礼议"中始终与皇帝保持一致,因而受到宠信,官运亨通。有一位四川副使余珊写了洋洋洒洒一万四千字的奏疏,议论十大政治弊端。其中之二是:士大夫寡廉鲜耻,趋附权门,幸亏陛下拨乱反正,但是不久依然如故——"去者复来,来者不去"。浮沉一世之人掌握用人大权,首选软美圆熟之徒,致使官场谀佞成风,廉耻道薄。皇帝只当耳旁风吹过,照样提升张璁为詹事府詹事兼翰林学士。内阁大学士费宏对于张璁的"骤贵"十分不满,每每在内阁对他加以"裁抑"。张璁积怨在心,诬陷费宏接受贿赂。费宏愤然向皇帝请辞,说:张璁挟私怨臣,觊觎臣位,臣怎么能与小人撕咬呢！皇帝没有批准他"骸骨归乡"的请求，好言慰留。张璁不肯罢休，多次弹劾费宏失职。

嘉靖六年（1527）二月，张璁指使锦衣卫官员王邦奇，诬陷已经退休的杨廷和、彭泽，以及现任内阁大学士费宏、石珤。费、石二人愤然辞官，对皇帝说：我们是讲究气节的士大夫，无他才能，唯有此心不敢欺君而已。皇帝知道这是在影射张璁"欺君"，也在影射自己受张璁蒙蔽，这是他绝对不能接受的，当然不会再慰留这二人了。史家夏燮感叹道：自从费、石二人罢官，直到嘉靖末年，内阁大学士中再也没有敢于向皇帝进逆耳之言的人了。

扫除了障碍，张璁欲擒故纵，对朱厚熜说：臣与举朝抗衡四五年，有一百几十人攻击我，因为我所做的事，"元恶寒心，群奸侧目"，现在只得请求退休了。朱厚熜不但好言慰留，而且不久就任命他为礼部尚书兼文渊阁大学士，进入内阁。这也印证了费宏所说"觊觎臣位"，并非捕风捉影。

张璁在内阁排位最后，权力却凌驾于首辅杨一清及其他阁臣之上，因为他直接"通天"。皇帝多次对他说：朕给你的秘密谕旨，赏赐你的帖子，都是朕亲笔所写，不得泄露。这种密切的关系是异乎寻常的。为了巩固宠臣地位，张璁请求皇帝赏赐银质勋章，世宗果然赏他银章两枚，上面的文字分别是"忠良贞一"和"绳愆弼违"。此人的马屁功夫相当了得，为了表示"忠良贞一"，认为自己的名"璁"（清母东部）与皇帝的名"熜"（精母东部）音近，犯了嫌名，应当避讳，多次请求皇帝赐名更改。最终世宗赐他名"孚敬"，字"茂恭"，并且亲笔写了这四个大字赏赐给他。

内阁首辅杨一清知道他的特殊地位，始终保持低姿态，但张璁仍然感受到压力，不能如意施展，转而攻击德高望重的杨一清是"奸人鄙夫"。气得杨一清向皇帝请求引退，并且揭发张璁的隐情。世宗写了手谕慰留杨一清，其中有几句话颇值得玩味："璁自伐其能,恃宠不让,良可叹息。"看来世宗已经看到了此人的另一面——"自伐其能,恃宠不让",不再一味宠信了。张璁得知皇上暴露自己的短处,颇为沮丧,意识到这是他官场浮沉的转折点。由此引起了此后的四起四落,绝非偶然。

嘉靖八年(1529)言官陆粲弹劾张璁以"凶险之资,乖僻之学",不到四年就位至宰辅,"乃敢罔上逞私,专权招贿,擅作威福,报复恩仇"。世宗顿时感悟,立即罢免张璁。礼部尚书霍韬极力攻击杨一清,为张璁辩护。世宗忽然反悔,派人在天津途中召回张璁。杨一清罢官而去,张璁取而代之成为首辅,诬陷杨一清贪赃枉法。杨一清愤然道:"老矣,乃为孺子所卖!"不久,发背疽而死。这是张璁第一次起落。

嘉靖十年(1531),政坛新人詹事府詹事夏言颇受世宗眷顾,多次攻讦张璁。张璁授意亲信陷害夏言,事情败露后,言官交章弹劾张璁,世宗勒令他致仕。张璁离开京城不久,如同儿戏一般,世宗忽又反悔,再次派人把他召回。次年三月,张璁坐回内阁首辅的交椅。这是第二次起落,以后又有第三次、第四次起落。

嘉靖十一年(1532)八月,彗星出现,皇帝疑心"大臣专擅"。正巧言官秦鳌弹劾张璁:朝廷内外乃至天子大权都在他掌握之中。朱厚熜以为秦鳌所言极是,又一次要张璁致仕。次年,皇帝再度反悔,把他召回,晋升他为少师兼太子太师、华盖殿大学士。然而好景不长,嘉靖十四年(1535),张璁患病,世宗派太监赏赐药饵,以示慰问,同时对内阁次辅李时说张璁为人执拗,不爱惜人才,结怨太甚,然后派官员与御医护送张璁回归家乡。嘉靖十五年(1536)五月,世宗心血来潮,派锦衣卫官员带了他的亲笔手书,敦促张璁回京复职。张璁抱病启程,行至金华,疾病发作,中途返回。

张璁在"大礼议"中紧跟皇帝,打击异己势力,遭人诟病不已。然而,皇帝始终对他眷顾有加,廷臣中没有任何人可以和他相比拟,终嘉靖一朝也没有第二个类似的角色。皇帝不是那么容易忽悠的，张璁必有过人之处。陆应旸《樵史》说，嘉靖以前，凡入阁拜相者，必定耗费钱财宴请内阁先辈及司礼监太监，而且让司礼监太监坐于首席。张璁入阁时，内阁办事人员提醒他注意这一潜规则，他叱责道：我是国师，怎么可以折节邀请太监！这一潜规则从此中断。《明史·张璁传》说他："持身特廉，痛恶赃吏，一时苞苴（贿赂）路绝；而性狠愎，报复相寻，不护善类，欲力破人臣私党，而己先为党魁。"这样的人品，这样的风格，是不能和佞幸之类等量齐观的。

夏言："弃市"的首辅

嘉靖二十七年（1548）十月，皇帝下旨，将已经罢官的夏言"弃市"——绑赴西市斩首。堂堂内阁首辅以这样一种方式谢世，震惊朝野。难道他有叛国谋反罪吗？没有。他是十恶不赦的奸臣吗？不是。夏言是嘉靖时期政坛高层一个颇为引人注目的大臣，性格机警敏捷，有才干，善于雄辩，写得一手好文章，由一个小小的言官晋升为礼部尚书，继而以武英殿大学士进入内阁，不久升任内阁首辅。飞黄腾达的根本原因，端在于皇帝的宠信。然而此人锋芒毕露，行事无所顾忌，后逐渐失宠。他遭到内阁同僚——江西同乡严嵩诬陷，终于招致"弃市"的命运。

这幕悲剧的来龙去脉，是颇堪回味的。

嘉靖初年，夏言任兵科给事中，又升任兵科都给事中，在与宠臣张璁的较量中，逐渐崭露头角，为皇帝所赏识。嘉靖皇帝因为"大礼议"而宠信张璁，使之官运亨通，但也察觉此人"自伐其能，恃宠不让"，很想有一个人来制衡他。这个人就是夏言。

夏言引起皇帝注意是有一个过程的。皇帝刚即位时，夏言就上疏，希望皇帝上朝以后在文华殿批阅奏疏的同时，召见阁臣当面作出决定，"不宜谋及亵近，径发中旨"。这个建议得到了皇帝的"嘉纳"。此后他又七次上疏，建议改革"后宫附郭庄田"，限制后宫及皇亲国戚的利益，文章写得掷地有声，为朝野所传诵。不过真正引起皇帝另眼相看的，是嘉靖九年（1530）他关于"更定祀典"的态度，迎合了皇帝的心意。夏言由"祀典"而获得眷顾，很类似张璁与"大礼议"的关系，其不二法门一言以蔽之，就是投其所好。这位皇帝由于"大礼议"而怨恨与他对着干的群臣,很想改革礼仪制度,以证明自己的正确性,看到夏言建议改变祖宗旧制,分别祭祀天、地、日、月,正中下怀。但是很多大臣表示反对,权势显赫的张璁也在反对者之列,还指使詹事霍韬极力诋毁夏言。

霍韬是张璁的同党,眼见皇上对夏言眷顾方深,不敢公开较量,私下里写信给夏言,痛骂一顿,并且把私信的底稿送给三法司。夏言愤然向皇帝告状:霍韬是朝廷近臣,同在"议礼"之列,既有定见,自当明言,何必给臣私信,又把它送交三法司,居心险恶。皇帝大怒,把霍韬关入都察院监狱,命三法司从重治罪。与此形成对照的是,他破格嘉奖夏言,赏赐四品官服、俸禄,用以表彰他"不党"(不与廷臣结党)的忠心。史书说:"(夏)言自是大蒙帝眷。"这确实是一个转折点,骤然得宠的夏言,由吏科都给事中兼任侍读学士、经筵讲官,再升为少詹事兼翰林院掌院学士,兼经筵讲官。

夏言其人气度不凡,眉目疏朗,胸前美髯飘拂,嗓音洪亮,吐字清晰,而且不带乡音(他是江西贵溪人而无方言口音),每次经筵开讲,皇帝都全神贯注,十分欣赏,流露出"欲大用"的意思。这样,他与早已得宠的张璁之间的嫌隙逐渐明朗化,张璁出于妒忌,策划亲信构陷夏言。经司法衙门审理,真相大白,言官纷纷弹劾张璁。皇帝罢免张璁,提升夏言为礼部左侍郎,一个月后,晋升为礼部尚书。后来虽然张璁再度入阁,但是宠信渐衰,正如《明史·张璁传》所说:"不能专恣如曩时矣!"而夏言的声誉却与日俱增,一方面,当时士大夫厌恶张璁,希望凭借夏言与之抗衡;另一方面,夏言得到皇帝宠信后,依然折节下士,赢得了口碑。

夏言心中明白,若要持续获得宠信,必须不断揣摩皇帝的心意。皇帝每次写诗,都送给夏言,夏言不但写诗应和,还把皇帝的诗作制成碑刻送还。这个马屁拍得相当成功,博得了皇帝的欢心。为了继续博得欢心,他卖力工作,"奏对应制倚待立办",而且事事处处都仰承帝意，咨议政事"善窥帝旨"。于是乎，皇帝赏赐这位宠臣一枚银质印章，上面刻着"学博才优"四字，用来"密封言事"——奏疏加盖印章密封直接送达皇帝。

随着张璁、方献夫相继离去，以及皇子的诞生，皇帝对夏言更加倚重，给他太子太保、少傅兼太子太傅的荣誉头衔。嘉靖十五年（1536）闰十二月，夏言以礼部尚书兼武英殿大学士入阁，参与机务。李时虽为首辅，但决策大权操于夏言之手，此后入阁的顾鼎臣，一向以"柔美"著称，不敢对夏言持异议，不过"充位"而已。嘉靖十七年（1538）十二月，李时去世，夏言升任首辅。

世宗皇帝自有他的用人标准，那就是"不欲臣下党比"，夏言揣摩到了这一点，专门和因"大礼议"而大红大紫的新贵对抗。皇帝极为欣赏他的"不党"风格，使他得以平步青云，到达权力的巅峰——少师、吏部尚书、华盖殿大学士。然而，巅峰也就是下坡路的开始，他身后有一个竞争对手严嵩，正在虎视眈眈地觊觎首辅的位子。

夏言的仕途可谓一帆风顺，凭恃皇帝的恩宠而心高气傲，家中贵客盈门，应接不暇。官卑职微的官员常常等候道旁不敢进门，好不容易进了门，不过一揖而退。当时人讽刺道："不见费宏不知相大，不见夏言不知相尊。"他逐渐有点得意忘形，老是用一种居高临下的姿态傲视同僚，即使对待严嵩这样厉害的角色，也是如此。

严嵩虽然比夏言晚六年进入内阁，却比夏言早十二年得中进士，资历不浅，时时都在觊觎首辅的位子。夏言却浑然不觉，始终以内阁首辅的身份，把同在内阁的严嵩看作下属，颐指气使。别看严嵩日后专擅朝政时不可一世，当时在夏言面前则是一副别样的面孔，甘愿放下身段，以下级对待上级的恭敬态度，阿谀逢迎，唯唯诺诺。沈德符《万历野获编》谈到这一情节，有一个绝妙的比喻："如子之奉严君"——好像儿子对待严厉的父亲那样。夏言从内心瞧不起严嵩，常常在公开场合对他冷嘲热讽，严嵩不但不生气，反而更加恭敬如仪。为了讨好他，严嵩还亲自造访夏府，向夏言下跪，递上宴会请柬，请他赏光。

夏言丝毫没有察觉严嵩的阴谋，安之若素。更要命的是，他日渐流露出对皇帝的不满情绪，而这一点恰恰被老奸巨猾的严嵩抓住了。

世宗皇帝沉迷于道教玄修，一心想长生不老，得道成仙。为了超凡脱俗，他不喜欢穿龙袍，戴皇冠，索性身穿道袍，头戴香叶冠，把自己打扮成道士模样。他还要求大臣们也和他一样打扮，头戴道冠，身穿道服，脚着道靴，出现在朝堂之上。善于阿谀奉承的严嵩百分之百地照办，耿直迂执的夏言却以为"非人臣法服"，有失朝廷体统，拒不执行，一如既往地身穿朝服，与周围的同僚显得格格不入。皇帝看了十分不满，以为这是夏言对他的"欺谤"，从此对他表示厌恶。嘉靖二十一年（1542）六月，皇帝借口"雨甚伤禾"，亲笔写了"手敕"，历数他"欺谤""舞文"等罪状。严嵩乘机离间，夏言则指使言官弹劾严嵩。一天，皇帝召见严嵩，严嵩一面顿首，一面泪如雨下，诉说受到夏言欺凌的状况，并且一一列举夏言的短处。皇帝大怒，指责言官身为朝廷耳目，不该专听夏言主使。又说：朕不早朝，夏言也不到内阁办公，在家里处理军国重事，把朝廷机密视为儿戏，欺谤君上，怒及鬼神。夏言第一次受到皇帝如此严厉的训斥，大惊失色，赶忙请罪。不久，罢官而去。

夏言罢官后，皇帝益发把严嵩看作亲信，当时他在西苑和道士一起"斋醮"，大臣们都忙于替皇帝撰写"青词"（给玉皇大帝的表文）。严嵩颇有文才，写的"青词"最受皇帝青睐，甚至于到了这样的地步："青词，非嵩无当帝意者。"不久，严嵩以礼部尚书加武英殿大学士进入内阁，当时他已经年过花甲，仍然如同少壮派一样，从早到晚都在西苑（今中南海一带，世宗常深居此地）的板房办公，一连几天都不回家洗沐，皇帝对他的勤勉赞叹不已。对此，史家评说：" (严) 嵩无他才略，惟一意媚上，窃权罔利。"严嵩终于如愿以偿当上了内阁首辅，大权独揽。皇帝隐约感觉到此人过于专横，写了亲笔信召回夏言，加以制衡。夏言官复原职后，依然故我，正如史家所说："（夏言）凡所批答，略不顾（严）嵩，嵩嗫不敢吐一语，而衔之次骨，自是二人之隙大起。"

焦竑《玉堂丛语》从两个细节比较夏、严二人的风格。其一题为"汰侈"，说的是阁臣照例有"上官供"——皇帝赏赐的工作餐，严嵩恭恭敬敬地吃"上官供"，夏言从来不吃，独自享用自己家里送来的美食。其二题为"阴谲"，说的是皇帝经常夜里派太监去值班室察看阁臣动静，夏言早已酣睡，严嵩会讨好太监，事先得到消息，装作挑灯起草青词状。何乔远《名山藏》也提及一个细节：皇帝派太监来见夏言，夏言以首辅自居，把太监视同奴仆；严嵩则不然，见到太监，握着他的手，款款请坐，把黄金塞进他的袖中。太监们都争相讨好严嵩而疏远夏言。这是暗中较量，后来严嵩索性勾结锦衣卫头目陆炳，公然陷害陕西总督曾铣，并且诬称夏言收受曾铣贿赂，二人是一丘之貉。夏言为自己辩护，说：严嵩与臣多次议论此事，并无异议，如今突然嫁祸于臣。臣不足惜，破坏国体值得忧虑。皇帝大怒，削夺夏言的官职。

嘉靖二十七年（1548）正月，夏言罢官。皇帝罢了夏言的官，但没有萌生杀意。此时紫禁城中传入流言蜚语，说夏言"心怀怨望"。有人透露，这是严嵩指使亲信传播的，他还写了秘密奏折，用汉朝皇帝杀翟方进的故事影射现实。皇帝终于下决心处死夏言。三月，曾铣被处死、抄家，妻儿被发配远方，朝野无不为之感到冤屈。当时夏言正在回乡途中，刚行至通州，已经料到大事不妙，见到皇帝派来逮捕他的锦衣卫官兵，惊慌失措地从车上跌下，长叹一声："噫，吾死矣！"

四月初，夏言被关入锦衣卫镇抚司监狱。他向皇帝申冤："臣之罪衅起自仇家，恐一旦死于斧钺之下，不能自明……（仇家）肆意诋诬，茫无证据，天威在上，仇口在旁，臣不自言，谁复为臣言者！"又说："（严嵩）父子弄权似司马懿，在内诸臣受其牢笼，在外诸臣受其钳制，皆知有嵩，不知有陛下。臣生死系嵩掌握，惟归命圣慈，曲赐保全。"皇帝会看在过去的情分上"曲赐保全"吗？刑部尚书、都察院都御史等大臣也请求皇帝，看在他效劳多年份上从宽发落。出乎意料的是，他们都遭到皇帝断然拒绝。他提到夏言"不戴香叶冠"之事，还耿耿于怀，亲自作出决定："论斩系狱待决。"严嵩乘机火上浇油，扬言夏言"怨望讪上"，激怒皇帝下达"弃市"的圣旨。十月初，六十七岁的夏言被绑赴西市斩首，妻子苏氏流放广西。堂堂内阁首辅居然在闹市斩首示众，不知列位看官有何感受？

穆宗即位后，为夏言平反昭雪，恢复官衔，赠予"文愍"谥号，按高规格举行祭葬礼仪，其妻苏氏也从流放地释放，回归故里。

锦衣卫头目陆炳

锦衣卫是明朝臭名昭著的特务机构，隶属于军队系统，与隶属于宦官系统的特务机构——东厂并称"厂卫"，《明史·刑法志》这样形容它们："杀人至惨而不丽于法"，"举朝野命，一听之武夫、宦竖之手"。锦衣卫从它建立之日起，就肩负特殊使命——"巡察缉捕"，为此专门设立镇抚司，承办皇帝交付的重要案件，捉拿人犯，审判关押，美其名曰"诏狱"。洪武十三年（1380），开国皇帝朱元璋处死左丞相胡惟庸，为了整肃"胡党"，两年后设立锦衣卫。其目的正如吴晗所说："为的是便于有计划地栽赃告密，有系统地诬告攀连，有目标地灵活运用，更方便地在法外用刑。"因为这样的关系，锦衣卫的头目几乎个个劣迹斑斑，例如名列《明史·佞幸传》的纪纲、门达、逯杲、陆炳之流。

在这些人之中，唯独陆炳官运最为亨通，享受非凡殊荣。纪纲、门达由指挥使（正三品）晋升为都指挥佥事（正二品），逯杲仅仅是指挥同知（从三品）。而陆炳得到嘉靖皇帝赏识，飞黄腾达，不但官居一品，而且被破例赏赐太子太保兼太子少傅的荣誉头衔，在锦衣卫二百多年历史中，可谓绝无仅有。故而《明史·佞幸传》说："寻加（陆）炳太保兼少傅，掌锦衣如故。三公无兼三孤者，仅于（陆）炳见之。"太子太保与太子少傅都是辅导太子的官衔，虽无实权，荣誉极高。大臣身兼三公（太师、太傅、太保）与三孤（少师、少傅、少保）者，极为罕见，陆炳这个锦衣卫头目居然成为明朝历史上一个特例，能够获得皇帝朱厚熜如此恩宠，绝不是无缘无故的。

陆炳没有显赫的家世，祖父在锦衣卫当一个小军官，父亲陆松世袭这一军职，跟随兴献王到封地湖广安陆。兴献王之子朱厚熜出生后，陆松的妻子成为他的奶妈。尚在襁褓的陆炳随同母亲进入王府，与朱厚熜一起长大，两人有着非同寻常的感情。朱厚熜以"兄终弟及"方式继承皇位后，陆炳的好运来了。由于出身军人家庭，从小习武，身手矫健，性格沉稳凶猛，体态魁梧，面色火红，走路如鹤，深得皇帝喜欢，由锦衣卫副千户晋升为指挥佥事、指挥使。

嘉靖十八年（1539），皇帝出巡，陆炳率领锦衣卫官兵随从护驾。在河南卫辉，半夜四更，行宫突然起火，扈从的官员仓促奔逃，不顾皇帝安危。陆炳奋不顾身冲进大火，背着皇帝逃出火场。这种舍身救主的行为，让皇帝看到了他的耿耿忠心，从此他越发受宠信，不断加官进爵，由都指挥同知晋升为都督佥事（正二品），又因为"缉捕盗贼"有功，晋升为都督同知（从一品），成为锦衣卫的最高长官。

锦衣卫的校尉称为"缇骑"，头目称为"缇帅"。陆炳这个缇帅所选用的缇骑，大多出于京城的世家大族，他们神通广大，耳目众多，善于刺探是非长短，凡是和他们作对的人，无不遭殃。为了扩充实力，陆炳招募了几千名善于骑射的武士。王世贞编写的《锦衣志》说，陆炳掌管锦衣卫时期，领取俸禄的锦衣卫官兵有十五六万人，是正式编制的三十倍。特务机构侦缉任务繁忙，人员大大超编，对于国家与社会而言不是一件好事，陆炳却因此而名利双收，权势日趋显赫。

陆炳的特殊背景和崇高地位，以及锦衣卫令人望而生畏的声势，使得先后担任内阁首辅的夏言、严嵩这样的权臣，都对他另眼相看，百般倚重。因此这一时期的锦衣卫势力完全超过了东厂。司礼监太监李彬侵占盗用皇宫建筑材料，违规营建自己的坟墓，陆炳侦知后，立即把李彬及其党羽一并处死，便是一例。他和专擅朝政的严嵩、严世蕃父子关系密切，文臣武将争先恐后奔走于他的门下，收受"红包""礼品"不计其数。他手下的缇骑，身穿红色或绿色号服，骑着怒马，专门侦查豪商巨富的一举一动，寻找借口逮捕拘押，没收资产，中饱私囊。几年下来，陆炳成为超级富翁，有白银几百万两，别墅十多所，庄园遍及四方。

值得注意的是，《明史·佞幸传》居然有这样的说法："帝数起大狱，（陆）炳多所保全，折节士大夫，未尝构陷一人。"锦衣卫头目居然会如此这般，令人难以置信。陆炳和纪纲、门达、逯杲、江彬、钱宁一起被列入《佞幸传》，难道有"未尝构陷一人"的"佞幸"吗？难道有"折节士大夫"的"佞幸"吗？当时的言官刘济有感于锦衣卫的嚣张气焰，曾说道："国家置三法司专理刑狱，或主质成，或主平反，权臣不得以恩怨为出入，天子不得以喜怒为重轻。自锦衣镇抚之官专理诏狱，而法司几成虚设。如最等小过耳，罗织于告密之门，锻炼于诏狱之手，旨从内降，大臣初不与知，为圣政累非浅。"看来《明史·佞幸传》的说法大有文过饰非之嫌，我真怀疑清朝的明史馆中是否有陆氏的后人。

事实表明，陆炳权势显赫时期的锦衣卫，与此前并无二致，依然是法外用刑、随意杀人的存在。

嘉靖十九年（1540）八月，皇帝听信道士段朝用的蛊惑，企图炼制"不死药"，公然宣布由太子"监国"，自己"告假"一二年。朝廷上下一片惊愕，却没有人出面反对，唯独太仆寺卿杨最上疏劝谏：神仙乃山栖澡练者所为，岂有高居皇屋、衮衣玉食，而能白日翀举者？皇帝勃然大怒，把杨最交给陆炳，关入锦衣卫镇抚司诏狱，酷刑拷打，当场毙命。嘉靖二十年（1541）二月，监察御史杨爵上疏批评皇帝常年不上朝，专心致志于道教斋醮，宠信大奸大蠹，弄得国将不国。他说：如今天下大势如人衰病已极，即使要拯救也无所措手足，况且吏治败坏，奔竞成俗，贿赂公行，士风人心颓坏到了极点。皇帝命陆炳在镇抚司诏狱对杨爵严刑拷打，打得杨爵血肉模糊，几次濒临死亡。户部主事周天佐为杨爵鸣不平，说道：国家设置言官以言论监督为职责，如今杨爵以言论获罪，关押数月，皇上叱责为小人、罪人。如果直言极谏为小人，难道缄默逢迎才是君子吗？如果秉直纳忠为罪人，难道阿谀奉承才是功臣吗？皇帝看了他的奏疏大怒，当即命令廷杖六十大板，然后关入锦衣卫的镇抚司诏狱。狱吏遵照陆炳的意思，断绝周天佐饮食三天，致使他死于非命。周天佐死后，陕西巡按御史浦鋐紧急上疏，为杨爵、周天佐伸张正义。皇帝暴怒，立即命令陆炳派锦衣卫缇骑逮捕浦鋐。浦鋐被捕，当地民众万人空巷，前来送行。浦鋐在镇抚司诏狱，榜掠备至，每日杖责一百，然后锢以铁柙，七天以后瘐死狱中。

这些忠臣所遭受的酷刑乃至毙命都与陆炳有关，可见《明史·佞幸传》所说"帝数起大狱，（陆）炳多所保全"云云，极不可信。

嘉靖二十二年（1543），许赞执掌吏部，内阁大学士严嵩经常"批条子""请托"，吏部郎中王与龄劝说许赞揭发。皇帝袒护严嵩，切责吏部，许赞吓得不敢吱声。吏科给事中周怡挺身弹劾严嵩"凭借宠灵，恃恩修怨"，又说严嵩"以盛气凌轹百司，中外之臣但知畏嵩，而不畏陛下"。皇帝认为周怡"本意直是谤讪"，命锦衣卫在阙下廷杖，然后关入诏狱。都察院的十三道御史联名申救，不但无效，反而被剥夺俸禄。

嘉靖二十六年（1547）十月，湖广道试御史陈其学弹劾陆炳以"锦衣卫掌事都督同知"的身份，借口北京流动人口太多，潜藏奸宄之徒，主张实施严禁政策，"矫下逐客之令"；又揭发陆炳勾结京山侯崔元增加盐税，收受奸商徐二贿赂等渎职行为。内阁首辅夏言代皇帝拟旨，要陆炳与崔元对簿公堂。权势不可一世的陆炳生怕事情闹大，专程拜访夏言，长跪地上请罪，夏言答应不再追究。由此陆炳记恨夏言。《明史纪事本末》说："（严）嵩既忌（夏）言，都督陆炳亦怨（夏）言持己，阴比（严）嵩图之。"后来夏言受曾铣牵连，而招致杀身之祸，就是陆炳与严嵩联手诬陷的结果。

仇鸾据守边关多年，劣迹昭彰，总督曾铣弹劾仇鸾"不听调遣"，朝廷派遣官员前往查核。仇鸾自知劣迹难以掩盖，更加肆无忌惮。曾铣上疏揭发他"贪纵酷虐，恣为不法"，皇帝命陆炳派锦衣卫校尉把仇鸾捉拿来京，关入锦衣卫诏狱。当时严嵩正想通过曾铣置夏言于死地，便收买仇鸾，诬陷曾铣掩盖败绩侵扣军饷，派遣其子曾淳与亲信苏纲，贿赂首席大臣。都是一些毫无佐证的一面之词，皇帝却信以为真，命陆炳把曾淳、苏纲关入诏狱。结果，以"交结近侍律"判处曾铣斩首，妻儿流放两千里，而且是"决不待时"——当天立即执行。七个月以后，前任内阁首辅夏言也在西市被斩首。这就是陆炳"阴比嵩图之"五个字的内涵。

仇鸾逃过一劫，对严嵩感恩戴德，"约为父子"，重贿严世蕃，走马上任宣大总兵之职，以后又冒报战功，获得太子太保荣誉头衔，晋升"总督京营戎政"要职。严嵩对他的嚣张气焰感到厌恶，写密疏揭他的老底。仇鸾反唇相讥，向皇帝暴露严嵩父子贪横的细节，严嵩、严世蕃惊惶失措。正在这时，锦衣卫头目陆炳伸出了援手。《明通鉴》写道："（仇）鸾亦陈嵩、世蕃贪横状。上稍疏嵩，嵩入直，不召者数日，至在第中父子对泣。时陆炳掌锦衣，方与（仇）鸾争宠，嵩乃结（陆）炳共图（仇）鸾。"新近入阁的徐阶与之密切配合，向皇帝指摘仇鸾种种劣迹。皇帝当即下旨剥夺他的兵权，仇鸾既惊又恨，背疽发作而死。仇鸾死后，陆炳向皇帝报告锦衣卫掌握的仇鸾"通虏纳贿"罪状，皇帝命陆炳会同三法司审理此案，结果以"谋反律"定罪。皇帝下诏：公布仇鸾罪状，"追戮其尸，传首九边"——对他的尸体追加刑罚，首级送往九个边防重镇传阅。

嘉靖三十二年（1553）二月，因为揭发仇鸾"密谋"有功，陆炳获得皇帝赏赐的少保兼太子少傅头衔、伯爵俸禄，官职也先已由都督同知晋升为了左都督（正一品）。三十三年（1554），又被命可以和内阁首辅以及吏部尚书、礼部尚书等"入直西苑",参与朝政机务。皇帝的眷顾使他得以善终。嘉靖三十九年(1560)十一月,陆炳病死于任上,并且获得"忠诚伯"爵位。

隆庆元年(1567),陆炳已经死去七年,但因为有御史谏言,穆宗追究他的罪行,削除他的官爵,抄没他的家产。难道真个是"恶有恶报"吗?

痴迷于玄修的"中材之主":自比为尧舜的嘉靖皇帝

"灵霄上清统雷元阳妙一飞玄真君",如果你看到这样的文字,肯定直觉反应那是道士的名号。你有所不知的是,拥有这个头衔的并非一般道士,而是嘉靖皇帝朱厚熜。《明史》对他的评语还算比较客气,称他为"中材之主"。孟森《明史讲义》对他的评价是:"终身事鬼而不事人。"在这点上简直无人能及,岂是"中材"而已。

读者诸君可能会说,按照宗教信仰自由的观点,皇帝崇信道教似乎不必非议。其实史家非议的并不是宗教信仰,例如谷应泰在《明史纪事本末》中对于"世宗崇道教"有这样的说法:"因寿考而慕长生,缘长生而冀翀举","爰考初政,即设斋宫。及其末年,犹饵丹药,盖游仙之志久而弥笃"。由仰慕长生而追求羽化成仙,弃朝政于不顾,与皇帝的职责背道而驰。

这表现在两方面。一是痴迷于道教斋醮,一味向"玉皇大帝"送上拍马屁的"青词"(写在青藤纸上的颂词),不但自己痴迷于此,还鼓动大臣专心致志撰写青词,培养了一批精于此道的"青词宰相"(如严讷、郭朴、袁炜、李春芳等)。二是在道士邵元节、陶仲文之流的指导下,为了自己的养生,炼制"长生不老"的丹药,热衷于"采阴补阳"(即与童贞处女相交的"房中术")。

这种道家养生理论在明中叶的上流社会风靡一时,《金瓶梅》中的西门庆就是一个典型代表,不过和朱厚熜相比稍显逊色。为了延年益寿,他把豆蔻年华的宫女作为"采阴补阳"的工具。日复一日的"采阴补阳",必须不断服食道士们为他炼制的"房中药"(春药)。这种药称为"红铅",它的奥秘正如《万历野获编》所说:"用红铅取童女初行月事，炼之如辰砂。"无怪乎历年陆续进宫的少女数以千计，原来她们既是"采阴补阳"的工具，又是"供炼丹药"的原料，最终都成了朱厚熜的"药渣"。

受到朱厚熜双重蹂躏的宫女忍无可忍，终于导致震惊朝野的"谋逆"事件。嘉靖二十一年（1542）十月二十日，朱厚熜夜宿端妃曹氏宫中，宫女杨金英等人乘朱厚熜熟睡之机，用绳索套上他的头颈，想把他勒死。或许过于紧张，或许操作不当，绳子打了一个死结，并未致命。参与此事的宫女张金莲知道事情不妙，溜出来报告皇后。皇后火速赶到，解开绳索，朱厚熜得以苏醒。皇后立即命令太监张佐等人逮捕宫女，严刑逼供，让其招出幕后主使人。其实那是宫女们的自发行动，并无主使人。皇后却假公济私，以"首谋"罪牵连宁嫔王氏，以"预知"罪牵连端妃曹氏，把端妃、宁嫔以及杨金英等，不分首犯从犯，一律凌迟处死，枭首示众，她们的家属，十人斩首，其余的发配功臣家为奴。

朱厚熜大难不死，说起了风凉话："朕非赖天地鸿恩，遏除宫变，焉有今兹！朕晨起至醮朝天宫七日。"他嘴上讲着"天地鸿恩"，内心深处却惊悸得很，匆匆搬出了大内，移居西苑，此后更加潜心玄修，一直到死都执迷不悟地和道士们混在一起。

最早获朱厚熜之宠的是龙虎山上清宫道士邵元节。嘉靖三年（1524），朱厚熜在乾清宫便殿接见他，一见如故，大加宠信，命他专门负责斋醮的祈祷、祭祀，封他为"致一真人"，总领道教，官居二品。嘉靖十五年（1536），皇子诞生，朱厚熜以为是邵元节"祷祀"有功，加授他礼部尚书，享受一品服俸。道士出任尚书，简直是闻所未闻的咄咄怪事。三年后，邵元节病死，朱厚熜派太监为之护丧，按照伯爵规格抚恤。

嘉靖十九年（1540），道士段朝用打造银器送给皇帝，说：用来盛饮食物或上供，"神仙可致"；但必须深居简出，不和外人接触，才可以炼成"不死药"。朱厚熜大喜过望，当即向大臣们宣布：朕休假一二年，由太子监国（代理皇帝职权）。

为了"不死药"，皇帝居然要休假一二年，满朝大臣惊愕得不知所措，却没有人敢于阻拦。在此紧要关头，太仆寺卿杨最挺身而出表示反对，他说：听到皇上这一谕旨，"始则惊而骇，继则感而悲"，尧舜汤武这些圣贤以为"修养成仙"之事不易得，因为不易得，所以不学。希望皇上"不迩声色，保复元阳，不期仙而自仙，不期寿而自寿。黄白之术，金丹之药，皆足以伤元气，不可信也"。杨最说得入情入理，有理有节，朱厚熜听了竟然暴跳如雷，把他关入锦衣卫镇抚司诏狱严刑拷讯，致使他瘐死狱中。

迫于舆论压力，朱厚熜不得不放弃休假一二年的想法，却耿耿于怀。不久监察御史杨爵支持杨最，批评皇帝"经年不视朝，日事斋醮，工作烦兴，严嵩等务为诡谀"。朱厚熜压抑的怒气顿时爆发，命锦衣卫镇抚司严刑榜掠，打得他血肉狼藉，几次濒临死亡。户部主事周天佐、陕西巡按浦铉为杨爵申辩，先后被朱厚熜的御用特务机构活活折磨而死。

后来获皇帝恩宠的道士陶仲文由他的师父邵元节引荐，来到皇帝身边。嘉靖十八年（1539）二月，他跟随皇帝朱厚熜南巡来到河南卫辉，一阵旋风吹来，朱厚熜询问是何征兆，陶仲文回答："主火。"当晚果然行宫发生火灾，朱厚熜佩服得五体投地，授予他"秉一真人"的称号。

自从移居西苑后，朱厚熜夜以继日地醉心于"求长生"，不理朝政，也不和大臣接触，唯独与陶仲文朝夕见面。每次接见，不仅赐坐，而且从不直呼其名，尊称为师，赠予礼部尚书，以及少师、少保、少傅头衔，史家称：一人兼领"三孤"，整个明朝只有陶仲文而已。这个黄梅县吏出身的道士，不到两年就登上"三孤"，恩宠超出了邵元节，从而带动了谄媚取容的小人顾可学、盛端明。顾、盛二人炼制"秋石"献给皇帝,说可以"却病延年",朱厚熜服用以后,感到颇为灵验,越级提拔他们为礼部尚书。所谓"秋石"是用童尿提炼而成的"春药",颇为灵验的并非"却病延年",而是助力"房中术"。正如《万历野获编》所说:"名曰长生,不过供秘戏耳。"所谓"秘戏",是当时人对"房中术"的一种雅称。

陶仲文的得宠,使得大批道士进入宫中,个个都以"烧炼符咒"投皇帝之所好,而红极一时,然而不久就身败名裂。唯独陶仲文"恩宠日隆,久而不替"。嘉靖三十九年(1560)十一月,陶仲文病死。《明通鉴》这样写道:"(陶)仲文以方术事上,被恩宠,不次迁擢,前后几二十年……恩礼有加,自来方士所未有也。"

另一个道士蓝道行的手法更胜一筹,把法术用于干预朝廷政务。唐鹤征《皇明辅世编》说:内阁次辅徐阶知道皇上宠信蓝道行,重大朝政都向他咨询,便和他结交成为密友,利用他来扳倒严嵩。嘉靖四十一年(1562)五月某一天,皇帝向蓝道行提问:今日天下为何不能治理?蓝道行扶乩,代表神仙回答:原因在于,贤能者不能进用,不肖者不能屏退。皇帝问:谁是贤能者,谁是不肖者?神仙答:贤能者是内阁辅臣徐阶、吏部尚书杨博,不肖者是严嵩父子。皇帝再问:我也知道严嵩父子贪赃枉法,念及他们奉承玄修多年,姑且容忍。而且他们果真是不肖之徒,上天真君为何不震怒,予以严惩?"神仙"答:严世蕃恶贯满盈,本应严惩,由于他在京城,上天恐怕震惊皇帝,如果把他发配到外地,便可以让他粉身碎骨了。扶乩完毕以后,蓝道行马上把这一机密情况通报徐阶。徐阶深更半夜派人通知御史邹应龙撰写奏疏,弹劾严嵩父子。次日清晨皇帝看到这份奏疏,当即下旨:勒令严嵩退休,严世蕃流放边疆。

严嵩罢官以后,朱厚熜常常追思他赞襄玄修的功劳,心境时常不乐,对首辅徐阶等大臣说,想把皇位传给太子,自己退居西苑,专心致志祈求长生。徐阶等人赶忙极力劝谏。朱厚熜乘机要挟说：既然你们都不愿意，必须心甘情愿地辅佐玄修不可。如今严嵩已退，他的儿子也已伏罪，再有大臣说三道四，连同邹应龙一并斩首。

机敏的严嵩以为这是一个转机，秘密用重金贿赂皇帝身边之人，让他们揭发蓝道行"怙宠招权"等不法行为。朱厚熜本来就心中有气，抓住这个把柄，立即命锦衣卫处死蓝道行。此后，他的玄修变本加厉。当时有个道士进献"法书"六十六册，他看了很满意，下令御史姜儆、王大任分别巡行全国，任务是"访求方士及符箓秘书"。晚年的他对朝政愈发倦怠，一心希冀上天眷顾，祈求长生，因此对于"方术"的渴求越加迫切。于是乎引来了"直声震天下"的海瑞上疏。

嘉靖四十五年（1566）二月，户部主事海瑞见皇帝久不视朝，专意斋醮，朝廷大臣专心于撰写青词贺表，封疆大吏争先恐后进献符瑞，百般迎合，没有人敢表达不同意见，便愤然上疏予以抨击。他直截了当地批评道："陛下之误多矣，其大端在于斋醮，斋醮所以求长生也……陛下受术于陶仲文，以师称之，仲文则既死矣，彼不长生，而陛下何独求之？"在他看来，陛下早就该"幡然悔悟"，"洗数十年之积误，使诸臣亦得自洗数十年阿君之耻"；"此在陛下一振作间而已，释此不为，而切切于轻举度世，敝精劳神，以求之于系风捕影，茫然不可知之域，臣见劳苦终身而无成也！"说得痛快淋漓，逻辑严密，而又措辞委婉，不失分寸。朱厚熜久服红铅、秋石，本来火气就旺，看了奏疏勃然大怒，把奏章扔到地上，命令左右侍从：把海瑞抓起来，不要让他跑了！身边的太监黄锦小声说：此人素有痴名，上疏之前料定必死无疑，便已诀别妻子，遣散僮仆，抬了棺材来上朝，是不会逃跑的。

后来因为病入膏肓，朱厚熜和徐阶谈起"内禅"（让位）之事，说："朕不自谨惜，致此疾困。"总算讲了一句真话，为求长生而导致重病缠身。说这话时，他距离死亡已经不远了。

严嵩、严世蕃父子

明朝嘉靖年间政坛上权势显赫的严嵩，臭名昭著，人所共知。一般百姓对他的了解，并不是从《明史》，而是从小说和戏曲得来。贪赃枉法、残害忠良的严氏父子死后，抨击他们的小说戏曲作品络绎不绝，如《宝剑记》《鸣凤记》《金瓶梅》《喻世明言》《一捧雪》，直至《盘夫索夫》之类。人们从中看到了钉在历史耻辱柱上的奸臣受到正义和道德的拷问，一泄心头之恨。

清朝人编写的《明史》，把严嵩列入《奸臣传》，因为他不仅专擅朝政，而且贪赃枉法，是明朝屈指可数的大贪官。王世贞《籍没权贵》一文写道：明朝遭到"籍没"（即抄家）的权贵有六人，其中三个是太监——王振、刘瑾和冯保，另外三个是佞幸江彬与钱宁，以及奸臣严嵩。

严嵩倒台后，家产被籍没，数额之巨大令人吃惊。田艺蘅《留青日札》与佚名《天水冰山录》记录了当时的抄家清单，其中文物珍宝、黄金白银、田地房产、店铺商号等应有尽有，一一罗列出来，令人眼花缭乱。在中国贪官史上，严嵩足以和乾隆时代的巨贪和珅相比肩。

他的儿子严世蕃曾经和门客幕僚品评当世天下巨富，说道：白银五十万两以上的头等富户，全国不过十七家，其中山西商人三家、徽州商人两家，此外十二家都是达官贵人。毫无疑问，达官贵人与商人不同，并非经商致富，而是通过以权谋私、权钱交易、贪赃枉法而致富的。严嵩、严世蕃父子的家产远远超过了白银五十万两这条界线，说他们是当时的首富毫不为过。

严嵩，江西袁州府分宜县人，十九岁中举，二十六岁成进士。此人很有一些才华，办事干练老到，因此官运亨通，从翰林院、国子监等清水衙门做起，逐渐进入权力中枢，嘉靖十五年（1536）升任礼部尚书，嘉靖二十一年（1542）进入内阁，一直干到嘉靖四十一年（1562）。其长期专擅朝政的原因，最为关键的一点就是皇帝的宠信。

嘉靖皇帝痴迷于道教玄修，祈求长生不老。大臣们阿谀奉承，全力支持他"静摄"，替他撰写"青词"。所谓"青词"，是道教举行斋醮仪式时奉献给玉皇大帝的表文，用红笔写在青藤纸上，叫作青词贺表。严嵩是精于此道的行家里手。此人颇有文才，写得一手好文章，早年和文坛著名的"前七子"——李梦阳、何景明、徐祯卿、边贡、王廷相、康海、王九思，互相唱和。这样的文字功底，用来写青词贺表，自然非等闲之辈可以望其项背，他从而深得皇帝欢心。正如《明史·严嵩传》所说："醮祀青词，非（严）嵩无当帝意者。"因而博得臭名。长期专擅朝政的奥秘，于此昭然若揭。刚愎自用而又执迷不悟的嘉靖皇帝，需要一个投其所好、让他放心的内阁首辅来摆平朝廷政事。严嵩正是这样一个角色。他把与皇帝的关系处理得非常和谐，谄媚逢迎是他的基本能力，马屁功夫十分了得，皇帝把他看作心腹股肱。他则把皇帝当作护身符，权势显赫的同时，结党营私，贪赃枉法。

严嵩出任内阁首辅时，已经六十三岁，虽然精通政坛权术，愈加老辣，毕竟年岁不饶人，精力不济，便把儿子严世蕃推上了前台。严世蕃是他的独子，相貌奇丑，白白胖胖像个大冬瓜，五短身材，又是独眼龙（一眼瞎），虽然机智敏捷，桀骜狡猾，却不学无术，很难从科举正途向上爬。但因为有一个显赫的父亲，仕途就坦荡多了。依靠父亲的"恩荫"，他进入国子监镀金，而后在顺天府混了个五品官当，有了这样的资历后，便越级升任尚宝司少卿（替皇帝掌管印信、发布政令）。后来调任工部侍郎，权力却超越工部，因为他在代行父亲的内阁首辅权力。

对于严氏父子把持朝政的现象，当时京城内外民众看得很透彻，概括为六个字："大丞相，小丞相。"大丞相是严嵩，小丞相是严世蕃，号称"父子两阁老"。内阁处理朝廷日常事务的权力，已由严世蕃一手操纵。大臣们向严嵩请示，他一概回答：去问小儿东楼（严世蕃号东楼）。严府门前车水马龙，官员们摩肩接踵去谒见"小丞相"。"小丞相"的政治智慧远远不及"大丞相"，却有他的应对办法，豢养了一帮门客——赵文华、鄢懋卿、万寀之流，为他出谋划策，收受贿赂，还陪他宴饮嬉戏，寻欢作乐，结成一个盘根错节的权力网络。

为了聚敛财富，"大丞相"和"小丞相"公然卖官，"按质论价"：御史、给事中之类言官，白银五百两、八百两乃至一千两；吏部郎中、主事，白银三千两至一万三千两。

言官掌握监察权，价格稍贵；吏部掌握人事权，价格更贵。有一个刑部主事项某，行贿一万三千两银子，企求调任吏部主事。消息传出，舆论一片哗然，讽刺这个项某是"万三官"。上行下效，官场贪风愈演愈烈，政治腐败至极，当时有人入木三分地指出，根子就在严嵩身上："嵩好谀，天下皆尚媚；嵩好贿，天下皆尚贪。"

严嵩设计陷害内阁首辅夏言，排挤打击内阁次辅翟銮，激起正直官员的义愤，弹劾他"人品卑劣""素著奸恶""专柄揽权"。嘉靖皇帝最讨厌官员批评他的宠臣，以为"本意直是谤讪"——诽谤讥讽皇帝。嘉靖帝认为严嵩为人"忠顺"，办事"勤敏"，只是名声不好，便经常出面帮他说话，树立他的威信。比如说，在西苑万寿宫，当着大臣们的面，不但给他嘉奖手谕，而且赏赐"忠勤敏达"银质印章一枚，可以用来"密封言事"，直接向皇帝密报朝廷动态。又比如说，严嵩在家乡建造豪华的宅邸，嘉靖帝为他书写匾额，厅堂的匾额是"忠弼"二字，楼堂的匾额是"琼翰流辉"四字。在嘉靖帝眼里，他是"忠勤""忠弼"的大忠臣。因此，无论官员们如何前仆后继地弹劾，都无法扳倒他。

嘉靖二十九年（1550），由于严嵩的失职，导致蒙古军队兵临北京城下，成为堂堂天朝的奇耻大辱，激起公愤。慑于严嵩的威势，朝廷中的高级官僚个个噤若寒蝉。一个小官锦衣卫经历沈炼挺身而出，向皇帝呈上一份奏疏，题为"早正奸臣误国，以决征房大策"，矛头直指严嵩、严世蕃父子。皇帝接到这份奏疏，命内阁的李时代他起草批示（即所谓"票拟"）。李时不敢自作主张，向严世蕃征求意见。与被弹劾者商量处理意见，看起来很荒唐，却又在当时的情理之中。更为荒唐的是，严世蕃和严嵩的干儿子赵文华一起商量，炮制了"票拟"，让李时全文照抄，然后以皇帝圣旨形式公布。结局是可想而知的：指责沈炼"恣肆狂言，排陷大臣"，杖责之后，流放塞外。六年后，在严氏父子的指使下，沈炼被无端扣上"谋叛"罪名处死，他的长子充军，次子、三子被活活打死。

严嵩用这样的手法向人们显示，想要扳倒他的人，绝没有好下场。

传统伦理道德熏陶出来的士大夫精英分子，不愿同流合污，把气节看得高于一切，宁为玉碎不为瓦全。嘉靖三十二年（1553），刑部员外郎杨继盛弹劾严嵩十大罪状：其一，破坏太祖高皇帝定下的祖宗成法；其二，把皇帝的大权窃为己有；其三，掩盖皇帝治国的功勋；其四，纵容奸恶儿子窃取首辅职权；其五，把朝廷军功据为己有；其六，引用悖逆奸臣；其七，耽误国家军机；其八，掌控官员任免升降大权；其九，使朝廷丧失民心；其十，败坏官场与社会风气。

杨继盛的弹劾比沈炼更加深刻，直指要害，言辞也愈加尖锐。他说，陛下的左右都是严嵩的间谍，陛下的喉舌言官都是严嵩的鹰犬，陛下的爪牙都是严嵩的瓜葛，陛下的耳目都是严嵩的奴隶，陛下的臣工都是严嵩的心膂。最后，他严正指出：

> 陛下奈何爱一贼臣，而使百万苍生毙于涂炭哉？愿陛下听臣之言，察嵩之奸，或召问二王，或询诸阁臣。重则置之宪典，以正国法；轻则谕令致仕，以全国体。

杨继盛当然知道，弹劾的胜算几乎等于零，他是在冒死谏诤，宁愿用自己的死来营造一种扳倒严嵩的政治气氛。杨继盛书生气太盛，居然在奏疏中批评皇帝"甘受嵩欺"，"堕于术中而不觉"，还要求皇帝让三子裕王、四子景王来揭发严嵩的罪恶。

老奸巨猾的严嵩抓住把柄，指责杨继盛心怀叵测，竟然胆敢挑拨皇帝与藩王的关系。嘉靖帝勃然大怒，当即拿起朱笔，在杨继盛奏疏上写下了这样的批示：

> 这厮因谪官怀怨，摭拾浮言，恣肆渎奏。本内引二王为词，是何主意？着锦衣卫拿送镇抚司，好生打着究问明白来说。

杨继盛赤胆忠心的谏诤，在嘉靖帝看来是别有用心，是贬官以后的肆意发泄；肆意牵连两位藩王，肯定有什么不可告人的阴谋，必须严刑拷打，老实招供。杨继盛被关进特务机构锦衣卫诏狱，既然圣旨明言"好生打着究问明白"，那些打手就毫不手软地动用种种酷刑，追究他为何要把裕王、景王牵涉进来。他堂堂正正地回答：除了二位藩王，谁不害怕严嵩？行刑前好心人给他送来蚺蛇胆疗伤，他坦然说：我自己有胆，何必用蚺蛇胆？随即遭到杖责一百，皮开肉绽。夜半时分，他用碎碗片把腿上的腐肉，连带筋膜，用手截断。一旁的狱卒掌灯察看，差一点昏厥，杨继盛却意气自若。

杨继盛身上有着士大夫引以为自豪的名节正气，始终没有被屈打成招，被处死前，写下遗诗：

> 浩气还太虚，丹心照千古。
> 生平未报恩，留作忠魂补。

嘉靖三十七年（1558），刑科给事中吴时来，刑部主事张翀、董传策，联手行动，在同一天上疏弹劾严嵩。吴时来说：严嵩辅政二十年，文武官员的升迁或罢黜，都由他一手包办；暗地里纵容儿子严世蕃出入禁地，代行内阁首辅职权。严世蕃因此招权示威，对公卿颐指气使，视将帅如奴仆；公然收受贿赂，家中赃财堆积如山；安排亲信万寀把持吏部文选司，方祥把持吏部职方司，按照他的意志来任免官员。如果不除去严氏父子，陛下虽然宵旰忧劳，边疆战事必将不能有所成效。

张翀说：臣每每经过长安街，见到严府门前充斥着边镇将帅的使者，在见严嵩之前必须先向他的儿子馈赠厚礼，在见他的儿子之前必须先馈赠他的管家。他的管家严年的私产已经超过数十万两银子，严氏父子的财富可想而知。

结果是在意料之中的，吴、张、董三人都遭到处置，吴时来发配广西横州，张翀发配贵州都匀，董传策发配广西南宁。

严嵩之所以扳不倒，道理很简单，有皇帝撑腰。一旦失去皇帝的恩宠，情况就大不同了。嘉靖四十年（1561），一向善于阿谀逢迎的严嵩，一言不慎，得罪了皇帝，从此失去恩宠。

嘉靖四十年十一月二十五日夜里，大火把西苑永寿宫化作一片废墟。如何善后？大臣中发生了分歧，有的主张修复永寿宫，有的主张皇帝迁回大内。严嵩不知出于何种考虑，既不同意修复永寿宫，也不同意迁回大内，别出心裁地建议皇帝迁往南宫。这一建议触犯了禁忌——南宫是一个不祥之地，当年被蒙古俘虏的英宗回京时，景帝把他幽禁在南宫。嘉靖皇帝对此颇为忌讳：严嵩为什么建议我去那个倒霉的地方？

内阁次辅徐阶一向圆滑，从不敢和严嵩对着干，这时敏感地觉察到皇帝已经不再宠信严嵩，便反其道而行之，积极主张修复永寿宫，并且以最快的速度竣工，让皇帝搬进心爱的永寿宫，因而博得了皇帝的欢心，眷顾的天平向徐阶倾斜了。

为了扳倒严嵩，徐阶利用皇帝笃信道教的弱点，收买他身边的道士蓝道行。让其在扶乩时，假借神仙之口攻击严嵩，取得出奇制胜的效果，皇帝"幡然醒悟"，抛弃了宠信二十年的奸臣。据唐鹤征《皇明辅世编》记载，情节很是生动有趣。

某一天，皇帝向蓝道行提问，蓝道行扶乩，请神仙回答。人神之间的对话如下：

皇帝问：今日天下为何不能治理？

神仙答：原因在于，贤能者不能进用，不肖者不能屏退。

皇帝：谁是贤能者，谁是不肖者？

神仙：贤能者是内阁辅臣徐阶、吏部尚书杨博，不肖者是严嵩父子。

皇帝：我也知道严嵩父子贪赃枉法，念及他们奉承玄修多年，姑且容忍。他们果真是不肖之徒，上天真君为何不震怒，予以惩罚？

神仙：严世蕃恶贯满盈，应该迅速严惩，因为他在京城，上天恐怕震惊皇帝。如果把他发配到外地，便可以让他粉身碎骨。

扶乩完毕后，蓝道行马上把这一机密情报告诉徐阶。徐阶唯恐皇帝反悔，半夜三更派人通知御史邹应龙撰写奏疏，弹劾严嵩、严世蕃父子，次日清晨立即呈送皇帝。接到这份奏疏，皇帝当即下旨：勒令严嵩退休，逮捕严世蕃，流放边疆。不久，皇帝就有些反悔，多年积累的感情一时难以割舍，每每想起严嵩"赞修之功"，若有所失，闷闷不乐。他写了一道手谕给新任首辅徐阶："嵩已退，其子已伏辜，敢再言者，当并（邹）应龙斩之。"也就是说，今后如果再有官员提及严氏父子的事情，那么就把那个官员连同邹应龙一并处死。

嘉靖帝态度的微妙变化，后果是明显的。严嵩虽然退休，并未伤筋动骨；严世蕃流放海南岛雷州，成了虚应故事的官样文章，行至半路就返回江西分宜老家，威风依旧。他的党羽罗龙文也从流放地逃回江西分宜严府，与严世蕃策划如何翻盘。

管辖分宜的袁州知府了解到这一动向，添油加醋地夸张为严府"聚众练兵谋反"，通报给巡江御史林润。林润先前曾经弹劾严氏父子的党羽鄢懋卿，担心严世蕃如果东山再起，自己遭到报复，立即把这一情况上报朝廷，再度加以夸张：严世蕃、罗龙文"蔑视国法"，"有负险不臣之志"，聚集勇士几千人，图谋不轨，为此还勾结"倭寇"，做着"谋反"的准备。

嘉靖帝对于将严嵩罢官有点后悔，严世蕃流放途中擅自逃回，他也就睁一眼闭一眼，不予追究，况且追究下去自己也不光彩。不过作为一国之君，可以容忍他们贪赃枉法，绝对不能容忍谋反。接到林润的报告，嘉靖马上下达圣旨，逮捕严世蕃、罗龙文，押解来京审问。

严世蕃似乎早就做好了预案，胸有成竹。他听说言官们想通过治他的罪，为沈炼、杨继盛平反，很是高兴，得意洋洋地对党羽说："任他燎原火，自有倒海水。"那么，他的"倒海水"是什么呢？

他们策划的"预案"是这样的：在审讯、定案时，可以接受贪赃枉法罪，好在嘉靖帝对此并不在意；最为可怕的是"聚众""通倭"，务必要买通关节，删去这些词句，代之以沈炼、杨继盛的冤狱，来激怒嘉靖帝，借以脱身。以他昔日的余威，以及在官场的关系网，很容易地买通三法司（刑部、大理寺、都察院）的官员，在定罪文书上写进为沈炼、杨继盛翻案的文句。这是一个很难察觉的阴谋，因为对于沈炼、杨继盛的惩处，实际上是皇帝亲自决定的。为沈、杨翻案，就等于要皇帝承认错误，肯定会激怒刚愎自用的嘉靖帝。这样的话，翻盘计划或许将由于皇帝的一句话成为现实。

严世蕃精心策划的阴招，被精明过人的徐阶识破了。三法司把严世蕃的定罪书交给内阁首辅过目，徐阶一下就看出了问题，要害是"彰上过"（彰显皇上的过错）。他把刑部尚书黄光升等引入内室，屏退左右，问道：诸君子以为严公子应当生还是死？黄光升答道：死不足以赎罪。徐阶又问：那么此案是杀还是生？黄光升等答道：用杨继盛、沈炼案，正是要严公子抵死。

徐阶慢条斯理地说：恰恰相反，杨继盛、沈炼案件诚然激起天下公愤，杨、沈二人都是皇上亲自下旨处死的，皇上岂肯"自引为过"？一看到这份定罪书，必定怀疑三法司企图借严氏案件"归过于上"，必然震怒，你们几位主事者恐怕罪责难逃，严公子却可以得意洋洋离开京城了。

黄光升等惊愕得说不出话来，请教补救良策。

徐阶说：稍迟事机泄露，将不可收拾。说罢，从袖子中拿出一份文稿，把基调定在严世蕃与罗龙文聚众谋反上——"多聚亡命，南通倭，北通虏，共相响应"。议论已定，随即叫书吏誊清，加盖三法司印章密封，送呈皇上。

这一切严世蕃是不知道的，他还在暗自窃喜，以为自己的计谋已经得逞，对罗龙文说：他们要以你我为杨、沈抵命，奈何？罗龙文不解其意，没有说话。他抓住罗的手，轻声说：且畅饮几杯，不出十日，必定释放而归。皇上因此感念家父，别有恩命，也未可知。到时候再来收拾徐阶，还不晚。

严世蕃诡计多端，殊不知徐阶棋高一着，使得他的如意算盘落空了。

经过徐阶修改的定罪书，强调的重点别出心裁，是皇帝毫不知情的罪状："谋反""通倭""通虏"。为此虚构了子虚乌有的情节，例如：严世蕃和罗龙文一起诅咒朝廷，召集亡命之徒几千人，操练兵法，妄图谋反，并且企图勾结倭寇、蒙古，内外呼应。

严世蕃罪大恶极，不杀不足以平民愤。但是，平心而论，把"谋反""通倭""通虏"的罪状强加于他，是用诬陷不实之词掩盖真正的罪状，用捏造的罪状来定案，显然是在耍弄阴谋诡计。

这样一来，避开了"彰上过"的要害，皇帝很平静地接受了，作出这样的批示：仅仅凭林润的揭发，还不足以定案，也不足以昭示后世，必须进一步核实。徐阶和三法司再度耍弄手段，根本没有核实，径直由徐阶代替三法司起草"核实"报告，用肯定的语气回答皇帝：经过核实，严世蕃"谋反""通倭""通虏"证据确凿。

嘉靖四十四年（1565）三月二十四日，皇帝下达圣旨，批准三法司的拟议，以"交通倭虏，潜谋叛逆"的罪名判处严世蕃、罗龙文斩首。严、罗二人得到消息，大失所望，抱头痛哭，家人要他们写遗书"谢其父"，竟然"不能成一字"。

此举大快人心，京城百姓各自相约前往西市观看行刑，饮酒庆祝，一时间西市热闹得如同节日。随之而来的是查抄严府，据说有黄金三万余两、白银三百余万两，其他珍宝古玩价值白银数百万两。已经罢官的严嵩和他的几个孙子都被黜为民。曾经不可一世的权奸，精神彻底崩溃，寄食于墓舍，两年之后命归黄泉。

严嵩、严世蕃父子恶贯满盈，罪有应得，留给人们深思的是，以往持续多年的义正词严的弹劾，为何始终不能奏效，而充满阴谋与权术的做法却取得了成功？几年后，史官在编纂《明世宗实录》时对此表示了质疑：严世蕃凭借父亲的威势，"盗弄威福"，"浊乱朝政"，完全可以按"奸党"罪处死，三法司偏偏要说他"谋逆"。无疑是"悉非正法"的处置。所谓"悉非正法"云云，就是没有以事实为依据，以法律为准绳，而是用一种非法手段处死本该处死的罪犯。

看起来匪夷所思，其实不足为奇，否则的话，就不成其为专制政治了。

严嵩死后，颇有一些人为他惋惜，以为其人很有文才，事情都坏在儿子严世蕃手上。晚明文人何乔远就有类似的看法："（严）嵩相二十许年，不近女色，精心从上奉玄，别以文章交欢士大夫，而以朝政内委其子世蕃。凡九卿科道官有所请，则曰：'小儿识天下大体，可与商。'世蕃以父任为工部侍郎，狡谲有机智，颇记识往牒。是时，四方多故，世蕃遇疑难事，皆能援已然参所见以对。其父嵩依所对以闻上，时时契上意，嵩益谓世蕃能。世蕃嗜酒凶诞，姬妾满前，倚父宠，窃国柄无忌，受四方财贿累数百万。有不得其意者，阴借上旨杀之。"他的意思是，子以父贵，父以子祸。这种观点，从明末一直到清初，始终不为有识之士认可，清朝官方编纂的《明史》，仍然把严嵩列入《奸臣传》，绝非偶然。

徐阶："名相"还是"甘草阁老"？

徐阶由于"海瑞上疏"和"海瑞罢官"的关系，而为世人所关注，也许因为这样的关系，人们对他的评价大多带有情绪。

严氏父子死了，嘉靖皇帝还活着，依然故我，朝政没有起色，令有识之士忧心忡忡。黄仁宇说得非常有意思："严嵩去职虽已三年，但人们对嘉靖的批评依然是'心惑''苛断'和'情偏'。然而他对这些意见置若罔闻，明明是为谀臣所蒙蔽，他还自以为圣明如同尧舜。"这时，一向刚直不阿的海瑞上了一本奏疏，嬉笑怒骂地批评皇帝："嘉靖者，言家家皆净而无财用也。"他向皇帝提出警告，要皇帝"幡然悔悟"，洗刷"君道之误"。这就是为后人津津乐道的"海瑞上疏"。执拗的"中材之主"哪里有这样的雅量，一定要处死海瑞，来维护自己拒绝纳谏的尊严。幸亏内阁首辅徐阶从旁缓解，海瑞才幸免一死。隆庆皇帝即位后，海瑞从监狱中获释，不久以都察院右佥都御史的身份出任应天十府巡抚，查实徐阶在家乡松江接受"投献"。对于当年的救命恩人，海瑞丝毫不讲情面，一定要徐阶"退田过半"。双方较量的结果以徐阶的胜利告终，海瑞罢官而去。

其实，徐阶并非"反面人物"。他的最大贡献是扳倒了不可一世的严嵩、严世蕃父子，在嘉靖、隆庆之交，拨乱反正，清除严氏父子的亲信党羽，扭转先前的政治颓靡局面，因此被誉为"杨廷和再世"。

徐阶，字子升，号少湖，一号存斋，松江府华亭县（今上海松江）人。据王世贞为他写的传记的描述，"短小白皙""眉秀目善"，一副典型的江南士人气派，能屈能伸，随机应变而不露声色，又精通权术。在严嵩专权跋扈的形势下，能够合作共事而不被打倒，充分显示了他的政治智慧，谋略和诡谲兼而有之。这种品格或许并不高尚，却颇为实用，不仅保全了自己，而且潜移帝意，导致严嵩、严世蕃父子的垮台，为拨乱反正扫清了障碍。

他主政以后，在内阁办公室墙壁上写了一个条幅：

以威福还主上
以政务还诸司
以用舍刑赏还诸公论

这条幅用直白的语言宣称，他要拨乱反正，把威权和福祉归还皇帝，把政务归还朝廷各部门，把官员的任免与奖惩归还公众舆论，可以看作是他的施政纲领，目的在于改变严氏父子专擅朝政的局面。意图是很明显的，他要向朝廷上下表明，不想成为严嵩第二，一定要反其道而行之。

唐鹤征所写的徐阶传记，对其给予高度评价："（徐阶）尽反（严）嵩政，务收人心，用物望，严杜筐篚，天下翕然想望风采。"意思是说，徐阶执政和严嵩完全相反，把收拾人心作为第一要务，用威望来杜绝不正之风，全国人民都迫切想一睹他的风采。

唐鹤征用具体的实例来论证他的观点：起初，徐阶与严嵩同事，下级官员的贿赂馈赠，虽然没有给严嵩的那么多，数量也不少，他都照单全收，从未拒绝。他对人解释其中原委：如果拒绝，恐怕以自己的高洁反衬出严嵩的污秽。日子一长，人们也就不再非议了。当他成为内阁首辅以后，就和严嵩反其道而行之，邀请内阁次辅袁炜一起办公，共同为皇帝票拟谕旨。皇帝知道了，认为不妥，只要首辅一人票拟即可。徐阶向皇帝解释，事情出于众人合议比较公正，而公正是所有美德的基础；独断专行就是自私，而自私会导致百弊丛生。皇帝听了表示同意。当时言官竭力抨击勾结严氏父子的大臣，皇帝对此很反感。徐阶委婉曲折地作出解释，缓解了皇帝的怒气，保护了那些言官。某一天，皇帝和徐阶谈起人才难得，徐阶侃侃而谈：自古以来常言道，"大奸似忠，大诈似信"（最大的奸佞貌似忠诚，最大的欺诈貌似诚信），能够知人善任，便是哲人。因此当皇帝是最难的。要想把困难转化为容易，只有广泛听取意见一个途径。广泛听取意见，就等于有人为皇帝化解穷凶极恶，为皇帝揭发隐匿的实情。皇帝听了他的一番宏论，连连称赞。

可见徐阶对于治国、用人还是很有想法的。他引荐门生张居正为裕王（后来的隆庆皇帝）讲学，使日后的权力交接显得更为顺利。嘉靖皇帝病危，徐阶连夜紧急召见张居正，一起谋划，起草遗诏，次日清晨当朝公布，稳定了嘉靖、隆庆交替之际的政局。朝廷上下对此赞誉有加，把他比喻为"杨廷和再世"。

嘉靖四十五年（1566）十二月十四日，皇帝朱厚熜去世，由徐阶和张居正起草的遗诏并不是朱厚熜临死前口授的，而是用"遗诏"名义发布的徐阶和张居正的政见。为了拨乱反正，"遗诏"强调了已故皇帝对于痴迷道教的错误有所反省，为那些因批评皇帝清虚学道而遭到惩处的官员恢复名誉和官职，惩处主持玄修的道士，停止一切斋醮活动。一看便知，这不是执迷不悟的朱厚熜愿意讲的话。但是，当时必须这样做。十二月二十六日，穆宗隆庆皇帝即位，他的登极诏书也是徐阶和张居正起草的，基调和先帝遗诏完全一致，主旨是强调起用因反对玄修而遭惩处的官员，处罚道士，停止斋醮，破格提拔贤才，裁减冗员。

嘉靖、隆庆之际的政治交接，徐阶处理得巧妙、妥帖，先是以"遗诏"的形式表示先帝的悔悟，继而以"即位诏书"的形式表示尊重先帝的遗愿，避免了"改祖宗之法"的非难。

徐阶确实配得上"杨廷和再世"的美誉。他是聂豹（号双江）

的门下弟子，也是欧阳德（号南野）、邹守益（号东廓）、罗洪先（号念庵）等著名学者的同道，对王学（阳明学）是有精深研究的。不过，他并不是学者型官僚，也不是一个理想主义者，而是一个务实型官僚。接手严嵩留下的烂摊子，必须拨乱反正，力图革新。他在给友人的信中说，今日的局面似乎已有更新之机，但是人心陷溺已久，一定要是德高望重的人才能转移；朝廷政务的废弛已经达到极点，一定要用高明的手段才能整顿。这两点我都没有，所以感叹"有时无人"！正因为如此，国家大事并非一人所能担当，必须有人倡率，有人协助。我有幸得到父师的教诲、朋友的指点、皇上的信任，力所能及地起一点"倡率"作用。

徐阶推心置腹地敦请严讷出任吏部尚书，整顿颓败已极的吏治。《明史·严讷传》谈到严讷出掌吏部，为了扭转严嵩造成的"吏道污杂"局面，与同僚约法三章：其一，谈公事到吏部衙门，不得到他的私宅；其二，慎重选择吏部的中层官员——郎中、主事，杜绝开后门，通路子，用当时的话表述，就是"务抑奔竞"；其三，选拔人才不要拘泥于资格，即使是州县小吏，只要政绩优异，也应该破格提升。在严讷的努力下，改变了先前"吏道污杂"的状况，出现了"铨政一新"的面貌。这与徐阶的大力支持是分不开的。严讷深有感触地说：吏部尚书与内阁首辅必须同心同德，事情才能办得好。我掌管吏部两年，适逢徐阶主持内阁，大力支持，办事毫无阻力。

徐阶不但全力支持严讷，而且尽量争取皇帝的默许，使得整顿吏治的工作得以顺利进行。为此，他经常在皇帝面前替严讷讲话，比如说，臣听说严讷主管吏部有方，为皇上守法，一概拒绝请托，不免招来怨恨与诽谤。仰赖皇上圣明，明辨是非，保证吏治整顿顺利进行。又比如说，严讷主张用人打破论资排辈的旧习，徐阶极为赞成，为了减少阻力，他特地请求皇帝下一道特别谕旨："唯才是用，勿专论资格。"

然而徐阶主政的嘉靖、隆庆之际，政坛高层也不平静，最突出的表现就是高拱与徐阶矛盾的逐渐明朗化。

高拱在嘉靖四十五年进入内阁，得力于徐阶的推荐。徐阶的考虑是周全的：一方面高拱先后主持过礼部、吏部工作，办事干练，很有革新精神；另一方面高拱长期在裕王府任职，与当时的皇储（后来的皇帝）关系密切。徐阶希望通过他沟通搞好与皇储的关系。

不过高拱此人性格刚直，自视甚高，入阁以后，常常和徐阶发生冲突。徐阶授意他的同乡——吏科都给事中胡应嘉，弹劾高拱"不忠"，使徐、高关系趋于紧张。嘉靖皇帝去世，徐阶绕过其他内阁成员，与张居正起草"遗诏"，引起高拱极大不满，公开扬言：把先帝的过错公示于天下，是诋毁先帝，是大逆不道。平心而论，徐阶和张居正起草"遗诏"带有拨乱反正的意义，高拱的攻击完全是意气用事，效果适得其反，使得他自己处于被动境地。

隆庆元年（1567）的内阁中，首辅徐阶是元老耆宿，张居正是他的门生，李春芳折节好士，郭朴、陈以勤是忠厚长者，唯独高拱最不安分，躁进又不得志于言路。他对徐阶引用门生张居正、瞒过同僚起草遗诏耿耿于怀，到处散布流言蜚语，怂恿言官弹劾徐阶；还抓住徐阶的家属子弟通路子、走后门、横行乡里大做文章，制造"倒徐"舆论。搞得徐阶很被动，不得不向皇帝声辩，请求退休。此举激起朝中官员公愤，纷纷弹劾高拱，称赞徐阶。高拱自讨没趣，以身体有病为由，辞官而去。支持高拱的郭朴也遭到弹劾，被迫辞职。

内阁的纷争并未停息。徐阶再次遭到言官弹劾，请求退休时，隆庆皇帝显然对高拱情有独钟，对徐阶以"国师"自居的姿态有所不满，当即批准徐阶退休。举朝官员纷纷上书挽留，皇帝不为所动。徐阶离去，李春芳升任内阁首辅。隆庆三年（1569）十二月，皇帝召回高拱，让他再度入阁，并且兼任吏部尚书。李春芳识相地辞职，把内阁首辅让给了高拱。

一旦大权独揽，高拱便肆意报复。《明通鉴》这样写道："（高）拱性强直自遂，颇快恩怨，及再入阁，尽反徐阶所为。"不仅在大政方针上和徐阶对着干，而且不遗余力地打击已经退休的徐阶。地方长官见风使舵，落井下石，剥夺徐阶的田产，把他的两个儿子充军。幸亏张居正把高拱赶下台，一切才得以恢复原状。

万历十一年（1583），八十一岁的徐阶去世，皇帝赠予太师荣誉头衔，赏赐谥号"文贞"。《明史·徐阶传》对他的评价还算比较公允："（徐）阶立朝有相度，保全善类，嘉（靖）、隆（庆）之政多所匡救。间有委蛇，亦不失大节。"钱谦益对他是颇为赞许的："负物望，膺主眷，当分宜（严嵩）骄汰之日，以精敏自持，阳柔附分宜，而阴倾之。分宜败后，尽反其秕政，卒为名相。"目光犀利、言辞直率的海瑞的评价就显得严厉多了：一方面肯定徐阶"自执政以来忧勤国事"，另一方面指责他"事先帝无能救于神仙土木之误，畏威保位"；一方面称赞他为官清正廉洁，"不招权，不纳贿"，另一方面批评他过于"容悦顺从"，只能算作一位"甘草阁老"。海瑞律己严，律人也严，在他眼中，当时的官僚几乎多是"一味甘草，二字乡愿"式的人物（治国的药方只有一味温和的甘草，为官准则则是恪守明哲保身的"乡愿"二字），徐阶当然也不例外，不过是"甘草阁老"而已。这样的评价是否过于苛刻呢？难道要求每一个官僚都像他那样，抬着棺材去骂皇帝吗？政治是复杂的，政坛既需要海瑞这样的"模范官僚"，也需要徐阶这样的"甘草阁老"。倘若没有这位"甘草阁老"的援手，海瑞早已被皇帝处死，他也没有机会上演后来的"罢官"好戏了。

海瑞的为官风格

黄仁宇在《万历十五年》中写到海瑞，用了这样一个标题——"古怪的模范官僚"，这话粗看起来似乎有点道理，细细琢磨，并不尽然。何谓"古怪"？这里面有一个视角问题，有一个立场问题。海瑞为官清正廉洁、刚直不阿、锋芒毕露，在吏治败坏、贪赃枉法盛行的官场，显得特立独行，在那些贪官、庸官眼里，如芒刺在背，格格不入，委实有些"古怪"。

他在担任南平县教谕（县学教官）时，主管监察事宜的御史前来考察，到了学宫，命令教官们下跪迎接，海瑞却立而不跪，义正词严地说：如果到御史衙门参见，理当行下属礼，然而此地乃是师长教士之地，教官不应当屈膝。另外两名教官夹住海瑞下跪，他依旧立而不跪，形成奇特景象：两个下跪的人中间夹一个站立的人，像一个山字形的笔架，当时人称之为"笔架博士"。他在县学里，用儒家的圣贤之道来教育诸生，不收"束脩"（学费），拒绝诸生送来的馈赠。他的上司起先感到古怪，后来明白了他的用意，礼遇有加。

升任淳安知县后，海瑞知道这是一个贫困县，格外关注民生，裁革"无名常例"（各种名目的税费），自己除了微薄的薪水，不再收取一丝一粟的外快，和仆人过着清苦的生活。为了紧缩开支，县衙门雇的吏胥（办事人员），公事完毕以后各自回家务农，不舍弃本业。总督胡宗宪之子从杭州返回徽州，路过淳安，强令驿站提供交通工具，驿站主管因为他不是官员，予以拒绝。此人依仗父亲的权势，把驿站主管倒悬在凉亭里。海瑞闻讯赶来，不愠不火地说道：胡大人清廉无二，早就关照过，儿子路过淳安时，地方官不要铺张浪费招待。如今此人所带行李既多又重，必定不是胡大人之子。随即没收了行李中几千两银子，派人快马加鞭前往杭州，把情况一五一十报告胡宗宪。胡宗宪哑巴吃黄连，有苦说不出，却也耐何不得，只好不了了之。

巴结严嵩之子严世蕃而官运亨通的鄢懋卿，谋得了都御史、总理盐法的差事，贪赃枉法，成为暴发户。他带着小妾巡游，小妾乘坐"五彩舆"（彩色花轿），由十二个女子抬着，招摇过市。每到一地，令地方长官款待，所用厕所豪华无比，不仅用绫罗绸缎装潢，而且马桶是白银打造的。路过淳安，海瑞我行我素，只用粗茶淡饭招待，一再声明，淳安是贫困县，无力接待贵客，请饭后立即启程。鄢懋卿恼怒得很，正要发作，随从提醒他胡宗宪之子在这里的遭遇，他也只得灰溜溜地离开此地。

对于如何当好县官，海瑞有自己独到的见解，他说："知县者，知一县之事，一民不安，一事不理，皆知县责也。"上面的朝廷是我的父母，中间的巡抚、巡按是我的昆弟，下面的里老、百姓是我的子姓，处理这些关系，各有正道。他反对因循苟且的为官之道："若谓止可洁己，不可洁人，洁人生谤；若谓不可认真，认真取祸；不顾朝廷之背否，以乡愿自待，以乡愿待人，弃吾子姓，弃吾昆弟，莫甚焉。"在他看来，为了招待过往的官员，向百姓摊派税费，还自诩为通融，这个口子绝不能开："其言不过一开口而已，不知此口一开，惠私一人，害千万人，不可开也。曰：不过费纸一张而已，不知此纸一发，惠私一人，害千万人，不可发也。"

最为人们津津乐道的是，海瑞出任户部主事后对嘉靖皇帝的尖锐批评。嘉靖四十一年（1562）严嵩下台，三年后严世蕃被处死，抄没严府家产，意味着一个贪腐时代的结束。然而嘉靖皇帝还活着，依然故我，朝政没有起色。正如黄仁宇所说："严嵩去职虽已三年，但人们对嘉靖的批评依然是'心惑''苛断'和'情偏'。然而他对这些意见置若罔闻,明明是为谀臣所蒙蔽,他还自以为圣明如同尧舜。"

嘉靖四十五年(1566),刚直不阿的海瑞向嘉靖皇帝上《治安疏》,以无所顾忌的姿态、锋芒毕露的文字批评皇帝,抨击朝政。一时间,这份奏疏被广泛传抄,朝野轰动,号称"直声震天下"。

他在奏疏中毫不客气地指责皇帝清虚学道,潜心修醮,以致二十多年不上朝理政,导致纲纪废弛,吏治败坏,民不聊生,"天下因陛下改元之号,而臆之曰:'嘉靖者,言家家皆净而无财用也。'"他指出:臣民不对陛下讲真话已经很久了,官员们"愧心馁气以从陛下","昧没本心以歌颂陛下"。陛下一意玄修导致"心惑",过于苛断导致"情偏",大臣为了俸禄而阿谀奉承,小臣由于畏罪而唯唯诺诺。因此才冒死进谏,希望陛下"幡然悔悟",洗刷"君道之误"。

上朝前,海瑞特地买了一口棺材,诀别了妻儿老小,把后事托付给同乡好友——庶吉士王弘海。这一切表明,他决心冒死谏净,为了促使皇帝幡然悔悟,必须言词激烈,就好比治重病下猛药。对皇帝下猛药,被旧史家称为"批逆鳞",势必引起龙颜大怒,难逃一死。海瑞知道这样的后果,迎难而上。他一向反对官场上庸俗的风气——"医国者只一味甘草,处世者只二字乡愿",认为用味甜性温的甘草无法医治国家重病,用明哲保身的乡愿哲学混迹于官场必将祸国害民。

这帖药猛烈得让嘉靖皇帝无法消受,此君自比为尧舜,书斋也以"尧"命名,而海瑞说他连汉文帝都不如,气得他浑身发抖,把奏疏扔到地上。过了一会儿,又把它捡起来,要看看后面还写了些什么。之后,嘉靖皇帝勃然震怒,吩咐身边的太监黄锦:把海瑞抓起来,不要让他跑了!黄锦告诉嘉靖皇帝:海瑞自知触怒皇上必死无疑,诀别妻子,买了棺材来上朝,等待入木,不会逃跑的。看他的为人,刚直有声,为官不取一丝一粟。听了这话,嘉靖皇帝平静了下来,再三阅读这份奏疏,叹息道:真是忠臣,可以和比干相媲美,但朕并非殷纣王。随即给内阁首辅徐阶写了秘密手谕:"今人心恨不新其政,此物可见也,他说的都是。"一向听不得批评的皇帝,居然破例承认海瑞"说的都是"。但是,这不过是私底下的表态,只有徐阶一个人知道。皇帝为了维护自己的面子和威望,一定要处死海瑞,再一次显示自己的尊严不可冒犯。

徐阶内心赞成海瑞对皇帝的批评,这从他不久后代替嘉靖皇帝起草的遗诏,可以看得很清楚。如果直白地说出来,局面反而不好收拾。政治经验丰富的徐阶用另外一种方式帮助海瑞,对皇帝说:海瑞这样的草野小臣,无非是想沽名钓誉,陛下如果杀了他,恰恰成就了他,在青史留下英名,不如留他一命,使他无法沽名钓誉,也显得皇恩浩荡。于是乎,海瑞侥幸逃过一死,被关进了监狱。

不久,嘉靖皇帝突然驾崩。海瑞在狱中听到噩耗,如丧考妣,呼天抢地,号啕大哭,呕吐得一塌糊涂,昏厥了过去。次日清晨,他披麻戴孝,为死去的皇帝服丧。史家评论说,由此可以看到真正的忠臣心态。此话言之有理,海瑞骂皇帝,并不是痛恨他,而是希望他从此振作起来,做一个好皇帝。比起那些"一味甘草,二字乡愿"的官僚,他才是真忠臣。

徐阶在嘉靖与隆庆交接之际,拨乱反正,代替大行皇帝起草遗诏,让已经死去的皇帝检讨痴迷于道教的错误,为那些因批评皇帝而遭到惩处的官员恢复名誉和官职。海瑞由此得以释放,官复原职。何乔远《名山藏》写道:"上崩,庄帝(隆庆)即位,以遗诏出(海)瑞,复故官。"由此可见,徐阶对于海瑞的意义非同一般,既救他一命,又延长了他的政治生命。

不久,海瑞以都察院右佥都御史的身份巡抚苏州、松江等府。这一带是全国的经济中心,显然朝廷想借重海瑞的威望,加强对这个财赋重地的控制。海瑞的任命一公布,那些贪官污吏慑于他的声威,望风挂印而去;一向骄横的苏州织造太监,出行坐八抬大轿,听说海瑞将至，立即去掉四个轿夫；苏州的显赫豪门为了炫耀，把门墙涂成赭色，听到海瑞要来的风声，一夜之间改成黑色。

苏州府、松江府一带盛行"投献"，具有官僚背景的豪绅（即所谓"乡官"）利用"投献"的名义，霸占民田，逃避赋税。据说，有上万乡民向海瑞告状陈词。海瑞秉持一贯的风格，雷厉风行予以整顿，并且要求家在松江的徐阶带头，"退田过半"。徐阶有恩于他，他却丝毫不讲情面，非令其退出一半田产不可。言官戴凤翔站在"乡官"立场上，攻击海瑞"沽名乱政"，"迂狂颠倒之甚，不可一日居地方"。海瑞据理反驳："今日乡官之肉，乃小民原有之肉，先夺今还，先夺其百，今偿其一。臣恐（戴）凤翔亦是此等乡官也。"戴凤翔理屈词穷，然而朝廷中苏、松一带的官员势力强大，出于自身利益考虑，把海瑞调往南京，总督粮储，明升暗降。海瑞感叹道："今日皇上有锐然望治之心，而群臣绝无毅然当事之意，苟且因循，排奖牵制。"愤然辞官而去。

万历十三年（1585），朝廷起用海瑞为南京吏部右侍郎。当时他已经七十二岁，朋友劝他推辞，他说：老臣耄耋之年受天子特达之知，当有特达之报，岂能以犬马余龄为嫌，回避皇帝帷盖之恩。他一如既往，正如尹守衡《明史窃》所说，"罢无名官费，理根拔枝，毛举细察"。由此遭到忌恨者弹劾，转任南京都察院右都御史，七十四岁逝于任上。去世时，依旧两袖清风，要不是朋友帮忙，差一点连殡葬都无钱料理。

这样的为官风格，古怪吗？高风亮节历来曲高和寡，海瑞的品格，朝廷许多官僚望尘莫及。

张居正的另一面

2010年播出的电视剧《万历首辅张居正》是根据小说改编的，试图透过张居正这个人物，再现一段历史场景。既然由小说改编，虚构与想象是免不了的，研究历史的人最忌惮的就是虚构与想象，然而有人振振有词地说：小说比历史更加真实。呜呼，历史学家无话可说了。因此我不想对这部电视剧说三道四，无奈报纸编辑盛情相邀，只得谈点感想。

著名演员唐国强大概是演惯了领袖人物，演起张居正来，摆出一副架势，将人物形象尽量拔高，给观众的印象似乎过于追求"高大全"。对16世纪的张居正的刻画为什么也要"高大全"呢？百思不得其解。是编导的意图，还是演员自己的演绎？是出于对改革家的尊重，还是囿于习惯思维，"好人一切皆好"的形而上学在作祟？不敢妄加推论，以下写的完全是自说自话，不针对任何人。

历史人物是复杂多面的，张居正当然也不例外。他既是无所畏惧的改革家，自诩"嫌怨有所弗避"；也是权势显赫的首席大臣，一个惯于使用权谋术数的政客。刻画这样一个人物，忽略任何一面都不可能接近历史真实。时人已经注意到他的两面性，《明神宗实录》对他的盖棺论定：一方面肯定他的政绩——"十年内海寓肃清，四夷詟服，太仓粟可支数年，冏寺（太仆寺）积金钱至四百余万。成君德，抑近幸，严考成，综名实，清邮传，核地亩"；另一方面也指出他的过失，尽管过不掩功，也足以使他陷入难以摆脱的困境——"偏衷多忌，小器易盈，钳制言官，倚信佞幸。方其怙宠夺情时，本根已断矣。威权震主，祸萌骖乘。何怪乎身死未几，而戮辱随之也"。

张居正得到皇太后李氏与小皇帝朱翊钧的充分授权，得到司礼监掌印太监冯保的密切配合，"代帝摄政"，"宫府一体"，得以独断专行。凭借这样的权力与地位，他大刀阔斧推行改革，雷厉风行。时人把这种久违了的政局称之为"朝下令而夕奉行"，"中外淬砺，莫敢有偷心"。因此改革取得了显著的成效，无论是迫使官员不敢懈怠的"考成法"，还是清理欠税增加财政收入的"清丈田亩"，以及把"一条鞭法"推广到全国，促使赋税徭役货币化，都收到了以往罕见的成效。嘉靖以来政治颓靡、财政亏空、边防废弛的局面得到了改变；国力不断下滑的颓势得到了遏制。这就是张居正改革为人们津津乐道的原因。这些，久已为人所共知，毋庸赘言，本文只想谈一谈电视剧《万历首辅张居正》有意无意忽略的另一面。

张居正身上少有温良恭俭让，少有宽厚仁恕，多的是独断专行、咄咄逼人。不少赞成改革的官员，也批评他过于严厉，过于操切，绝非偶然。他讲究权术与谋略，甚至在权力斗争中堂而皇之地玩弄阴谋诡计，手法老练圆熟，可以不顾颜面，也就是他自己所说的"何暇顾旁人之非议，徇匹夫之小节"。最典型的事例莫过于与冯保联手扳倒高拱。

隆庆三年（1569），高拱以武英殿大学士第二次进入内阁，并兼任吏部尚书，两年后，升任内阁首辅。此人一向以精明强干自诩，傲视同僚，对于内阁次辅张居正也是如此。张居正不是等闲角色，穆宗病危时，他瞒着高拱，与冯保准备了"遗诏"。穆宗死后，他和冯保的关系愈加密切。高拱不能容忍大权旁落，决定先拿冯保开刀，以自己起草的削夺太监权力的《陈五事疏》，征求同僚的意见。张居正当场一口答应，佯笑道：除掉冯保这个阉宦，就像除掉一只死老鼠。然后他又马上派人告诉冯保，要他早作准备，二人合力对付高拱。

高拱以为时机成熟，指使自己一手提拔的言官弹劾冯保，以迫使他下台。弹劾奏章写得最厉害的是指责冯保精通房中术，给先帝

（即穆宗）送去"诲淫之器"和"邪燥之药"，"先帝因以成疾，遂至弥留"，指控冯保是害死先帝的元凶。仅凭这一条，足可处死冯保，何况还有"矫诏"——假传圣旨等罪名。言官们振振有词地请求皇帝，将冯保逮捕审问，明正典刑，还特别强调："如有巧进邪说，曲为保救者，亦望圣明察之。"含沙射影地指向张居正，使其不得从旁解救。

冯保虽然对嘉靖以来的权力斗争早已司空见惯，但毕竟是隔岸观火，如今自己挨整，有点手足无措，唯恐上朝时言官当面向皇上奏请，局面难以收拾，便派亲信徐爵向张居正请教对策。张居正说："勿惧，便好将计就计为之。"这个"计"究竟是什么呢？

穆宗逝世后，继承者是年仅十岁的太子，秉性傲慢的高拱瞧不起小皇帝，口无遮拦地说出了这样一句话："十岁太子如何治天下？"既然高拱攻击冯保是害死先帝的元凶，那么冯保就反击高拱根本不把小皇帝放在眼里，利用皇后、皇贵妃、小皇帝的孤儿寡母心态一举击倒高拱。

此事见于《明史·冯保传》。冯保向皇后、皇贵妃、小皇帝说："（高）拱斥太子为十岁孩子，如何作人主。"后妃听了大吃一惊，面色立即大变。后来成为张居正的副手与接班人的申时行，在他的回忆录中写得更为具体：对于高拱的《陈五事疏》，皇帝批示"照旧制行"（即不必变更），由文书太监送到内阁，高拱很不满意地问道："此疏不发阁议拟，而旨从中出者何也？"文书太监回答：这是皇上御批。高拱回敬道："安有十岁天子而能裁决政事者乎？"冯保获悉后，立即报告皇帝："高阁老云，十岁孩子安能决事？"小皇帝大怒，面告两位圣母，三人相持而哭。申时行所写的下面一段话最为关键，点出了张居正在其中的作用："是日，给事、御史论劾（冯）保恣横不法疏凡七上，保益惶急，而故善江陵（张居正），则使所亲问计。江陵方恶新郑（高拱），欲乘机逐之，则以计授（冯）保。明日,召部院大臣于会极门。"这里所说的"计"就是激怒皇后、皇贵妃、皇帝,把高拱罢官,于是便有了会极门的一场好戏。

隆庆六年(1572)六月十六日早朝,高拱、张居正率领部院大臣来到会极门,只见太监王蓁捧着圣旨出来,用尖细的嗓音喊道:"张老先生接旨!"这一声喊,大大出乎高拱预料,他是首辅,为何不说"高老先生接旨"?更加蹊跷的事在后面,王蓁念道:

> 皇后懿旨、皇贵妃令旨、皇帝圣旨:说与内阁、五府、六部等衙门官员,大行皇帝宾天先一日,召内阁三人在御榻前,同我母子三人亲受遗嘱,说:东宫年小,要你们辅佐。今有大学士高拱专权擅政,把朝廷威福都强夺自专,通不许皇帝主管。不知他要何为?我母子三人惊惧不宁。高拱便着回籍闲住,不许停留。

高拱万万没有想到遭到斥逐的不是冯保而是他自己,而且丝毫没有回旋的余地——"回籍闲住,不许停留",顿时浑身瘫软,直冒冷汗。

张居正为了避嫌,向皇帝上疏,说高拱历事三朝三十余年,小心谨慎,没有过失,请求皇后、皇贵妃、皇帝收回成命,挽留高拱。如果以为阁臣有罪,他自己愿意与高拱一起罢官。在不明真相的人看来,张居正果然君子坦荡荡,挺身与高拱分担责任。然而联系到他与冯保密谋策划打倒高拱的幕后活动,人们不禁为张居正的虚情假意感到愕然,为他的两面派作风感到惊愕。高拱下台的结果,自然是张居正如愿以偿地升任内阁首辅,申时行说:"由是,宫禁事皆决于(冯)保,而朝廷政务悉归阁中,江陵(张居正)得行一意,无阻挠者矣。"

冯保联合张居正,借助皇后、皇贵妃之手,把高拱赶下台,只是在权力斗争中玩弄手腕而已,不过是朝廷高层明争暗斗司空见惯的又一幕。接下来冯保联手张居正策划的"王大臣案"更加匪夷所思,竟然要置高拱于灭门之地,令朝廷内外惊诧不已。

万历元年(1573)正月十九日,小皇帝朱翊钧出宫上朝,轿子刚出乾清门,有一个宦官打扮名叫王大臣的男子由西阶直奔过来,被警卫人员抓住,从他的腋下搜出利刃两把。张居正得知此事后,代替皇帝起草一道谕旨:"着冯保鞫问,追究主使之人。"冯保亲自去东厂审问,关闭门窗,屏退左右,对王大臣说:"汝只说是高阁老使汝来刺朝廷,我当与汝官做,永享富贵。"随后叮嘱心腹长伙(听差)辛儒,与王大臣朝夕共处,教他诬陷高拱指使行刺皇帝的口供。手段之卑劣,用心之险恶,令人毛骨悚然。

此事虽是司礼监掌印太监兼东厂总督太监冯保一手操办的,但内阁首辅张居正也脱不了干系。不少史料可以证明此点。

其一,何乔远《名山藏》说:冯保审讯时,王大臣招供,本名章龙,从总兵戚继光处来。张居正听说后,对冯保说:"奈何称戚总兵,禁勿复言。此自有作用,可借以诛高氏灭口。"

其二,谈迁《国榷》、赵吉士《寄园寄所寄》都说,东厂审讯王大臣受高拱指使行刺皇帝的结案报告,在上报皇帝之前,由张居正作了修改,加上了"历历有据"四个字。吏部尚书杨博、都察院左都御史葛守礼对张居正说,愿意担保高拱绝非王大臣的主使人,张居正愤愤然拿出东厂结案报告,意思是此案系东厂所为,与己无关。葛守礼认得张居正的笔迹,发现了他所加的"历历有据"四字。张居正猛然醒悟,讪讪地说:"彼法理不谙,我为易数字耳。"

其三,钱一本《万历邸钞》说:"此即冯珰(冯保)所为不道,而欲诛之,以灭其迹者。时章龙(王大臣本名章龙)狱兴,诬连高拱。(张)居正密为书,令高拱切勿惊死,已,又为私书安之云。"

可见张居正自始至终都插手此案。案件的发展颇具戏剧性,迫于舆论的压力，张居正不得不放弃追查幕后主使人的主张，接受吏部尚书杨博的建议，委派主管锦衣卫的左都督朱希孝和都察院左都御史葛守礼前往东厂，会同冯保一起审理案情。杨博还给朱希孝出点子：派锦衣卫校尉在会审前让王大臣辨认高拱的家人（奴仆），迫使其露出破绽，从而使得高府家人"同谋"的说法不攻自破。

二月十九日的三堂会审进行得煞是精彩。按照惯例，东厂和锦衣卫审问犯人，必先加刑，王大臣挨了十五大板，大声叫嚷："原说与我官做，永享富贵，如何打我？"

冯保打断他的话，喝问："是谁主使你来？"

王大臣瞪目仰面回答："是你使我来，你岂不知？却又问我。"这句话十分要紧，"是你使我来"，一语道破天机。

冯保气得面色如土，又强问："你昨日说是高阁老使你来刺朝廷，如何今日不说？"

王大臣的回答非常之妙："你教我说来，我何曾认得高阁老？"

朱希孝见案情真相已经大白，恐怕王大臣把隐情和盘托出，使冯保难以下台，厉声喝道："这奴才，连问官也攀扯，一片胡说，只该打死。"又对冯保说："冯公公，不必问他。"

在一片尴尬中，会审草草收场。第二天（二月二十日）夜里，再次审讯王大臣时，他已经中毒，喉咙哑了，再也无法说话。次日，宣判处死王大臣，案件匆匆了结。

高拱的回忆录《病榻遗言》对这一案件有详细的追述，大体可信。申时行作为目击者，他的回忆录《杂记》可以证实高拱所说并非虚构。申时行说："（王）大臣者，浙中佣奴，以浮荡入都，与小竖（小宦官）交匿，窃其牌帽，阑入禁门，群阉觉其有异，捕送东厂。（冯）保素恨新郑（高拱），未有以中之，阿意者遂欲因事锻炼，乃以双剑置（王）大臣两腋间，云受新郑指，入内行刺，图不轨。榜掠不胜楚，遂诬服。为言新郑状貌及居址城郭云云……是时道府以兵围新郑家而守之，祸且不测。然众论皆知其（高拱）冤，颇尤江陵（张居正），江陵追公议，亟从中调剂，（冯）保意解，乃独归罪（王）大臣，论斩。新郑（高拱）得无恙。"

经过此次风波，高拱虽然幸免于难，不过他东山再起的可能性几乎完全没有了。张居正却摇身一变，极力向外界宣扬，解救高拱是他的功劳，在给友人的信中，一再强调自己是反对株连高拱的。当时人朱国祯在《涌幢小品》中不无讽刺地说："王大臣一事，高中玄（高拱）谓张太岳（张居正）欲借此陷害灭族，太岳又自鸣其救解之功。看来张欲杀高甚的。"

万历六年（1578）三月，张居正回乡安葬亡父，路过河南新郑县。高拱得到消息，抱病出来迎接，两人相对痛哭一场。张居正到了湖广江陵老家后，写信给高拱，一诉衷肠："相违六载，只于梦中相见，比得良晤，已复又若梦中也。"葬礼完毕，回京途中经过新郑，张居正专程拜访高拱。回京以后，又写信问候："比过仙里，两奉晤言，殊慰夙昔，但积怀未能尽吐耳。"两人之间真的捐弃前嫌了吗？假如是真的话，这大概就是所谓政治家风度吧！

明神宗即位时还是个十岁的孩子，慈圣皇太后李氏把朝政交给张居正的同时，也把教育小皇帝的责任交给了他。因此张居正身兼二职：首辅与帝师。小皇帝的一切都仰赖张先生辅佐，他对这位身材颀长、美须及胸的长者，既敬重又畏惧。一次，小皇帝在读《论语》时，把"色勃如也"之"勃"读作"背"音，张居正厉声纠正："当作'勃'字！"声如雷鸣，吓得小皇帝惊惶失措，在场的官员个个大惊失色。慈圣皇太后为了配合张居正的调教，在宫中对小皇帝严加看管，动辄谴责："使张先生闻，奈何！"在太后和皇帝心目中，张居正的地位和威权之高可想而知。

不独如此，沈德符《万历野获编》说："（张居正）宫府一体，百辟从风，相权之重，本朝罕俪，部臣拱手受成，比于威君严父，又有加焉。"所谓"宫府一体"云云，就是把内朝（皇帝）与外朝（朝廷）的事权集于一身，因此说"相权"之大本朝无人可以和他比肩。这一点，张居正本人并不否认，经常对下属说："我非相，乃摄也。"所谓"摄"，就是代帝摄政，如此权势显赫的首辅，各部大臣自然要把他看作"威君严父"，争相阿谀奉承，有人甚至向他赠送黄金制作的对联：

日月并明，万国仰大明天子；
丘山为岳，四方颂太岳相公。

那些进士出身的官员，多少有点文学底子，用在拍马屁上绰绰有余。你看这副对联，文字对仗多么工整，而且巧妙地把张居正的号——"太岳"二字镶嵌进了下联，与上联的"大明"相对。"太岳相公"与"大明天子"相提并论，显然是有僭越嫌疑的，张居正却安之若素。

万历六年（1578），张居正离京返乡安葬亡父，一路上摆出"我非相，乃摄也"的排场，有尚宝少卿和锦衣卫指挥等文武官员护送，戚继光还派来了火铳手与弓箭手保镖。他所乘坐的轿子是真定知府钱普特意赶制的，特别庞大——"如同斋阁"，像一所活动的房子。为什么这样说呢？因为它的前半部是起居室，后半部是卧室，两旁有走廊，童子在左右为之挥扇焚香。如此豪华的庞然大物，当然是"八抬大轿"望尘莫及的，要三十二个轿夫一起抬，才能走动。这样的架势，也是有僭越嫌疑的。

张居正虽并非严嵩、冯保那样富甲天下的贪官，但也不是海瑞那样两袖清风的清官。万历元年（1573）他在江陵城东营造"张太师府第"，皇帝不但为他亲笔书写堂匾、楼匾、对联，而且拿出宫内资金作为赏赐。上行下效，湖广全省官员纷纷出资"赞助"，这座豪华的府第耗资二十万两银子，张居正自己拿出来的还不到十分之一。他还在京城建造同样豪华的官邸，据说，它的壮丽程度可以和王府相媲美。他死后，这座建筑改为"全楚会馆"（湖广同乡会馆），规模之大非一般住宅可以比拟。无怪乎辽东巡按御史刘台要在《恳乞圣明节辅臣权势疏》中弹劾张居正，"入阁未几，而富冠全楚，果何致之耶？宫室舆马，妻妾奉御，有同王侯，果何供之耶？"

一些官员为了讨好这位首辅，千方百计为他的儿子参加科举考试开后门、通路子。万历二年（1574），沈一贯主持会试，同僚以张居正长子张敬修相托，沈一贯表示不肯通融。那人说：张相公功在社稷，破格录取他的儿子不算舞弊。沈一贯不敢苟同，说：考卷为什么要"糊名"呢？现在提前确定录取人名，当然是舞弊。发榜后，张敬修名落孙山，张居正为此生气了好几天。然而并非所有主考官都是那样秉公办事的。万历五年（1577），张居正长子敬修、次子嗣修一起进士及第，嗣修还是"榜眼"（一甲第二名）。万历八年（1580），三子懋修居然高中"状元"（一甲第一名）。如此一门三及第，倘说其中没有奥妙，恐怕没有人会相信。

万历五年九月十三日，张居正父亲张文明病故，二十五日噩耗传到北京。按照传统伦理，官员"丁忧"，必须回乡服丧守孝二十七个月。次日，阁僚吕调阳、张四维联名向皇帝报告，希望援引前朝大臣金幼孜、杨溥、李贤由皇帝"夺情"的先例，挽留张居正。然而，这种"特事特办"并不符合明朝祖宗旧制，"夺情起复"的大臣往往遭受非议。明武宗时代的内阁首辅杨廷和父亲病故，请求回乡奔丧"丁忧"，皇帝不许，经过再三请求，才得到批准。"丁忧"期间，皇帝要"夺情起复"，杨廷和再三推辞，始终没有"起复"。《明史·杨廷和传》说："阁臣之得终父母丧者，自廷和始也。"杨廷和能够为父亲丁忧二十七个月，开创了先例，得到不少人的赞扬，官员们必定会拿这一先例来要求张居正。

独断朝政的张居正，当然不愿意在此紧要关头离开岗位二十七个月。他的盟友冯保也认为他不应该"丁忧"，否则后果难以预料。于是两人策划了"丁忧"和"夺情"的两全之计，在明朝历史上堪称独一无二。

在向内阁同僚通报父亲病故的讣告之前，张居正先和冯保密谋策划，一定要想方设法促使皇帝明确表示"夺情起复"。文秉《定陵注略》写到此事，揭露了他们二人密谋"夺情之局"的内幕："大珰冯保，挟冲主，操重柄，江陵（张居正）素卑事之。新郑（高拱）既逐，（冯）保德江陵甚，凡事无不相呼应如桴鼓。江陵闻父讣，念事权在握，势不可已，密与（冯）保谋夺情之局已定，然后报讣。次辅蒲州（张四维）进揭，即微露其一斑。""疏入，漏下已二鼓。昧爽，特旨从中出，留之，香币油蜡之赐以千百计。内阁将司礼（监）之命，络绎而至，附耳蹑踵。江陵时作擎曲状，令小厮扶掖内阁，乃叩头谢，强之立而受，云：'此头寄上冯公公也。'"意思是说，张居正收到父亲去世的讣告，考虑到事权在握，不可放弃，便与冯保密谋由皇帝"夺情"，局面已定，再把讣告通报内阁同僚。内阁次辅张四维向皇帝提交奏疏，无意中透露了密谋之一斑。奏疏送给皇帝时已经二更，天亮之前皇帝的挽留谕旨就下达，还赏赐大量香币油蜡之类供品。宫内的小太监肩负冯保的使命络绎不绝来到张府，传递"夺情"的信息。张居正感动之极，不时做出擎曲状，命令仆人搀扶小太监站立，接受自己的跪拜，特别叮嘱：请把我的叩头带给冯公公。

由此可见，皇帝对张居正的"夺情"，体现了张居正的本意，是由冯保一手促成的；或者说，"夺情"虽由皇帝出面宣布，却是张居正和冯保事前谋划好，要皇帝一而再、再而三地挽留。为了掩人耳目，张居正不得不一而再、再而三地请求回乡"丁忧守制"。双方配合得天衣无缝，演出了一幕双簧。因此张居正的《乞恩守制疏》写得颇费周章,本意是希望皇帝"夺情",却不得不按照惯例向皇帝请求"乞恩守制";一面讲"乞恩守制",一面强调自己不同于常人,"非常理所能拘","何暇顾旁人之非议,徇匹夫之小节"。这分明是在向皇帝表明决心,如果皇帝坚持"夺情",那么他可以不顾"常理"与"小节",坚守岗位。这种心态被《明神宗实录》的编者一眼看穿,在记叙张居正《乞恩守制疏》时,加了这样一句评论:"观此,而夺情之本谋尽露矣!"也就是说,"夺情"是张居正和冯保密谋策划的结局,叫作"夺情之本谋",所以他要向冯保叩头致谢。

"夺情"的结果是张居正"在官守制",即在北京的家中"守制"七七四十九天,在家中处理公务;"七七"以后,和往常一样到内阁办公。此举激起了官员们的不满,翰林院编修吴中行、翰林院检讨赵用贤、刑部员外郎艾穆、刑部主事沈思孝纷起弹劾。应该说,这四个人反对"夺情",观念未免保守陈腐;然而张居正对他们的处理也过于假公济私。司礼监掌印太监冯保擅自扣留这些弹劾奏疏,不送交皇帝,让张居正"票拟"皇帝的谕旨。张居正不但不回避,反而与冯保商量决定,对四人实施"廷杖"。

礼部尚书马自强听说要"廷杖",出面向张居正求情。张居正自知理屈,竟然不顾首辅的矜持风度,装出一副无辜的样子,在马自强面前跪下,一手捻着胡须,口中喊道:"公饶我,公饶我!"翰林院掌院学士王锡爵召集翰林院官员数十人,向张居正请愿,吃了闭门羹。王锡爵径直闯进张府,为上述四人求情。

张居正板着面孔,拒绝王锡爵的请求,说:"圣怒不可测。"

王锡爵说:"即圣怒,亦为老先生而怒。"

张居正无言以对,突然下跪,举手索刀作刎颈状,说:"上强留我,而诸子力逐我,且杀我耶!"后又连声喊道:"你来杀我,你来杀我!"

王锡爵没有想到平素仪表堂堂的首辅居然如此无赖,赶忙离去。

这样一来，"夺情"的幕后戏，终于闹到了台前。十二月二十二日，锦衣卫逮捕吴、赵、艾、沈四人，在午门前"廷杖"。吴、赵二人各杖六十大板，发回原籍为民，永不叙用；艾、沈二人各杖八十大板，发极边充军，遇赦不宥。廷杖是一种看似"文明"的酷刑，轻则致人残废，重则致人死亡。吴中行廷杖完毕，口耳鼻都在流血，大腿与臀部腐肉剜去几十块，形成一个方圆一尺、深达寸许的伤口。后来吴中行对赵南星说：廷杖时，张居正派监督官在一旁监视，企图把我击毙，其恶毒如此！时隔多年，他仍然对张居正耿耿于怀。艾穆受廷杖后，被人用门板抬出京城，踏上充军的漫漫长路，多次因伤势过重而不省人事。他是张居正的同乡（都是湖广人），尽管已经受到严惩，张居正仍有余恨，悻悻然对人说：昔日严嵩被弹劾，却没有受到同乡的攻击，我还比不上严嵩！

企图用廷杖来打击反对派的气势，结果适得其反，舆论普遍同情吴、赵、艾、沈四人，把他们看作坦荡荡的君子。在神宗身边担任"日讲官"的许国（后来成为内阁大学士）对于遭到廷杖的四君子钦慕之至，赠送吴中行玉杯一只，上面镌刻一首诗：

　　斑斑者何？卞生泪。
　　英英者何？兰生气。
　　追之琢之，永成器。

赠送赵用贤犀角杯一只，上面也镌刻一首诗：

　　文羊一角，其理沉黝。
　　不惜剖心，宁辞碎首。
　　黄流在中，为君子寿。

万历十年（1582）春，张居正身患重病，久治不愈，朝廷大臣上自六部尚书，下至冗散，纷纷为他设立斋醮，为之祈祷。这些人舍弃本职工作，日夜奔走于佛事道场，在香火缭绕的神坛前长跪不起，还把乞求平安的表章装进红纸封套，罩上红色锦缎，送进张府，用重金贿赂张府家人，希求让张居正过目，"争一启齿，或见而领之，取笔点其丽语一二"，博其青睐。京都如此，各地封疆大吏竟相仿效，一时举国若狂。这当然是极不正常的现象，后来神宗皇帝病重，也没有出现类似状况。如果没有张居正的默许，怎会如此？

荣华富贵真的如同浮云一般，不可能延长寿命。万历十年二月，张居正旧病复发。他上年秋天患的"下部热症"是痔疮的委婉表述，如果直截了当说成是痔疮的话，似乎有损首辅大臣的尊严。对于患者而言，仅仅是痔疮，简直是不幸中的大幸。其实痔疮不过是表象，病根却在别处。那么，他得的究竟是什么病呢？

说出来也许令人难以置信。王世贞《嘉靖以来首辅传》说，张居正的病根，"得之多御内而不给，则日饵房中药（春药），发强阳而燥，则又饮寒剂泄之，其下成痔，而脾胃不能进食"。王世贞是私人修史，没有史官修史的许多忌讳，直白地道出了张居正本人难以启齿的病根。原来张居正是一个登徒子，他到底有多少小妾，史书没有记载，不好妄加猜测。不过从"多御内而不给"来推断，应该不止一个，也绝不像电视剧渲染的那样诗情画意。有的野史说，他的亲信仆人游七，善于窥测主人的嗜好，不断为他搜罗"房中药"供他纵欲。又传说，他重用的边防大帅戚继光给他送来两名"胡姬"——胡人美女，同时送来了非常有效的"房中药"。其结果，更加"多御内而不给"，愈加乞灵于"房中药"——"发强阳"，无异于慢性中毒，终于导致"内热难耐"的结果。为了减轻燥热，不得不服用"寒剂"来排泄，带来了两个后果：一是痔疮，二是脾胃受伤，不能进食，以至于成为不治之症。

读者诸君或许会说，仅凭王世贞一家之言，不足以定论。那么再看一个旁证。沈德符《万历野获编》说："张江陵当国，以饵房中药过多，毒发于首，冬月遂不御貂帽。"说得很清楚，张居正服用"房中药"过多，导致毒性到达头部，燥热难耐。北京的寒冬腊月，达官贵人都戴貂皮帽，唯独张居正不戴，因为要散热。这就表明，张居正因服用"房中药"而中毒，内热不但发于下部，也发于上部，即使治愈痔疮，也难免一死。

需要声明的是：笔者无意暴露什么"隐私"，只不过是展示文献所传张居正不为人知的另一面而已。

"威权震主，祸萌骖乘"：张居正的悲剧

万历八年（1580），十八岁的皇帝参加了"耕藉礼"和"谒陵礼"，标志着已经成年，由他自己治理朝政的条件成熟了。换句话说，张居正作为顾命大臣，辅佐幼帝的任务可以告一段落了。张居正的头脑是清醒的，深感"高位不可以久窃，大权不可以久居"。在位高权重、功勋卓著的巅峰时期急流勇退，是历代政治家所推崇的最佳选择，张居正也不例外。

他向皇帝提交了题为"归政乞休"的奏疏，把摄政的权力归还皇帝，乞求退休。也许是内心的迫切愿望，这篇奏疏写得很动感情：

> 臣一介草茅，行能浅薄，不自意遭际先皇，拔之侍从之班，畀以论思之任。壬申之事（指隆庆六年穆宗顾命之事），又亲扬末命，以皇上为托。臣受事以来，夙夜兢惧，恒恐付托不效，有累先帝之明。又不自意，特荷圣慈（指慈圣皇太后）眷礼优崇，信任专笃，臣亦遂忘其愚陋，毕智竭力，图报国恩。嫌怨有所弗避，劳瘁有所弗辞，盖九年于兹矣。

这一段话似乎有点耳熟，诸葛亮的《出师表》就有这样的句子："受命以来，夙夜忧叹，恐托付不效，以伤先帝之明。"但是，张居正讲这些话，不是为了"出师"，而是为了"乞休"。不过他套用《出师表》的句式并非偶然，他确实对诸葛亮推崇备至，主张"治乱国用重典"，主张有法必依，都深受诸葛亮的影响。他给福建巡抚庞尚鹏的信中坦言："诸葛孔明云，'法行而后知恩'，正此之谓。"他

对于官场上流行的"姑息疏纵"风气十分不满，为了扭转这种积习，竭尽全力，正如他自己所说："不避嫌怨，不辞劳瘁。"

这九年，他过得惊心动魄，为了应付上下左右的压力，计谋与权术并用，超负荷运行，自我感觉是："任重力微，积劳过度，形神顿惫，气血早衰。"刚刚年过半百，正当盛年，早早地须发变白，未老先衰了。昔日的聪明睿智逐渐消失，日渐昏蒙，如果不早日离去，恐怕前功尽弃——这是他最为忧虑的。顺着这样的思路，他写下了令人惊讶的感叹："高位不可以久窃，大权不可以久居。"这是历代身居高位的政治家的经验之谈，主张功成名就之后急流勇退。不过真正能够达到这种境界的人，除汉朝的张良、明朝的刘基之外，寥寥可数。原因很简单，有了高位和大权，能够呼风唤雨，因此迷恋权位至死不悟的人数不胜数。

"高位不可以久窃，大权不可以久居"这句话出于张居正之口，和他一贯的作风格格不入。他不是那种瞻前顾后、谨小慎微的人，而是敢作敢为，一往无前。何况受到皇帝、皇太后的眷顾已经无以复加，为什么要"乞休"呢？难道他已经感受到"高处不胜寒"了？

这些内心的顾虑当然不能向皇帝和盘托出，只能在奏疏中淡然流露：之所以先前不敢贸然提出"乞休"，是因为时机不成熟；如今皇上意志品德已经成熟，朝廷人才济济，天下太平的宏图大业不再成为问题，我才敢于提出"归政"，希望皇上恩准，生还故乡，保全晚节。

张居正此时确实隐约有一种不祥的预感，在给湖广巡按朱琏的信中也有所流露。在谈起回到江陵"归葬"时，皇帝接连发来三道诏书，催促他尽快回京，地方官员以为是无上光荣，建造了一座"三诏亭"，以资纪念。张居正却给他们泼了冷水，无比感慨地说：建造"三诏亭"，情谊深厚，无可厚非。多年以后形势变化，高台倾覆，曲沼填平，我恐怕连居所都不能拥有，这个"三诏亭"不过是五里铺上一个迎接官员的普通亭子而已,哪里还看得见所谓"三诏"?这是深谋远虑的政治家的忧患心态。于是乎,他向老朋友透露了自己的内心所思:

> 盖骑虎之势自难中下,所以霍光、宇文护终于不免。

这句话出于张居正之口,足以语惊四座,令人瞠目结舌。他由"三诏亭"联想到骑虎难下之势,联想到自己的下场,再联想到霍光、宇文护的悲剧,实在太出人意料了。

霍光是汉武帝的权臣——大司马大将军。汉昭帝刘弗陵幼年继位,他作为顾命大臣辅佐皇帝;汉昭帝死,他拥立昌邑王刘贺为帝;不久废黜刘贺,拥立刘询为汉宣帝。前后摄政达二十年之久,颇有政绩,汉宣帝却把他看作背上的芒刺。他死后,皇帝把愤恨发泄到他的家族身上。《汉书·霍光传》写下了这样一句意味深长的话:"威震主者不畜,霍氏之祸萌于骖乘。"这就是"威权震主,祸萌骖乘"的由来。宇文护和霍光的地位类似,政治品格有所不同。他在西魏担任大将军,拥立宇文觉,建立北周,自己独断朝政,甚至于废黜宇文觉,另立宇文毓,又杀宇文毓,另立宇文邕。最终被周武帝宇文邕处死。

这是历史上摄政大臣"威权震主,祸萌骖乘"的典型事例,张居正在权力鼎盛之际联想到自己可能步他们的后尘,不免有点惶恐。人们由此可以理解他为什么要"归政乞休"了。

收到张先生的《归政乞休疏》,皇帝朱翊钧丝毫没有思想准备,他对这位留着美髯的长者充满敬畏,或许还有一点背负芒刺之感,却毫不犹豫地拒绝张先生的"乞休",写了这样一个朱批给他:"朕垂拱受成,依毗正切,岂得一日离朕!如何遽以归政乞休为请,使朕恻然不宁。"

两天后，张居正再次"乞休"，进一步向皇帝袒露自己的心迹：自从隆庆六年（1572）至今，"惴惴之心无一日不临于渊谷"——每一天都惴惴不安，如临深渊，如履薄冰。这并非矫情，类似的话语，在给刑部尚书王之诰的信中也有所提及："弟德薄享厚，日夕栗栗，惧颠踬之遄及耳。顷之乞归，实揣分虞危，万非得已。且欲因而启主上以新政，期君臣于有终。"王之诰是张居正的儿女亲家，可谓至亲，他吐露的是真情：每日每夜都在战战兢兢，希望君臣之间能够有始有终，归政乞休是不得已而为之。他在给恩师徐阶的信中也说："正膺重任，九年于兹，恒恐不保首领，以辱国家。"

正是出于这样的心态，张居正的《再乞休致疏》写得颇动感情，娓娓道来：国事家事，思虑之烦，负担之重，使得身心俱疲，外表勉强支持，其实衰惫已经达到极点，这种苦楚只有自己知道。唯恐有一天突然倒下，有负皇上重托。退而求其次，不再请求辞职，而是请假，不过是长假——"暂停鞭策，少休足力"。国家如有大事，皇上一旦召唤，立即赶来，听从驱遣。

朱翊钧接到张先生第二份奏疏，有点犹豫了。以他的早熟和敏感，不可能没有感到"威权震主"，何尝不希望张先生早日"归政"！但多年来养成的习惯，一切听凭皇太后与张先生安排，如此重大的人事变动，他做不了主，必须请示皇太后。于是他把张先生"请长假"的事报告皇太后，请她决断。没有料到自己的母亲态度坚决而恳切地挽留张先生，一切维持现状，等到儿子三十岁时才可以商量"归政"之事。

既然皇太后作出了决定，朱翊钧便亲笔写了手谕给张先生：

谕元辅少师张先生

朕面奉圣母慈谕云："与张先生说，各大典礼虽是修举，内外一切政务，尔尚未能裁决，边事尤为紧要。张先生受先帝付托,岂忍言去!待辅尔到三十岁,那时再作商量。先生今后再不必兴此念。"朕恭录以示先生,务仰体圣母与朕惓惓依毗至意,以终先帝凭几顾命,方全节臣大义。

皇太后如此明白无误又毫无商量余地的决定,大大出乎张居正的预料,一般皇太后总是希望权臣早日归政,儿子早日亲政,慈圣皇太后则不然,要张先生辅佐儿子到三十岁。这一决定也使朱翊钧颇为尴尬,在母亲眼里,自己还是个孩子——"内外一切政务,尔尚未能裁决",不得不打消尽快亲政的念头。所谓"辅尔到三十岁"云云,对于刚刚十八岁的皇帝而言,似乎意味着,只要张先生健在,亲政将永无指望。物极必反,朱翊钧对张居正,由不可须臾或缺,到恨之入骨,这是一个转变的契机。皇太后好心办了坏事,她的这个决定,严重地扭曲了朱翊钧的心理,一旦张居正死去,他必将进行报复,不择手段地彻底清除笼罩在其头上的光环和自己所受的阴影。

对于张居正而言,既然尊敬的皇太后已经发话,"今后不必再兴此念",再提"归政乞休"就显得不识时务,除了鞠躬尽瘁,没有别的话好说了。

万历十年(1582)六月二十日,太师兼太子太师、吏部尚书、中极殿大学士张居正病逝,享年五十八岁。辉煌的张居正时代悄然落幕。

张居正的去世,使得司礼监掌印太监冯保失去了有力的盟友,倒台已为期不远。司礼监秉笔太监张鲸为皇帝秘密策划了除掉冯保的计划,并且把这一信息传递到宫廷外面,造成舆论。冯保的下场是耐人寻味的。万历十年十二月初八日,御史李植上疏弹劾冯保十二条罪状,措辞非常严厉:司礼监掌印太监冯保,狠毒异常,奸贪无比,窃弄威福,包藏祸心,应该和他的亲信张大受、徐爵一并处死。收到这份奏疏,皇帝当天就发出朱批:"冯保欺君蠹国,罪恶深重,本当显戮，念系皇考付托，效劳日久，姑从宽着降奉御，发南京新房闲住。"虽罪恶深重，却并不处死，让他到南京去养老；虽抄没了他的家产，却另外赏赐一千两银子、两箱衣服。皇帝的这种处理方式，一方面反映了他不忍心处死这位从小形影不离的"大伴"，另一方面则着意向外界释放一个信息，清算张居正的时机成熟了。

朝廷上下一下子失去了两个令人望而生畏的铁腕人物。主持内阁的张四维、申时行极力想摆脱张、冯二人的政治阴影；长期受到压制的言官如释重负；那些因持不同政见而受到打击的官员，迅速反弹，掀起否定张居正的汹涌浪潮。

万历十年十二月十四日，御史杨四知弹劾张居正十四条罪状，正中皇帝朱翊钧下怀——已经亲操政柄，如果不把威权震主十年之久的张居正的威权打掉，何以树立自己的威权！杨四知的奏疏写得空洞无物，却提供了一个极佳的口实，朱翊钧用朱批的方式发泄郁结心中的怨恨，与先前判若两人。朱批写道：

> 居正，朕虚心委任，宠待甚隆，不思尽忠报国，顾乃怙宠行私，殊负恩眷。念系皇考付托，待朕冲龄，有十年辅佐之功，今已殁，姑贷不究，以全始终。

其实，所谓"姑贷不究"云云，不过是官样文章，并非真的"不究"，他在等待弹劾的逐步升级。

既然皇帝已经谴责张居正"怙宠行私"，言官们心领神会。御史孙继先的奏疏不仅批判张居正，而且要求为因反对张居正而遭到惩处的余懋学、傅应祯、王用汲、吴中行、赵用贤、艾穆、沈思孝、邹元标等人平反昭雪，重新起用。朱翊钧为了把"威权震主"的影响消除干净，接受了这一建议，而且不惜为此检讨以前的错误："朕一时误听奸恶小人之言，以致降罚失中。"这里所说的"奸恶小人"，当然非张居正莫属了。皇帝的这种政治姿态，刺激了反张浪潮，弹劾奏疏如同雪片般飞向乾清宫。

御史羊可立捕风捉影地揭发张居正霸占辽王财产，把废黜辽王事件与张居正挂钩，指责他是"废辽"事件的最大受益者。一向伺机翻案的辽王家属以为时机成熟，辽王次妃王氏向皇帝控告张居正，"丛计谋陷亲王"，"霸夺产业"，特别强调："金宝万计，悉入居正家。"朱翊钧迅速作出反应，发出一道很长的圣旨。他在圣旨中说：张居正侵盗辽王府金银财宝，其父坟墓建造在辽王陵园内，掘毁他人坟墓，罪孽深重。你们这些地方官为何不加追究？现特派司礼监太监张诚、刑部侍郎丘橓、给事中王相、锦衣卫指挥曹应魁前往荆州，会同湖广巡抚、巡按，对张府财产查抄充公，全部押解朝廷。如果有官员敢于透露消息，容忍隐藏，包庇回护，一概逮捕严惩。

表面看来语气平静，理由充分，目的在于清查张府霸占辽王府财产的情况，其实在平静的表面之下，隐藏了一个严峻的政治问题——抄家。在当时的政治语境中，抄家的对象都是犯下严重罪行的官员，例如严嵩、冯保之类。这就意味着，查抄张府是对已经死去的张居正的一种追加处分，是对他的彻底否定，其政治意义远远大于经济意义，它标志着张居正从政治巅峰一下子跌入万丈深渊。促使朱翊钧对先前尊重备至的"元辅张先生"翻脸的原因也许很复杂，消除"威权震主"的影响无疑是主要原因。早在一年前，他看了大理寺送来的游七、冯昕的供词后，就下旨剥夺张居正一切政治荣誉——他自己亲手颁给的上柱国、太师兼太子太师等头衔，并且把他的儿子革职为民，统统是为了这一目的而采取的措施。

此举引起了朝野上下强烈的震动。一些敢于讲话的官员希望皇帝冷静、宽恕，最为引人注目的是都察院左都御史赵锦。他并不是张居正的亲信嫡系，甚至万历初年对于新政有所非议，以为太过操切。张居正授意言官弹劾他"讲学谈禅，妄议朝政"，迫使他辞官而去。如果为了泄私愤，他完全可以落井下石，报当年的"一箭之仇"。但他没有这样做，而是出于公心，分析"抄家"的利弊得失。

他以监察机构主官的敏锐洞察力，建议对内阁大臣的抄家应该慎重，嘉靖年间对严嵩的抄家连累江西百姓的教训，值得汲取。当时抄没严府家产，预先估计的数字过于庞大，具体操作时却难以达到这一数字，主持抄家的官员唯恐给自己带来不测之祸，只好就地取"财"，把附近百姓的财产拿来充数，留下了很大的后遗症。他认为，张府的财产不及冯保的万分之一，言官出于义愤，揭露的事实常常讲过头。万一再重演查抄严府的悲剧，那么对于湖广的流毒将十倍于江西。他提醒道，对张居正惩罚过于严酷，必将使得今后内阁大臣产生恐惧感，无所措手足。剥夺了政治荣誉，子弟也已革职为民，这些惩罚足够显示朝廷的威严了。无论张居正昔日如何擅权，如何操切，毕竟功大于过，断断不至于达到抄家的地步。希望皇上顾全当年辅佐帷幄的情谊，不要做出有损国体的事情来。

朱翊钧根本听不进去。

侍讲官于慎行写信给刑部侍郎丘橓，请他在抄家时手下留情。于慎行也不是张居正的亲信，当年因反对"夺情起复"而遭到张居正的责备，被迫辞职。张居正死后，他被重新起用，不计前嫌，讲了几句公道话，实属难能可贵。

他给丘橓的信洋溢着一派凛然正气：

张居正的始末已经人所共知，耗尽精力智慧，为国勤劳，是一方面；使用权术，结怨于朝廷上下，是另一方面。在他掌权的时候，举国上下争先恐后为他歌功颂德，不敢批评他的过失；而今身败名裂，举国上下又争先恐后声讨他的罪状，不敢肯定他的功绩。这两种态度都不合乎情理事实。

张居正对于纳贿极为谨慎，有深交的亲戚朋友的贿赂可以接受，陌路之人一概拒绝；偾帅巨卿的贿赂可以接受，小官一概拒绝；能够进入张府大门的贿赂可以接受,不得其门而入的贿赂一概拒绝。他的受贿收入是有限的。

张居正以盖世之功而自豪,颇为自律,不敢做诿鄙之事,并且期望儿子有传世之业,不使他们交游过滥。他的父亲、兄弟虽凭借权势聚敛了一些钱财,但荆州张府的财产没有想象的那么多。

张居正的母亲年已八十,垂垂老矣,他的几个儿子都是不涉世事的年轻书生,抄家之后,身无分文,必定落魄流离,没有地方栖息。这是路人为之酸楚、士林为之伤心之事。希望抄家以后,允许给他儿子们几间房子,一块立锥之地。

在当时形势下,讲这样的公道话,显然要承担极大的风险。《明史·于慎行传》提及这封信,评论道:"词极恳挚,时论韪之。"肯定他的言辞恳切诚挚,得到舆论的好评。

然而,主持抄家的丘橓对张居正有私人恩怨,乘机报复,不但不手下留情,而且超越抄家的权限,肆意妄为。他还没有赶到荆州,就命令地方官查封张府房门,登录人口,一些躲避在空房的老弱妇孺,来不及退出,被活活饿死的有十几个人。在丘橓主持下的抄家,可谓锱铢必究,巨细无遗。但是抄到的数目与原先估计的数目相去甚远。于是严行拷问,迫使他们交代赃物已经转移、藏匿的数量与去向。

长子张敬修经受不了严刑逼供,上吊自杀,临终前写下一纸绝命书:

忆自四月二十一日闻报,二十二日移居旧宅,男女惊骇之状不忍惨言。至五月初五日,丘侍郎到府。初七日提敬修面审,其当事噂沓之形,与吏卒咆哮之景,皆生平所未经受者,而况体关三木,首戴幪巾乎!

……在敬修固不足惜,独是屈坐先公二百万银数。不知先公自历官以来，清介之声传播海内，不惟变产竭资不能完，即粉身碎骨亦难充者。且又要诬扳曾确庵（省吾）寄银十五万，王少方（篆）寄银十万，傅大川（作舟）寄银五万，云："从则已，不从则奉天命行事。"恐吓之言，令人落胆……嗟乎，人孰不贪生畏死，而敬修遭时如此，度后日决无生路……不得已而托之片楮，啮指以明剖心。此帖送各位当道一目，勿谓敬修为匹夫小节，而甘为沟渎之行也。

……丘侍郎，任抚按，活阎王！你也有父母妻子之念，奉天命而来，如得其情，则哀矜勿喜可也，何忍陷人如此酷烈……

看了这份绝命书，大体可以领略当时抄家的惨状，堂堂一品大员的家眷竟然连一般犯人的待遇都没有，生不如死。张敬修毕竟是凡夫俗子，面临死神时流露出求生的欲望。五月初十写了绝命书，梦中得到吉祥预兆，没有上吊。到了五月十二日，再次会审，以严刑威胁，逼迫承认赃财已经转移隐匿。实在走投无路，才上吊自尽。

前任内阁首辅的长子上吊自尽的消息传到京城，引起强烈的反响。内阁次辅申时行感到震惊，写信给湖广巡抚李岷山，委婉地表达了不满。信的大意是：抄家之事出于皇上圣恩，势不可挡，难以挽回。而我辈奉命行事，要平衡法律与人情，在无可奈何之中，尽量寻求可宽则宽的途径。圣旨没有明文规定的，不必一丝一毫严密搜求；审判之际，只对僮仆使用刑罚就可以了，他的几个儿子都有功名官职，不必对他们继续上镣铐，窘辱备至。这就是张敬修之所以自杀的原因。昨天看到传来的遗书，行路之人都为之悲伤流泪。这件事情，上关系到国体，下关系到人心，绝不可以等闲视之。死者不可复生，而生者尚可以委曲求全，奄奄老母，茕茕孤儿，如果不着意抚恤，再出现重大变故，那么地方长官难辞其咎。

申时行的这一席话，说得合情合理，又不得罪皇帝。但事已至此，他也徒唤奈何，只能希望善后工作做得好一点。

在舆论的压力下，朱翊钧不得不采取一些补救措施：张居正辜负朕的恩眷，遗祸亲属，其母老迈，流离失所，委实可怜，当地政府拨给空宅一所，田地十顷，以资赡养。但是对于抄没张府财产丝毫不放松，凡是可以移动的抄家物资，立即分路押送北京；房屋、牌坊等不动产，一律折成银两押送北京，全部交由皇宫内库查收。至于都察院议定的张居正的罪状，皇帝很不满意，亲自定下了这样的结论：

张居正诬蔑亲藩，侵夺王坟府第，钳制言官，蔽塞朕聪。私占废辽地亩，假以丈量遮饰，骚动海内。专权乱政，罔上负恩，谋国不忠。本当斫棺戮尸，念效劳有年，姑免尽法追论。伊属张居易、张嗣修、张顺、张书都着永戍烟瘴地面充军。你都察院还将居正罪状榜示各省直地方知道。

这是对张居正的彻底清算，他担任内阁首辅十年来的政绩，被说成"专权乱政""谋国不忠"；对他的改革举措——清丈田亩，给予"骚动海内"的负面评价；对他雷厉风行的作风，给予"钳制言官，蔽塞朕聪"的负面评价。这位当初对"元辅张先生"推崇备至的万历皇帝，如今早把那些溢美之词抛到九霄云外去了。这就是皇帝的专制作风，把臣子视为草芥，可以捧上云霄，也可以打入地狱，愈是功高盖主的大臣愈是如此。

用客观冷静的眼光看来，张居正尽管有各种各样的缺点，但是他忠心耿耿辅佐皇帝，为革除积弊推行新政而呕心沥血，功绩是难以抹杀的。《明神宗实录》的纂修官给他的盖棺论定，还算平直公允，较少意气用事的成分。他们说：张居正"沉深机警，多智数"，受命于"主少国疑"之际，独揽大权，辅政十年，政绩卓著，"海寓肃清，四夷詟服"，"太仓粟可支数年，囧寺（太仆寺）积金钱至四百余万"。然后用十八个字来表述万历新政的成就："成君德，抑近幸，严考成，综名实，清邮传，核地亩。"总括成一句话："洵经济之才也"——实在是经国济世的人才啊！

当然，《明神宗实录》也没有回避他的过失，尽管过不掩功，也足以使他陷入无法摆脱的困境：

> 偏衷多忌，小器易盈，钳制言官，倚信佞幸。方其怙宠夺情时，本根已断矣。威权震主，祸萌骖乘。何怪乎身死未几，而戮辱随之。识者谓：居正功在社稷，过在身家。

张居正悲剧的根源就是八个字——"威权震主，祸萌骖乘"。悲剧的表现十分独特——"功在社稷，过在身家"。或者就像海瑞所说："居正工于谋国，拙于谋身。"所谓"过在身家""拙于谋身"，根源就是"威权震主"。万历时期担任礼部尚书、内阁大学士的于慎行对此有入木三分的评论：万历初年，张居正掌权，与冯保互相倚靠，共操大权，对于辅佐皇帝并非没有益处。只是凭借太后支撑，挟持小皇帝，束缚钳制有些过分，使之不得伸缩。皇帝年龄虽小，心中已经默默忌恨。因此祸机一旦触发，就不可挽回。世人只看表象，以为张居正钳制言官、过于操切是导致祸患的原因，以为"夺情起复"以及儿子进士及第是得罪的根本。这些现象当然存在，但不足以导致张居正身败名裂，最根本的原因是"操弄之权，钳制太过"。这八个字是刻画张居正对皇帝的态度，也就是"威权震主"的另一种说法。

无论功勋多么卓著的大臣，绝对不能"僭越"，使皇帝感受到震慑。张居正如此精明强干，居然对这个关键有所疏忽，忘乎所以，难怪海瑞要说他"工于谋国，拙于谋身"了。

第六章

倾覆：天启阉祸与崇祯亡国

魏忠贤与奉圣夫人客氏

魏忠贤，北直隶河间府肃宁县（今河北省沧州市肃宁县）人。据佚名《梼杌闲评》说，他生于隆庆二年（1568），即戊辰年，所以小名叫作"辰生"。父亲魏丑驴，母亲侯一娘，都是杂耍艺人。侯一娘找了个情夫魏云卿，是个戏子，生下了魏辰生。此人没有上过学，是个文盲，却口齿伶俐，性情狡诈，与地痞流氓混得很熟。朱长祚《玉镜新谭》为他写了小传：

> 肃宁人魏忠贤者，初名进忠，市井一无赖耳。形质丰伟，言辞佞利，目不识丁，性多狡诈。然有胆气，日务樗蒲（赌博）为计，家无担石而一掷百万。若其歌曲弦索、弹棋蹴鞠，事事胜人，里中少年竞相与狎。迷恋青楼翠袖之间，落魄无行，依人醉醒，不问妻子饔餐韦布（吃饭穿衣），游手好闲，以穷日月。

从这段话可以看到，魏忠贤长得一表人才，高大伟岸，能说会道，聪明能干，不论唱歌奏乐还是下棋踢球，样样胜人一等。这和他的家庭背景有很大关系。但是他是一个好吃懒做的小混混，沉迷于赌博嫖娼，妻女的吃穿一概不管。吃喝嫖赌耗尽家产后，逼着母亲改嫁李姓男人，他也随之改姓李，由魏进忠改名为李进忠。妻子也被迫改嫁他乡，女儿卖给人家做童养媳。走投无路之际，他私自阉割，想混进宫里去谋生，差一点丢掉了性命。幸好司礼监秉笔太监孙暹收留了他，让他在自己的私宅打杂。孙暹见他仪表堂堂、能说会道，就把他带进宫里，当一个"小火者"——打扫庭院、劈柴烧火的杂役。

为了向上爬，他结识了司礼监太监王安的下属魏朝。魏朝是光宗朱常洛、熹宗朱由校的近侍太监，后来升任乾清宫管事太监。经过魏朝的推荐，他被提拔为熹宗朱由校生母王才人的典膳太监。王才人死后，他成为朱由校庶母李选侍的近侍太监。由于这样的关系，使他有机会接近年幼的朱由校，成为朱由校心目中可以依赖的心腹太监。朱由校当上皇帝后，为了嘉奖这个忠心耿耿的奴才，破格提升他为司礼监秉笔太监兼任东厂总督。地位显赫以后，他恢复自己的原姓，皇帝给他改名为"忠贤"，于是李进忠一变而为魏忠贤。

明朝宦官机构庞大，可以与朝廷相媲美，有十二监、四司、八局。其中司礼监权力最大，其职责是替皇帝处理公文，必须有相当文化学识的人才可以担当，而魏忠贤是目不识丁的文盲，担任司礼监秉笔太监实在是破例之举。之所以能够破例，和一个女人很有关系，她就是熹宗朱由校的乳母（奶妈）客氏。《明史·魏忠贤传》说："（魏）忠贤不识字，例不当入司礼（监），以客氏故，得之。"很显然，是客氏在皇帝面前极力推荐，他才得以升任司礼监秉笔太监的。

这个客氏，名巴巴，一名印月，原本是保定府定兴县侯巴儿（又名侯二）之妻，十八岁时生下儿子侯国兴后，进宫充当朱由校的乳母。《梼杌闲评》写道："因印月生了个孩子，却遇着宫中选乳婆，遂托李永贞在东厂夤缘，选中了。过了三年，小爷虽然断乳，却时刻不肯离她。过后侯二死了，遂不放她出来，至今已有十余年。因她做人乖巧奸猾，一宫中大大小小无一个不喜欢。"

她实在是一个不简单的女人，抱阳生《甲申朝事小纪》说，她为人妖艳，常有秽闻传出，朱由校大婚之前，她"先邀上淫宠"。这可不是一般的"丑闻"，作为朱由校的乳母，怎么可以"邀上淫宠"呢？岂不是乱伦！朱由校即位不过十天，就封客氏为"奉圣夫人"，出入形影不离。后来朱由校完婚，册立张氏为皇后，王氏为良妃，段氏为纯妃，忙于和后妃过从，引起客氏不悦。朱由校不得不用重赏安慰她，宠幸较前更甚。天启元年（1621）五月册封皇后张氏，六月初朱由校就要礼部给奉圣夫人客氏"加恩"，礼部感到棘手，回复皇上："奉圣夫人客氏无例可加恩典。"朱由校立即反驳："只是典章不存，不是无例。"礼部只得援引前朝戴圣夫人的先例，提议晋升客氏的儿子为锦衣卫指挥。客氏偶尔外出，用八抬大轿，由内侍扛抬，俨然自以为"熹宗八母"之一，路人避让不及，马上遭到棍笞。每逢她的生日，熹宗朱由校必定亲自祝贺，升座劝酒。她返回自己的私宅，有内侍王朝忠等数十人，身穿红衣，前呼后拥。她乘轿前往乾清宫看望朱由校，侍从之盛不亚于皇帝。她出宫入宫，皇帝必传"特旨"，清尘除道。太监都蟒袍玉带步行排队，盛服靓妆的客氏乘坐锦玉辇，数百宫女随从，前面的提着香炉，里面燃着沉香、龙涎香，氤氲如雾；后面的提着纱灯、角灯、红烛、黄炬、亮子，照得四围如同白昼；与此相伴随的，是清澈悠长的回避肃静的呼叫声。到了私宅，她在大厅升堂登座，从管事太监、近侍太监到一干随从，挨次叩头，高呼"老祖太太千岁"之声喧阗震天。

这个女人的妖媚不仅表现为"邀上淫宠"，还表现为先后与两个太监结成"对食"关系。所谓"对食"，是当时太监和宫女之间的一种暧昧关系，从字面看，似乎是两人在一起吃饭，实际是特殊的男人与特殊的女人组成一个秘密的家庭，或者可以说是结成非典型性夫妻。客氏的第一个"对食"伴侣就是魏忠贤的结拜兄弟魏朝。魏忠贤正是通过魏朝的介绍巴结上客氏的。

魏忠贤为了向上爬，千方百计巴结这位"老祖太太千岁"，花费五百两银子办一桌六十道菜的酒席，邀她同饮。客氏也想利用魏忠贤巩固自己的地位，对身材高大、仪表堂堂的魏忠贤很有好感，结成非同一般的"对食"关系。关于魏、客的"对食"关系，历史文献几乎是众口一词的。请看：

《明史·魏忠贤传》说得十分明确："长孙（朱由校）乳媪曰客氏，素私侍（魏）朝，所谓'对食'者也。及（魏）忠贤入，又通焉，客氏遂薄（魏）朝而爱忠贤，两人深相结。"

夏允彝《幸存录》更是直白地说他们二人"私为夫妇"："客氏者，熹庙（熹宗）之乳母，而与魏忠贤私为夫妇者也。上（皇上）于庶务皆不问，宫中惟忠贤与客氏为政。"

夏允彝所说魏、客二人"私为夫妇"，并非夸张之词，当时宫中"对食"已蔚然成风。与夏允彝同时代的宋起凤《稗说》有一条资料，可以作为佐证："魏（忠贤）虽腐余，势未尽，又挟房中术以媚，得客（氏）欢。"

从此魏、客二人配合默契，把持宫内大权，正如《明季北略》所说："忠贤告假，则客氏居内；客氏告假，则忠贤留中。"朱长祚《玉镜新谭》对此有透彻的分析：

（魏忠贤）随侍熹宗，服劳善事，小心翼翼，于时熹宗……喜逾诸常侍。内有客氏保护起居，旦夕不相离；外有忠贤曲意逢迎，巧会旨趣，客氏亦悦之。客氏即后封奉圣夫人者，时偕相佐，寝食在侧……熹宗登大宝，加封近御诸人，而忠贤素所宠信，气指颐使，骤列大珰。且倚客氏，表里为奸，事权一旦把握矣。

为了扫除障碍，魏忠贤对他的拜把兄弟魏朝下手，把他杀死，又把矛头指向太监中的三朝元老王安——表面上对他百般恭敬，一见面就撩衣叩头，非呼不应，非问不答。天启元年五月，熹宗任命王安为司礼监掌印太监，颇有君子风度的王安极力推辞。客氏一面劝朱由校接受他的辞呈，一面和魏忠贤密谋杀害王安。魏忠贤有一点犹豫，不忍下手，客氏对王安迫使李选侍"移宫"之事心有余悸，提醒魏忠贤，你我都比不上李选侍，绝不能留这个后患。魏忠贤这才唆使言官霍维华弹劾王安，借用圣旨名义，把王安降职为南海子净军，然后把在李选侍"移宫"时偷盗珍宝的太监刘朝释放出狱，充任南海子提督，借用他的报复情绪，置王安于死地。王安果然死于刘朝之手，而且身首异处，尸体喂狗。

更令人匪夷所思的是，魏、客二人联手，导致熹宗朱由校绝后。朱由校临死前决定把皇位传给五弟朱由检，实在是出于无奈，因为他本人没有子嗣。查《明史·诸王传》，熹宗有三个儿子，都幼年夭折。他的长子是张皇后于天启三年（1623）十月十二日所生，《明史·后妃传》说："天启三年，（皇）后有娠，客、魏尽逐宫人异己者，而以其私人承奉，竟损元子。"皇后诞生长子，在明朝并不多见，日后理所当然会成为皇位继承人。如此一个宝贝，为什么竟会"旋殇"呢？

原来是客氏、魏忠贤在背后捣鬼。

孕育皇长子的皇后张氏，体态颀秀而丰整，颇识大体，对于客氏、魏忠贤的恣睢跋扈非常不满，常常谴责他们变乱宫中规章，引起客、魏的忌惮怨恨，多次欲加陷害。天启三年皇后张氏怀孕，倘使生一个儿子，她的地位就更加不可动摇。客、魏二人把皇后身边的宫女全部赶走，换上自己的亲信，伺机下手。十月十二日皇后流产，果然是一个男孩。这是客、魏一手策划的阴谋。抱阳生《甲申朝事小纪》说："天启时，客氏以乳母擅宠，妒，不容（皇）后有子……及张后有孕，客氏暗嘱宫人于捻背时重捻腰间，孕堕。"纪昀《明懿安皇后外传》也说："天启三年，（皇）后有娠，客、魏尽逐宫人之异己者，而以私人承应。（皇）后腰胁伤痛，召宫人使搥之，宫人阴欲损其胎，搥之过猛，竟损元子焉。"此事宫内外都有所耳闻，故而天启四年（1624）左副都御史杨涟弹劾魏忠贤二十四条罪状时，这一阴谋成了第十条罪状："中宫有庆，已经成男，凡在内廷，当如何保护……传闻忠贤与奉圣夫人实有谋焉。"

稍后怀孕的裕妃张氏，性情刚烈，无意中得罪了客、魏，被他们视作眼中钉，他们假传圣旨，把裕妃打入冷宫，断绝她的饮食。一个下雨天，饥渴的裕妃爬到屋外，匍匐在地上舔食雨水，慢慢地死去，胎儿随之夭折腹中。杨涟弹劾魏忠贤二十四条罪状的第九条，指的就是这件事："裕妃以有喜传封，中外欣欣相告矣。忠贤以（裕妃）抗不附己，嘱其私比，捏倡无喜，矫旨勒令自尽，不令一见皇上之面。"

客氏、魏忠贤专擅、跋扈、阴险、狠毒，不愿意皇帝有子嗣，别有所图，皇长子、皇二子、皇三子的夭折，都出于他们的毒手。

这两个作恶多端的人，自己的下场也很惨。崇祯皇帝即位后，勒令魏忠贤到凤阳去看管皇陵，剥夺了他的所有权力与地位。在南下的途中，这个权阉贼心不改，依然"意气扬扬，雄心未已"。这种嚣张气焰激怒了朱由检，他立即命令锦衣卫前去逮捕，严惩不贷。天启七年（1627）十一月初六日，刚刚抵达阜城县（今河北省衡水市阜城县）南关，在旅馆过夜的魏忠贤，得知皇帝派来逮捕他的锦衣卫校尉即将到达，半夜时分上吊自尽。客氏也在劫难逃。就在"五虎"之首崔呈秀畏罪自杀六天后，客氏被捕，关押在宫内浣衣局，严刑审讯后，客氏招供：她妄图仿效吕不韦故事，私自带入怀孕的奴婢，觊觎皇位。当即被活活打死。她的儿子侯国兴和魏忠贤的侄子魏良卿一并被处死，其余亲属充军边疆。

魏忠贤与阉党专政

所谓"阉党",其实并不是什么"党",而是天启年间以魏忠贤为首的帮派。魏忠贤这个太监大头目,掌控宫廷内外大权,利用熹宗朱由校的昏庸,颐指气使,网罗亲信,拉帮结派。这个"阉党"的构成大致是这样的:太监中,除了王体乾,还有李永贞、涂文辅、李朝钦、王朝辅、孙进、王国泰、梁栋等三十余人;文臣中,有朝廷高官崔呈秀、田吉、吴淳夫、李夔龙、倪文焕之流,为之出谋划策,号称"五虎";武臣中,有掌管东厂、锦衣卫等特务机构的田尔耕、许显纯、孙云鹤、杨寰、崔应元等,专门杀戮反对派,号称"五彪";此外还有吏部尚书周应秋、太仆寺少卿曹钦程等,内外呼应,号称"十狗";等而下之,又有"十孩儿""四十孙"等爪牙,盘踞各个要害部门。因此《明史·魏忠贤传》说:"自内阁、六部至四方总督巡抚,遍置死党。"这个"死党",就是当时人所说的"阉党",以擅权乱政为能事,把政局搞得一团糟。

不畏强暴的正直官员和"阉党"展开了殊死较量。

天启二年(1622),都察院左都御史邹元标、都察院左副都御史冯从吾,反驳"阉党"分子朱童蒙对北京首善书院的无端攻击,声明书院讲学是为了探讨儒家经典,用学术来端正人心。其实,"阉党"之所以反对书院,目的是禁止人们发出不同的声音。魏忠贤索性借用皇帝的名义颁布禁令,拆毁全国所有书院。在知识分子中间享有崇高声誉的东林书院、首善书院、关内书院、江右书院、徽州书院等都惨遭厄运。

就在同一年,刚刚进士及第出任翰林院修撰的文震孟,弹劾魏忠贤把持朝政，皇帝上朝犹如"傀儡登场"。机敏的魏忠贤抓住"傀儡"二字大做文章，在皇帝面前挑唆：文状元把万岁比作傀儡。皇帝大怒，文震孟遭到革职处分。同科进士、庶吉士郑鄤仗义执言，抨击魏忠贤"窃弄"权柄，"内降"圣旨，拉大旗当虎皮，打着"圣旨"的幌子，排斥异己势力。结果可想而知，郑鄤遭到"圣旨"的严厉斥责："党护同乡，窥探上意"，受到处分。

此后，魏忠贤进一步网罗党羽，把言听计从的大臣如顾秉谦、魏广微引进内阁，控制朝廷大权，不断指使亲信攻击正直官员，陷人于法，政坛上一派恐怖肃杀之气。

天启四年（1624），都察院左副都御史杨涟挺身而出，向皇帝进呈长篇奏疏，揭发魏忠贤二十四大罪，掀起了声势汹涌的"倒魏"风潮。

古代有一句民谚："直如弦，死道边；曲如钩，封公侯。"反映了古代两种官僚的不同处世哲学常带来的不同后果。刚直不阿、敢于直言极谏的人，往往死得很惨；趋炎附势、善于拍马溜须的人，往往飞黄腾达。于是乎，那些精明的官僚，为了保住乌纱帽，不断加官晋爵，学会了明哲保身，曲学阿世，不敢讲真话，假话连绵不绝，官场风气由此而腐败不堪。然而士大夫的精英分子一向把气节看得高于一切，宁为玉碎不为瓦全。因此，"直如弦，死道边"的官僚代不乏人，成为历史长空中的一抹亮色。杨涟就是其中之一。

杨涟，字文孺，湖广应山（今湖北广水）人，万历三十五年（1607）进士，出任常熟知县，清正廉明，被举荐为"廉吏第一"。升任都察院左副都御史以后，以敢于抨击黑恶势力而闻名于政坛。《明史》称赞他"为人磊落，负奇节"，这七个字的评语，他是当之无愧的。"阉党"分子炮制的黑名单——《东林点将录》，给他的名号是"大刀手"，咬牙切齿之声隐约可闻，显现出"阉党"心目中杨涟的厉害——冲锋陷阵所向披靡的"大刀手"。

杨涟果然是一个"大刀手",明知山有虎,偏向虎山行,舍得一身剐,敢把魏忠贤拉下马。他的弹劾奏疏写得尖锐泼辣,无所顾忌,列举了二十四条罪状,以其中任何一条都可以置魏忠贤于死地。例如:

假传圣旨,三五成群,逼勒喧嚷,致使朝堂成为喧闹的集市,败坏了祖宗二百余年的政体。

不容正直大臣在朝廷有立足之地,指使亲信在朝堂喧嚷侮辱,迫使他们罢官而去。对于柔媚附和的小人,破格起用。凡是赞成他的就是好人,反对他的就是坏人。

一手操纵朝廷头等大事,在增补内阁成员时,排斥先进分子,安插亲信党羽,企图形成"门生宰相"的局面。

勾结奉圣夫人客氏,联手害死皇后所生皇长子,假传圣旨勒令怀孕的妃子自尽,致使皇上无嗣绝后。

东厂原本用来侦查奸细缉拿人犯,魏忠贤假公济私,陷害忠良,网罗密布,搞得鸡犬不宁,官民如有片言违忤,立即逮捕,比当年汪直的西厂有过之而无不及。

祖宗法度,宫内不许屯驻军队,原有深意。魏忠贤在宫内擅自组建称为"内操"的军队,究竟意欲何为?

在奏疏的末尾,杨涟写下了这样的警句:"掖庭之内,知有忠贤,不知有皇上;都城之内,知有忠贤,不知有皇上。即大小臣工,又积重之所移,积势之所趋,亦不觉不知有皇上,而只知有忠贤……伏念皇上天纵聪明,春秋鼎盛,生杀予夺岂不可以自主,何为受制幺麽小丑?"他希望皇上立即把魏忠贤就地正法,将客氏驱逐出宫。

杨涟的大无畏精神极大地鼓舞了官员们的斗志,掀起了声势浩大的"倒魏"风潮。不可一世的魏忠贤毕竟心虚,不得不以退为进,假意辞去东厂总督之职,然后示意内阁大学士魏广微代替皇帝草拟一道圣旨,予以挽留。风声一过,他立即反扑。先是迫使内阁首辅叶向高辞官而去，因为他主张魏忠贤自动辞职，以平息舆论。随后，在魏广微的策划下，把弹劾魏忠贤的杨涟、左光斗、魏大中、高攀龙、赵南星等大臣罢官，使得朝廷各部门几乎全部落入"阉党"控制之下。

魏忠贤以为时机成熟，大开杀戒，先后有"六君子之狱"和"七君子之狱"。

所谓"六君子之狱"，是假借圣旨名义，由锦衣卫逮捕杨涟以及他的支持者左光斗、袁化中、魏大中、周朝瑞、顾大章，以"追赃"为借口，严刑拷打。

杨涟首当其冲。锦衣卫镇抚司头目许显纯遵照魏忠贤的旨意，采用种种酷刑，打得他皮开肉绽，牙齿全部脱落，继而又用钢刷，把他的皮肤刷得"碎裂如丝"，体无完肤。魏忠贤不断命令许显纯严厉"追比"，五天报告一次。许显纯鉴于严刑逼供毫无用处，想把难题推给刑部，遭到魏忠贤严厉斥责，只得加重刑罚，用铜锤敲打，致使杨涟肋骨寸断，再用土囊压身，铁钉贯耳，最后索性把大铁钉钉入杨涟的头颅，把他活活折磨至死。凶手许显纯向朝廷的报告书中公然写着：杨涟病故。

誓死不屈的杨涟在狱中留下了绝笔——一个刚直不阿的心灵的最后呼喊，令人震撼：

> 涟以痴心报国，不惜身家，久付七尺于不问矣……不意身一入都，侦逻满目，即发一揭亦不可得……生死顷刻，犹冀缓死杖下，见天有日。乃就本司不时追赃，限限狠打。此岂皇上如天之意，国家慎刑之典，祖宗待臣之礼？不过仇我者立追我性命耳。

据说这篇两千余字的绝笔写成后，杨涟托付给难友顾大章藏匿。

一个偶然的机会,才得以从狱中传出,落到杨涟之子杨之易手上。杨涟死前还写了一篇血书,藏在枕头里,在他死后随尸体抬出,落到家属手中。人们从中看到,一位忠义之士抨击权奸,引来杀身之祸无怨无悔的凛然气概:

仁义一生,死于诏狱,难言不得其所。何憾于天,何怨于人?惟我身副宪臣,曾受顾命。孔子云:托孤寄命,临大节而不可夺。持此一念,终可以见先帝于在天,对二祖十宗与皇天后土、天下万世矣。大笑大笑还大笑,刀砍东风,于我何有哉!

字字血,声声泪,令人心酸,令人震撼,如闻其声,如见其人。这样一位赤胆忠心的高级官僚,作为正义的喉舌声讨邪恶势力,竟然死得如此之惨。人们愤慨之余,感受到"阉党"专政的淫威使人透不过气来,也使人义愤填膺拍案而起。

其余五人,都和杨涟一样被折磨至死,遗体由家属领回时,已经皮肉腐烂,面目全非,生前所受酷刑,由此可见。

所谓"七君子之狱",是魏忠贤按照黑名单镇压异己势力的既定步骤,用"欺君蔑旨"的罪名,把支持杨涟弹劾自己的周起元、周宗建、高攀龙、李应升、黄尊素、周顺昌、缪昌期逮捕入狱,严刑拷打至死。

黄宗羲之父——御史黄尊素,早在天启四年二月就向皇帝上疏,议论时政十大失误,锋芒毕露地谴责"阉党"专政。他责问道:执政者不顾国家安危,误国者掩饰政治腐败,不及时提拔贤能,辞退不肖,继续把正直之士看作仇敌,陛下难道不为国家担忧吗?他虽没有指名道姓,却使魏忠贤暴跳如雷,企图对他实施"廷杖"。内阁大学士韩爌极力营救,才改为剥夺俸禄一年。

四个月后,杨涟弹劾魏忠贤二十四大罪,黄尊素奋起响应,在奏疏中大声疾呼：

天下难道有政权归于近幸太监掌握，皇帝大权旁落，而世界可以清明的先例吗？朝廷内外舆论汹涌，人人都要食其肉寝其皮，这样的人还可以留在皇帝左右吗？现在魏忠贤横行不法的罪状已经暴露无遗，陛下如果再不早作决断，此辈眼看理屈词穷，势必更加无所顾忌。魏忠贤必然不肯收回已经放纵的缰绳而痛改前非；魏忠贤的死党必然不肯收回已经驶出的贼船而默默听任冰山消融。此辈先前与士大夫为仇敌，今后必将以陛下为赌注。

魏忠贤恨得咬牙切齿，指使亲信曹钦程诬陷黄尊素，把他罢官，继而把他逮捕入狱。在锦衣卫镇抚司监狱中，黄尊素受到许显纯、崔应元的严刑拷打，按照当时的说法，"一夹棍，一百杠，一拶百念，宙打六十棍，坐赃二千八百两，三日一比（比即四十棍）"。如此折磨下来，黄尊素早已体无完肤，血肉淋漓。他临死前留下遗诗：

> 正气长留海岳愁，浩然一往复何求。
> 十年世路无工拙，一片刚肠总祸尤。
> 麟凤途穷悲此际，燕莺声杂值今秋。
> 钱塘有浪胥门目，唯取忠魂泣镯镂。

魏忠贤个人崇拜运动

中国历史上宦官专政屡见不鲜，晚明的"阉党"专政却十分独特，大大小小的官僚演出了一幕幕个人崇拜丑剧。个人崇拜在专制时代算不上罕见的现象，奇怪的是，个人崇拜的对象并非皇帝，而是太监。这不能不说是畸形时代畸形政治的产物，把那种社会制度丑恶的一面毫无遮掩地暴露在光天化日之下。

魏忠贤个人崇拜的标志性事件，就是全国各地的官僚掀起了建造"生祠"的政治运动。中国自古就有祖先崇拜的传统，建造祠堂以祭祀死去的祖先。建造"生祠"，它的初衷已与祭祀祖先毫不相干，而是变成了一种政治交易，满足了崇拜者与被崇拜者各自的政治目的，请看下面的描述。

为魏忠贤建造"生祠"的始作俑者，是浙江巡抚潘汝桢。他在天启六年（1626）闰六月初二日向皇帝建议，应该为功德无量的魏忠贤建立生祠。这个善于拍马溜须的官僚说，魏忠贤心思勤奋，体谅国家，心中念念不忘抚恤人民，由于他的德政，浙江延续百年的陋习积弊完全消除，生活在这块土地上的人民，"莫不途歌巷舞""欣欣相告"，一致请求为他建立生祠，向他祝福。明眼人一看便知，吹牛不打草稿的潘汝桢，说的全是颠倒黑白的阿谀奉承之词，竟然把"阉党"专政的恐怖政治涂抹成"途歌巷舞"的大好形势。

这当然是魏忠贤求之不得的大礼，正中下怀。奇怪的是，皇帝的圣旨居然也是这样的调子：鉴于魏忠贤"心勤为国""念切恤民"，批准地方官府为他营造生祠，"以垂不朽"。这个昏庸的皇帝还为生祠题写匾额——"普德"，用明白无误的姿态为生祠运动推波助澜。

这个先例一开，善于钻营的官僚们敏锐地察觉到魏忠贤与皇帝的态度，趋之若鹜，唯恐落后，纷纷在各地为魏忠贤建造生祠。一时间形成了一场政治运动，有人策划，有人造势，有人出钱，有人献房，搞得昏天黑地。应天巡抚毛一鹭把生祠建在虎丘，蓟辽总督阎鸣泰在蓟州、密云、昌平、通州、涿州、河间、保定建造多处生祠，宣大总督张朴在宣府、大同建造生祠，山西巡抚曹尔桢在五台山建造生祠。这种生祠不但遍布各地，而且蔓延到京城。工部郎中曾国祯把生祠建造到卢沟桥边上，京城巡城御史黄宪卿把生祠建造到宣武门外，顺天府尹李春茂把生祠建造到宣武门内。有的官僚还把生祠建造到皇帝祖坟边上，如孝陵卫指挥李之才把生祠造在南京孝陵（太祖高皇帝坟墓）前面，河道总督薛茂相把生祠造在凤阳皇陵（太祖父母坟墓）旁边。

如此这般，短短一年间，总共建造了魏忠贤生祠四十处，生祠之风此起彼伏。

那些建造生祠的官僚，把魏忠贤当作一个偶像，顶礼膜拜唯恐不周，当然并非出于内心的虔诚，而是一种政治表演，以博取魏阉的欢心，为自己仕途升迁增添筹码。这样的表演是寡廉鲜耻的，不顾脸面的。生祠建得最多的蓟辽总督阎鸣泰就是一个典型，他写给皇帝的建造生祠奏疏实在是一篇不可多得的"奇文"：

> 人心之依归，即天心之向顺。恭照厂臣（指东厂总督）魏忠贤安内攘外，举贤任能，捐金捐俸，恤军恤民，非但学识纲常之际独萃其全，且于兵农礼乐之司共济其盛，治平绩著，覆载量弘……

你看，一个文盲阉竖、跳梁小丑，居然被他美化成罕见的圣贤，学识渊博，兵农礼乐样样精通。皇帝不但不反感，而且还为生祠题写

"广恩"匾额，仿佛不如此就不足以表彰魏忠贤的"治平绩著"。有了皇帝亲笔书写的"广恩"匾额，蓟州生祠建成之际，举行了声势浩大的仪式，迎接魏忠贤的"喜容"（偶像）进入生祠，大小官员一起对"喜容"五拜三叩头，礼仪的规格和皇帝一模一样。兵备副使耿如杞看到魏忠贤的"喜容"一副帝王相，颇为反感，只作了一个长揖，没有跪拜。巡抚刘诏打小报告，魏阉立即命锦衣卫把耿如杞逮捕入狱。

这无疑助长了宵小之徒的气焰。天津巡抚黄运泰比阎鸣泰更胜一筹，他所主持的迎接"喜容"仪式，隆重程度超过蓟州。据当时人描述，"喜容"有仪仗队前导，如同皇帝出巡一般，一干人等行五拜三叩头礼。待到"喜容"在生祠中安置妥当后，黄运泰率领文武官员来到丹墀下，整齐排列，再次五拜三叩头。然后黄运泰到"喜容"前面致辞：在下某年某月因某事承蒙九千岁（阉党分子对魏忠贤的尊称）扶植，叩头表示感谢；又某年承蒙九千岁提拔，再次叩头感谢。致辞完毕，退回原位，再行五拜三叩头礼。旁观者都累得汗流浃背，黄运泰却洋洋得意，因为不久又可以得到"九千岁"的提拔了。

令人感兴趣的是，被无耻之徒顶礼膜拜的魏忠贤"喜容"是什么模样呢？按照当时人的描述，塑像完全是按照帝王模样塑造的：垂旒执笏，头戴冠冕，身穿袍服，眼耳口鼻手足栩栩如生。和庙里面供奉的偶像差不多，不同的是，发髻处有一个空穴，可以安插四时鲜花，腹中空空，充满金玉珠宝。在它的身旁，悬挂着鎏金的对联，当然是对魏阉的褒奖之词：

至圣至神，中乾坤而立极；
乃文乃武，同日月以长明。

人为地把一个政治小丑打扮成"至圣至神"，如同"乾坤""日月"一般，可见对魏忠贤的个人崇拜运动已经到了无以复加的境地。那些崇拜魏忠贤的官僚，未必不知道这个吃喝嫖赌无所不为的地痞流氓，自阉入宫后只不过是低贱的"小火者"；未必不知道此人凭借阴谋权术一步步爬到权力顶层，心狠手辣，野心勃勃。这种个人崇拜，并非敬仰他的道德品质，而是别有所图的政治投机。朱长祚《玉镜新谭》这样写道：

> 窃观一刑余之人，而天下贡谀献媚，忍心昧理之徒，翕然附和而尊崇之，称其功如周、召，颂其德如禹、汤，以致遍地立祠，设像而祝厘焉。呜呼，当此岁祲民匮之日，一祠之费，奚啻数万金哉！飞甍连云，巍然独峙于胜境；金碧耀日，俨如无上之王宫。

李逊之《三朝野纪》谈及此事时指出，当时朝廷上下一片疯狂，为魏阉歌功颂德的奏疏充满了"扬诩赞叹"之词，"几同劝进"——几乎有劝他登上皇帝宝座的架势。奇怪的是，皇帝的"朱批"，也是"称颂唯恐不至"。

不知从哪里冒出一个无聊文人——国子监生陆万龄，居然向皇帝提请，在孔庙中，以魏忠贤配祀孔子，以魏忠贤之父配祀孔子之父，进而主张在国子监西侧建造魏忠贤生祠。理由是：魏忠贤"提不世之贞心，佐一朝之乾断"，"驱蔓连之邪党，复重光之圣学，其功不在孟子距诐行、放淫词之下"。他铲除东林党犹如孔子诛少正卯，编《三朝要典》犹如孔子笔削《春秋》。这一番话仿佛痴人说梦。一个尊奉孔子为大成至圣先师的读书人，居然要让文盲阉竖和儒学大师并驾齐驱，一起配祀孔子，简直是斯文扫地，昏了头。如此这般的荒诞意见居然还博得了一些人的喝彩叫好。

这一切的根源在于皇帝。他不断在圣旨中表扬魏忠贤，什么

"赖厂臣秘授神略""赖厂臣赤心忠计""厂臣殚心筹划""赖厂臣干国精忠""赖厂臣一腔忠诚"等，而且对于大臣为魏阉歌功颂德的奏疏赞许有加。例如在延绥巡抚的奏疏上批示："疏称厂臣擎天巨手，贯日丹忠，措饷轸军，投醪挟纩，乃故奏奇捷。说得是。"魏忠贤所做的一切都是绝对正确、无可争议的。

皇帝对他的嘉奖封拜也逐步升级：

"魏忠贤勤慎奉公，清廉厉操……荫弟侄一人，与做锦衣卫都督佥事。"

"魏忠贤预发不轨之深谋，大挫积年之强虏……特封忠贤侄太子太保、左都督魏良卿为肃宁伯（不久又晋升为肃宁侯）。"

诸如此类的褒奖，在天启一朝几乎连绵不绝，魏阉的头衔也节节高升，从元臣、上公（尚公）到殿爷、祖爷，再发展到千岁、九千岁。诚如贾继春所说："询知恶党之呼魏忠贤也，除崔呈秀直呼为亲父外，其余皆以'九千岁'呼之者。"一些无耻之徒喊"九千岁"似乎意犹未尽，索性当面高呼"九千九百岁爷爷"。这是史有明文的，吕毖《明朝小史》卷十六天启纪的"九千九百岁"条写道：

太监魏忠贤，举朝阿谀顺指者俱拜为干父，行五拜三叩头礼，口呼："九千九百岁爷爷。"

舞台下的人们看到了跳梁小丑的表演，透过群魔乱舞的光影笼罩，察觉到的是什么呢？

是当时正常政治体制的彻底崩溃，是整个官场的集体堕落，是世风道德的普遍沦丧，总之是一派亡国景象。无怪乎明清史一代宗师孟森感叹道："熹宗（天启），亡国之君也，而不遽亡，祖泽犹未尽也"；"思宗（崇祯）而在万历以前，非亡国之君也；在天启之后，则必亡而已矣"。

毛文龙的功过是非

毛文龙何许人也？一般读者可能会感到陌生。

确实，毛文龙在明末的历史舞台上犹如跑龙套般地一闪而过，没有给人留下什么印象，仿佛辽东上空滑过的一颗流星，迅即消逝。不过他本人倒并非跑龙套的小角色，而是明朝正式任命的高级武官——驻守鸭绿江口的东江总兵，在明朝和后金（清）、朝鲜的边界地带具有举足轻重的作用。令人遗憾的是，崇祯二年（1629）他死在督师大人袁崇焕的尚方宝剑之下，在袁崇焕的显赫威名与耀眼光环的笼罩下，毛文龙黯然失色，甚至模糊了原来的面目。到了后世历史学家的笔下，他的功过是非到底应该怎样评说，似乎成了一个问题。

最早研究毛文龙的李光涛，在20世纪40年代就撰写长篇论文《毛文龙酿乱东江本末》，从漫无头绪的史料中，清理毛文龙事迹，为后人研究这一段历史奠定了坚实的基础。但是，不知他出于何种——历史的抑或现实的——考虑，把毛文龙作为东江总兵的作用全盘否定，说得一无是处，对袁崇焕杀毛文龙大加赞扬："袁崇焕斩所当斩，毛文龙死且有余辜。"这种过于偏执的态度难以令人信服，感情用事或许是那个特殊年代的时代局限吧！

令人难以理解的是，20世纪80年代以来，研究袁崇焕成就卓著的阎崇年也有类似观点。他出于对袁崇焕的崇敬与偏爱，从评价袁崇焕为英雄的立场上，为其杀毛文龙百般辩解，极力证明此举"一无错处"。用心可谓良苦，结论却过于绝对，与四十多年前李光涛遥相呼应，一个说毛文龙一无是处，一个说袁崇焕一无错处。人们不禁要问：历史上真有"一无是处"或"一无错处"的人和事吗？具体而言，毛文龙真的一无是处，袁崇焕杀毛文龙真的一无错处吗？

不妨看看历史的本来面目吧。

毛文龙，浙江杭州人，年轻时穷困潦倒，学麻衣相术，摆拆字摊，以替人看相谋生，浪迹江湖，后来到山海关外边塞，度过二十多年行伍生涯。天启元年（1621），经友人引荐，成为辽东巡抚王化贞标下的一名"游击"。后金的军队攻陷辽阳，他从海道遁回，乘虚占据鸭绿江边的镇江堡，升任副总兵。镇江堡被后金攻陷后，他率部撤往鸭绿江口近海的皮岛，随后晋升为总兵。

皮岛也称东江，东西十五里，南北十里，与鸭绿江口的獐子岛、鹿岛构成三足鼎立之势，地理位置居于辽东、朝鲜、山东登莱二州的中间，号称孔道。在后金窥视辽东的形势下，这个地区对于明朝极具战略价值。毛文龙登岛后，披荆斩棘，筹备器用，召集流民，招商引资，南货绸布，北货参貂，挂号抽税，不过几年，东江就成为一方雄镇。

天启三年（1623），毛文龙与部下计议，辽东要地只有金州、南通、旅顺口，北至三牛坝，西通广宁，向东可以收复失地。如果占领金州，陆路可以遏制后金军队南下，水路可以前往登州运粮，便率领部队攻下金州，命部将张盘驻守，自己仍退回皮岛，使金州与皮岛互为犄角之势。由于此战告捷，皇帝晋升毛文龙为左都督，并挂将军印，赏赐尚方宝剑，确认并扩大他的职权。

当时朝廷上下都以为毛文龙在海外有牵制努尔哈赤军队的功劳，从《明熹宗实录》可以看到，兵部的估价是：毛文龙的力量不足以消灭努尔哈赤，牵制努尔哈赤则绰绰有余。工科给事中杨所修的评价更为具体："东方自逆奴（指努尔哈赤）狂逞以来，唯一毛文龙孤撑海上，日从奴酋肘腋间撩动而牵制之；奴未出老巢则不时攻掠，以阻其来；奴离窥关则乘机捣袭，以断其后。"因此天启皇帝在谕旨中多次称赞他："多方牵制，使奴狼狈而不敢两顾。"

皇太极即位之后，毛文龙以明朝封疆大吏的身份多次和他联系，相约和好，维持边疆安定。崇祯皇帝鉴于他的独特作用，继续对他实施优容方针。然而朝廷中也有一些大臣以为毛文龙拥兵跋扈，千方百计对他加以掣肘。毛文龙对此很不满意，向皇帝诉苦，崇祯皇帝说了公道话："毛文龙本以义勇简任东江，数年苦心，朕所洞鉴，人言何足置辩！"

户部以为毛文龙虚冒军饷，派员前往核实，意欲裁减军饷。毛文龙当即向皇帝申诉，户部把皮岛一地兵员作为他辖境兵员总数，太过于昧良心。崇祯皇帝也不同意户部这种做法，说道：毛文龙辖境，辽民避难，屯聚海岛，拿起锄头是农民，拿起武器是士兵，不能和内地一概而论。他鼓励毛文龙乘机奋勇，著有成效，谁都难以"糜饷"为借口对他说三道四。显然，崇祯皇帝不赞成以"糜饷"为借口对毛文龙进行制裁，而主张对远在海外的孤军采取特殊政策，在军饷方面稍许宽松一点，激励其奋勇报国之心。

但是，崇祯元年新任"督师蓟辽兼登莱天津军务"的袁崇焕却不如此看问题。他以钦差大臣的身份统帅辽东、山东以及蓟州、天津一带军务，毛文龙毫无疑问在他的管辖之下，他早就听说毛文龙在海外多年，势如割据，不受节制。在离京前，与内阁大学士钱龙锡谈到平定辽东时，并不把收复失地摆在首要地位，而是主张"先从东江做起"，集中精力对付毛文龙，对付的策略是："可用则用之，不可用则杀之。"在辽东军事形势日趋不利的情况下，当务之急是充分利用毛文龙的优势，与之形成犄角之势，巩固辽东的防务。"可用则用之，不可用则杀之"的重点不在"用"而在"杀"，是极不明智的决策。可惜的是，袁崇焕并没有意识到这一点。

作为钦差督师大臣的下马威，袁崇焕首先卡住毛文龙的经济来源，迫使他就范。在辽东半岛和山东半岛沿海实行严格的"海禁"

政策：不许登州的船只前往皮岛，凡是运往皮岛的物资装备，一概由督师衙门控制的宁远近海的觉华岛（今菊花岛）经由旅顺口转运至皮岛；先前从天津运送的粮食物资，也改由觉华岛起运，必须经督师衙门挂号方许出海。这一举措，不仅控制了毛文龙粮饷装备的供给渠道，而且切断了海上贸易的命脉。用对付敌军的手法来对付自己的下属，实在有点匪夷所思。

毛文龙无可奈何地向皇帝申诉：自从受到几十份奏疏诽谤以来，早已心如死灰，只因圣恩未报，才声嘶力竭做着未完之事，这是臣的愚忠，并非栖栖恋位。谁知袁督师封锁登州沿岸，不许一船出海，以致商船不敢前来皮岛，故而毛文龙部下士兵慌忙说："是拦喉切我一刀！"

"拦喉切我一刀"，道出了毛文龙对袁督师的看法。崇祯皇帝对此没有表态，他有他的难处，任命袁崇焕为督师是自己的主意，已经授予尚方宝剑，可以全权处置蓟辽、登莱以及天津一带军队的一切事宜，当然包括东江在内。只要袁督师能够兑现五年内收复辽东的诺言，其他一切都可以便宜从事。

毛文龙见皇帝没有表态，再次上疏，倾诉孤撑海外的苦衷："臣一介末弁，孤处天涯，曲直生死唯命是从，岂敢哓哓取憎！实在是文臣误臣，而非臣误国。"他似乎已经预感到将要发生的祸患，对皇帝慨乎言之："诸臣独计除臣，不计除奴，将江山而快私忿，操戈矛于同室。"他对袁崇焕此番督师辽东的总体评价只有四个字——同室操戈。

"将江山而快私忿，操戈矛于同室"，并非耸人听闻之词，因为毛文龙在讲这句话时，已经离他的死期不远了。令人不解的是，袁崇焕受命督师辽东，为何不调动一切力量一致对外，而要同室操戈呢？

崇祯皇帝只好充当和事老，淡淡地答复毛文龙：军中一切事宜，当从长商榷。他无论如何都不可能料到，时隔不久毛文龙就身首异处，再也无法"从长商榷"了。

袁崇焕处死毛文龙以后向皇帝提交了一份报告，透露了此前的一些细节。比如他说："自去年（崇祯元年）十二月，臣安排已定，（毛）文龙有死无生矣。"可见袁崇焕要杀毛文龙早已成为"预案"，他先前所说"可用则用之，不可用则杀之"，前半句不过是一个幌子，不管可用不可用，"杀"是既定方针。

进士出身的袁崇焕毕竟比行伍出身的毛文龙工于心计，而且钦差督师的权力也使他处于主动的地位，精心策划了一个圈套，让毛文龙来钻。他凑发十万两军饷，以缓解毛文龙的怨气。据他日后所写《蓟辽督师袁崇焕题本》中声称："凡此，皆愚之也，（毛）文龙果堕彀中。"毛文龙到底是一介武夫，至死都没有识破督师大人算计他的圈套，还特地赶到宁远去参见他，表达对顶头上司的礼节。袁崇焕为何不在宁远的督师衙门处死他？那是考虑到毛的部下不能亲眼目睹，恐怕激起事变，残局反而不好收拾。他决定深入海岛，到虎穴擒虎，便与毛文龙约定，在旅顺口附近的双岛再次会晤，兼带检阅东江官兵。

崇祯二年（1629）五月二十九日，袁督师抵达距离旅顺口陆路十八里、水路四十里的双岛。次日，毛文龙从皮岛赶来，双方拜会，回拜，礼尚往来，丝毫看不出有何异常。

六月初三日，袁督师检阅军队，毛文龙率领将官列队欢迎。次日，毛文龙设宴为督师大人接风。席间，两人密谈至晚间，谈了一些什么，不得而知。只能从《蓟辽督师袁崇焕题本》看到一个大概：

袁试探道："久劳边塞，杭州西湖尽有乐地。"

毛应答道："久有此心，但唯我知灭奴孔窍，灭了东夷，朝鲜文弱，可袭而有也。"

袁说："朝鲜不勤远略，当有代劳者。"

毛说："此处谁代得？"

看似闲聊，话语中隐约带有火药味，袁督师要毛帅交出兵权，告老还乡，到杭州西湖去享乐。毛帅则反唇相讥，大有此地舍我其谁的意思。

六月五日，袁督师在双岛召集毛部将士，犒赏随毛文龙前来的三千五百人，对他们说：这样的好汉人人可用，我宁远前线将官有许多俸禄，士兵有许多粮饷，你们在海外辛苦，俸禄不足以养家糊口，情实酸痛。你们受本部院一拜，为国家出力，自后不愁无饷。这一席话既有同情又有煽惑，流露出要收拾毛文龙、整编其军队的意思。

眼看时机成熟，袁督师单刀直入，突然向毛帅兴师问罪："本部院与你谈了三日，只道你回头是迟也不迟。哪晓得你狼子野心，总是一片欺诳，到底目中无本部院犹可，方今圣天子英武天纵，国法岂容得你！"

不容毛文龙申辩，袁督师立即宣布毛文龙十二条"当斩之罪"：其一，兵马钱粮不受经略巡抚管核；其二，全无战功，却报首功；其三，刚愎撒泼，无人臣礼；其四，侵盗边海钱粮；其五，自开马市，私通外夷；其六，亵朝廷名器，树自己爪牙；其七，劫赃无算，躬为盗贼；其八，好色诲淫；其九，拘锢难民，草菅人命；其十，交结近侍；其十一，掩败为功；其十二，开镇八年，不能收复辽东寸土。

现在已经无法核对这些罪状究竟是否属实，即使全部都是事实，这十二条中也只有二三条够得上成为罪状，其余各条大多是官场或军队的通病，并非毛文龙所独有，如果一次定"当斩之罪"，那么当斩的官僚、将领多得很，何必非斩毛文龙不可？何况他毕竟有牵制后金军队的功劳，处死是难以令他心服口服的。然而此时已经没有回旋的余地了。袁崇焕说完十二条罪状后，面向京城方向一拜，下令："缚文龙，去冠裳！"

袁崇焕申斥道："你道本部院是个书生，本部院是朝廷一个首将。尔欺君罔上，冒兵克饷，屠戮辽民，残破高丽，骚扰登莱，尔罪岂不应死？"接着向在场的毛部将士大声说：今日杀了毛文龙，如果本部院不能为朝廷收复辽东全部领土，愿意用尚方剑为他偿命。毛文龙如此罪恶，尔等以为应杀不应杀？如果我屈杀文龙，尔等就来杀我。

其实他早已命令随行的参将布置定当，毛部将士已无反抗可能。众将官相视失色，纷纷叩头哀告。一向桀骜不驯的毛文龙这时也软了，他以为处死他是皇上的旨意，连忙求饶："文龙自知死罪，只求恩赦。"

袁崇焕毫不松口，继续申斥："你不知国法久了，若不杀你，东江一块国土非皇上所有。"说罢，朝西叩头请旨，说道："臣今日诛文龙，以肃军政，镇将中再有如文龙者，亦以是法诛之。臣五年不能平奴，求皇上亦以诛文龙者诛臣。"然后取下尚方宝剑，交给旗牌官，立即把毛文龙在帐前斩首。

威震辽东的一代枭雄，没有死在努尔哈赤和皇太极的手下，而死在督师钦差的尚方宝剑之下，对于毛文龙而言是悲剧的结局，对于袁崇焕而言则是悲剧的开端。此话怎讲？因为他自己已经把话讲绝："臣五年不能平奴，求皇上亦以诛文龙者诛臣。"

袁崇焕离开双岛返回宁远后，写了洋洋数千言的奏疏——《蓟辽督师袁崇焕题本》，向皇帝报告处死毛文龙的全过程，流露出惶恐的心情。尽管他有皇帝赏赐的尚方宝剑，可以便宜行事，但是毛文龙也有先帝赏赐的尚方宝剑，与一般总兵地位迥异。大敌当前，未经请示，擅杀一名大帅，非同小可，无怪乎他要对皇上说"战惧惶悚之至""席藁待罪"了。

崇祯皇帝看到袁崇焕的报告，大为震惊，又不好发作，考虑到毛文龙既然已死，眼前正要倚重袁崇焕收复辽东，勉强表示："阃外原不中制，不必引罪。"

这一事件，对于皇帝而言，实在有点为难。之前已经把辽东事宜全权托付给了袁崇焕，将在外君命有所不受，处死毛文龙难以问罪。他只要求袁崇焕能够实现"五年复辽"的诺言，在此前提下，一切都可以听任他便宜行事。对于袁崇焕而言，杀毛文龙大错特错，于己于国都无好处。

于己而言，他在杀毛文龙时发誓："我若不能恢复辽东，愿齿尚方以谢尔。"在给皇帝的报告中也说："臣五年不能平奴，求皇上亦以诛文龙者诛臣。"恢复辽东的军事行动尚未开始，先自同室操戈，削去自己的右臂，无异于把自己逼上了绝路，如果不能实现"五年复辽"的承诺，那么只有一死。果然一语成谶，不幸而言中，他死得比毛文龙更惨。正如谈迁在《国榷》中所说：袁崇焕杀毛文龙，"适所以自杀也"。

于国而言，临敌斩帅乃兵家大忌，内部窝里斗的结果，使得皇太极不费一兵一卒坐收渔翁之利，今后发兵南下没有了后顾之忧。夏允彝《幸存录》说："（毛）文龙当辽事破坏之余，从岛中收召辽人，牵制酋奴，时时掩袭，颇有斩获，称有功。但渐骄恣，所上事多浮夸，索饷又过多，朝论多疑而厌之，以其握重兵居海岛中，莫能制也。"袁崇焕杀毛文龙，反映了朝论的这种倾向。但是从全局看，毛文龙作为平辽将军的存在，对后金是一种威慑力量，是他们的后顾之忧。这一点，袁崇焕自己也不否认："东江一镇，乃牵制之必资也。"

因此，朝廷官员对袁崇焕杀毛文龙进行了委婉的批评，负责监督兵部的兵科都给事中张鹏云说：毛文龙所控制的旅顺附近的金、复、海、盖四州，实为战略要地，与宁远可以呼吸相通，倘驻兵于此，平时可以壮声势，战时可以探虎穴。兵科给事中宋鸣梧也说：兵法讲究犄角以牵制，当后金全师出击时，如能分疲其势，就能使其攻捣徒劳。如能掌控复州、盖州以及东江一带，以窥辽沈，尤为全策。他们两人旁敲侧击地肯定了毛文龙及其辖地在牵制后金军队方面的战略作用。

当时的一些官员已经看到了这一点。兵科给事中陶崇道指责袁崇焕假公济私，毛文龙无罪被杀，为今之计，应当尽快把留在北京的毛文龙儿子派去安抚部将。但为时已晚，毛文龙的部将孔有德、耿仲明在登州哗变，几乎所向披靡，酿成山东大乱。它以一种令人遗憾的方式表明，毛文龙的军队并不像袁崇焕所说，只会冒饷不会打仗。不久，孔、耿率部投降皇太极，成为后金南下攻伐的急先锋。当然，孔、耿的叛变责由自负，但袁崇焕杀毛文龙，起到了为渊驱鱼、为丛驱雀的作用，是不可否认的。

袁崇焕之死

明末的辽东战场，努尔哈赤的后金军队以咄咄逼人之势攻城略地，成为明朝的心腹之患。在此风云激荡之际，堪称中流砥柱者，非袁崇焕莫属。

袁崇焕，字元素，号自如，万历四十七年（1619）进士，天启六年（1626）出任辽东巡抚，镇守宁远。在孤立无援的情势下，拒绝努尔哈赤的诱降，题写血书，激励士兵拼死抵抗。他指挥福建士兵罗立用红夷大炮击中努尔哈赤的黄龙幕帐，迫使敌军狼狈败退。宁远之战使得他崭露头角，也使屡战屡败的辽东战局出现了转机。连清朝人编写的《明史》也不得不承认这一点："我大清举兵，所向无不摧破，诸将罔敢议战守，议战守，自（袁）崇焕始。"

努尔哈赤自从二十五岁征战以来，号称战无不胜、攻无不克，此次宁远城下败北，忿忿而归，不久就病死沈阳。之后袁崇焕又在锦州、宁远再次挫败皇太极，天启皇帝朱由校欣喜若狂，在谕旨中说："十年积弱，一旦挫其狂锋。"令人不可思议的是，这样一位扭转十年积弱之势力挫敌人狂锋的大将，竟然遭到专擅朝政的魏忠贤的忌恨，唆使党羽诬陷，迫使他辞官而去。

崇祯皇帝即位以后，为了扭转辽东的局面，重新起用袁崇焕，任命他为都察院右都御史兼兵部添注左侍郎。主持兵部常务的左侍郎吕纯如请求皇帝重用袁崇焕，他的评价独具只眼，概括为十个字："不怕死，不爱钱"和"曾经打过"。"不怕死"是赞誉他把生死置之度外，"不爱钱"是赞誉他廉洁奉公，"曾经打过"是赞誉他打败过努尔哈赤和皇太极。这种品格，在当时的封疆大吏中十分难得，要在辽东力挽狂澜，非他莫属。皇帝接受了他的建议，任命袁崇焕以兵部尚书兼都察院右都御史的头衔，督师蓟、辽、登、莱、天津，把北京、辽东、山东军务全权委托给他。

崇祯元年（1628）七月十四日，皇帝朱由检召开御前会议，讨论辽东事宜，希望袁崇焕能够提出振奋人心的方略。袁崇焕对于皇帝的知遇之恩感激涕零，为了表示知恩图报，不假思索地提出了"五年复辽"的方略：倘若皇上能够给我便宜行事的权力，那么五年之内就可以平定辽东外患，收复辽东失地。听了这样的豪言壮语，不仅朱由检高兴，在场的大臣们莫不欢欣鼓舞，以为袁崇焕肝胆照人，魄力非凡，真是一位奇男子。

兵科给事中许誉卿却显得相当冷静，乘皇帝退入便殿休息之机，当面向袁崇焕请教"五年复辽"的可行性。袁崇焕没有滔滔不绝地陈述他的计划，而是轻描淡写地吐出四个字："聊慰上望！"意思是姑妄言之，安慰一下皇帝而已。许誉卿听了大吃一惊，悄声提醒：皇上英明之极，你岂可随口承诺，到时候按期责功，你怎么办？

袁崇焕自知失言，待会议继续进行时，急忙对"五年复辽"加以解释，提出许多前提条件，例如钱粮与武器必须悉心筹措，用人必须得心应手，件件落实才行。朱由检迫切希望"五年复辽"得以实现，马上交代户部、工部、兵部、吏部一一照办。

袁崇焕为了给自己留下回旋余地，又提出言官舆论问题："以臣之力制服辽东而有余，调和朝廷众口则不足，忌功妒能之人虽不至于掣臣之肘，亦足以乱臣之心。"

朱由检听得专注，不由得站了起来，答道："朕自有主持，卿不必以浮言介意。"随即赏赐他尚方宝剑，嘱咐道，"愿卿早平外寇，以舒四方苍生之困。"

朱由检刻意营求中兴之治，对袁崇焕寄予厚望，几乎言听计从。袁崇焕看透了他的急切心情，投其所好，草率地用"五年复辽"的豪言壮语来"聊慰上望",铸成大错。根据与当时辽东的军事力量对比,奢谈"五年复辽"犹如梦呓。不切实际的豪言壮语终于酿成了日后的悲剧。明末清初学者张岱为袁崇焕写传记,把他的性格弱点和悲剧遭遇联系起来:

  袁崇焕短小精悍,形如小猱(猴子),而性极躁暴。攘臂谈天下事,多大言不惭,而终日梦梦,堕幕士云雾中,而不知其着魅着魇也。五年灭寇,寇不能灭,而自灭之矣。

话说得似乎有点刻薄,却切中要害,颇堪回味。

  一年后,监察御史毛羽健冷静回顾此事,指出:袁崇焕"五年复辽"的壮语,并非胸有成竹,而是目无全牛,恐怕是迫于陛下一时之顾问,只得猝然以对。事实确实如此。在御前会议两天后,袁崇焕向皇帝递交了一份奏疏,详细陈述他的平辽方略,概括为两句话。一句是"以辽人守辽土,以辽土养辽人";另一句是"守为正着,战为奇着,款为旁着"。这一战略方针强调的是,固守、征战、和谈(即所谓"款")三手同时并用,而以固守为主,辅之以征战、和谈,不求一时一事的得失,而求长远的成功。很明显,他主张在辽东打持久战,这与他前天许下的"五年复辽"诺言是背道而驰的,不免陷入了自己制造的自相矛盾的怪圈之中而无法自拔。

  袁崇焕犯的另一个不可挽回的错误,是擅杀东江总兵毛文龙之时,承诺:"我今五年不复辽,愿试尚方剑以偿尔命。"并且再一次向皇帝立下军令状:"臣不能成功,皇上亦以诛文龙者诛臣。"这无异于把自己逼上了绝路,如果不能实现"五年复辽"的承诺,那么只有一死。

  毛文龙被杀,为后金军队大举南下解除了后顾之忧。崇祯二年(1629)十月下旬,皇太极率领满洲与蒙古骑兵十万之众,避开袁崇焕在宁远、锦州的防线,绕道辽西,突破喜峰口以西的长城关隘——大安口、龙井关、马兰峪,直逼长城南面的军事重镇遵化城下。遵化县城距离北京城不过二三百里,十一月初一日,北京宣布戒严。这就是"己巳之变"。

袁崇焕立即派遣总兵赵率教前往救援。赵率教由蓟镇总兵调任山海关总兵,熟悉蓟镇防务,但仓促应战,十一月初四日在遵化城下阵亡,全军覆没,形势顿趋严峻。十一月初五日,袁崇焕亲自率领重兵进关增援,集中兵力防御北京外围。临危受命的兵部尚书兼中极殿大学士孙承宗,是老资格的军事家,对袁崇焕过分收缩于京城外围的消极防御部署有不同的看法,他主张防守蓟州、顺义、三河一线,而不赞成退守昌平、通州一线。但已经无济于事,袁崇焕的部署已成定局。

袁崇焕的另一个错着是,当他得知敌军已经越过蓟州向京城进发时,居然率领军队在后面跟踪。理应在前面阻截,而非跟踪。于是乎敌军接连攻陷京城的屏障——玉田、三河、香河、顺义等县城。他一错再错,十一月十五日赶到河西务,不顾将领们反对,悍然率部前往北京,于次日晚抵达广渠门外。

这一决策铸成大错。本来应该把来犯之敌阻挡在蓟州至通州一线,展开决战,确保京城安全。现在舍弃上策,退保京城,无异于纵敌深入,把战火引到京城。此举引来了居住在京城郊外的达官贵人的不满,纷纷向皇帝告状:袁崇焕名为入援,却听任后金军劫掠焚烧民居,不敢抗击,致使城外许多庄园别墅被蹂躏殆尽。

朝廷上下弥漫着不信任气氛,被敌方巧妙利用。皇太极兵临城下后,巧施离间计,散布谣言:袁崇焕与他有约在先,故意引诱满洲铁骑逼近北京。这一密谋有点类似《三国演义》中的"蒋干盗书",策划者是后金章京范文程。

情节大致如下:皇太极在广渠门战败后,嘱咐副将高鸿中与参将鲍承先，故意在俘虏的太监杨某面前低声耳语："今日撤兵，乃上（皇太极）计也。顷见上（皇太极）单骑向敌，有二人来见上（皇太极），语良久乃去，意袁巡抚（袁崇焕）有密约，此事可立就矣。"第二天故意把杨太监放回，情报就传到崇祯皇帝那里。皇太极的这一招，伎俩并不高明，但是在"都人竞谓（袁）崇焕召敌"的气氛中，是极易奏效的。请看当时的舆论。

文震孟《文文肃公日记》写道：

> （十一月）十八日，闻袁督师至城下。又云是奴酋奸细伪为袁者，忧惶殊甚。十九日，至朝中，汹汹而已。

赵吉士《寄园寄所寄》写道：

> 时督师袁崇焕握重兵，壁城平，疑其有外心。

兵部尚书派遣沈文学进入袁督师军营探听虚实，沈文学对袁崇焕说：

> 天子新践祚，即不次擢公，可谓公知己，固知公必不忍负朝廷。但公列营城外而不入朝，天下何从识公忠诚哉……且公枉杀毛文龙，人已疑公，方冀公立功自赎，稍不尽节，天下争脔公，可不畏欤！

这些话透露了两个信息，其一是朝廷上下"疑其有外心"；其二是将来的下场很可能是"天下争脔公"。不幸被他言中了。

十一月二十三日，朱由检在宫中召见袁崇焕、满桂、祖大寿、黑云龙等将领，以及新任兵部尚书申用懋。这时，皇帝可能已经获悉杨太监的情报，为了稳定军心，驱逐来犯之敌，对于袁崇焕极力夸张敌军不可抵挡的说法拒不表态，一味地加以慰劳，甚至把自己身上的貂裘大衣解下来，给袁崇焕披上，自始至终没有流露出对他的戒备之心。待到皇帝把京城与皇城的警卫置于自己的直接控制之下后，十二月初一日再度召见袁崇焕时，态度就大不一样了。这次召见名义上是和他讨论军饷事宜，实际上是把他逮捕入狱。

皇帝突如其来的翻脸，不但使得袁崇焕大惊失色，也让陪同觐见的将领们大为意外。更出乎他们意料的是，皇帝直截了当地责问袁崇焕三大罪状：杀毛文龙，导致敌军进犯北京，射伤满桂。所隐含的潜台词就是与皇太极的"密约"。袁崇焕毫无思想准备，一时语塞，无言以对。朱由检以为他默认了，不由分说地厉声下令："着锦衣卫拿掷殿下！"锦衣卫校尉们一拥而上，把袁氏的官服脱去，扭押到西长安门外的锦衣卫大堂，发镇抚司监禁。

对于这种非常举动，内阁辅臣们极力劝谏，临敌易将，兵家所忌。朱由检回答："势已至此，不得不然。"看得出来，他有不得已的苦衷，不能把关于"密约"的情报公然摊到桌面上，只能作这样的解释："朕以东事付袁崇焕，乃胡骑狂逞，崇焕身任督师，不先行侦防，致敌深入内地，虽兼程赴援又钳制将士，坐视淫掠，功罪难掩，暂解任听勘。"只是追究他作为督师的失职，丝毫没有涉及其他因素（包括所谓"密约"）。理由是冠冕堂皇的，后果却极其严重。文震孟在日记中流露的感想，反映了朝廷大臣的忧虑。他写道："忽闻上（皇上）召袁崇焕督师，满桂、黑云龙、祖大寿等抚戎。已，闻崇焕下诏狱……余不觉顿足曰：噫，败矣……袁罪当诛，而此非其时也。"

确实，"此非其时"——现在不是逮捕袁崇焕的时候，朱由检忽略了主帅被逮后辽兵的动向，这是致命的潜在危险。兵部职方司郎中余大成敏锐地察觉到这个问题，向顶头上司兵部尚书梁廷栋及时提醒：辽兵无主，不败即溃，今日之上策，莫过于释放袁崇焕，以维系军心，责成他驱逐敌军出境，立功自赎。

事态的发展果然不出余大成所料。辽兵平素对袁督师感恩戴德，祖大寿又与满桂有过节，袁督师被逮，要他听从满桂节制，大为不满。十二月初四日一早，祖大寿悍然率领辽兵离开北京，回归宁远。敌军还未撤退，一支最有战斗力的劲旅脱离战场，形势堪忧。

朱由检接受兵部尚书梁廷栋的建议，指派内阁六部官员前往狱中，开导袁崇焕顾全大局，阻拦祖大寿东行。袁崇焕欣然从命。于是，手持袁崇焕蜡书的信使昼夜兼程，在距离锦州一日路程的地方追上了祖大寿一行。祖大寿下马捧读袁督师的手书，泣不成声，一军尽哭。在年逾八旬老母的规劝下，祖大寿回师北京。朱由检大喜过望，顿时又闪现出重新起用袁崇焕的想法——"守辽非蛮子不可！"所谓"蛮子"，是对广西人袁崇焕的一种昵称。事情似乎有了转机。

但朝廷中一些别有用心的人唯恐天下不乱，乘机制造事端，掀起了清查阉党逆案以来第一次翻案风波，并且由袁崇焕牵连到内阁辅臣钱龙锡，终于使得袁崇焕的罪名层层加码，丧失了转圜的可能。

山东道御史史范在这方面起了极坏的作用。他在崇祯三年（1630）八月六日的奏疏中，诬陷已经辞官的钱龙锡，"主张袁崇焕斩帅致兵，倡为款议，以信五年成功之说，卖国欺君，秦桧莫过"。与督师大员商议平辽方略，是内阁辅臣的分内之事，居然被诬为"卖国欺君"，与千古罪人秦桧相提并论，居心险恶之极。朱由检接到这份火上浇油的奏疏，怒不可遏，不加核实就草率下达圣旨：

（袁）崇焕擅杀逞私，谋款致敌，欺藐君父，失误封疆，限刑部五日内具奏。（钱）龙锡职任辅弼，私结边臣，互谋不举，下廷臣会议其罪。

袁崇焕的命运岌岌可危了。

八月十六日下午，朱由检召开御前会议，商议处决袁崇焕事宜。他列举种种罪状后，用咨询的口气问道："法司如何定罪？"大臣们都不敢造次，一味顿首，听凭皇上发落。他见大家并无异议，随即宣布他的决定："依律磔之！"所谓"磔"，是一种酷刑，即寸寸脔割致死。

袁崇焕被绑赴西市处磔刑，惨不忍睹，张岱《石匮书后集》描写道：

> 割肉一块，京师百姓从刽子手争取，生啖之。刽子乱扑，百姓以钱争买其肉，顷刻立尽。开膛出其肠胃，百姓群起抢之，得其一节者，和烧酒生啮，血流齿颊间，犹唾地骂不已。拾得其骨者，以刀斧碎磔之。骨肉俱尽，止剩一首，传视九边。

他的死比毛文龙惨多了。他死后，兄弟妻妾流放福建，家财没收。《明史·袁崇焕传》说："崇焕无子，家亦无余资，天下冤之。"又说："初，崇焕妄杀文龙；至是，帝误杀崇焕。自崇焕死，边事益无人，明亡征决矣。"读来令人感慨，如果说袁崇焕妄杀毛文龙是一大错误，那么朱由检误杀袁崇焕就是错上加错，两者均使亲者痛仇者快，对于明朝而言，无异于自斩手足，自毁长城。

孟森在1936年发表的《明本兵梁廷栋请斩袁崇焕原疏附跋》，对此评论道："二年六月，遂以便宜诛毛文龙。于是崇焕一身在明诋为罪大恶极之人，而清太宗反间计得行。阉党余孽，媒孽其间，思宗愚而自用，诸臣意气用事，崇焕至以磔死。定罪时本兵之疏如此，犹曰一时君臣之愦愦也。乃至北都既覆，弘光之朝，正人君子，尚理崇焕通敌胁和之说，津津乐道，若情事逼真。此则明统一日不绝，崇焕功罪一日不明。"一位罪不至死的有功之臣，遭到他所效忠的朝廷如此不公平对待，而且从崇祯一直到南明，始终没有人为他鸣冤叫屈，令人心酸。

袁崇焕之死，难道仅仅是他个人的悲剧吗？

钱谦益的政治挫折

儒家的政治伦理把修身齐家治国平天下推崇为最高境界，然而文人从政如果刚直不阿则为当道所不容，趋炎附势则为后世所不齿。

钱谦益是明末清初的文坛盟主，在文学与史学领域的贡献有目共睹。但是与那些慷慨激昂的志士仁人相比，他活得很累，在南明与清初的历史剧变中，显得过于优柔寡断。重要的原因在于，他的政治生涯接连不断遭受挫折，而他又非常看重士大夫治国平天下的理想，不甘心做一个纯粹的文人。这个矛盾始终阴魂不散地萦绕着他，扭曲了他的心灵。

日本著名汉学家吉川幸次郎写过一篇很有意思的文章——《钱谦益与东林——作为政客的钱谦益》，开掘出观察钱谦益政治生涯的一个视角：他的一生遭受了七次挫折。

万历三十八年（1610），钱谦益考中进士，出任翰林院编修。几个月后，由于父亲病故，不得不遵照制度规定，回到常熟家乡服丧守制。三年守制服满后，他并没有复出，在乡里整整闲居了十年，直到泰昌元年（1620）才官复原职。很快又碰到麻烦，天启元年（1621）出任浙江乡试主考官时，牵涉到科场舞弊案，后来查明与他无关，但他还是因此而罢官。天启四年（1624），他再度复出，以詹事府少詹事的头衔从事编撰《明神宗实录》的工作。因为他与东林人士高攀龙、杨涟、左光斗等人交往密切，被魏忠贤为首的"阉党"列入黑名单之中。"阉党"骨干分子王绍徽根据魏忠贤的授意，炮制了《东林点将录》，仿照《水浒》一百零八将的名号，把东林人士一百零八人编入黑名单，为首的是"开山元帅托塔天王南京户部尚书李三才""天魁星及时雨大学士叶向高"。钱谦益也名列其中，名号是"天巧星浪子左春坊左谕德钱谦益"，在一场整肃异己分子的政治风潮中被革职回乡。

崇祯皇帝即位后，发动了持续两年的清查"阉党逆案"运动，为东林人士平反昭雪，钱谦益得以复出，很快升任礼部侍郎。由于他的才干与声望都鹤立鸡群，被推举为候补内阁成员，引发不同派系官员之间围绕会推阁员的"枚卜之争"。他的政治对手是礼部尚书温体仁。此人外表似乎温文尔雅，其实城府极深，诡计多端，正如《明史·温体仁传》所说："外曲谨，而中猛鸷，机深刺骨。"他为了排挤钱谦益，在皇帝召开的御前会议上公然发难，借口天启元年科场舞弊案中钱谦益的问题还没有搞清，胡搅蛮缠，使得钱谦益有口难辩。崇祯皇帝站在温体仁一边，无端给了钱谦益一个革职处分。温体仁搞掉了竞争对手，顺利进入内阁，以后又升任内阁首辅，但还是忌惮钱谦益有朝一日东山再起，指使常熟人张汉儒诬告钱谦益五十八条罪状，把乡居八年的钱谦益逮捕入狱。

无端蒙受不白之冤的钱谦益在狱中申冤，通过亲朋好友多方奔走，事情终于有了转机。司礼监太监曹化淳、东厂太监王之心、锦衣卫掌印指挥吴孟明等强势人物插手清查此案，真相大白：纯系温体仁陷害无辜。崇祯皇帝痛下决心，罢了温体仁的官，释放钱谦益。然而他的官运依然困顿，并没有官复原职。

崇祯十七年（1644）三月十九日，皇帝朱由检在煤山上吊自杀，意味着延续了276年的明朝走上了末路。北京陷落后，南京朝廷的动向是关系到明朝国祚延续的大问题，成为遗民关注的焦点。由于战争的原因，当时的情报信息传递系统遭到破坏，北京事变的信息传到南京是在四月十二日至十四日之间。但是南京朝廷的衮衮诸公将信将疑，怀疑事变可能是捕风捉影之谈，没有采取什么大动作。直到四月二十五日，终于证实"北报确信"，南京参赞机务、兵部尚书史可法才邀约大臣们议论善后事宜，商量拥立新的君主。新君的人选有潞王朱常淓、福王朱由崧。实事求是地说，两人都并非理想人选，退而求其次，前者稍有人望，后者在皇室亲疏关系上有一点优势。史可法倾向于拥立潞王，凤阳总督马士英则非福王不立，在统兵将领高杰、刘泽清的支持下，马士英的意见占了上风。

五月十五日，福王朱由崧即位，以明年为弘光元年（1645），宣告南明弘光政权的正式成立。朱由崧对拥戴他登极的马士英的回报，是任命他担任兵部尚书并且掌握内阁实权。马士英为了排挤颇有声望的史可法，假意对他说："我驭军宽，颇扰于民，公威名著淮上，公诚能经营于外，我居中帅以听令，当无不济者。"史可法只得向福王上疏，自请前往扬州，督师江上。

马士英为了完全掌控弘光小朝廷，决意提携他的挚友阮大铖。阮大铖与马士英是万历四十四年（1616）的同科会试，阮大铖天启初年由"行人"提升为"给事中"，不久因为"丁忧"，辞官回乡守制。天启四年（1624），吏科都给事中职位空缺，阮大铖企图倚重颇有名望的同乡左光斗，获得这个很有实权的职位。负责考察官员的赵南星、高攀龙、杨涟以为阮大铖"轻躁"，不可担任如此要职，打算另用魏大中。阮大铖暗中买通太监，要他扣押推举魏大中的奏疏，致使吏部不得已推举阮大铖。经过此番曲折，阮大铖痛恨赵南星、高攀龙、杨涟，为了和东林人士作对，他依附于魏忠贤，和"阉党"骨干分子霍维华、杨维垣、倪文焕结成生死之交，编写诬蔑东林人士的《百官图》，通过倪文焕送到魏忠贤的案头。

此人心术不正，总是瞻前顾后、左顾右盼，因害怕东林人士攻击弹劾自己，不到一个月，便急忙辞官而归。不久，杨涟、左光斗诸君子被"阉党"迫害致死，他被起用为太常寺少卿，向魏忠贤极尽献媚之能事，又害怕政局有变，每次觐见魏忠贤以后，就贿赂魏府门房，收回自己的名刺（名片），以免留下痕迹。几个月之后，工于心计的阮大铖还是离开了官场这个是非之地。即使如此处心积虑，崇祯二年（1629）清查"阉党逆案"时，他还是被列入了"从逆"分子的名单，以"交结近侍又次等"的罪名判处"削籍"，"永不叙用"，也就是说，再也不允许重登政坛。

这个阮大铖，《明史》说他"机敏猾贼，有才藻"，对他的刻画是入木三分的。他依附魏忠贤而升官，既要献媚，又要不露痕迹，稍有风吹草动，立即从官场抽身，以求自保，都是"机敏猾贼"的表现，所以在清查"阉党逆案"时，仅仅被视为"从逆"而已。此人又极有才华，他写的剧本《燕子笺》《春灯谜》，在当时颇获好评。这样的人当然不甘心永远淡出政坛。当农民军逼近安庆时，为了躲避战乱，他来到南京，充分表现自己，招纳游侠，虚张声势地谈兵说剑，图谋以"边才"的身份被起用，摆脱"永不叙用"的尴尬境地。

为此他千方百计讨好东林遗孤和复社名士，企图利用世交侯方域（朝宗），打通晚明四公子（归德侯方域、桐城方以智、阳羡陈贞慧、如皋冒襄）的关系，来改变自己的政治形象。他不惜重金，撮合侯方域与秦淮名妓李香君的婚事。这一情节在孔尚任的《桃花扇》中展现得淋漓尽致。

复社名士察觉了他的政治野心，决定予以迎头痛击。崇祯十一年（1638），复社名士吴应箕与东林遗孤顾杲（顾宪成之孙）谈及此事，顾杲大义凛然地表示："不惜斧锧，为南都除此憨（元凶）。"随后吴、顾二人在陈贞慧寓所议论此事，一致认为应该揭穿阮大铖"阉党逆案"的老底。于是，陈贞慧起草檄文，以顾杲、陈贞慧、吴应箕的名义，密函分寄各处，征求陈子龙、杨廷枢、方以智、周镳等复社成员的支持。

崇祯十二年（1639），复社人士乘南京乡试的机会，在淮清桥桃叶渡的冒襄寓所召开大会。会上，复社名士与天启年间遭到"阉党"迫害致死的东林遗孤，纷纷声讨"逆案中人"阮大铖。会议公推周钟、徐孚远等为盟主,正式发表《留都防乱公揭》。在《留都防乱公揭》上签名的有142人,领衔的是东林弟子代表顾杲,以及天启年间被难诸家代表黄宗羲。

《留都防乱公揭》以慷慨激昂的气势向世人宣布:

> (顾)杲等读圣人之书,附讨贼之义,志动义慨,言与俱愤,但知为国除奸,不惜以身贾祸……(顾)杲亦请以一身当之,以存此一段公论,以塞天下乱臣贼子之胆!

阮大铖遭到迎头痛击,从此隐居于南京郊外牛首山,不敢再招摇过市。

弘光小朝廷建立以后,马士英想启用阮大铖与之搭档。阮与马在《明史》中同列"奸臣传",可谓臭味相投。崇祯五年(1632)马士英以都察院右佥都御史出任宣府巡抚,因失职遭到遣戍处分,流寓南京。阮大铖隐居郊外,闭门谢客,唯独和马士英时常往来,可见两人关系非同一般。何况阮大铖对于马士英的仕途升迁还助过一臂之力,马士英援引阮大铖还有一点感恩图报的意思。

事情是这样的。前内阁辅臣周延儒因遭温体仁排挤而下台,一直耿耿于怀,很想东山再起,再显一番身手。他的门生——复社领袖张溥早就对内阁首辅温体仁及其党羽蔡奕琛、薛国观迫害东南诸君子,扼腕叹息,早夜呼愤。复社成员、礼部员外郎吴昌时写信给张溥,怂恿周延儒复出。他在信中说:自从钱谦益和文震孟受到排挤以后,"东南党狱日闻,非阳羡(周延儒)复出,不足弭祸"。

经过张溥与吴昌时的努力,冯铨、侯恂与阮大铖等人筹集六万两银子,作为通路子的活动经费,终于使得周延儒于崇祯十四年(1641)九月以吏部尚书、中极殿大学士的头衔出任内阁首辅。阮大铖自以为出钱出力,向周延儒讨个官当当。周延儒感到为难,对他说：我此行谬为东林所推，你名在"阉党逆案"，可以吗？阮大铖沉吟良久，不得已收回讨官请求，转而推荐马士英，周延儒表示同意。崇祯十五年（1642）六月，马士英被任命为兵部右侍郎兼都察院右佥都御史，出任凤阳总督。马士英后来之所以能在弘光小朝廷独揽大权，这是关键的一步。阮大铖的提携于此有着密切关系。

由于《留都防乱公揭》的巨大影响，要启用阮大铖必须消除舆论的不利因素，马士英想起了钱谦益。他想利用钱谦益在政坛长期不得志，又急于谋求升迁的心态，要挟他以东林领袖的身份为"阉党逆案"中人翻案。这就是"士英入朝而逆案自此翻"的由来。关于翻案的全过程，文秉《甲乙事案》有详细记录：

五月下旬，马士英的亲信刘孔昭攻击吏部尚书张慎言，原因就在于刘孔昭"故善阮大铖，必欲起之"，而张慎言掌握人事大权，"秉铨持正，度难破例"，便在上朝时发动突然袭击，迫使张慎言"引疾乞休"。

六月初，马士英向福王推荐"知兵之臣"阮大铖，与朝廷"共济艰难"，希望福王赦免他的罪行，立即任命为兵部右侍郎。次日，阮大铖向福王为自己的"见枉"作了辩白。内阁大学士、礼部尚书高弘图说，若要用阮大铖，必须会议讨论，显得更加光明正大。马士英说，我又没有徇私受贿，哪里有什么"不光明"？高弘图说，只要经过朝廷会议，国人都说贤能，然后任用岂不很好？

马士英无奈，要阮大铖写了《孤忠被陷之由疏》，为自己洗刷，口口声声"逆案冤及于臣"，理由是"凡（魏）忠贤窃威福，皆臣在山林息影唯恐不深时也"。马士英与之呼应，批评持反对意见的官员"护持局面，阻抑大铖"。接下来局势的演变是在意料之中的，吏部尚书张慎言罢官之后，主持吏部常务的左侍郎吕大器也随之罢官，主持正义的姜日广、刘宗周遭到攻击。道路扫清以后，马士英于九月挟制福王，"内批阮大铖兵部添注右侍郎"，圣旨如此写道：

> 阮大铖前陛见奏对明爽，才略可见，朕览群臣所进逆案，大铖并无赞导实迹，时事多艰，需人干济，着添注兵部右侍郎办事，群臣不得仍前把持渎扰。

马士英还是顾忌舆论压力，难以名正言顺，用礼部尚书为诱饵，要挟钱谦益以东林领袖的身份出面表态。钱谦益写了《愚臣报国心长等事疏》，议论南明的四件大事：严内治，定庙算，振纪纲，惜人才。在"惜人才"的幌子下，强调"不复以党论异同，徒滋藩棘，则人才日出"。所谓"不复以党论异同"，就是说不要再谈什么"东林党""阉党"，只要是人才都可以用。他主张对"逆案中人"予以昭雪，理由很牵强："钦定逆案诸臣，未免轩轾有心，上下在手……果有嫌隙，固当先国家之急而后私仇……臣亲见门户诸臣植党营私，断送社稷，断送君父，何忍复师其故智。"然后笔锋一转，看似不经意地带出一句话："逆案之贾继春、阮大铖者，皆慷慨魁垒男子也。"这可是画龙点睛之笔，他的议论焦点并非贾继春，而是阮大铖，因为阮大铖已经"内批"为兵部添注右侍郎了，必须为其找到合法性依据。钱谦益以东林领袖的身份强调捐弃前嫌，推翻逆案，起到了别人无法替代的作用。

文秉《甲乙事案》评论道："时马、阮欲尽翻钦案，擢用杨维垣诸人，以钱为东林领袖，欲令钱疏荐，以塞众议，以爱立诱钱，钱遂出此疏。"对这一事件的来龙去脉看得很透彻。

也许有人会为钱谦益辩解，他所说的"门户诸臣植党营私，断送社稷，断送君父"，不能说毫无道理，确实是晚明政治的大问题。但是，以此为依据，企图抹杀"阉党"迫害东林的事实，为那些卖身投靠魏忠贤的"逆案中人"翻案，为阮大铖之流的宵小之徒张目，无论如何有悖于历史，也有悖于良心。轻而言之，是迫于形势的违心之论；重而言之，是为了仕途而有亏于晚节。上引文秉的话大抵是同时代人的共识，比如夏完淳就与文秉同调，他在《续幸存录》中说：

> （马）士英欲起用蔡奕琛、杨维垣，恐物论不容，以（钱）谦益人望也，嘱荐之。（钱）谦益乃阿（马）士英指，疏列四事，曰严内治、定庙算、振纪纲、惜人才……大旨在颂马士英功，雪逆案诸臣冤。

钱谦益心甘情愿被马士英利用，看来是不争的事实，三余氏《明末纪事补遗》写到钱谦益出任礼部尚书一事，评述道："谦益之起也，以家妓为妾者柳如是自随，冠插雉羽，戎服骑入国门，如昭君出塞状，都人咸笑之。"又说："谦益以弥缝（阮）大铖，得进用，乃出其妾柳氏为阮奉酒，阮赠珠冠值千金，谦益命柳姬谢，且移席近阮。闻者绝倒。"此种丧失气节的举动，不管出于何种目的，后果是极其严重的。事情的发展并不以钱谦益的愿望为转移。阮大铖上台以后，并不像钱谦益所希望的那样，"不复以党论异同"，并没有"捐弃前嫌"，而是小人得志，疯狂报复，效法魏忠贤对付"东林党"的手法，编造黑名单——《蝗蝻录》《续蝗蝻录》，把东林人士比作"蝗"，复社人士比作"蝻"，罗织"十八罗汉""五十三参""七十二菩萨"；又编造《蝇蚋录》，罗织"八十八活佛""三百六十五天王""五百尊应真"。前后牵连一千多人，妄图把东林复社人士一网打尽，推行没有魏忠贤的魏忠贤主义。阮大铖被列入《明史·奸臣传》，完全是咎由自取。为这样的人鸣锣开道，钱谦益理应受到谴责。

清军渡过长江，福王、马士英、阮大铖擅离职守，自顾逃命。手下无一兵一卒的钱谦益无可奈何地率南京朝廷投降。

钱谦益降清后，前往北京出任礼部侍郎，在仕途与名节的两难选择中苦苦挣扎。几个月以后就借口养病告假，回到家乡常熟。两年后卷入抗清斗争，被清朝当局逮捕入狱。在旁人看来，首鼠两端的行径反映了失节者的忏悔，以及对于名节的珍惜，想用最后的挣扎来洗刷降清的污点。结果两面不讨好：在明朝遗老遗少眼里，始终是失节者；在清朝当权者眼里，则是朝秦暮楚的"贰臣"。

钱谦益的人格弱点，铸就了其政治生涯的悲剧性结局。

鼎革之际的陈洪绶

上海博物馆2009年举行了一次"南陈北崔"书画特展，邀请笔者作一次公众讲座。笔者有些惶恐——对于中国绘画史所知甚少，只能从自己熟悉的明清史角度谈些粗浅的看法。

要读懂画，必须先读懂画家其人；而想了解画家其人，则必须先了解他所处的时代。看清楚了时代在画家身上留下的烙印，才能明白画作隐含的志趣与情怀。

一、陈洪绶的才情与品格

生活在明末清初的陈洪绶，是才华横溢的画坛奇才。他的代表作《九歌》《西厢记插图》《水浒叶子》等，久享盛名，蜚声中外。同时代人毛奇龄《陈老莲别传》说：他的画作流传于朝鲜、兀良哈（蒙古）、日本、撒马儿罕（中亚、西亚）、乌思藏（西藏）等地。这些地区不惜以高价收购他的名画，商业利益驱动下，赝品层出不穷，有所谓"海内传模为生者数千家"的说法。仿制他的画作的竟然有几千人之多，不知道有没有打破古今中外的记录？毛奇龄举了一个例子：宁波人袁鹍，家庭贫穷，在日本商船上做账房先生，把两幅陈洪绶的名画藏在竹筒里，送给日本船主，船主大喜过望。其实是仿制品——"亦传模笔也"。朱彝尊说：陈洪绶画作，赝品纷纭，精美的赝品大多出于他的弟子严水子、严山子、司马子雨之手，怪不得能够以假乱真。

画坛奇才都有天赋。陈洪绶四岁时，就在墙壁上画了长达八九尺的关公像，栩栩如生。老人见了情不自禁跪拜，并且长期供奉。朱彝尊感慨地说："盖绘事本天纵也！"

《清史稿·陈洪绶传》如此评价他的绘画成就："洪绶画人物，衣纹清劲，力量气局，在仇、唐之上。"之所以能够超越仇英、唐寅这些名家，除了天赋，还应归功于早年下过苦功，潜心临摹前辈画家名作。比如，在杭州府学临摹石刻李公麟的《七十二贤像》，又临摹周昉的《美人图》，不止一遍，而是再三再四，还不罢手。友人对他说：你的临摹画已经超过了周昉原画，为什么还不满意？陈洪绶回答说："此所以不及者也。吾画易见好，则能事未尽也。"这段话见于毛奇龄《陈洪绶别传》以及《清史稿·陈洪绶传》，可见已经传为美谈，众所周知了。从中可以看到他对艺术精益求精的态度，他的美学追求很值得当今画家深思：临摹前辈大师的名作，被观众叫好，以为超过了原作，恰恰表明与原作的差距，还没有真正学到前辈的"能事"。有这样的境界，所以钱塘冯秀才写诗称赞他："三百年来陈待诏，调铅杀粉继前人。"陈洪绶继承了前人的精髓，最终成为三百年来首屈一指的画家。

这样的奇才，往往有奇特的品格，或许可以概括成"狂狷"二字，那是类似于竹林七贤的名士风度，恃才傲物，放浪形骸，不拘小节。

请看朱彝尊《静志居诗话》对他的描写："中年，纵酒狎妓自放，客有求画者，罄折至恭，勿与。"有钱有势者拿了巨额银子，恭恭敬敬来求画，他不予理睬。这是他狂狷的一种表现。另一种表现就更加狂狷了："及酒边召妓，辄自索笔墨，虽小夫稚子，征索无弗应。"只要有酒喝，有妓女作陪，他自己找来笔墨作画，即使贩夫走卒乃至儿童，有求必应。

陈洪绶喜欢"纵酒狎妓"作画，有他的诗《赠妓董飞仙》为证：

> 桃花马上董飞仙，自擎生绡乞画莲。
> 好事日多还记得，庚申三月岳坟前。

毛奇龄对这首诗有这样的说明："老莲总角为画，便驰骤天下，特以好酒，尤好为女子作画，故女妓每载酒邀作画。是诗实录也。"诗中谈到桃花盛开的春天，骑马而来的董飞仙，拿了绢帛请陈洪绶画莲花，陈洪绶由此想起二十三岁时与她同游岳坟的美好日子。

陈洪绶不仅画好，诗也写得好，上面那首即广为传诵。此外，王渔洋（王士祯）颇为欣赏他的一首《忆旧》：

> 枫溪梅雨山楼醉，竹坞茶香佛阁眠。
> 清福都成今日忆，神宗皇帝太平年。

晚年，他与好友毛奇龄相约在萧山会面，又担心暮年随时可能死去，写了下面的诗：

> 萧山想绝旧时亲，兼想湘湖雉尾莼。
> 明岁有期今岁往，老迟五十二年人。

诗写得清新脱俗，情意绵绵。可惜的是，他的画名太大，把诗名完全掩盖了。清代陶元藻《凫亭诗话》对陈诗"流传甚寡"颇为感叹："能诗而名勿著，为画所掩也。"

"南陈北崔"确实名副其实，陈洪绶与崔子忠两位大师相似之处实在太多，不仅艺术水平不相上下，而且品格也如出一辙。《清史稿·崔子忠传》说崔子忠"负异才"，"作画意趣在晋唐之间，不屑袭宋元窠臼。人物仕女尤胜。董其昌称之，谓：'非近代所有。'"这种品格显然是一派名士风度，宁愿"家居常绝食"，也不肯轻易卖画，有财有势者用重金收购，他一概拒绝。史可法送给他一匹名马，他立刻卖掉，请朋友大吃一顿，一天之内挥霍殆尽。陈洪绶何尝不是如此，毛奇龄说他喜欢喝酒，"人所致金钱，随手尽"。

在陈洪绶身上还可以看到他的同乡前辈徐渭（字文长）的影子，他晚年居住在徐渭故居青藤书屋，绝非偶然。徐渭这位文人画家，行事怪异，也是不拘小节的风流名士。无怪乎人称"三百年间两奇士"。

二、陈洪绶与刘宗周

陈洪绶生活在万历二十七年（1599）至顺治九年（1652），大部分时间是在明末度过的，入清以后不过九年而已。总体来看，他是一个明代人，不是一个清代人，准确地说，他是一位明代遗老。令人不解的是，《明史》没有为他立传，倒是《清史稿·艺术传》中有他的小传。

陈洪绶由画坛崭露头角，是在万历末年到崇祯初年，其间，他曾经有过一段踌躇满志的短暂时光。崇祯三年（1630），陈洪绶乡试落第。科举道路走不通，不得已"纳粟入监"——出钱成为国子监生。崇祯皇帝对他颇为欣赏，召进宫中临摹历代帝王像，使他有可能成为一个宫廷御用画师。然而命运与秉性的驱使，终于使他走向归隐。

这和他的老师刘宗周有很大的关系。

万历四十三年（1615），十八岁的陈洪绶投身一代名儒刘宗周门下求学问道。学识渊博的刘宗周登上政坛以后，清正廉洁，疾恶如仇，敢于直言进谏，执拗而无所顾忌。这种风骨影响了陈洪绶一生。在明清鼎革之际，宁为玉碎不为瓦全的遗老风度得以传承。

崇祯十五年（1642），言官姜埰、熊开元因为向皇帝进谏而被关入锦衣卫镇抚司监狱，引起正直官员的不满。在一次御前会议快要结束时，吏科都给事中吴麟征为姜、熊二人求情，被皇帝驳回。一向敢于直言的都察院左都御史刘宗周挺身而出,请求释放姜、熊二人。他的话讲得直截了当:国朝从来没有言官因为进言而被关入锦衣卫监狱的,姜、熊二人开了先例。他愈说愈激动,无所顾忌地反驳皇帝的话:"厂卫不可轻信,是朝廷有私刑也!"皇帝顿时肝火大旺,训斥道:"东厂、锦衣卫俱为朝廷问刑,何公何私乎?"刘宗周依然抗论而谈:言官进言,可用则用,不可用则置之不理,即使有罪,也应由三法司定案。姜、熊二臣因为进言而下狱,有伤国体,也有悖于皇上当初求言的初衷。

皇帝恼羞成怒,大喝一声:刘宗周候旨处分!

在场的大臣惊讶之余,纷纷为刘宗周辩护,希望皇帝收回成命。皇帝拒不接受,火气愈来愈大,信口开河,说了一句令众人大吃一惊的话:熊开元背后的主使者,想来就是刘宗周!

刘宗周的同僚、都察院左佥都御史金光宸仗义执言,说明事实真相:刘宗周秉性耿直,从来不会客,和熊开元不相往来。宗周与臣在同一衙门,臣极了解他……皇帝不等他讲完便厉声喝道:金光宸也一并惩处!在众多大臣再三恳请下,皇帝总算从宽发落,把已经拟好的圣旨——"刘宗周革职,刑部议罪",抹去"刑部议罪"四字。

第二天,即崇祯十五年闰十一月三十日,两袖清风的刘宗周骑着驴子,在肩扛包袱的仆人陪伴下,从顺城门出京,踏上了回乡之路。人们看到的不仅是刘宗周的凄凉落寞,更是大明王朝一步一步走向末路。

陈洪绶作为他的学生,含泪送别恩师,写诗一首,抒发"夫子受谴去国"的悲愤:

青鞋布袜嗟行矣,芊鸟縻庭良可叹。
诵道稽山瞻北阙,浮云不许老臣观。

次年七月，陈洪绶怀着对时局绝望的心情，离京南下，回乡隐居作画。他在诗中说："病夫二字非所长，乞与人间作画工。"他的名作《水浒叶子》，用自己擅长的绘画方式，以北宋末年社会动乱的历史画面，曲折地影射明朝的末路，希望当局者警醒。

崇祯十七年（1644）三月，他的老师刘宗周，在家乡绍兴获悉京师沦陷，徒步前往杭州，要求浙江巡抚黄鸣俊为已故崇祯皇帝发丧，并且发表讨伐李自成檄文。不久福王在南京监国，建立弘光小朝廷，给刘宗周官复原职。刘宗周表示：大仇未报，不敢受职。

一年后，清军南下，南京弘光政权崩溃，杭州潞王投降。正在吃饭的刘宗周推案痛哭，从此移居郊外绝食。朋友相劝，他沉痛地说：北都之变，可以死可以不死，因为自己罢官在野，而且寄希望于南明中兴。南都之变，主上（福王）自弃其社稷，当时可以死可以不死，因为还希望后继有人。现在浙江也投降了，老臣不死，还等什么呢？死意已决，便乘船到西洋港，跳入水中，被人救起。心灰意冷的刘宗周，绝食二十三日而死，时年六十八岁。

刘宗周的死，显示了遗老们与明朝共存亡的气节，极大地震撼了陈洪绶，影响了他晚年的行止进退。

三、"甲申之变"与陈洪绶的痛楚

"甲申之变"是指崇祯十七年（1644）的改朝换代，对于恪守传统道德的士大夫而言，是一场灭顶之灾。这种情怀，当代人是难以理解的，而这恰恰是了解晚年陈洪绶的关键。

崇祯十七年三月十八日的深夜，准确地说，是三月十九日子时（午夜一点左右），走投无路的皇帝朱由检在司礼监太监王承恩陪同下来到煤山（景山），在寿星亭附近一棵大树下上吊自尽，王承恩随后也上吊殉葬。皇帝的死，意味着大明王朝的崩溃。

一部分崇尚士大夫气节的官僚，选择了杀身成仁的归宿。

大学士范景文眼看大势已去，感叹自己身为大臣不能为天子出力，深深愧疚，从此绝食。十九日京城沦陷，听闻皇帝驾崩，他叹息道：只有一死，来报答陛下。随即在妻子陆氏灵堂前自缢，被家人救下后，赋诗明志："谁言信国非男子，延息移时何所为？"而后他向皇宫方向跪拜号哭，纵身跳入一口古井中。他是内阁大学士中唯一为国殉难者。

户部尚书倪元璐在京城陷落后，向北跪拜皇宫，为自己身为大臣不能报国而自责；又向南跪拜，辞别住在南方的母亲。然后他换上便服，祭拜关公，在案头题字"南都尚可为，吾死分也（南京尚且有可为，死是我的本分）"，之后对家人说：必须等到大行皇帝殡殓，才可以给我收尸。随即在厅前自缢，仆人想上前解救，老仆哭着劝阻：主翁再三嘱咐，不要阻拦他殉难。他的儿子遵照父亲愿望，直到崇祯皇帝殡殓后，才给父亲合棺下葬。李自成的部下得知这一情况，表彰其为"忠义之门""真忠臣"。

都察院左都御史李邦华，十八日率领御史上城墙巡视，遭到太监阻挡，归途遇见同僚吴麟征，握手挥泪，互相鼓励，誓死国难。次日，获悉国难，李邦华抱头痛哭，带了印信、官服，前往吉安会馆（江西吉安同乡会），祭拜文天祥，题写绝命诗："人生自古谁无死，留取丹心照汗青。今日骑箕天上去，儿孙百代仰芳名。"随之上吊而死。

像他们那样殉节的还有：兵部右侍郎王家彦、刑部右侍郎孟兆祥、都察院左副都御史施邦曜、大理寺卿凌义渠等。

与此成为鲜明对照的是，大多数官僚贪生怕死，卖身投靠新朝。

大学士魏藻德、陈演等首席大臣，在李自成入主紫禁城的第二天就前往拜谒，表示改换门庭之意。李自成训斥魏藻德：你受皇帝重用，应当为社稷而死，为何偷生？魏藻德连忙叩头说：如果陛下赦免，一定赤胆忠心相报。对于这些朝秦暮楚的人，李自成不屑一顾，命令士兵把他们囚禁起来。

其他降官一千二百多人，身穿青衣，头戴小帽，前往会极门集合，等待录用。李自成对这批降官十分反感，对处理此事的牛金星说：官员们在城破之日能够为国殉难，才是忠臣，怕死偷生者都是不忠不孝之人，留他干吗！

值得注意的是，清朝顺治皇帝对于为明朝殉节的大臣也给予高度评价。就在陈洪绶死于非命的顺治九年，顺治帝下达圣旨表彰前朝忠臣，要求朝廷部门对范景文、倪元璐、李邦华、王家彦、施邦曜、凌义渠、吴麟征等二十一人，拨地七十亩，为他们建造祠堂，给予祭祀。

这些殉节的大臣，无疑对陈洪绶在明清鼎革之际的言行有很大的影响。对他激励更大的是，当清军南下，南明福王政权、唐王政权、鲁王政权相继崩溃时，江南抗清义士所表现出来的宁为玉碎不为瓦全的精神。他的老师刘宗周绝食而死是一个榜样，另一位他尊敬的前辈——大名鼎鼎的黄道周，刘宗周的志同道合者，也是一个榜样。

黄道周被唐王政权任命为大学士，临危受命，他主动请缨，前往江西招募抗清义旅，以图恢复。从广信出衢州，到达婺源，遭遇清兵，战败被俘。清朝当局把他押解到南京，路过东华门，他坐地不起，淡然地说：此地离高皇帝陵寝最近，就死在这里吧。监刑官把他就地处死。

诸如此类的事例很多。以《三垣笔记》而为人所知的李清，在扬州获悉甲申之变，号啕大哭，几次昏厥过去。此后，每逢三月十九日，他必定设立灵位祭奠。有人问起，他说："吾家世受国恩，吾以外吏，蒙先帝简擢，涓埃未报。"《清史稿·李清传》认为李清"国亡后守其硁硁，有死无二，盖以此也。"南京失守后，他回归故乡隐居长达三十八年，闭门著书，不与人事。以《物理小识》而著名的方以智，在南明桂王政权官至礼部侍郎、东阁大学士，不久，称病辞职。桂王屡次起用，他都婉言谢绝，陷入矛盾之中——"归则负君，出则负亲"。在归途中被清军俘获，清军大帅企图招降，左面放着官服，右面放着利刃，让他选择究竟是升官还是死亡。方以智毫不犹豫地选择了右面的利刃——死亡。这一举动使清军大帅顿生礼敬之意，释放了他。他随后出家为僧，更名弘智，字无可，别号药地。

从他们身上折射出崇尚气节的士大夫在明清鼎革之际，忠臣不事二主的道德光芒。其表现形式有所不同，旨归却是一致的。一些人在一线作战，为抗清而捐躯；一些人在改朝换代的紧急关头，坚持明朝遗老的节操，以身殉节；另一些人虽然苟且活了下来，却选择冷眼旁观的不合作态度。陈洪绶在鼎革之际的言行，只有从这种宏观视野中，才能得到索解。

明末，陈洪绶寓居于青藤书屋，获悉甲申之变的消息，悲痛欲绝。据当时人说："时而吞声哭泣，时而纵酒狂呼，见者咸指为狂士，绶亦自以为狂士焉。"对于明朝的灭亡，他内心极其痛楚，又不能直接流露出来，只能纵酒狂呼，这种狂士行为，其实是佯狂。在他生命的最后几年里，一直如此，旁观者把他看作狂士，他自己也自以为狂士。而这恰恰表明他很清醒，是佯狂。

南明唐王政权授予他翰林待诏、监察御史，他都没有接受。清军攻陷绍兴，清朝当局以死相威胁，命他作画，他誓死不肯。为了洁身自好，不同流合污，他到绍兴云门寺削发为僧，自称悔僧、云门僧，改号为悔迟、老迟，对自己苟且偷生表示深深的悔意。

这种情感，在他的诗中有所流露："剃落亦无颜，偷生事未了"；"国破家亡身不死，此身不死不胜哀"。对现实不满，又不能发泄，只能表现为放浪形骸，如同竹林七贤那样的佯狂。邵廷采这样描写当时的陈洪绶："饮酒放豪，醉辄骂当事人。第闻蕺山（刘宗周）先生语言，则缩颈咋舌却步……先生既没，朝夕仰礼遗像，题壁云：'浪得虚名，山鬼窃笑，国亡不死，不忠不孝。'"

这种不合作的狂士风度，是新朝当权者不能容忍的，死于非命似乎是他必然的归宿。

顺治九年（1652），在杭州卖画度日的陈洪绶，突然如痴如狂，东躲西藏，从杭州回到绍兴，不久就离奇死去。

关于他的死有三种说法：病死、被杀、自杀。在我看来，被杀的可能性最大。邵廷采的《明遗民所知传》有一句话值得细细玩味："晚岁在田雄坐，尝使酒大骂。"隐约道出了他的死因。

田雄是晚明江北四总兵之一黄得功的部将，南京陷落，黄得功自刎，他挟持福王（即弘光帝）投降清朝，新主赞扬他"有斩将擒王之功"，是"真功臣"，因此官运亨通，由浙江总兵升任浙江提督。明朝遗老对此人深恶痛绝。田雄附庸风雅，宴请陈洪绶。陈洪绶佯装酒醉，当众大骂田雄。一手掌握浙江军事大权的田雄哪里肯放过他！

同时代人丁耀亢哀悼陈洪绶的诗，特地指出："时有黄祖之祸。"所谓"黄祖之祸"，是借用才子祢衡当众羞辱曹操，死于江夏太守黄祖刀下的典故。诗中所云"名高百尺莫登楼"，"始信才多不自谋"，都在暗示他死于非命。在当时的专制政治高压下，这是一个敏感话题，只能暗示而已。邓之诚《清诗纪事初编》看出了此诗的言外之意，点明："陈洪绶以不良死。"所谓"不良死"，可以理解为非正常死亡，或者说死于非命。

陈洪绶的死于非命，令人想起魏晋名士嵇康之死。

附录一：明朝皇帝世系表

姓名	庙号	生卒纪年	年号	年号纪年（年数）	备注
朱元璋	太祖	1328~1398	洪武	1368~1398（31）	元至正二十四年（1364）正月初一，即吴王位。洪武元年正月初四，即皇帝位。谥曰高皇帝。
朱允炆		1377~?	建文	1399~1402（4）	太祖朱元璋第三孙，懿文太子朱标次子。清朝乾隆元年，追谥为恭闵惠皇帝。
朱棣	太宗或成祖	1360~1424	洪武	1402	太祖朱元璋第四子。七月初一日，改建文四年为洪武三十五年，以次年为永乐元年。谥曰文皇帝。
			永乐	1403~1424（22）	永乐二十二年八月十五日，皇太子朱高炽即皇帝位，以次年为洪熙元年。
朱高炽	仁宗	1378~1425	洪熙	1425	成祖朱棣长子。谥曰昭皇帝。
朱瞻基	宣宗	1398~1435	宣德	1426~1435（10）	仁宗朱高炽长子。谥曰章皇帝。
朱祁镇	英宗	1427~1464	正统	1436~1449（14）	宣宗朱瞻基长子。正统十四年，英宗被瓦剌俘虏，异母弟郕王朱祁钰被推为帝，次年改元景泰。
朱祁钰		1428~1457	景泰	1450~1456（7）	天顺元年二月，谥朱祁钰曰戾。成化十一年，谥朱祁钰曰景皇帝。

续表

姓名	庙号	生卒纪年	年号	年号纪年（年数）	备注
朱祁镇	英宗		天顺	1457~1464（8）	景泰八年正月十七日，石亨、徐有贞等迎英宗复位，改景泰八年为天顺元年。谥曰睿皇帝。
朱见深	宪宗	1447~1487	成化	1465~1487（23）	英宗长子，初名见濡，天顺元年改名见深。谥曰纯皇帝。
朱祐樘	孝宗	1470~1505	弘治	1488~1505（18）	宪宗朱见深第三子。谥曰敬皇帝。
朱厚照	武宗	1491~1521	正德	1506~1521（16）	孝宗朱祐樘长子。谥曰毅皇帝。
朱厚熜	世宗	1507~1566	嘉靖	1522~1566（45）	宪宗朱见深之孙，兴献王朱祐杬世子，武宗朱厚照之堂弟。谥曰肃皇帝。
朱载垕	穆宗	1537~1572	隆庆	1567~1572（6）	世宗朱厚熜第三子，受封裕王。谥曰庄皇帝。
朱翊钧	神宗	1563~1620	万历	1573~1620（48）	穆宗朱载垕第三子，隆庆二年立为皇太子。谥曰显皇帝。
朱常洛	光宗	1582~1620	泰昌	1620	神宗朱翊钧长子。万历四十八年八月初一日即皇帝位，九月初一日崩，在位仅一个月。熹宗即位后，改万历四十八年八月后为泰昌元年。
朱由校	熹宗	1605~1627	天启	1621~1627（7）	光宗朱常洛长子。谥曰悊皇帝。
朱由检	思宗	1611~1644	崇祯	1628~1644（17）	光宗朱常洛第五子，熹宗朱由校异母弟。天启二年，受封信王。崇祯十七年三月，自缢于万岁山；五月，清人谥崇祯帝曰庄烈愍皇帝，陵曰思陵。

附录二：明朝大事记

1328年，元天历元年

九月十八日，明太祖朱元璋生于濠州（今安徽凤阳）钟离县太平乡孤庄村。因在家族兄弟中排行第八，故名朱重八。

1344年，元至正四年

朱元璋时年虚岁十七，黄淮地区发生蝗灾和旱灾，民间出现饥荒和瘟疫，其父朱五四、长兄朱重四、其母陈二娘在四月间相继病饿而死。九月，入皇觉寺（时名於皇寺）为行童。不久又为游方僧，行迹多在淮西（主要包括今安徽省中西部和湖北东北部地区）。

1348年，元至正八年

朱元璋虚岁二十一，游方三四年后重返皇觉寺。

1352年，元至正十二年

郭子兴在濠州起兵，朱元璋时年二十五，前往投奔，为亲兵，娶马公女（郭子兴养女），即孝慈高皇后。

1353年，元至正十三年

朱元璋与徐达、汤和、费聚等南略定远，道遇李善长，与语大悦，遂与俱攻滁州，下之。是年，张士诚据高邮，自称诚王。

1355年，元至正十五年

三月，郭子兴卒。时刘福通迎立韩林儿于亳，国号宋，建元龙凤。檄郭子兴子郭天叙为都元帅，张天祐、朱元璋为左、右副元帅。朱元璋慨然曰："大丈夫宁能受制于人耶？"遂不受。然念韩林儿势盛可倚藉，乃用其年号以令军中。四月，常遇春来归。九月，郭天叙、张天祐攻集庆（今江苏南京），皆战死，于是郭子兴部将尽归朱元璋。

1356年，元至正十六年

三月，攻集庆，下之，改集庆路为应天府。七月，朱元璋为吴国公。

1360年，元至正二十年

三月初一日，征聘刘基、宋濂、章溢、叶琛至。

闰五月初三日，陈友谅弑其主徐寿辉，自称皇帝，国号汉，尽有江西、湖广地。十二日，朱元璋置儒学提举司，以宋濂为提举，遣长子朱标受经学。

1361年，元至正二十一年

八月，朱元璋自将舟师征陈友谅，陈友谅部将丁普郎、傅友德迎降。

1362年，元至正二十二年

正月初四日，陈友谅所辖江西行省丞相胡廷瑞以龙兴（今江西南昌）降。初八日，朱元璋入驻龙兴，改为洪都府（今江西南昌）。二月，还应天，邓愈留守洪都。三月十七日，洪都叛乱，邓愈逃归应天，知府叶琛死之。是月，明玉珍称帝于重庆，国号夏。四月十九日，徐达收复洪都。

1363年，元至正二十三年

正月初一日，以汤和为中书左丞。

闰三月，朱元璋自撰《朱氏世德碑》，遣官祗诣凤阳、泗州告祭先陵，并称龙凤制。

四月，陈友谅举兵号称六十万，进攻洪都；都督朱文正与诸将分门拒守。七月，朱元璋自将舟师二十万救洪都，大将徐达、常遇春、冯国胜与儒臣刘基、陶安等随行。八月，陈友谅战死。九月，张士诚称吴王。

1364年，元至正二十四年

正月初一日，朱元璋即吴王位，建百官，置中书省左、右相国，以李善长为右相国，徐达为左相国，常遇春、俞通海为平章政事，立朱标为世子。二月，陈友谅子陈理投降。

三月初三日，置起居注给事中。初四日，以中书左丞汤和为平章政事。其后，罢诸翼元帅府，置十七卫亲军指挥使司，命中书省辟文武人才。

1366年，元至正二十六年

二月，明玉珍卒，其子明昇自立为帝。

八月初一日，拓筑应天城，命刘基卜地，作新宫于钟山之阳。初二日，命徐达为大将军，常遇春为副将军，帅师二十万讨张士诚。

十二月，韩林儿卒。以明年为吴元年，建庙社宫室，祭告山川。

1367年，元至正二十七年

九月初八日，徐达克平江，俘张士诚，吴地平。论平吴功，封李善长宣国公，徐达信国公，常遇春鄂国公。

十月初三日，令百官礼仪尚左。改李善长左相国，徐达右相国。初九日，置御史台。初十日，汤和为征南将军，讨伐方国珍。二十一日，以徐达为征虏大将军，常遇春为副将军，帅师二十五万北征。

十二月初五日，方国珍投降，浙东平。

1368年，明洪武元年

正月初四日，朱元璋即皇帝位，建元洪武。立马氏为皇后，世子标为皇太子。以李善长、徐达为左、右丞相。

八月初一日，以应天为南京，开封为北京。初二日，徐达攻下元都。初九日，御史中丞刘基致仕。十四日，改大都路为北平府。

十一月二十六日，诏刘基还。

1369年，洪武二年

七月初七日，常遇春卒于军。九月十二日，以临濠（今安徽凤阳）为中都。

1370年，洪武三年

正月初三日，徐达为征虏大将军，李文忠、冯胜、邓愈、汤和副之，分道北征。

四月初七日，封皇子樉为秦王，㭎晋王，棣燕王，橚吴王，桢楚王，榑齐王，梓潭王，杞赵王，檀鲁王，从孙守谦靖江王。

十一月初七日，北征师还。十一日，大封功臣。进李善长韩国公，徐达魏国公，封李文忠曹国公，冯胜宋国公，邓愈卫国公，常遇春子茂郑国公，汤和等侯者二十八人。三十日，封中书右丞汪广洋忠勤伯，御史中丞刘基诚意伯。

1371年，洪武四年

正月初二日，李善长罢相，汪广洋为右丞相。初三日，中山侯汤和为征西将军帅舟师，颍川侯傅友德为征虏前将军帅步骑伐蜀。二十三日，诏设科取士连举三年，嗣后三年一举。

三月二十三日，诚意伯刘基致仕。

六月二十二日，汤和至重庆，明昇投降。七月十一日，傅友德下成都，四川平。

1373年，洪武六年

正月十二日，谪汪广洋为广东参政。七月十三日，胡惟庸为右丞相。

1375年，洪武八年

正月十一日，增祀鸡笼山功臣庙一百零八人。

四月，罢营中都。致仕诚意伯刘基卒。

1377年，洪武十年

九月二十五日，胡惟庸为左丞相，汪广洋为右丞相。

1378年，洪武十一年

正月初一日，封皇子椿为蜀王，柏湘王，桂豫王，楧汉王，植卫王。改封吴王橚为周王。初六日，进封汤和信国公。

1379年，洪武十二年

十一月初一日，沐英班师，封仇成、蓝玉等十二人为侯。

十二月，汪广洋贬海南，赐死。

1380年，洪武十三年

正月初六日，左丞相胡惟庸谋反，与其党御史大夫陈宁、中丞涂节

340

等伏诛。十一日，罢中书省，废丞相等官，更定六部官秩，改大都督府为中、左、右、前、后五军都督府。

二月初七日，文武官年六十以上者听致仕，给以诰敕。

三月十一日，燕王棣之国北平。

九月，安置翰林学士承旨宋濂于茂州，道卒。

1381年，洪武十四年

九月初一日，傅友德为征南将军，蓝玉、沐英为左、右副将军，帅师征云南。

1382年，洪武十五年

八月初十日，皇后马氏崩。

1383年，洪武十六年

三月初一日，召征南师还，沐英留镇云南。

1384年，洪武十七年

四月十五日，论平云南功，进封傅友德颍国公。

1385年，洪武十八年

二月二十七日，魏国公徐达卒。

六月十八日，定外官三年一朝，著为令。

1387年，洪武二十年

正月初二日，冯胜为征虏大将军，傅友德、蓝玉副之，帅师征北元太尉纳哈出。六月二十九日，纳哈出降。八月二十六日，收冯胜将军印，召还，蓝玉摄军事。九月三十日，蓝玉为征虏大将军，延安侯唐胜宗、武定侯郭英副之，北征沙漠。

十一月十三日，汤和还，凡筑宁海、临山等五十九城。

1388年，洪武二十一年

四月十二日，蓝玉袭破元嗣君于捕鱼儿海，获其次子地保奴及妃主王公以下数万人而还。

六月初二日，信国公汤和归凤阳。

七月初六日，安置地保奴于琉球。

十二月二十二日，进封蓝玉凉国公。

1390年，洪武二十三年

正月初三日，晋王枫、燕王棣帅师征元丞相咬住、太尉乃儿不花，征虏前将军颖国公傅友德等皆听节制。三月三十日，燕王棣师次迤都，咬住等降。

四月，吉安侯陆仲亨等坐胡惟庸党下狱。五月二十三日，赐太师韩国公李善长死，陆仲亨等皆坐诛。作《昭示奸党录》，布告天下。

1392年，洪武二十五年

四月二十五日，皇太子标薨。

八月二十七日，靖宁侯叶昇坐胡惟庸党诛。

九月十二日，立皇孙允炆为皇太孙。高丽李成桂幽其主瑶而自立，以国人表来请命，诏听之，更其国号曰朝鲜。

十一月十七日，蓝玉擒月鲁帖木儿，诛之，召玉还。

1393年，洪武二十六年

二月，凉国公蓝玉以谋反，并鹤庆侯张翼、普定侯陈桓、景川侯曹震、舳舻侯朱寿、东莞伯何融、吏部尚书詹徽等皆坐诛。十四日，版《逆臣录》于天下。

三月十一日，冯胜、傅友德备边山西、北平，其属卫将校悉听晋王、燕王节制。十七日，会宁侯张温坐蓝玉党诛。

九月十一日，赦胡惟庸、蓝玉党。

1394年，洪武二十七年

十一月二十九日，颖国公傅友德坐事诛。十二月初十日，定远侯王弼坐事诛。

1395年，洪武二十八年

二月初三日，宋国公冯胜坐事诛。八月初七日，信国公汤和卒。

1396年，洪武二十九年

二月二十三日，燕王棣帅师巡大宁，周世子有燉帅师巡北平关隘。

三月初七日，燕王败敌于彻彻儿山，又追败之于兀良哈秃城而还。

1398年，洪武三十一年

五月十二日，都督杨文从燕王棣，武定侯郭英从辽王植，备御开平，俱听燕王节制。

闰五月初十日，朱元璋崩于西宫，年七十一。十六日，皇太孙朱允炆即皇帝位，以明年为建文元年；是日，葬朱元璋于孝陵，谥曰高皇帝，庙号太祖。

六月，省并州县，革冗员。以兵部侍郎齐泰为兵部尚书，翰林院修撰黄子澄为太常卿兼翰林院学士，同参军国事。七月，召汉中府教授方孝孺为翰林院侍讲。十一月，工部侍郎张昺为北平布政使，谢贵、张信掌北平都指挥使司，察燕阴事。

1399年，建文元年

正月，敕修《太祖实录》，以侍讲学士方孝孺总其事。

二月，诏诸王毋得节制文武吏士。用方孝孺议，更定内外大小官制，改都察院为御史府，都御史为御史大夫，以景清、练子宁为御史大夫。

三月，遣刑部尚书暴昭、户部侍郎夏元吉等二十四人充采访使，分巡天下。昭至北平，得燕王不法状，密奏之。

四月，湘王柏自焚死。齐王榑、代王桂有罪，废为庶人。遣燕王世子高炽及其弟高煦、高燧还北平。

六月，岷王楩有罪，废为庶人，徙漳州。初十日，燕山护卫百户倪谅上变，燕旗校于谅、周铎等伏诛。诏让燕王棣，逮王府官僚。燕王棣乃称疾佯狂走市，阴与僧道衍谋举兵，北平都指挥张信判附于燕。

七月初五日，燕王棣举兵反，杀布政使张昺、都司谢贵，自署官属，称其师曰"靖难"。建文帝拜长兴侯耿炳文为征虏大将军，率师伐燕。

八月二十五日，耿炳文大败于真定城外滹沱河畔，丧师数万，乃固守真定。三十日，曹国公李景隆为征虏大将军，代耿炳文。

十一月初五日，李景隆及燕兵战于郑村坝，败绩，奔德州，诸军尽溃。初九日，燕王棣再上书于朝，帝为罢齐泰、黄子澄官，仍留京师。

1400年，建文二年

八月，盛庸、铁铉击败燕兵，济南围解，复德州。九月，诏录洪武中功臣罪废者后。初十日，封盛庸历城侯，擢铁铉山东布政使，参赞军务，寻进兵部尚书。以庸为平燕将军，都督陈晖、平安副之。

十月中旬，燕王以诈取大宁，挟持宁王朱权，获其三卫骠骑，乃立五军，势更盛。

十二月二十五日，燕兵与盛庸战于东昌，庸以火器劲弩歼燕兵。会平安军至，与庸军合围，燕兵大败，亡数万人，张玉战死。

1401年，建文三年

十一月，燕王棣起兵三年，仅据有北平、保定、永平三府。时有建文宫中太监被黜投奔燕军，泄露京师空虚，可轻取。十二月，燕兵再次南下。

1402年，建文四年

四月十五日，何服、平安败燕兵于小河，斩其将陈文。二十二日，徐辉祖等败燕兵于齐眉山，斩其将李斌，燕兵惧，谋北归。会帝闻讹言，谓燕兵已北，召辉祖还，何福军亦孤。二十八日，诸将及燕兵大战于灵璧，败绩，陈晖、平安、礼部侍郎陈性善、大理寺卿彭与明皆被执。

五月初七日，盛庸军溃于淮上，燕兵渡淮，趋扬州。二十日，诏天下勤王，召齐泰、黄子澄还。二十二日，遣庆城郡主如燕师，议割地罢兵。

六月十三日，燕兵犯金川门，谷王橞及李景隆叛，纳燕兵，都城陷。燕王棣入城，文臣杨荣、杨溥、杨士奇、蹇义、夏元吉、王景、胡广、解缙、胡濙、金幼孜等叩马首迎附。宫中火起，帝不知所终。燕王棣大索齐泰、黄子澄、方孝孺等五十余人，榜其姓名曰奸臣。十七日，燕王棣诣奉天殿即皇帝位。二十五日，杀齐泰、黄子澄、方孝孺等，并夷其族，死者甚众。

七月初一日，诏："今年以洪武三十五年为纪，明年为永乐元年。

建文中更改成法，一复旧制。"初二日，尽复建文朝废斥者官。

八月初一日，侍读解缙、编修黄淮入直文渊阁。寻命侍读胡广，修撰杨荣，编修杨士奇，检讨金幼孜、胡俨同入直，并预机务。杀兵部尚书铁铉。十月初九日，诏重修《太祖实录》，曹国公李景隆监修，侍读解缙为总裁。

1403年，永乐元年

正月十三日，以北平为北京。二月初三日，设北京留守行后军都督府、行部、国子监，改北平曰顺天府。

1404年，永乐二年

正月初三日，召世子高炽及高阳王高煦还京师。

四月初一日，置东宫官属。初二日，僧道衍为太子少师，复其姓姚，赐名广孝。初四日，立子高炽为皇太子，封高煦汉王，高燧赵王。

十月，籍长兴侯耿炳文家，炳文自杀。

十二月，下李景隆于狱，籍其家，锢之。

1406年，永乐四年

闰七月初五日，诏以明年五月建北京宫殿，分遣大臣采木于四川、湖广、江西、浙江、山西。

1407年，永乐五年

二月初五日，出翰林学士解缙为广西参议。

1409年，永乐七年

六月初十日，给事中郭骥使蒙古大汗本雅失里，为所杀。

七月初三日，淇国公丘福为征虏大将军，武成侯王聪、同安侯火真副之，靖安侯王忠、安平侯李远为左右参将，讨本雅失里。八月十五日，丘福败绩于胪朐河（今克鲁伦河，注入呼伦湖），福等诸将皆战死，十万精骑覆没。九月初五日，帝决意亲征。

1410年，永乐八年

二月初四日，帝以北征诏天下，命户部尚书夏元吉辅皇长孙瞻基留守北京。初十日，发北京。五月十三日，大败本雅失里于斡难河。六月，大败阿鲁台。十四日班师。七月，还北京。

八月二十一日，宁远侯何福自杀。

1411年，永乐九年

六月，下交阯右参议解缙于狱。

十月十七日，诏复修《太祖实录》，命姚广孝、夏元吉为监修，胡广、杨荣、杨士奇等为总裁。

1412年，永乐十年

十二月，锦衣卫指挥纪纲方用事，诬奏浙江按察使周新，永乐帝命戮之。周新临刑大呼曰："生为直臣，死当作直鬼，臣无憾矣！"

1413年，永乐十一年

正月，诏宥建文诸臣姻党。

是岁，蒙古瓦剌部首领马哈木弑其主本雅失里，立答里巴为可汗。

1414年，永乐十二年

三月，帝自北京亲征马哈木，皇太孙朱瞻基从。六月，大败马哈木。

1415年，永乐十三年

正月初八日，马哈木谢罪请朝贡，许之。十三日，锦衣卫指挥纪纲以酒醉解缙，埋入积雪，缙遂冻死。

1416年，永乐十四年

三月初十日，阿鲁台败瓦剌，来献捷。

七月十六日，锦衣卫指挥使纪纲有罪，被磔于市，家属无少长皆戍边。初，都御史陈瑛灭建文朝忠臣数十族，亲属被戮者数万，纪纲察上意，乃广布校尉，日摘臣民阴事，上以为忠。至是，因有不轨状而被治。

十一月十五日，诏文武群臣集议营建北京。二十一日，汉王高煦有罪，削二护卫。

1417年，永乐十五年

二月十五日，泰宁侯陈珪董建北京，柳升、王通副之。

三月二十日，汉王高煦有罪，徙封乐安州。

1418年，永乐十六年

三月二十八日，姚广孝卒，以僧礼葬，追赠荣国公。

五月初一日，重修《太祖实录》成。初八日，胡广卒，赠礼部尚书，谥文穆，文臣得谥自广始。

1420年，永乐十八年

闰正月初七日，翰林院学士杨荣、金幼孜为文渊阁大学士。

八月，置东厂于北京。

九月二十二日，诏自明年改京师为南京，北京为京师。十一月初四日，以迁都北京诏天下。

1421年，永乐十九年

十一月十七日，帝锐意亲征沙漠，召户、礼、兵、刑等尚书议事，因众臣言兵兴费乏，下户部尚书夏元吉、刑部尚书吴中于狱，兵部尚书方宾自杀。

1422年，永乐二十年

三月十八日，阿鲁台犯兴和，都指挥王唤战死。二十日，帝亲征阿鲁台，皇太子监国。七月初四日，阿鲁台北遁。十九日，兀良哈余党诣军门降。

九月初九日，下左春坊大学士杨士奇于狱。十二日，下吏部尚书蹇义、礼部尚书吕震于狱，寻俱释之。

1423年，永乐二十一年

七月二十日，帝复亲征阿鲁台。二十四日，车驾发京师。

九月十五日，闻阿鲁台为瓦剌所败，部落溃散，遂驻师不进。十月二十三日，班师。十一月初七日，至京师。

1424年，永乐二十二年

四月初四日，车驾发京师，亲征阿鲁台。七月十七日，至榆木川，大渐，遗诏传位皇太子。十八日，崩，年六十五。

八月初五日，出夏元吉等于狱。十五日，皇太子朱高炽即皇帝位，以明年为洪熙元年。十七日，进杨荣太常寺卿，金幼孜户部侍郎，兼大学士如故，杨士奇为吏部左侍郎兼华盖殿大学士，黄淮通政使兼武英殿大学士，俱掌内制；杨溥为翰林学士。二十七日，诏文臣年七十致仕。是月，诏归解缙妻子宗族。

九月初十日，谥朱棣曰文皇帝，庙号太宗，葬长陵。嘉靖十七年九月，改庙号成祖。

十二月初二日，宥建文诸臣外亲全家戍边者，留一人在戍所，余悉放还。

1425年，洪熙元年

正月初八日，建弘文阁，命儒臣入直，杨溥掌阁事。

三月二十八日，将还都南京，诏北京诸司悉称行在，复北京行部及行后军都督府。

五月初十，翰林院侍读李时勉、侍讲罗汝敬以言事忤上意，改御史，寻下锦衣卫狱。十二日，上崩于钦安殿，年四十八，遗诏传位皇太子。六月十二日，皇太子朱瞻基即皇帝位，以明年为宣德元年。

七月初二日，谥朱高炽为昭皇帝，庙号仁宗，葬献陵。

八月十七日，诏大理卿胡概、参政叶春巡抚南畿、浙江。设巡抚自此始。

1426年，宣德元年

八月初一日，汉王朱高煦反。二十一日，高煦出降。

1427年，宣德二年

十一月十五日，皇长子朱祁镇生，母为贵妃孙氏。

1428年，宣德三年

二月初六日，立皇长子朱祁镇为皇太子。

三月初一日，废皇后胡氏，立贵妃孙氏为皇后。

1430年，宣德五年

正月二十七日，尚书夏元吉卒。

九月初八日，擢御史于谦、长史周忱六人为侍郎，巡抚两京、山东、山西、河南、江西、浙江、湖广。

1431年，宣德六年

十一月二十四日，分遣御史往逮贪暴中官袁琦等。十二月初四日，袁琦等十一人弃市，榜其罪示天下。十六日，金幼孜卒。

1435年，宣德十年

正月初三日，帝崩于乾清宫，年三十八，遗诏国家重务白皇太后。初十日，皇太子朱祁镇即皇帝位，遵遗诏大事白皇太后行，以明年为正统元年。二十五日，谥朱瞻基曰章皇帝，庙号宣宗，葬景陵。

二月初六日，尊皇太后为太皇太后。初八日，尊皇后为皇太后。初九日，封弟朱祁玉为郕王。

三月初六日，放教坊司乐工三千八百余人。

九月，王振掌司礼监，自此招权纳贿，诸大臣自杨士奇以下，皆依违莫能制。

1436年，正统元年

九月十一日，遣侍郎何文渊、王佐，副都御史朱与言督两淮、长芦、浙江盐课。钦差巡盐自此始。

1438年，正统三年

七月初一日，下礼部尚书胡濙于狱。初九日，下户部尚书刘中敷于狱。寻俱释之。

1440年，正统五年

三月初六日，建北京宫殿。七月初二日，杨荣卒。

十一月十八日，广西僧杨行祥伪称建文帝，械送京师，锢锦衣卫狱死。

1441年，正统六年

三月初三日，下兵部侍郎于谦于狱。五月十九日，释于谦为大理少卿。

十月十四日，户部尚书刘中敷，侍郎吴玺、陈瑺荷校于长安门，旬余释还职。

十一月初一日，乾清、坤宁二宫，奉天、华盖、谨慎三殿成。定都北京，文武诸司不称行在。

闰十一月十一日，复下刘中敷、吴玺、陈瑺于狱。逾年，释刘中敷为民，玺、瑺戍边。

1442年，正统七年

五月十九日，立皇后钱氏。十月十八日，太皇太后张氏崩。

1443年，正统八年

二月初三日，汰南京冗官。六月初四日，侍讲刘球陈十事，下锦衣卫狱，太监王振使指挥马顺杀之。二十一日，下大理少卿薛瑄于狱。

七月初五日，祭酒李时勉荷校于国子监门三日，王振矫旨坐之也。

十二月初六日，驸马都尉焦敬荷校于长安右门，王振构之也。

1444年，正统九年

正月二十一日，成国公朱勇，兴安伯徐亨，都督马亮、陈怀，同太监僧保、曹吉祥、刘永诚、但住分道讨兀良哈。

三月十四日，朱勇等师还。杨士奇卒。

1446年，正统十一年

正月十二日，予太监王振等弟侄世袭锦衣卫官。

三月初一日，下户部尚书王佐、刑部尚书金濂、右都御史陈镒等于锦衣卫狱，寻释之。七月十四日，杨溥卒。八月二十五日，下吏部尚书王直等于狱，寻释之。

1448年，正统十三年

是年，瓦剌贡使三千人，赏不如例，遂构衅。

1449年，正统十四年

六月十六日，诏河南、山西班军番休者尽赴大同、宣府。十七日，西宁侯宋瑛总督大同兵马。三十日，平乡伯陈怀，驸马都尉井源，都督王贵、吴克勤，太监林寿，分练京军于大同、宣府，备瓦剌。

七月十一日，瓦剌也先寇大同，参将吴浩战死，下诏亲征。吏部尚书王直帅群臣谏，不听。十五日，命郕王居守。是日，西宁侯宋瑛、武进伯朱冕与瓦剌战于阳和，败没。

八月初一日，英宗帅军至大同。镇守太监郭敬谏，议旋师。初二日，广宁伯刘安为总兵官，镇大同。初三日，师还。初十日，次宣府。十三日，瓦剌兵大至，恭顺侯吴克忠、都督吴克勤战没，成国公朱勇、永顺伯薛绶救之，至鹞儿岭遇伏，全军尽覆。十四日，次土木，被围。十五日，师溃，死者数十万。英国公张辅，泰宁侯陈瀛，驸马都尉井源，平乡伯陈怀，襄城伯李珍，遂安伯陈埙，修武伯沈荣，都督梁成、王贵，尚书王佐、邝埜，学士曹鼐、张益，侍郎丁铉、王永和，副都御史邓棨等，皆死，帝被掳。十七日，京师闻败，群臣聚哭于朝，侍讲徐珵请南迁，兵部侍郎于谦不可。十八日，皇太后命郕王监国。二十一日，帝至大同。二十二日，皇太后孙氏命立皇子朱见濬为皇太子，由郕王代总国政。二十三日，籍王振家。二十五日，都督石亨总京营兵。二十八日，谕边将，瓦剌奉驾至，不得轻出。输南京军器于京师。

九月初六日，郕王即位，遥尊英宗为太上皇帝，以明年为景泰元年。初七日，夷王振族。十六日，指挥佥事季铎奉皇太后命，达于上皇。十七日，祭宣府、土木阵亡将士，瘗遗骸。

十月初一日，也先拥上皇至大同。初五日，诏诸王勤王。初八日，于谦提督诸营，石亨及诸将分守九门。初十日，诏宣府、辽东总兵官，山东、河南、山西、陕西巡抚及募兵御史将兵入援。十一日，也先薄北京城，都督高礼、毛福寿败之于彰义门。十三日，征兵于朝鲜，调河州诸卫土军入援。于谦、石亨等连败也先众于城下。十五日，也先兵退。

十一月初七日，英宗被掳至瓦剌。

十二月初四日，尊皇太后孙氏为上圣皇太后。初七日，尊母贤妃为皇太后。初八日，立妃汪氏为皇后。

1450年，景泰元年

二月十一日，石亨为镇朔大将军，帅师巡大同。都指挥同知杨能充游击将军，巡宣府。十七日，太监喜宁伏诛。五月二十八日，瓦剌遣使请和。六月初十日，瓦剌寇大同，郭登击却之。十四日，也先复拥英宗至大同。七月十八日，右都御史杨善、工部侍郎赵荣使瓦剌。二十一日，李实至北京。二十七日，杨善至瓦剌，也先许英宗归。

八月初二日，英宗发瓦剌。十三日，遣侍读商辂迎英宗于居庸关。十五日，英宗回到京师，景泰帝迎于东安门，英宗入居南宫。十一月十一日，礼部尚书胡濙请令百官朝贺英宗生日，景帝不许。

十二月二十六日，复请明年正旦百官朝上皇于延安门，景帝不许。

1451年，景泰二年

四月二十六日，瓦剌寇宣府马营，敕游击将军石彪等巡边。二十七日，命石亨选京营兵操练，尚书石璞总督军务。

十二月，也先弑其主脱脱不花。

1452年，景泰三年

五月初二日，废皇太子朱见濬为沂王，立皇子朱见济为皇太子。废皇后汪氏，立太子母杭氏为皇后。

十二月初五日，始立团营，太监阮让、都督杨俊等分统之，听于谦、石亨、太监刘永诚、曹吉祥节制。

1453年，景泰四年

八月初十日，也先自立为可汗。

十月十一日，右春坊右谕德徐有贞为左佥都御史，治沙湾决河。

十一月十九日，皇太子朱见济薨。

1454年，景泰五年

五月十四日，礼部郎中章纶、御史钟同以请复沂王为皇太子锦衣卫狱。是年，也先为知院阿剌所杀。

1455年，景泰六年

八月十七日，南京大理少卿廖庄以请复沂王为皇太子，杖于阙下，并杖章纶、钟同于狱，同卒。

1456年，景泰七年

二月二十一日，皇后杭氏崩。十二月二十八日，帝不豫，罢明年元旦朝贺。

1457年，景泰八年/天顺元年

正月十二日，帝舆疾宿南郊斋宫。十四日，群臣请建太子，不听。十七日昧爽，武清侯石亨、左都御史杨善、副都御史徐有贞、太监曹吉祥等以兵迎英宗复位。徐有贞以原官兼翰林学士，入阁预机务。下兵部尚书于谦、大学士王文锦衣卫狱。太常寺卿许彬、大理寺卿薛瑄为礼部侍郎兼翰林学士，入阁预机务。二十一日，改景泰八年为天顺元年。论夺门迎复功，封石亨忠国公，张𫐄太平侯，张𫐄文安伯，杨善兴济伯，曹吉祥嗣子钦都督同知。二十二日，杀于谦、王文，籍其家。陈循、江渊、俞士悦谪戍，萧镃、商辂除名。二十四日，复论夺门功，封孙镗怀宁伯，董兴海宁伯，钦天监正汤序礼部右侍郎，官舍旗军晋级者凡三千余人。二十七日，榜于谦党人示天下。二十九日，杀昌平侯杨俊。

二月初一日，废景帝为郕王，迁西内。十九日，郕王薨于西宫，年三十，谥曰戾，毁所营寿陵，以亲王礼葬西山。

三月初六日，复立长子朱见濬为皇太子，改名见深。初十日，封徐有贞武功伯。五月，以石亨言下御史杨瑄、张鹏狱。

六月初二日，下右都御史耿九畴、副都御史罗绮锦衣卫狱。初七日，下徐有贞、李贤锦衣卫狱。初八日，徐有贞、李贤、罗绮、耿九畴谪外任，杨瑄、张鹏戍边。初十日，薛瑄致仕。十二日，复李贤为吏部侍郎。十三日，巡抚贵州副都御史蒋琳坐于谦党弃市。

七月初四日，复下徐有贞于狱。初九日，李贤复入阁。改许彬南京礼部侍郎。二十二日，放徐有贞于金齿。

十月初七日，赐王振祭葬，立祠曰"旌忠"。二十六日，释建文帝幼子文圭及其家属，安置凤阳。十二月初二日，封曹钦昭武伯。

1459年，天顺三年

八月初一日，石彪有罪，下锦衣卫狱。初十日，禁文武大臣、给事中、御史、锦衣卫官往来交通，违者依铁榜例论罪。

1460年，天顺四年

正月二十五日，石亨有罪下狱，寻死。二月二十日，石彪弃市。

1461年，天顺五年

七月初二日，总督京营太监曹吉祥及昭武伯曹钦反，怀宁伯孙镗帅兵讨平之。初五日，磔吉祥于市，夷其族，其党汤序等悉伏诛。

1463年，天顺七年

四月二十三日，逮宣、大巡按御史李蕃，荷校于长安门，寻死。

六月初九日，逮山西巡按御史韩祺，荷校于长安门，数日死。

1464年，天顺八年

正月初二日，帝不豫。十六日，大渐，遗诏罢宫妃殉葬。十七日，崩，年三十有八。二十二日，皇太子朱见深即皇帝位，以明年为成化元年。二月十二日，谥朱祁镇曰睿皇帝，庙号英宗，葬裕陵。

三月十三日，毁锦衣卫新狱。

1466年，成化二年

五月初三日，修撰罗伦以论李贤起复谪福建市舶司提举。八月二十八日，谕祭于谦，复其子冕官。十二月十七日，李贤卒。

1467年，成化三年

十二月初八日，左庶子黎淳追论景泰废立事，帝曰："景泰事已往，朕不介意，且非臣下所当言。"切责之。

1469年，成化五年

五月十八日，礼部侍郎万安兼翰林院学士，入阁预机务。

1475年，成化十一年

十一月初八日，立皇子祐樘为皇太子。十二月十三日，复郕王帝号。

1477年，成化十三年

正月三十日，置西厂，太监汪直提督官校刺事。

四月，汪直执郎中武清、乐章，太医院院判蒋宗武，行人张廷纲，浙江布政使刘福下西厂狱。

五月初八日，执左通政方贤下西厂狱。初十日，大学士商辂、尚书项忠请罢西厂，从之。六月初九日，罢项忠为民。十五日，复设西厂。二十二日，商辂致仕。

八月二十八日，锦衣卫官校执工部尚书张文质系狱，帝知而释之。

1478年，成化十四年

八月二十五日，下巡抚苏、松副都御史牟俸于锦衣卫狱，谪戍。

1479年，成化十五年

四月二十六日，下驸马都尉马诚于锦衣卫狱。

五月初七日，汪直劾侍郎马文升，下文升狱，谪戍。十八日，以马文升、牟俸事，杖给事中李俊、御史王濬五十六人于阙下。

1482年，成化十八年

三月初四日，罢西厂。

1483年，成化十九年

六月十四日，汪直有罪，调南京御马监。

八月十二日，谪汪直为奉御，其党王越、戴缙等贬黜有差。

1484年，成化二十年

十月初三日，杖刑部员外郎林俊、都督府经历张黻，并谪官。

1485年，成化二十一年

正月初一日，星变。初三日，诏群臣极言时政。

二月初七日，放免传奉文武官五百六十余人。

1487年，成化二十三年

八月十三日，帝不豫。十七日，皇太子摄事于文华殿。二十二日，帝崩，年四十有一。

九月初六日，孝宗朱祐樘即皇帝位，以明年为弘治元年。十一日，斥诸佞幸侍郎李孜省、太监梁芳、外戚万喜及其党，谪戍有差。十九日，谥朱见深曰纯皇帝，庙号宪宗，葬茂陵。

十月初一日，汰传奉官，罢右通政任傑、侍郎蒯钢等千余人，论罪戍斥。革法王、佛子、国师、真人封号。十一月二十三日，下梁芳、李孜省于狱。

1488年，弘治元年

十一月二十五日，妖僧继晓伏诛。

1489年，弘治二年

十二月初八日，赐于谦谥，立祠曰"旌功"。

1491年，弘治四年

十月十三日，以皇长子生，诏天下。二十二日，礼部尚书丘濬兼文渊阁大学士，预机务。

1495年，弘治八年

二月初四日，丘濬卒。十一日，礼部侍郎李东阳、少詹事谢迁入阁预机务。四月初九日，谕吏部、督察院，人材进退，考察务得实迹，不可偏听枉人。

1496年，弘治九年

九月初六日，禁势家侵夺民利。

1497年，弘治十年

三月二十二日，召大学士刘健、李东阳、谢迁于文华殿议庶政，后以为常。

1502年，弘治十五年

七月初九日，录刘基后裔世袭指挥使。

1504年，弘治十七年

正月二十日，严诬告之禁。二月二十七日，严谶纬妖书之禁。

1505年，弘治十八年

四月二十九日，帝不豫。五月初六日，大渐，召大学士刘健、李东阳、谢迁受顾命。初七日，崩于乾清宫，年三十有六。十八日，朱厚照即皇帝位。以明年为正德元年。

六月初七日，谥朱祐樘曰敬皇帝，庙号孝宗，葬泰陵。

1506年，正德元年

十月十二日，户部尚书韩文帅廷臣请诛乱政内臣马永成等八人，大学士刘健、李东阳、谢迁主之。十三日，韩文等再请，不听。以刘瑾掌司礼监，丘聚、谷大用提督东、西厂，张永督十二团营兼神机营，魏彬督三千营，各据要地。刘健、李东阳、谢迁乞去，健、迁是日致仕。十四日，东阳复乞去，不允。十七日，吏部尚书焦芳兼文渊阁大学士，吏部侍郎王鏊兼翰林学士，入阁预机务。

十二月十三日，命锦衣卫官点阅给事中。

1507年，正德二年

闰正月初六日，杖给事中艾洪、吕翀及南京给事中戴铣、御史薄彦徽等二十一人于阙下。

二月二十四日，杖御史王良臣于午门，御史王时中荷校于督察院。

三月二十八日，以大学士刘健、谢迁，尚书韩文、杨守随、张敷华、林瀚等五十三人党比，宣戒群臣。是月，敕各镇守太监预刑名政事。

五月十六日，度僧道四万人。八月十五日，作豹房。

十月十四日，逮各边巡抚都御史及管粮郎中下狱。十六日，南京户部尚书杨廷和为文渊阁大学士，预机务。

1508年，正德三年

正月十三日，大计外吏，中旨罢翰林学士吴俨、御史杨南金。

二月初一日，令京官告假违限及病满一年者皆致仕。

四月初八日，军民纳银，得授都指挥佥事以下官。

六月二十六日，得匿名文书于御道，跪群臣奉天门外诘之，下三百余人于锦衣卫狱，寻释之。

八月十六日，立内厂，刘瑾领之。二十五日，下韩文锦衣卫狱，罚输米千石于大同。九月初八日，削致仕尚书雍泰、马文升、许进、刘大夏籍。二十六日，逮刘大夏下狱，戍肃州。

1509年，正德四年

二月二十四日，削刘健、谢迁籍。三月十七日，吏部侍郎张彩请不时考察京官，从之。

1510年，正德五年

四月初五日，安化王朱寘鐇以讨刘瑾为名，起兵反。二十一日，起右都御史杨一清总制宁夏、延绥、甘、凉军务，泾阳伯神英充总兵官，讨寘鐇。二十六日，太监张永总督宁夏军务，游击将军仇钺袭执寘鐇，宁夏平。

五月二十九日，焦芳致仕。六月十六日，帝自号大庆法王，所司铸印以进。

八月十一日，刘瑾以谋反下狱。诏自正德二年后所更政令悉如旧。十五日，治刘瑾党，吏部尚书张彩下狱。二十四日，革宁王护卫。二十五日，刘瑾伏诛。二十六日，释谪戍诸臣。

九月初六日，以平安化王朱寘鐇、刘瑾功，封太监张永兄富、弟容皆为伯。十月十六日，戮张彩尸于市。

1511年，正德六年

是年，刘六、六七起义，自畿辅迄江、淮、楚、蜀攻杀官吏，山东尤甚，至破九十余城，道路梗绝。

1512年，正德七年

九月二十五日，赐义子一百二十七人国姓。十一月十九日，留大同、宣府、辽东兵于京营，李东阳谏，不听。十二月二十七日，李东阳致仕。

1513年，正德八年

正月十五日，以边将江彬、许泰分领京营，赐国姓。寻设两官厅军，命彬、泰分领之。三月十九日，置镇国府处宣府官军。

1514年，正德九年

九月十一日，帝狎虎被伤，不视朝，编修王思以谏谪饶平驿丞。

1515年，正德十年

三月十五日，杨廷和以忧去。

闰四月初四日，吏部尚书杨一清兼武英殿大学士，预机务。

1516年，正德十一年

八月十五日，杨一清致仕。二十八日，礼部尚书蒋冕兼文渊阁大学士，预机务。

1517年，正德十二年

四月初七日，靳贵致仕。五月初二日，礼部尚书毛纪兼东阁大学士，预机务。

八月初一日，微服如昌平。初二日，梁储、蒋冕、毛纪追及于沙河，请回跸，不听。初六日，至居庸关，巡关御史张钦闭关拒命，乃还。二十三日，夜微服出德胜门，如居庸关。二十八日，出关，幸宣府，命太监谷大用守关，毋出京朝官。九月十九日，如阳和，自称总督军务威武大将军总兵官。二十七日，输帑银一百万两于宣府。十一月十五日，召杨廷和复入阁。十二月二十二日，群臣赴行在请还宫，不得出关而还。

1519年，正德十四年

二月二十五日，帝自加太师，谕礼部曰："总督军务威武大将军总兵官太师镇国公朱寿将巡两畿、山东，祀神祈福，其具仪以闻。"

三月二十日，以谏巡幸，下兵部郎中黄巩六人于锦衣卫狱，跪修撰舒芬百有七人于午门五日。金吾卫都指挥佥事张英自刃以谏，卫士夺刃，得不死，鞠治，杖杀之。二十二日，下寺正周叙、行人司副余廷瓒、主事林大辂三十三人于锦衣卫狱。戊午，杖舒芬等百有七人于阙下。是日，风霾昼晦。

四月十五日，杖黄巩等三十九人于阙下，先后死者十一人。

六月十四日，宁王朱宸濠反。七月十三日，帝自将讨朱宸濠。二十日，提督南赣汀漳军务副都御史王守仁帅兵复南昌。二十六日，王守仁败朱宸濠于樵舍，擒之。八月二十二日，车驾发京师。二十六日，次涿州，王守仁捷奏至，秘不发。十二月二十六日，至南京。

1520年，正德十五年

闰八月初八日，受江西俘。十八日，次镇江，幸大学士杨一清第，临故大学士靳贵丧。九月十五日，渔于积水池，舟覆，救免，遂不豫。十月二十六日，次通州。十一月初六日，治交通宸濠者罪，执吏部尚书陆完赴行在。十二月初五日，宸濠伏诛。初十日，还京师，告捷于郊庙社稷。

1521年，正德十六年

三月十三日，大渐，谕司礼监曰："朕疾不可为矣。其以朕意达皇太后，天下事重，与阁臣审处之。前事皆由朕误，非汝曹所能预也。"十四日，崩于豹房，年三十有一。皇太后与大学士杨廷和定策，以遗诏召兴献王世子朱厚熜嗣位。罢威武团营，遣还各边军，革京城内外皇店，放豹房番僧及教坊司乐人。十六日，颁遗诏于天下，释系囚，还四方所献妇女，停不急工役，收宣府行宫金宝还内库。十八日，执江彬等下狱。

四月二十二日，世宗即皇帝位，以明年为嘉靖元年。二十七日，命礼臣集议兴献王封号。

五月初八日，谥朱厚照毅皇帝，庙号武宗，葬康陵。二十一日，钱宁伏诛。六月初八日，江彬伏诛。十五日，纵内苑禽兽，令天下毋得进献。十七日，革锦衣卫冒滥军校三万余人。

七月初三日，进士张璁言，继统不继嗣，请尊崇所生，立兴献王庙于京师。下璁奏，命廷臣集议。杨廷和等抗疏力争，皆不听。初四日，命自今亲丧不得夺情，著为令。二十七日，革锦衣卫所及监局寺厂司库、旗校、军士、匠役投充新设者，凡十四万八千余人。

十一月初九日，录平宸濠功，封王守仁新建伯。

1522年，嘉靖元年

四月十六日，命各边巡按御史三年一阅军马器械。

1524年，嘉靖三年

二月十一日，杨廷和致仕。五月初一日，蒋冕致仕。十五日，吏部尚书石珤兼文渊阁大学士，预机务。

七月十二日，更定章圣皇太后尊号，去本生之称。十五日，廷臣伏阙固争，下员外郎马理等一百三十四人锦衣卫狱。二十日，杖马理等于廷，死者十有六人。二十六日，毛纪致仕。二十八日，杖修撰杨慎，检讨王元正，给事中刘济、安磐、张汉卿、张原，御史王时柯于廷。原死，慎等戍谪有差。

1526年，嘉靖五年

二月初一日，命道士邵元节为真人。五月十八日，杨一清复入阁。

1527年，嘉靖六年

二月十六日，费宏、石珤致仕。二十三日，召谢迁复入阁。

五月十一日，前南京兵部尚书王守仁兼左都御史，总制两广、江西、湖广军务，讨田州叛蛮。

十月初四日，兵部侍郎张璁为礼部尚书兼文渊阁大学士，预机务。

1528年，嘉靖七年

六月初一日，《明伦大典》成，颁示天下。癸卯，定议礼诸臣罪，追削杨廷和等籍。

九月初五日，王守仁讨广西蛮，悉平之。

1529年，嘉靖八年

二月初七日，吏部尚书桂萼兼武英殿大学士，预机务。八月十三日，张璁、桂萼罢。九月初一日，召张璁复入阁。二十一日，杨一清罢。十一月初八日，召桂萼复入阁。

1531年，嘉靖十年

正月二十日，桂萼致仕。二月十七日，赐张璁名孚敬。七月初七日，张孚敬罢。

九月十五日，西苑宫殿成，设成祖位致祭，宴群臣。十六日，礼部尚书李时兼文渊阁大学士，预机务。二十二日，幸西苑，御无逸殿，命李时、翟銮进讲，宴儒臣于豳风亭。

十一月二十七日，召张孚敬复入阁。十二月初九日，御史喻希礼、石金因修醮请宥议礼诸臣罪，下锦衣卫狱。

1532年，嘉靖十一年

正月二十二日，始命武定侯郭勋摄事。

四月十三日，续封常遇春、李文忠、邓愈、汤和后为侯。六月初七日，续封刘基后诚意伯。八月二十六日，张孚敬罢。

1533年，嘉靖十二年

正月十三日，召张孚敬复入阁。

1535年，嘉靖十四年

四月初四日，张孚敬致仕，召费宏复入阁。十月二十日，费宏卒。

1536年，嘉靖十五年

闰十二月十四日，礼部尚书夏言兼武英殿大学士，预机务。

1541年，嘉靖二十年

八月二十七日，夏言罢。九月十二日，翊国公郭勋有罪，下狱死。十月十五日，召夏言复入阁。

1542年，嘉靖二十一年

七月初一日，夏言罢。八月十六日，礼部尚书严嵩兼武英殿大学士，预机务。

十月二十一日，宫人谋逆伏诛，磔端妃曹氏、宁嫔王氏于市。

1544年，嘉靖二十三年

九月十一日，吏部尚书许赞兼文渊阁大学士，礼部尚书张璧兼东阁大学士，预机务。十一月初五日，加方士陶仲文少师。

1545年，嘉靖二十四年

九月十七日，召夏言入阁。

1548年，嘉靖二十七年

正月初六日，以议复河套，逮总督陕西三边侍郎曾铣，杖给事中御史于廷，罢夏言。三月十八日，杀曾铣，逮夏言。十月初二日，杀夏言。

1550年，嘉靖二十九年

八月初五日，封方士陶仲文为恭诚伯。八月十六日，蒙古俺答大举入寇，攻古北口，蓟镇兵溃。十七日，掠通州，驻白河，分掠畿甸州县，京师戒严。召大同总兵官仇鸾及河南山东兵入援。仇鸾为平虏大将军，节制诸路兵马，巡抚保定都御史杨守谦提督军务，左谕德赵贞吉宣谕诸军。二十三日，寇退。逮守通州都御史王仪。二十五日，京师解严。杖赵贞吉，谪外任。二十六日，仇鸾败绩于白羊口。兵部尚书丁汝夔、巡抚侍郎杨守谦有罪，弃市。

九月初五日，罢团营，复三大营旧制，设戎政府，以仇鸾总督之。

1552年，嘉靖三十一年

二月十七日，建内府营，操练内侍。

三月初六日，大将军仇鸾帅师赴大同。初九日，礼部尚书徐阶兼东阁大学士，预机务。八月初九日，收仇鸾大将军印，寻病死。九月二十一日，兵部侍郎蒋应奎、左通政唐国卿以冒边功杖于廷。十月初十日，兵部尚书赵锦坐仇鸾党戍边。十二月初九日，光禄少卿马从谦坐诽谤杖死。

1554年，嘉靖三十三年

正月初一日，以贺疏违制，杖六科给事中于廷。

1555年，嘉靖三十四年

十月二十九日，以剿倭不力，杀张经及巡抚浙江副都御史李天宪、兵部员外郎杨继盛。

1556年，嘉靖三十五年

二月二十九日，吏部尚书李默坐诽谤下锦衣卫狱，论死。巡抚侍郎胡宗宪总督军务，讨倭。

1565年，嘉靖四十四年

三月二十五日，严世藩伏诛。八月十八日，获仙药于御座，告庙。

1566年，嘉靖四十五年

二月初一日，户部主事海瑞上疏，下锦衣卫狱。

三月二十八日，吏部尚书郭朴兼武英殿大学士，礼部尚书高拱兼文渊阁大学士，预机务。

十一月初三日，帝不豫。十二月十四日，大渐，自西苑还乾清宫。是日崩，年六十。二十六日，裕王朱载垕即皇帝位，是为穆宗，以明年为隆庆元年。召用建言得罪诸臣，死者恤录。方士悉付法司治罪，罢一切斋醮工作及例外采买。释户部主事海瑞于狱。

1567年，隆庆元年

正月，谥朱厚熜曰肃皇帝，庙号世宗，葬永陵。

二月初九日，册妃陈氏为皇后。吏部侍郎陈以勤为礼部尚书兼文渊阁大学士，礼部侍郎张居正为吏部左侍郎兼东阁大学士，预机务。

四月二十一日，禁属国毋献珍禽异兽。五月二十三日，高拱罢。

1569年，隆庆三年

八月二十一日，礼部尚书赵贞吉兼文渊阁大学士，预机务。

十二月初一日，命厂卫密访部院政事。二十二日，召高拱复入阁。二十七日，尚宝寺丞郑履淳以言事廷杖下狱。

1571年，隆庆五年

三月二十八日，封俺答汗为顺义王。

1572年，隆庆六年

四月十三日，礼部尚书高仪兼文渊阁大学士，预机务。

五月二十五日，大渐，召大学士高拱、张居正、高仪受顾命。二十六日，崩于乾清宫，年三十有六。

六月初十日，皇太子朱翊钧即皇帝位，是为世宗，以明年为万历元年。祀建文朝尽节诸臣于乡，有苗裔者恤录。十六日，罢高拱。二十三日，高仪卒。二十八日，礼部尚书吕调阳兼文渊阁大学士，预机务。

七月初三日，谥朱载垕曰庄皇帝，庙号穆宗，葬昭陵。

1575年，万历三年

四月初四日，帝书"谨天戒、任贤能、亲贤臣、远嬖佞、明赏罚、谨出入、慎起居、节饮食、收放心、存敬畏、纳忠言、节财用"十二事于座右，以自警。

1576年，万历四年

正月二十三日，辽东巡按御史刘台以论张居正逮下狱，削籍。

1577年，万历五年

九月二十六日，起复张居正。十月二十二日，以论张居正夺情，杖编修吴中行、检讨赵用贤、员外郎艾穆，主事沈思孝，罢黜谪戍有差。二十四日，杖进士邹元标，戍边。

1578年，万历六年

三月初三日，礼部尚书马自强兼文渊阁大学士，吏部侍郎申时行兼东阁大学士，预机务。十三日，张居正葬父归。六月十五日，张居正还京师。

1579年，万历七年

正月二十二日，诏毁天下书院。

1582年，万历十年

六月十九日，前礼部尚书潘晟兼武英殿大学士，吏部侍郎余有丁为礼部尚书，兼文渊阁大学士，预机务。晟寻罢。六月二十日，张居正卒。

1583年，万历十一年

三月初二日，追夺张居正官阶。

1584年，万历十二年

二月二十二日，释建文诸臣外亲谪戍者后裔。

四月初九日，籍张居正家。八月十三日，榜张居正罪于天下，家属戍边。

1592年,万历二十年

正月二十五日,给事中孟养浩以言建储杖阙下,削籍。

五月,倭犯朝鲜,陷王京,朝鲜王李昖奔义州求救。八月十八日,兵部右侍郎宋应昌经略备倭军务。二十二日,诏天下督抚举将材。十月十六日,李如松提督蓟、辽、保定、山东军务,充防海御倭总兵官,救朝鲜。

1593年,万历二十一年

正月十九日,李如松攻倭于平壤,克之。二十七日,李如松进攻王京,遇倭于碧蹄馆,败绩。四月十九日,倭弃王京遁。七月初一日,召援朝鲜诸边镇兵还。

1596年,万历二十四年

五月初四日,复议封倭,命都督佥事杨方亨、游击沈惟敬往。

九月初二日,杨方亨至日本,丰臣秀吉不受封,复侵朝鲜。

1597年,万历二十五年

正月二十五日,朝鲜使来请援。二月初五日,复议征倭。十五日,前都督同知麻贵为备倭总兵官,统南北诸军。三月十五日,山东右参政杨镐为佥都御史,经略朝鲜军务。二十九日,兵部侍郎邢玠为尚书,总督蓟、辽、保定军务,经略御倭。九月初四日,逮前兵部尚书石星下狱,论死。

1598年,万历二十六年

正月,官军攻倭于蔚山,不克,杨镐、麻贵奔王京。四月十三日,辽东总兵官李如松出塞,遇伏战死。十二月,总兵官陈璘破倭于乙山,朝鲜平。

1619年,万历四十七年

二月十一日,经略杨镐誓师于辽阳,总兵官李如柏、杜松、刘綎、马林分道出塞。三月初一日,杜松遇后金兵于吉林崖,战死。初七日,刘綎兵深入阿布达里冈,战死。六月十六日,后金兵克开原,马林败没。二十二日，大理寺丞熊廷弼为兵部右侍郎兼右佥都御史，经略辽东。八月十三日，逮杨镐。

1620年，万历四十八年

四月十一日，帝不豫，召见方从哲于弘德殿。七月十七日，大渐，召英国公张惟贤、大学士方从哲等于弘德殿，勉诸臣勤职。二十一日，崩，年五十有八。

八月初一日，太子朱常洛即皇帝位，是为光宗，以明年为泰昌元年。

八月二十一日，光宗不豫。二十九日，大渐，召方从哲等受顾命。是日，鸿胪寺官李可灼进红丸。

九月初一日，光宗崩于乾清宫，在位仅一月，年三十有九。初二日，颁遗诏，时选侍李氏居乾清宫，吏部尚书周嘉谟等及御史左光斗疏请选侍移宫，御史王安舜疏论李可灼进药之误，"红丸""移宫"二案自是起。初六日，熹宗即皇帝位，以明年为天启元年。初十日，谥朱翊钧曰显皇帝，庙号神宗，葬定陵。十五日，改万历四十八年八月后为泰昌元年。十七日，逮辽东总兵官李如柏。二十日，荫太监魏进忠兄锦衣卫千户，封乳保客氏为奉圣夫人。

十月初五日，辽东巡抚都御史袁应泰为兵部侍郎，经略辽东，代熊廷弼。是月，谥朱常洛曰贞皇帝，庙号光宗，葬庆陵。

1621年，天启元年

正月二十日，追谥伍文定等七十三人。闰二月二十四日，除齐泰、黄子澄戚属戍籍。

三月十三日，总兵官陈策、童仲揆、戚金、张名世帅诸将援辽，战于浑河，皆败没。二十日，后金兵取辽阳，经略袁应泰等死之。

四月初五日，辽东巡抚佥都御史薛国用为兵部侍郎，经略辽东。

六月初六日，熊廷弼为兵部尚书兼右副都御史，经略辽东。十一日，兵部尚书王象乾总督蓟辽军务。八月初七日，擢参将毛文龙为副总兵，驻师镇江城（今辽宁丹东九连城镇）。

十月初一日，御史周宗建请出客氏于外，不听。给事中倪思辉、朱钦相等相继言，皆谪外任。

1622年，天启二年

二月十二日，礼部右侍郎孙承宗为兵部尚书兼东阁大学士，预机务。二十三日，孙承宗兼理兵部事。三月初八日，兵部侍郎王在晋为兵部尚书兼右副都御史，经略辽、蓟、天津、登、莱军务。

五月初三日，复张居正原官。五月初四日，录方孝孺遗嗣，寻予祭葬及谥。

六月初四日，加毛文龙为总兵官。八月十七日，孙承宗以原官督理山海关及蓟、辽、天津、登、莱军务。

1623年，天启三年

十二月二十五日，魏忠贤总督东厂。

1624年，天启四年

六月初一日，左副都御史杨涟劾魏忠贤二十四大罪，南北诸臣论忠贤者相继，皆不纳。十四日，杖杀工部郎中万燝，逮杖御史林汝翥。

十二月初一日，逮内阁中书汪文言下镇抚司狱。

1625年，天启五年

三月二十九日，谳汪文言狱，逮杨涟、左光斗、袁化中、魏大中、周朝瑞、顾大章，削尚书赵南星等籍。未几，涟等逮至，下镇抚司狱，相继死狱中。四月二十二日，削大学士刘一燝籍。

七月十六日，毁首善书院。二十六日，韩爌削籍。二十八日，追论万历辛亥、丁巳、癸亥三京察，尚书李三才、顾宪成等削籍。

八月初六日，毁天下东林讲书院，削尚书孙慎行等籍。二十三日，魏广微罢。二十六日，熊廷弼弃市，传首九边。

十月初四日，兵部尚书高第经略辽、蓟、登、莱、天津军务。十五日，孙承宗致仕。二十一日，逮中书舍人吴怀贤下镇抚司狱，杖杀之。

十二月十一日，榜东林党人姓名，颁示天下。十四日，戍前尚书赵南星。

1626年，天启六年

正月二十三日，后金兵围宁远，总兵官满桂、宁前道参政袁崇焕固守。二十五日，围解。

二月初二日，袁崇焕为佥都御史，专理军务，仍驻宁远。二十五日，以苏杭织造太监李实奏，逮前应天巡抚周起元，吏部主事周顺昌，左都御史高攀龙，谕德缪昌期，御史李应昇、周宗建、黄尊素。攀龙赴水死，起元等下镇抚司狱，相继死狱中。

三月初四日，设各边镇监军内臣。太监刘应坤镇守山海关，大学士丁绍轼、兵部尚书王永光等屡谏不听。论宁远解围攻，封魏忠贤从子魏良卿肃宁伯。初九日，袁崇焕巡抚辽东、山海。

闰六月初一日，巡抚浙江佥都御史潘汝桢请建魏忠贤生祠，许之。嗣是建祠几遍天下。十月初九日，进魏忠贤爵上公，魏良卿宁国公，予诰券，加赐庄田一千顷。

是年，后金努尔哈赤死，皇太极即位。

1627年，天启七年

四月初一日，下前侍郎王之寀镇抚司狱，死狱中。五月初四日，监生陆万龄建魏忠贤生祠于太学旁，祀礼如孔子，许之。

七月初一日，帝不豫。初二日，罢袁崇焕。十五日，封魏忠贤孙魏鹏翼为安平伯。

八月初三日，加魏良卿太师，魏鹏翼少师。十二日，召见阁部、科道诸臣于乾清宫，谕以魏忠贤、王体乾忠贞可计大事。二十一日，大渐。二十二日，崩于乾清宫，年二十三。遗诏以皇第五弟信王朱由检嗣皇帝位。二十四日，即皇帝位，以明年为崇祯元年。

十月庚子，谥朱由校曰悊皇帝，庙号熹宗，葬德陵。

十一月初一日，安置魏忠贤于凤阳。初五日，撤各边镇守内臣。初六日，魏忠贤缢死。癸酉，免天启时逮死诸臣赃，释其家属。

十二月，诏客氏于浣衣局掠死，籍其家。魏良卿、客氏子侯国兴、客氏弟客光先皆弃市，家属无少长皆斩；婴孩赴市，有盹睡未醒者。人以为惨毒之报，莫不快之。下阉党倪文焕、李夔龙、许显纯、田尔耕等于狱。

1628年，崇祯元年

正月十九日，诏内臣非奉命不得出禁门。二十四日，戮魏忠贤及其党崔呈秀尸。二月二十五日，戒廷臣交结内侍。三月二十四日，赠恤冤陷诸臣。

四月初三日，袁崇焕为兵部尚书，督师蓟、辽。

五月二十五日，复外吏久任及举保连坐之法，禁有司私派。

六月十三日，许显纯伏诛。二十三日，削魏忠贤党冯铨、魏广微籍。

七月二十五日，因缺饷四月，宁远兵哗变，缚巡抚毕自肃、总兵官朱梅、通判张世荣、推官苏涵淳于谯楼上。兵备副使郭广先后征集白银七万两，事乃解。巡抚都御史毕自肃引罪自杀。

八月初，袁崇焕抵达宁远，诱兵变首恶张正朝、张思顺，令捕十五人戮之市，发张正朝、张思顺前锋效力，并责黜相关官吏，事乃靖。袁崇焕合宁远、锦州为一镇，以总兵官祖大寿驻锦州；加中军副将何可纲都督佥事，驻宁远；移蓟州赵率教至山海关。

1629年，崇祯二年

正月二十一日，定逆案，自崔呈秀以下凡六等。自魏忠贤、客氏依谋反大逆律磔死外，以六等定罪。曰"首逆同谋"，崔呈秀及魏良卿、侯国兴、太监李永贞、李朝钦、刘若愚六人，俱立斩；曰"交结近侍"，刘志选、梁梦环、倪文焕、田吉、刘诏、薛贞、吴淳夫、李夔龙、曹钦程、许志吉、孙如冽、陆万龄、李承祚、田尔耕、崔应元、杨寰、孙应鹤、许显纯、张体干十九人，俱斩，秋后处决；曰"交结近侍次等"，魏广微、周应秋、阎鸣泰、霍维华、徐大化、潘汝祯、李鲁生、杨维垣、张讷、郭钦、李之才十一人及逆孽魏志德等三十五人，俱充军；曰

"谄附拥戴"，太监李实等十五人，亦俱充军；曰"交结近侍又次等"，顾秉谦、冯铨、张瑞图、来宗道、王绍徽等一百二十九人，俱坐徒三年，赎为民；曰"交结近侍减等"，黄立极等四十四人，俱革职闲住；又于诸人姓名下各注所犯，刊布中外知之。

六月初五日，袁崇焕杀毛文龙于双岛。嗣后，毛文龙所治东江镇遂日益衰弱，兵变不止。

九月二十六日，杨镐弃市。

十一月初三日，后金兵入遵化，巡抚都御史王元雅、推官何天球等死之。初八日，召前大学士孙承宗为兵部尚书中极殿大学士，视师通州。初十，袁崇焕入援，次蓟州。二十日，后金兵薄德胜门。二十三日，召袁崇焕等于平台，崇焕请入城休兵，不许。下兵部尚书王洽于狱。

十二月初一日，再召袁崇焕于平台，下锦衣卫狱。初四日，总兵官祖大寿兵溃，东出关。初五日，孙承宗移驻山海关。

1630年，崇祯三年

正月初十日，逮总督蓟辽都御史刘策下狱，论死。

五月十二日，马世龙、祖大寿诸军入滦州。十三日，后金兵东归，永平、迁安、遵化相继复。八月十六日，杀袁崇焕。九月初三日，逮钱龙锡下狱。

1631年，崇祯四年

九月二十三日，洪承畴总督三边军务。闰十一月二十八日，原毛文龙部将、登州游击孔有德等率师援辽，中途行至吴桥（今河北沧州南部吴桥县，与山东德州毗邻）反叛，屠新城。

1632年，崇祯五年

正月初二日，叛将孔有德因耿仲明（曾为毛文龙部将）为内应，攻占登州城。

五月十四日，礼部尚书郑以伟、徐光启并兼东阁大学士，预机务，但周延儒、温体仁柄政，郑以伟充位而已，徐光启年老，依违而已。

七月初五日，太监曹化淳提督京营戎政。初七日，孔有德伪降，诱执登莱巡抚都御史谢琏，莱州知府朱万年死之。二十三日，孙元化弃市，逮刘宇烈下狱，论戍。八月二十八日，官军大败孔有德于黄县，进围登州。

1633年，崇祯六年

二月二十六日，总兵官陈洪范等克登州水城，叛将李九成战死。二十九日，孔有德遁入海。至此，明朝历时十八月，先后调集多路援军，方才平定孔有德等人叛乱。五月二十一日，孔有德及其党耿仲明等航海降后金。七月十四日，孔有德引后金兵攻占旅顺。

1634年，崇祯七年

正月初二日，广鹿岛副将尚可喜（曾为毛文龙部将）降后金。

1636年，崇祯九年

四月，后金皇太极改国号为大清，改元崇德元年。

十月初四日，工部侍郎刘宗周以论内臣及大学士温体仁削籍。

1637年，崇祯十年

二月，朝鲜降于大清。四月，大清遣孔有德、耿仲明、尚可喜等攻占皮岛。（毛文龙所创立之东江镇治所曾设在皮岛，皮岛在鸭绿江口东，今属朝鲜平安北道铁山郡。）

1638年，崇祯十一年

七月初四日，少詹事黄道周以论杨嗣昌夺情，谪按察司照磨。

十一月初十，清兵克高阳，致仕大学士孙承宗死之。

1639年，崇祯十二年

正月初二日，清兵入济南。十九日，改洪承畴总督蓟、辽，孙传庭总督保定、山东、河北。二月初七日，清兵北归。五月十九日，削孙传庭籍，寻逮下狱。

六月二十三日，抽练各镇精兵，复加征"练饷"。溯自神宗末增赋五百二十万，崇祯初再增百四十万，总名"辽饷"，至是复增"勤饷""练饷"溢之，先后增赋千六百七十万，民不聊生，益起而为盗。

1641年，崇祯十四年

三月二十一日，洪承畴会八镇兵于宁远。四月初七日，清兵攻锦州，祖大寿据守。

1642年，崇祯十五年

正月十三日，孙传庭为兵部侍郎，督京军救开封。

二月十八日，清兵克松山，洪承畴降，巡抚都御史丘民仰，总兵官曹变蛟、王廷臣，副总兵江翥、饶勳等死之。三月初十日，祖大寿以锦州降于清。

五月初一日，孙传庭入潼关，诛贺人龙。六月初二日，诏孙传庭出潼关。九月十五日，李自成决黄河灌开封。十六日，城圮，士民溺死者数十万人。

闰十一月，清兵南下，畿南郡邑多不守。十二月，清兵趋曹州、濮阳，山东州县相继下，鲁王朱以派自杀。

1643年，崇祯十六年

九月初十日，孙传庭复宝丰，进次郏县，李自成迎战，击败之。二十一日，孙传庭以乏食引退，贼追及之，还战大败，传庭以余众退保潼关。十月初六日，李自成陷潼关，督师尚书孙传庭死之。李自成连陷华州、渭南、临潼。

1644年，崇祯十七年

三月初五日，封总兵官吴三桂、左良玉、唐通、黄得功俱为伯。初七日，总兵官唐通入卫，命偕内臣杜之秩守居庸关。十一日，李自成至宣府，监视太监杜勳降，巡抚都御史朱之冯等死之。十五日，唐通、杜之秩降于李自成，贼遂入居庸关。十七日，李自成犯京师，京营兵溃。十八日申时，外城陷。十九日拂晓，内城陷。崇祯帝自缢于万岁山，王承恩从死。自大学士范景文而下死者数十人。

四月，清兵攻破山海关。五月，清兵入北京，谥崇祯帝曰庄烈愍皇帝，陵曰思陵。

后　记

2008年冬，应《时代周报》（广州）编辑李晓婷女士的邀请，为该报的文化版开一个专栏，题目就叫作"明史谈屑"。后来李女士调离，与我联系的先是凌越先生，后是曾园先生、吴筱羽先生。在他们的支持下，这个专栏至今还在继续。前后共发表了几十篇文章。

复旦大学出版社的编辑对此很关注，希望我能结集出版。盛情难却，我接下了这个任务。所谓结集出版，看起来很容易，其实并非如此。原因很多，其中之一，这个专栏还未写完，至少还有三分之一到二分之一没有写，必须提前写出几篇来平衡全书的结构。其中之二，当初报纸方面的约定是写"千字文"，即篇幅以一千字为宜，后来稍有放宽——不超过一千五百字。对于报纸来说，这样的文章已经不算太短了，但是对于写历史题材，仍有"削足适履"的感觉，即使叙述一个人或一件事，都无法畅所欲言。写了一段时间之后，我尝试把一篇文章写到三千字，然后一分为二，作为上下篇分开刊登。因为这样的关系，此次结集时，相当一部分文章需要重写，扩充篇幅，增加内容；另一部分文章先前由于篇幅限制，文字极度精简，需要润饰，需要舒展。

关于题目，要做一点说明。出版社编辑希望醒目一点，我则愿意含蓄一点，仍旧用专栏的名称为题。为了兼顾"醒目"，加上一个副标题，就成了这样：《明史谈屑——专制政治面面观》。当初用"谈屑"两字，就有谈些琐屑的细节之意，无论写人写事，尽量注意细节和情节。因为报纸是面向大众的，必须摆脱学术味，有可读性，有吸引力。既要生动有趣，又不能"戏说"；既要言必有据，又要用引人入胜的方式表达出来。至于副标题，是我选题时隐而不显的思考，通过一个人、一件事来揭示专制政治的某个侧面。所写的每一个人，无论是帝王还是大臣，无论是正人君子还是宵小之徒，他们的命运都和专制政治密切相关，或者说，从他们身上可以看到专制政治究竟意味着什么。

复旦大学出版社认为，这样的标题虽然名实相符，却过于刻板。他们反复推敲后，拟定了一个标题：《明朝大人物：皇帝、权臣与佞幸》。在我看来，副标题七个字难以涵盖书中所有文章。于是改成"皇帝、权臣、佞幸及其他"。

这些话都是现在为了"解题"而说的，实际写作时只把它当作"潜台词"，注重"用事实说话"。因为"用事实说话"是讲述历史最为有力的手段，无需发什么议论，人们已经知道作者想要议论什么。当然并不意味着绝对没有议论，偶有议论，点到为止而已。留下想象的空间给读者，岂不更好！我向各位讲述历史人物的跌宕命运，展现历史事件的无穷变幻，采用讲故事的方式娓娓道来。

对于"讲故事"需要说明两点。一是，"讲故事"绝不意味着可以胡编乱造，必须严格遵循学术规范，言必有据，每一句话都要有史料依据。最近有的人扬言：历史的细节与对话可以虚构。完全是一派胡言！二是，不要停留于为讲故事而讲故事，努力把它蕴涵的深意挖掘出来，引发人们思索，如何看待过去和现在，这样的"讲故事"才有意思。

本书四十六篇文章，写的是几百年前的事情，无疑是陈年旧事，但不等于"炒冷饭"，每篇文章的选题、立论、叙述都力图有新意，给人耳目一新之感。我的意图是，以当代人的视角重新审视历史，用大手笔写小文章。至于做得如何，那得由读者来评说了。我用认真的态度来写轻松的文章，希望读者轻松地阅读，不至于带来沉重的感觉。

本书的大部分文章刊登在《时代周报》上，少部分刊登在《东方早报·上海书评》上的文章是上述文章的延伸,所以收集在一起。需要说明的是,文章是零星发表的,上下前后或许有一些重复,但各篇文章的侧重点有所不同,读史的感悟也有所不同,看起来还是饶有兴味的。不知读者诸君以为如何?

樊树志

2010年8月初稿

2011年3月定稿

图书在版编目（CIP）数据

大明王朝的权力博弈：樊树志细说明朝人物 / 樊树志著 . -- 成都：天地出版社，2022.6
ISBN 978-7-5455-7053-3

Ⅰ.①大… Ⅱ.①樊… Ⅲ.①中国历史—明代—文集
Ⅳ.①K248.07-53

中国版本图书馆CIP数据核字（2022）第063291号

DAMING WANGCHAO DE QUANLI BOYI: FANSHUZHI XISHUO MINGCHAO RENWU

大明王朝的权力博弈：樊树志细说明朝人物

出 品 人	陈小雨　杨　政
作　　者	樊树志
责任编辑	柳　媛　王　超
封面设计	左左工作室
责任印制	董建臣

出版发行	天地出版社
	（成都市锦江区三色路238号　邮政编码：610023）
	（北京市方庄芳群园3区3号　邮政编码：100078）
网　　址	http://www.tiandiph.com
电子邮箱	tianditg@163.com
经　　销	新华文轩出版传媒股份有限公司

印　　刷	玖龙（天津）印刷有限公司
版　　次	2022年6月第1版
印　　次	2023年12月第3次印刷
开　　本	710mm×1000mm　1/16
印　　张	24.25
字　　数	324千字
定　　价	59.80元
书　　号	ISBN 978-7-5455-7053-3

版权所有◆违者必究

咨询电话：（028）86361282（总编室）
购书热线：（010）67693207（营销中心）

如有印装错误，请与本社联系调换。

从书音到文学，分享人生智慧

天壹文化